编写人员

主　编：樊哲军　董浩晴

副主编：刘　薇　张　侃　韩文伟

参　编：范　静　刘利利　蔡　薇

新时代司法职业教育"双高"建设精品教材

刑法原理与实务（下编）

樊哲军　董浩晴 ◎ 主编

华中科技大学出版社
http://press.hust.edu.cn
中国·武汉

内 容 提 要

本教材以习近平法治思想为指引，以体现司法警官职业教育属性为参照，结合最新的司法改革趋势，严格遵循《刑法》及其基本精神，与时俱进，吸收了党和国家政策的最新精神以及刑法学研究的最新成果，是一部特色鲜明、规范简明、实用性强的刑法教材。全书共十一章：刑法分则概述，危害国家安全罪，危害公共安全罪，破坏社会主义市场经济秩序罪，侵犯公民人身权利、民主权利罪，侵犯财产罪，妨害社会管理秩序罪，贪污贿赂罪，渎职罪，危害国防利益罪，军人违反职责罪。由于分则罪名繁多，在每一章分则罪名条目下按照节目录的形式对具体罪名进行了分类，并在章首标注本章重点罪名，便于记忆与理解知识内容。同时，分则每一章的开头都有与实际生活紧密相关的案例，以增加教材的实用性；每一章的结尾附有思考题"每章一练"，便于开展课堂讨论。

图书在版编目(CIP)数据

刑法原理与实务. 下编 / 樊哲军，董浩晴主编. -- 武汉 ：华中科技大学出版社，2025. 6.
(新时代司法职业教育"双高"建设精品教材). -- ISBN 978-7-5772-1986-8

Ⅰ. D924

中国国家版本馆 CIP 数据核字第 2025MY2189 号

刑法原理与实务（下编）

樊哲军　董浩晴　主编

Xingfa Yuanli yu Shiwu（Xiabian）

策划编辑：张馨芳

责任编辑：殷　茵

封面设计：孙雅丽

版式设计：赵慧萍

责任校对：张汇娟

责任监印：曾　婷

出版发行：华中科技大学出版社（中国·武汉）　　　电话：(027) 81321913
　　　　　武汉市东湖新技术开发区华工科技园　　　邮编：430223

录　　排：华中科技大学出版社美编室

印　　刷：武汉科源印刷设计有限公司

开　　本：787mm×1092mm　1/16

印　　张：20.25　　插页：2

字　　数：459 千字

版　　次：2025 年 6 月第 1 版第 1 次印刷

定　　价：78.00 元

序　言

　　风好正是扬帆时，不待扬鞭自奋蹄。在学校"双高"建设纵深推进、司法职业教育改革如火如荼开展之际，《刑法原理与实务》（上编）的出版，为课程建设和教学改革提供了强大的支撑，教材使用效果良好，也收获了良好的口碑。我们在总结上编编写经验的基础上，再接再厉，推出了这本《刑法原理与实务》（下编）。

　　刑法分则是刑法体系中的重要组成部分，它详细规定了各类犯罪的具体构成要件、刑罚种类及量刑幅度。作为职业教育中的重要内容，刑法分则的学习对于培养学生的法律素养、提高法律实践能力具有重要意义。在教材编写过程中，我们一如既往地重视教材的思想性、实践性、时效性，以习近平总书记关于职业教育的重要指示精神为指导，对接教育部颁发的《职业教育专业教学标准》，结合司法职业教育的实践需要，紧扣刑法学前沿问题以及《刑法修正案（十一）》《刑法修正案（十二）》的修改要求，旨在为司法警官职业教育的学生提供一本系统、全面、实用的刑法分则教材。在内容上，为突出司法警官职业教育特色，在强化基础知识、基础理论的同时，教材内容突出职业能力和职业技能训练。在本教材中，除了传统的重点罪名，对与专业岗位相关的罪名都有详细的解读。教材言简意赅，并尽量避免学术争议。在体例上，按照刑法分则的章节顺序，逐一介绍了各类犯罪的具体罪名。全书共十一章，分别是：刑法分则概述，危害国家安全罪，危害公共安全罪，破坏社会主义市场经济秩序罪，侵犯公民人身权利、民主权利罪，侵犯财产罪，妨害社会管理秩序罪，贪污贿赂罪，渎职罪，危害国防利益罪，军人违反职责罪。由于分则罪名繁多，在每一章分则罪名条目下按照节目录的形式对具体罪名进行了分类，并在章首标注本章重点罪名。每一章都有相应的教学目标，以及与实际生活紧密相关的导入案例，并在结尾辅以课后思考题，便于巩固学习效果。

　　本教材由一支教学经验丰富、专业水平扎实的编写团队共同完成。全书编写分工如下（以撰写章节先后为序）：

　　董浩晴（武汉警官职业学院讲师）　　　　第一章、第二章；

　　樊哲军（武汉警官职业学院副教授）　　　第三章；

　　刘薇（武汉警官职业学院讲师）　　　　　第四章、第五章；

　　范静（武汉警官职业学院讲师）　　　　　第六章；

张侃（武汉警官职业学院讲师）　　　　第七章；

刘利利（武汉警官职业学院教师）　　　第八章；

蔡薇（武汉警官职业学院讲师）　　　　第九章；

韩文伟（武汉警官职业学院教师）　　　第十章、第十一章。

　　《刑法原理与实务》（上编）的顺利出版得益于教材委员会的指导和出版社编辑们的辛勤付出。学校的支持、同行的鼓励、学生的喜爱，是支撑我们全体编写人员继续编撰《刑法原理与实务》（下编）的巨大动力。我们会继续听取广大师生在选用过程中的意见和建议，不断改进完善教材，不断提高教材质量。同时，我们也期待本教材能够激发更多学生对法律学习的兴趣和热情，为职业教育高素质人才的培养和法治建设作出更大的贡献！

编　者

2025 年 3 月 30 日

目 录

第一章

刑法分则概述

◆ **知识目标**

1. 了解刑法分则与刑法总则的关系以及罪名的确定。

2. 明确我国刑法分则的体系，法条竞合的概念、类型及适用法律的原则。

3. 掌握具体犯罪条文的构成。

◆ **能力目标**

能够将本章法律条文运用到实际案例中，进行案例分析，处理实务问题。

◆ **识记**

刑法分则体系的概念；刑法分则与刑法总则的关系；罪状表现形式；法定刑的概念。

◆ **领会**

罪名的分类；法定刑的种类。

第一节　刑法分则的体系

一、刑法分则体系概述

刑法分则是一个关于具体犯罪和具体法定刑的规范体系。它按照一定次序对各类及各种犯罪进行排列，形成了一个有机体。这个有机体的变化和成就，反映了一个国家刑事立法的进步程度。刑法分则的目的是对具体犯罪进行规定，但由于具体犯罪种类繁多，因此有必要按照一定的规则或标准对具体犯罪进行分类和排列。这种分类和排列的过程形成了刑法分则的体系。建立科学的刑法分则体系具有重要意义。首先，它可以使种类繁多的犯罪条理化、系统化，便于查找和适用。其次，它可以帮助司法人员在具体的司法实践中，较为准确地认识各类犯罪的一般特征和各种犯罪的具体特征，正确把握不同种类的犯罪的危害程度，准确区分具体罪与罪之间的界限，从而对某一犯罪准确适用刑罚。此外，刑法分则体系根据一定的标准和规则对犯罪进行科学的分类，并按照一定的程序进行合理的排列，这体现了刑法的价值取向。

二、刑法分则与刑法总则的关系

刑法的体系由总则和分则两大部分组成，刑法总则对犯罪、刑事责任和刑罚作出一般性规定，刑法分则对各种犯罪的刑事责任和刑罚作出具体规定。二者密切联系，缺一不可，相互作用。

（1）刑法分则对刑法总则的作用表现在：第一，贯彻和体现刑法总则。刑法总则阐述的是犯罪、刑事责任和刑罚的一般原理、原则，较为抽象、概括，而刑法分则是关于具体犯罪及其法定刑的规范体系。第二，促进刑法总则指导司法实践效应的实现。第三，丰富和发展刑法总则。

（2）刑法总则对刑法分则的作用主要体现在：第一，对刑法分则的概括作用；第二，对刑法分则的指导作用；第三，对刑法分则的制约作用。

三、犯罪的分类排列

我国刑法分则将具体犯罪分为十类，每一章规定一类犯罪，按排列顺序依次是危害国家安全罪，危害公共安全罪，破坏社会主义市场经济秩序罪，侵犯公民人身权利、民主权利罪，侵犯财产罪，妨害社会管理秩序罪，危害国防利益罪，贪污贿赂罪，渎职罪，军人违反职责罪。从这种排列顺序来看，其实质是采用了三分法，即国家法益—社会法益—个人法益。

从刑事立法上讲，对犯罪进行合理的分类和排列，有助于建立科学的刑法分则体系，反映了立法者对各类犯罪的归纳、认识水平，并为立法实践奠定基础。从刑事司法上讲，对犯罪进行合理的分类排列，有助于司法审判人员准确认识各类犯罪的一般特征和具体特征，正确把握不同种类的犯罪的危害程度，准确区分具体罪与罪之间的界限。从刑法理论研究上讲，对犯罪进行合理的分类，有助于阐述和探讨不同种类的犯罪的构成特征和危害程度以及法律规制的目的等。

第二节　罪刑关系条文的构成

一、罪状

（一）罪状的概念

罪状是刑法分则条文对某种具体犯罪特征的描述。

（二）罪状的种类

1. 简单罪状

即在罪状中对具体犯罪构成的主要特征进行简单描述而没有超出罪名的概括。例如，《刑法》第 302 条规定"盗窃、侮辱尸体的"，构成盗窃、侮辱尸体罪，第 295 条规定"传授犯罪方法的"，构成传授犯罪方法罪，等等，都是典型的简单罪状。

简单罪状具有以下特征。

第一，内容的简单性。简单罪状只对能被罪名加以概括的具体犯罪构成要件予以类型化。其"简单"一方面是相对于构成要件的组成成分或要素而言，不对其作更具体的描述；另一方面是相对于罪名而言的，罪状的文字基本上能被罪名加以概括，例如《刑法》第 257 条之罪状"以暴力干涉他人婚姻自由的"，几乎可以被罪名"暴力干涉婚姻自由罪"加以概括。

第二，范围的相对不确定性。简单罪状的确立从形式上要依赖于罪名的概括，但由于我国刑法条文大多未采用明示式的罪名立法方式，因此简单罪状的范围具有一定的相对不确定性。

简单罪状的优点是简练性，可以避免刑法条文的庞杂。但是，不适当地采用简单罪状，造成简而不明，则不利于依法正确定罪判刑，影响罪刑法定原则的实现。因此，简单罪状不可不用，但也不宜多用。

2. 叙明罪状

即在罪状中对具体犯罪构成的主要特征作出较为具体的描述。例如，《刑法》第305条"在刑事诉讼中，证人、鉴定人、记录人、翻译人对与案件有重要关系的情节，故意作虚假证明、鉴定、记录、翻译，意图陷害他人或者隐匿罪证的"的规定，就是最典型的叙明罪状，它对伪证罪的主客观特征作了具体、全面的描述，完全符合立法明确性原则，便于人们理解和执行。

叙明罪状具有以下特征。

第一，典型性。叙明罪状是最能反映基本罪状特征的下属概念，可以说是基本罪状的模本，即韦伯所称的"理想型"。叙明罪状是最能充分体现规定具体犯罪构成要件功能的罪状，也最符合罪刑法定原则的要求。简单罪状、引证罪状和空白罪状都是在叙明罪状基础上的某种变形。

第二，充足性。叙明罪状是由刑法分则条文独立规定具体犯罪构成要件，既不用援引其他刑法条文来补充具体犯罪构成要件，也不需要参照其他法律法规来确立具体犯罪构成要件。叙明罪状的充足性特征可使其与引证罪状和空白罪状区别开来。

第三，超罪名性。叙明罪状不仅对具体犯罪构成要件加以类型化表述，而且对具体犯罪构成要件的要素加以具体的描述，因而，叙明罪状所反映的具体犯罪构成要件已超出其相应罪名所能反映的具体犯罪构成要件。叙明罪状的超罪名性特征可使其与简单罪状区别开来。

3. 引证罪状

即引用同一法律中的其他条款来说明或确定某一具体犯罪构成要件的特征。例如，《刑法》第124条1款规定"破坏广播电视设施、公用电信设施，危害公共安全的"，构成破坏广播电视设施、公用电信设施罪。第2款规定，"过失犯前款罪的"，处3年以上7年以下有期徒刑；情节较轻的，处3年以下有期徒刑或者拘役。这里第2款的罪状即为引证罪状。所谓的"前款罪"，主要是针对前款行为的客观特征而言。采用引证罪状是为了避免重复使用条文文字，保持条文的简洁性。

引证罪状具有以下特征。

第一，形式上的独立性。引证罪状是基本罪状之下的独立概念，是与简单罪状、叙明罪状和空白罪状相并列的范畴，其所规定的具体犯罪构成要件能反映具体犯罪的罪质，因而蕴含着相应的独立罪名。显然，引证罪状的独立性特征可使其区别于其他不包含独立罪名的援引式条文（包含罪状部分援引的条文和处罚部分援引的条文）。

第二，内容上的依附性（援引性）。引证罪状是通过援引其他条文的方式对具体犯罪构成要件作类型化表述，因此，引证条文本身所类型化的具体犯罪构成要件及要素依赖于被引证条文。显然，引证罪状的援引性特征可使与简单罪状、叙明罪状、空白罪状区别开来。

4. 空白罪状

又称参见罪状，即在罪状中只明确规定某种犯罪行为，但其具体特征需根据其他相关法律法规来确定。例如，《刑法》第133条规定了交通肇事罪，即"违反交通运输管理法规，因而发生重大事故，致人重伤、死亡或者使公私财产遭受重大损失"，但该条并未具体列举什么行为属于交通肇事，因此只能通过违反了哪项交通运输管理法规来确认。若不了解交通运输管理法规，则无法确定某人的行为是否构成交通肇事。

空白罪状具有以下特征。

第一，空白罪状规定的犯罪都以违反有关经济、行政管理法规为前提。因此，适用空白罪状定罪必须结合相关经济、行政管理法规，这是空白罪状的显著特点。

第二，空白罪状是对特定具体犯罪构成要件的类型化表述，只能由享有刑事立法权的立法者设定，并且只存在于刑法分则条文之中。

第三，被类型化的具体犯罪构成要件本身必须参照其他相关规范或制度。这个特征是区别于其他基本罪状的关键。具体来说，被参照的对象限于犯罪构成要件体系中的行为要件，即行为本身，可以参照享有立法权主体制定的规范性文件或者特定主体制定的管理规章或制度。这些参照依据不一定需要在刑法条文中明确表述。

据此可见，空白罪状存在两种表现形态：一种是刑法分则条文仅指明"违反……规定"之类的表述，没有对具体犯罪构成要件进行任何说明，这种情况可以称为完全空白罪状（或绝对空白罪状）；另一种是刑法分则条文对具体犯罪构成要件进行了类型化的表述，但仍需要参照其他相关规范或制度才能确定，这种情况可以称之为不完全空白罪状（或相对空白罪状）。

二、罪名

（一）罪名的概念

罪名是针对犯罪的称谓，在立法机关、司法机关或非正式主体（诸如刑法学理论工作者、刑事诉讼当事人等）对某种犯罪的本质或主要特征进行高度概括时使用。国际上的刑法典主要采用以下四种方式来规定罪名：一是罪名—罪状式，即刑法典明确规定犯罪的名称并描述罪行的模式；二是罪名—定义式，即在定义犯罪之前或之后先规定罪名，通过定义的方式来揭示犯罪概念并明确罪名；三是混合式，即刑法典中同时存在罪名—罪状式和罪名—定义式的立法方式；四是罪名潜在式，即在一个类别的罪名下，刑法条文没有明确规定具体犯罪的名称，而仅对罪行进行描述，司法人员根据案件具体情况，结合条文描述进行抽象概括并确定罪名。

（二）罪名的种类

1. 类罪名与具体罪名

在我国刑法中，类罪名是以犯罪的同类客体为标准进行概括的，共有十大类罪名。在刑法分则中，类罪名是章的标题，没有具体的罪状与法定刑，现实中的犯罪都是具体的，故类罪名不能成为定罪引用的根据，即不能根据类罪名定罪。

具体罪名是各种犯罪的名称。每个具体罪名都有其定义、构成要件与法定刑。如《刑法》第263条规定的抢劫罪、第258条规定的重婚罪等，都是具体罪名，它们有其构成要件与法定刑。这种规定具体罪名与法定刑的分则规范，是典型的罪刑规范。具体罪名是定罪时得以引用的罪名，即只能根据具体罪名定罪。

2. 单一罪名、选择罪名与概括罪名

单一罪名是指所包含的犯罪构成要件的具体内容单一，只能反映一个犯罪行为，不能分解拆开使用的罪名。例如，故意杀人罪、故意伤害罪等。

选择罪名是指所包含的犯罪构成要件的具体内容复杂，反映出多种犯罪行为，既可概括使用，也可分解使用的罪名。例如，非法制造、买卖、运输、储存危险物质罪等。

概括罪名是指其包含的犯罪构成要件的具体内容复杂，反映出多种犯罪行为，但只能概括使用，不能分解拆开使用的罪名。如《刑法》第196条规定的信用卡诈骗罪，包括了使用伪造的信用卡或者使用以虚假的身份证明骗领的信用卡、使用作废的信用卡、冒用他人信用卡、恶意透支四种行为类型，不管行为人是实施一种还是数种行为，都只定信用卡诈骗罪，而不是数罪并罚。

三、法定刑

（一）法定刑的概念

法定刑，是指刑法分则规定的适用于具体犯罪的刑罚种类和量刑幅度。罪与刑的关系密不可分，犯罪是刑罚的基础，刑罚是犯罪的法律后果。刑法分则有罪刑关系的条文，有罪状必然有法定刑。法定刑是司法机关对犯罪人判刑的法律依据，也是刑罚适用公正性的基本保证。

法定刑不同于宣告刑。法定刑是国家立法机关根据某种犯罪的社会危害性和危害程度所规定的刑罚幅度，它着眼于该罪的共性；宣告刑则是审判机关对具体犯罪案件中的犯罪人依法判处并宣告的应当实际执行的刑罚，它着眼于具体犯罪案件及犯罪人的特殊性。

（二）法定刑的种类

1. 绝对不确定

即在条文上只规定对某种犯罪应予惩处，却不规定具体刑种和刑度。这种法定刑只是抽象地表示犯罪与刑罚的联系，没有刑种和刑度，无法对量刑起规范作用，不利于法制的统一。因此，我国刑法不采用这种法定刑。

2. 绝对确定

根据刑法规定，对于某种罪行或具备某种情节的犯罪，必须判处特定的刑罚，法院不具备自由裁量权。我国现行刑法没有规定单一的固定法定刑，而是在个别条文中针对某种犯罪的特定情节，规定了绝对确定的单一的刑罚。例如，《刑法》第121条规定："以暴力、胁迫或者其他方法劫持航空器的，处十年以上有期徒刑或者无期徒刑；致人重伤、死亡或者使航空器遭受严重破坏的，处死刑。"该条文中的"处死刑"，就是一种绝对确定的法定刑。

3. 相对确定

根据犯罪的性质和社会危害性的差异，刑法分则条文规定了不同的主刑和刑罚幅度。审判机关根据具体案件的情节，在法定幅度内决定判处适当的刑罚，这是现代各国普遍采用的法定刑制度。这种法定刑制度的优点在于给予审判机关一定的自由裁量权，使其能够根据具体犯罪情节判处恰当的刑罚，实现罪责刑相适应的原则。

我国刑法中对法定刑的确定主要采用以下几种方式。

（1）分则条文只规定一种刑罚，并且只规定其期限，最低期限依刑法总则有关规定确定。例如，《刑法》第448条规定的虐待俘虏罪，处3年以下有期徒刑。其最低期限，依刑法总则第45条规定，应为6个月。

（2）分则条文规定两种以上主刑，其中有期徒刑只规定期限，其最低期限以及其他主刑的最低期限，依刑法总则有关规定确定。例如，《刑法》第277条规定，对妨害公务罪，处3年以下有期徒刑、拘役、管制或者罚金。

（3）分则条文规定两种以上主刑、两个以上刑罚幅度，或同时规定有附加刑，其中有期徒刑只规定最低期限，其期限依刑法有关规定确定。例如，《刑法》第239条规定，对于绑架罪，处10年以上有期徒刑或者无期徒刑，并处罚金或者没收财产。

（4）分则条文规定两种以上主刑、两个以上刑罚幅度，或同时规定附加刑，其中有的幅度对有期徒刑规定有最高和最低的期限。例如，《刑法》第371条规定，对聚众冲击军事禁区罪的首要分子，处5年以上10以下有期徒刑。

（5）规定援引法规刑。即分则条文规定，对某罪援引其他条文或同条的另一款的法定刑处罚。例如，《刑法》第144条规定，对生产、销售有毒、有害食品，致人死亡或者有其他特别严重情节的，依照本法第141条的规定处罚，即可判处10年以上有期徒刑、无期徒刑或者死刑，并处罚金或者没收财产。采用这种形式的法定刑，是为了简化分则条文，但是，被援引的条文所规定的犯罪，必须与本罪的性质近似。

💡 每章一练

一、判断题

1. 我国刑法分则对犯罪进行分类的标准是犯罪的一般客体。　　（　　）

2. 根据《刑法》第 121 条的规定，劫持航空器，致人重伤、死亡或者使航空器遭受严重破坏的，处死刑。这一规定属于绝对确定的法定刑。　　（　　）

3. 根据刑事立法实践和刑法理论，法定刑大致可分为绝对确定的法定刑、绝对不确定的法定刑和相对确定的法定刑三类。我国现行刑法采用绝对确定的法定刑模式。
　　（　　）

4. 刑法分则条文的结构由罪状和法定刑构成。　　（　　）

5. 我国刑法分则对十大类犯罪进行排列的依据主要是以各类犯罪的危害程度大小为序。　　（　　）

二、单项选择题

1. 我国刑法对犯罪进行分类的主要依据是（　　）。

A. 犯罪的直接客体

B. 犯罪对象

C. 犯罪的同类客体

D. 犯罪的社会危害程度

2. 我国刑法分则规定的大多数罪状是（　　）。

A. 简单罪状

B. 空白罪状

C. 叙明罪状

D. 引证罪状

3. 下列属于绝对确定的法定刑的是（　　）。

A. 死刑

B. 3 年以下有期徒刑

C. 5 年以上有期徒刑

D. 无期徒刑或者死刑

4. 我国刑法分则条文规定的绝大多数法定刑属于（　　）。

A. 绝对确定的法定刑

B. 绝对不确定的法定刑

C. 相对确定的法定刑

D. 宣告刑

5.《刑法》第258条规定："有配偶而重婚的，或者明知他人有配偶而与之结婚的，处二年以下有期徒刑或者拘役。"本规定的罪状属于（　　　）。

A. 引证罪状

B. 空白罪状

C. 简单罪状

D. 叙明罪状

6.《刑法》第107条规定："境内外机构、组织或者个人资助实施本章第一百零二条、第一百零三条、第一百零四条、第一百零五条规定之罪的，对直接责任人员，处五年以下有期徒刑、拘役、管制或者剥夺政治权利；情节严重的，处五年以上有期徒刑。"本规定的罪状属于（　　　）。

A. 简单罪状

B. 叙明罪状

C. 引证罪状

D. 空白罪状

7. 在条文中不直接说明某种犯罪的构成特征，而只是指出该罪违反的有关法规的，属于（　　　）。

A. 引证罪状

B. 空白罪状

C. 简单罪状

D. 叙明罪状

三、多项选择题

1. 刑法理论将法定刑分为（　　　）。

A. 相对确定的法定刑

B. 绝对确定的法定刑

C. 绝对不确定的法定刑

D. 绝对不定期刑

2. 下列属于相对确定的法定刑的是（　　　）。

A. 处死刑或者无期徒刑

B. 处3年以上10年以下有期徒刑

C. 处3年以下有期徒刑或者拘役

D. 处7年以上有期徒刑

第二章

危害国家安全罪

◆ **知识目标**

1. 明确危害国家安全罪的概念、构成和种类。

2. 掌握和理解重点及常见罪名的概念、构成以及认定时应注意的问题。

3. 了解非重点罪名的概念和有关特别规定。

◆ **能力目标**

1. 能够运用刑法理论区分相似的具体罪名。

2. 能够将本章法律条文运用到实际案例中，进行案例分析，处理实务问题。

◆ **重点罪名**

背叛国家罪，武装叛乱、暴乱罪，间谍罪，为境外窃取、刺探、收买、非法提供国家秘密、情报罪

案例导入

甲某于 1992 年被 A 国间谍机关招募为间谍，经过特工训练后，于 1994 年受该间谍机关的派遣，潜入我国境内刺探、收集了国家机密情报。1999 年甲某再次潜入我国境内某市时，被国家安全机关人员抓获。被抓捕时，甲某开枪拒捕，还打死国家安全机关人员 1 名。

问：甲某的行为构成何罪？

第一节　危害国家安全罪概述

一、危害国家安全罪的概念与构成

危害国家安全罪，是指故意危害中华人民共和国国家安全，应受刑法处罚的各类行为。这里的危害国家安全的行为，主要是指故意危害中华人民共和国的国家政权、社会主义制度，国家主权、领土完整和安全，国家统一，国家安全、荣誉和利益等国家法益的应受刑罚惩罚的行为。

危害国家安全罪这一类罪名侵犯的同类客体是中华人民共和国的国家安全及其重大利益。因此，任何形式的危害国家安全的行为都将对国家的安全和发展构成严重威胁。毫无疑问，危害国家安全罪是我国刑法中最具破坏力和影响力的一类犯罪，其对国家的威胁和破坏力极其严重。

危害国家安全罪的客观方面表现为实施危害国家安全的行为。《刑法》明确规定，犯罪行为可以以两种形式表现：一种是以作为的形式出现，即实施危害国家安全的行为；另一种是以不作为的形式出现，即不作为的行为，尽管不多，但仍有少数情况。与其他犯罪行为不同，危害国家安全罪的客观构成要求是实际发生的危害结果，即使没有实际的危害结果，也可以被视为犯罪。然而，如果仅仅是出于主观上的危害，而没有实际的危害结果，或者实施的行为与刑法规定的不符，则不能被视为危害国家安全罪。

危害国家安全罪的犯罪主体主要为自然人，大部分属于一般主体，个别属于特殊主体。对于大多数的危害国家安全罪犯罪主体而言，只要行为人具有刑事责任能力且已满 16 周岁，无须考虑其国籍，就可以构成犯罪。但对于特殊主体而言，限制更加严格。例如，背叛国家罪和资敌罪的犯罪主体除了上述条件外，还必须是中国公民；而叛逃罪的犯罪主体则限定为中国公民中的国家机关工作人员。

危害国家安全罪的犯罪主观方面为故意，包括直接故意和间接故意两种，过失不能构成危害国家安全罪。大多数具体的危害国家安全罪是由直接故意构成，且多具有危害国家安全的目的。但需要明确，某些具体罪行既可以由直接故意构成，也可以由间接故意构成。这是因为危害国家安全犯罪既涉及直接后果，也涉及间接后果，而行为人往往对间接后果的发生持放任态度，即间接故意。

二、危害国家安全罪的种类

危害国家安全罪包括背叛国家罪，分裂国家罪，煽动分裂国家罪，武装叛乱、暴乱罪，颠覆国家政权罪，煽动颠覆国家政权罪，资助危害国家安全犯罪活动罪，投敌叛变罪，叛逃罪，间谍罪，为境外窃取、刺探、收买、非法提供国家秘密、情报罪，资敌罪。

根据不同的标准，可以有不同的分类。可以根据其性质分为三类：一类是危害国家、颠覆国家政权的犯罪，一类是叛变、叛逃性质的犯罪，一类是间谍、资敌性质的犯罪。也可以根据行为方式分为以暴力方式、间谍方式、煽动方式实施的危害国家安全罪。其中，以暴力方式实施的危害国家安全罪包括背叛国家罪，分裂国家罪，武装叛乱、暴乱罪，颠覆国家政权罪，投敌叛变罪。而在这些以暴力方式实施的危害国家安全罪中，以暴力方式为必要要件的只有武装叛乱、暴乱罪，以暴力方式为选择要件的包括背叛国家罪、分裂国家罪、颠覆国家政权罪、投敌叛变罪。

三、危害国家安全罪的刑罚构成

对于危害国家安全罪刑罚的裁量，死刑仅适用于危害特别严重、情形特别恶劣的案件，而且煽动分裂国家罪、颠覆国家政权罪、煽动颠覆国家政权罪、资助危害国家安全犯罪活动罪、叛逃罪这五种罪名不适用死刑；除背叛国家罪外，剩下的十一个罪名都依据犯罪行为的严重程度进行等级划分，对于首要分子或者罪行重大的犯罪分子进行顶格处罚，因此拘役、管制这两类主刑只存在于其他参与者或一般情况等最轻量刑中。附加刑中只适用剥夺政治权利和没收财产两种刑罚，无罚金的适用；除此之外，对于法定刑外的加重处罚，法条只规定了对于分裂国家罪，煽动分裂国家罪，武装叛乱、暴乱罪，当触犯这三种罪名且与境外机构、组织、个人相勾结的情形，应从重处罚。根据刑罚的规定幅度，国家对于危害国家安全罪的刑罚处罚相比较于其他罪名来说更加严厉。

第二节　危害国家、颠覆国家政权的犯罪

一、背叛国家罪

（一）背叛国家罪的概念与构成

背叛国家罪，是指勾结外国或者境外机构、组织、个人，危害中华人民共和国主权、领土完整与安全的行为。

本罪侵犯的客体主要是中华人民共和国的主权、领土完整和安全。国家的主权、领土完整和安全作为国家独立的基本标志，也是开展社会主义现代化建设的基本保障。此一对象之重要，说明背叛国家罪是危及国家安全罪中最危险的犯罪。

本罪的客观方面表现为勾结外国或者境外机构、组织、个人，危害国家主权、领土完整和安全的行为。勾结外国或者境外机构、组织、个人是阴谋危害中华人民共和国的主权、领土完整和安全的前提和手段；危害中华人民共和国的主权、领土完整和安全是勾结外国或者境外机构、组织、个人的特定内容和直接目的。它们紧密相连、不可分割。背叛国家罪的构成，并不要求在实际上已经造成危害祖国主权、领土完整和安全的结果，而是只要行为人的行为具备上述两个特征，即有勾结外国或者境外机构、组织、个人，意在危害中华人民共和国主权、领土完整和安全的活动，即可构成。如果行为人虽与外国或者境外机构、组织、个人相勾结，但策划的不是上述内容，则不构成本罪。

本罪的主体只能是具有中华人民共和国国籍的人，即中国公民。外国人不能成为本罪的主体，但可以成为本罪的共犯。能够成为本罪主体的中国公民，主要是那些混入我党、政、军机关内部，窃据要职、掌握重要权力的人或者有重大政治影响的人。普通公民一般情况下很难危害到国家的主权、领土完整和安全，但由于《刑法》并未规定本罪主体必须具有特殊身份，普通公民也可以成为本罪的主体。

本罪的主观方面是故意，即明知自己勾结外国或者境外机构、组织、个人实施的行为危害中国的主权、领土完整和安全，而希望或者放任这种危害后果的发生。只要行为人实施了勾结外国，危害中华人民共和国的主权、领土完整和安全的行为，不管处于策划阶段，还是边策划边实施，都不影响构成背叛国家罪。

（二）背叛国家罪的刑事责任

根据《刑法》第102条的规定，犯本罪的，处无期徒刑或者10年以上有期徒刑。与境外机构、组织、个人相勾结，犯前款罪的，依照前款的规定处罚。

根据《刑法》第113条的规定，犯本罪，对国家和人民危害特别严重、情节特别恶劣的，可以判处死刑。同时可以并处没收财产。

根据《刑法》第56条的规定，犯本罪的，应当附加剥夺政治权利。

根据《刑法》第106条的规定，与境外机构、组织、个人相勾结，实施本罪的，从重处罚。

二、分裂国家罪

（一）分裂国家罪的概念与构成

分裂国家罪，是指组织、策划、实施分裂国家、破坏国家统一，或者与境外的机构、组织、个人相勾结，组织、策划、实施分裂国家、破坏国家统一的行为。

本罪侵犯的客体是国家安全，国家安全是危害国家安全这一类犯罪的同类客体，不宜作为本罪所侵犯的直接客体的具体内容。《刑法》第103条未明确规定民族分裂的行为方式，从广义上讲，民族团结也是国家统一内容的一部分，造成民族之间的不团结也从一个方面破坏着国家的统一。因此，本罪的直接客体宜表述为国家的统一。

本罪的客观方面表现为组织、策划、实施分裂国家、破坏国家统一的行为，或与境外的机构、组织、个人相勾结，组织、策划、实施分裂国家、破坏国家统一的行动。所谓"组织"，指的是与分裂国家、破坏国家统一相勾结的多个人聚集在一起，并具有一定整体性，从事非法的分裂国家、破坏国家统一的活动，或非法成立以此为目的的组织。在司法实践中，对于这类组织行为应该进行较广泛的解释，既包括召集人员分裂国家、破坏国家统一，也包括筹集物资；既包括通过和平手段"招兵买马"，也包括通过非和平手段强迫聚集人员；既包括临时组织人员分裂国家、破坏国家统一，也包括设立相对稳定的犯罪组织。

本罪的主体是一般主体，即已满16周岁、具有刑事责任能力的自然人，无论是中国公民，还是外国人、无国籍人，都可以成为本罪的主体。从《刑法》的规定来看，本罪系必要共同犯罪，即只能由多数人共同实施，单独的个人不能构成本罪。基于各共同犯罪人的作用及其分工，本罪的主体可分为以下四类。一是首要分子，是指在实行分裂国家犯罪过程中起组织、策划、聚集、领导或指挥作用的罪犯。一般来说，首要分子往往为潜入我党政军机关内部、盗窃重大权力、身份显赫的有野心的人，或处于某地域或某族群之中，具有一定社会影响之地方分化分子或者说民族分化分子。二是罪行重大的人，是指除了主要犯罪人员以外，在组织、策划、实行分裂国家之罪活动中占据主体地位或显著地位之人，即主要犯罪人员之外的另一类主犯。这些犯罪人员虽然并不直接组织、策划分裂国家的犯罪行为，但是因为是分裂国家罪的主体执行者和主要责任者，所以他们同样也是分裂国家罪之中社会危害和人身危险最为严重的一类。三是积极参加的人，是指在分裂国家犯罪活动中表现积极、主动、坚定，或者在犯罪活动中发挥积极作用但并非首要分子或罪行重大的那部分人。在司法实践中，对于是否属于积极参加的评价是基于参与共同犯罪的人在犯罪活动中的程度来决定的。这种评价会考虑到行为人在共同犯罪中所扮演的角色以及其犯罪行为对社会造成的危害大小，同时也会考虑到行为人所承担的个人风险的轻重。四是其他参加的人，是指除上述参与分裂国家的犯罪行为人以外的，受蒙骗、被胁迫、被利用或者随从，在犯罪活动中不起主要或重要作用的犯罪分子。然而，他们对于自己行为的性质即分裂国家、破坏国家统一是有明确认知的。如果他们并不明白自己的行为属于分裂国家、破坏国家统一的行为，那么他们就不符合参与分裂国家的标准，因此也不构成本罪。

本罪的主观方面是故意。分裂国家罪是一种行为犯罪，其必要条件是组织、策划、实施分裂国家、破坏国家统一的行为，并不以分裂国家、破坏国家统一的危害结果为犯罪成立的要件。因此，只要行为人在主观上认识到自己的行为是分裂国家、破坏国家统一，并且积极组织、策划、实施，或者明知是境外的机构、组织、个人而与之勾结，组织、策划、实施分裂国家、破坏国家统一的，即构成本罪的故意内容。行为人对分裂国家、破坏国家统一的危害国家安全的结果是持有希望还是放任的态度，并不影响本罪直接故意的成立。

（二）分裂国家罪的刑事责任

根据《刑法》第103条的规定，犯本罪的，对首要分子或者罪行重大的，处无期徒刑或者10年以上有期徒刑；对积极参加的，处3年以上10年以下有期徒刑；对其他参加的，处3年以下有期徒刑、拘役、管制或者剥夺政治权利。

根据《刑法》第113条的规定，犯本罪，对国家和人民危害特别严重、情节特别恶劣的，可以判处死刑。同时可以并处没收财产。

根据《刑法》第56条的规定，犯本罪的，应当附加剥夺政治权利。

根据《刑法》第106条的规定，与境外机构、组织、个人相勾结，实施本罪的，从重处罚。

第三节　叛变、叛逃性质的犯罪

一、武装叛乱、暴乱罪

（一）武装叛乱、暴乱罪折的概念与构成

武装叛乱、暴乱罪，是指组织、策划、实施武装叛乱或者武装暴乱的行为。

本罪侵犯的客体是国家安全。

本罪的客观方面表现为组织、策划、实施武装叛乱或者武装暴乱的行为。武装，是指枪、炮以及其他具有较大杀伤和破坏力的武器。武装叛乱，是指以投靠外国或者境外的敌对势力为背景，纠集多人利用武装进行暴乱破坏活动。武装暴乱，是指在境内纠集多人，利用武装进行暴乱破坏活动。以上叛乱和暴乱活动方式多种多样，包括杀人，放火，砸抢国家机关、企事业单位，破坏道路、桥梁等，可能造成社会秩序严重混乱。

本罪的主体是一般主体，即任何达到负刑事责任的年龄并具有刑事责任能力的自然人。中国公民、外国人、无国籍人都可以成为本罪的主体。

本罪必须是直接故意。

（二）武装叛乱、暴乱罪认定时应注意的问题

1. 本罪与非罪的界限

应注意划清武装叛乱、暴乱罪与一般群众闹事的界限。武装叛乱、暴乱罪的行为人具有破坏人民民主专政的政权和社会主义制度的目的。而一般的群众闹事的起因往往是由于对党和国家的某些政策不了解，或者提出的某些要求和愿望未能得到满足，或者有关部门对某些问题处理不当致使矛盾激化等，但都不具有危害国家安全的目的。对于群众闹事应以说服教育为主，对于个别借机进行犯罪活动并已构成犯罪的行为人，依法予以惩处。

2. 一罪与数罪的界限

在武装叛乱、暴乱犯罪过程中，往往同时存在杀人、伤害、抢劫、放火等破坏活动，这些行为已被涵盖于武装叛乱、暴乱罪的实行行为中，尽管形式上触犯了其他罪名，但并不构成数罪，而只能按武装叛乱、暴乱罪一罪处罚。不过，如果叛乱、暴乱分子在叛乱、暴乱之外又实施其他危害国家安全行为的，如投敌叛变等，则构成数罪，予以并罚。

（三）武装叛乱、暴乱罪的刑事责任

根据《刑法》第104条的规定，犯本罪的，对首要分子或者罪行重大的，处无期徒刑或者10年以上有期徒刑；对积极参加的，处3年以上10年以下有期徒刑；对其他参加的，处3年以下有期徒刑、拘役、管制或者剥夺政治权利。策动、胁迫、勾引、收买国家机关工作人员、武装部队人员、人民警察、民兵进行武装叛乱或者武装暴乱的，依照前款的规定从重处罚。

根据《刑法》第113条的规定，犯本罪，对国家和人民危害特别严重、情节特别恶劣的，可以判处死刑。同时可以并处没收财产。

根据《刑法》第56条的规定，犯本罪的，应当附加剥夺政治权利。

根据《刑法》第106条的规定，与境外机构、组织、个人相勾结，实施本罪的，从重处罚。

二、叛逃罪

（一）叛逃罪的概念与构成

叛逃罪，是指国家机关工作人员或者其他掌握国家秘密的国家工作人员在履行公务期间，擅离岗位，叛逃境外或者在境外叛逃，危害国家安全的行为。

本罪侵犯的客体是国家安全、利益和荣誉。

本罪的客观方面表现为在履行公务期间，擅离岗位、叛逃境外或者在境外叛逃，实施了危害国家安全的行为。

本罪的主体是特殊主体。即国家机关工作人员和掌握国家秘密的其他国家工作人员。

本罪的主观方面是故意。即明知自己的叛逃行为会发生危害国家安全的结果，并且希望或者放任这种结果发生。

（二）叛逃罪认定时应注意的问题

1. 本罪与非罪的界限

如擅离岗位、投奔境外，目的只是求职、求学或投靠亲友，并无危害国家安全的意图和行为，或者是由于客观原因，在境外履行公务后不能按时回国的，不构成本罪。

2. 罪数问题

叛逃罪成立后，又实施了其他危害国家安全的行为，应数罪并罚。

（三）叛逃罪的刑事责任

根据《刑法》第 109 条的规定，犯本罪的，处 5 年以下有期徒刑、拘役、管制或者剥夺政治权利；情节严重的，处 5 年以上 10 年以下有期徒刑或者无期徒刑。掌握国家秘密的国家工作人员叛逃境外或者在境外叛逃的，从重处罚。

根据《刑法》第 56 条的规定，犯本罪的，应当附加剥夺政治权利。

根据《刑法》第 113 条的规定，犯本罪的，可以并处没收财产。

第四节　间谍、资敌性质的犯罪

一、间谍罪

（一）间谍罪的概念与构成

间谍罪，是指参加间谍组织或者接受间谍组织及其代理人的任务，或者为敌人指示轰击目标的行为。

本罪侵犯的客体是国家安全。

本罪的客观方面表现为行为人参加间谍组织或者接受间谍组织及其代理人的任务，或者为敌人指示轰击目标的行为。

本罪的主体是一般主体。既可以是中国公民，也可以是外国人或无国籍人；既可以是中国境内的人，也可以是中国境外的人。

本罪的主观方面是故意。即明知是间谍组织而予以参加，或者明知是间谍组织及其代理人而接受其任务，或者明知是敌人而有意为其指示轰击目标。

（二）间谍罪认定时应注意的问题

1. 本罪与非罪的界限

判断是否构成间谍罪的关键是行为人是否故意危害国家安全，并实施了具体的间谍行为。因此，对于那些无意成为间谍组织成员但后来得知并退出的，或者没有正式加入间谍组织但在其中从事一般服务性活动（如勤杂工作、医务和传达等），并且没有具体损害国家安全的行为的，不能被定为间谍罪。

2. 间谍罪与叛逃罪的界限

（1）主体不同。本罪的主体是一般主体，而叛逃罪的主体是特殊主体。

（2）客观方面不同。本罪表现为行为人实行了参加间谍组织或者接受间谍组织及其代理人的任务，或者为敌人指示轰击目标的行为；而叛逃罪则表现为行为人在履行公务期间，擅离岗位，叛逃境外或者在境外叛逃，实施了危害国家安全的行为。

（三）间谍罪的刑事责任

根据《刑法》第110条的规定，犯本罪的，处10年以上有期徒刑或者无期徒刑；情节较轻的，处3年以上10年以下有期徒刑。

根据《刑法》第113条的规定，犯本罪，对国家和人民危害特别严重、情节特别恶劣的，可以判处死刑。同时可以并处没收财产。

根据《刑法》第56条的规定，犯本罪的，应当附加剥夺政治权利。

本章导入案例中，甲某参加A国间谍组织并受其派遣潜入我国境内，刺探、收集我国的国家机密情报，严重危害我国国家安全，甲的行为已构成间谍罪。同时，甲某在被抓捕过程中，开枪拒捕，并打死国家安全人员，又构成故意杀人罪，应当以间谍罪和故意杀人罪数罪并罚。

二、为境外窃取、刺探、收买、非法提供国家秘密、情报罪

（一）为境外窃取、刺探、收买、非法提供国家秘密、情报罪的概念与构成特征

为境外窃取、刺探、收买、非法提供国家秘密、情报罪，是指为境外的机构、组织、人员窃取、刺探、收买、非法提供国家秘密或情报的行为。

本罪侵犯的客体是国家安全。保守国家秘密是宪法规定的中国公民的一项基本权利和义务。《国家安全法》第 11 条、第 77 条也规定，中华人民共和国公民、一切国家机关和武装力量、各政党和各人民团体、企业事业组织和其他社会组织，都有维护国家安全的责任和义务。公民和组织应当保守所知悉的国家秘密。

本罪的客观方面表现为境外机构、组织人员、窃取、刺探、收买、非法提供国家秘密或者情报的行为。

本罪的主体是一般主体。只有中国公民可以构成，外国人、无国籍人不构成本罪。

本罪的主观方面是故意。

（二）为境外窃取、刺探、收买、非法提供国家秘密情报罪的刑事责任

根据《刑法》第 111 条的规定，犯本罪的，处 5 年以上 10 年以下有期徒刑；情节特别严重的，处 10 年以上有期徒刑或者无期徒刑；情节较轻的，处 5 年以下有期徒刑、拘役、管制或者剥夺政治权利。

根据《刑法》第 113 条的规定，犯本罪，对国家和人民危害特别严重、情节特别恶劣的，可以判处死刑。同时可以并处没收财产。

根据《刑法》第 56 条的规定，犯本罪的，应当附加剥夺政治权利。

每章一练

一、单项选择题

1. 背叛国家罪是指勾结外国或者境外机构、组织、个人，危害中华人民共和国主权、领土完整和安全的行为。其中的"外国"是指（　　　）。

A. 外国政府

B. 某国政府或某几国政府

C. 外国政府、外国政党、外国政治集团

D. 某个外国人或某几个外国人

2. 张某多次召集他人秘密商量，意图挑起民族矛盾，制造民族分裂，破坏统一的多民族的国家和民族团结。但由于其中一人向国家安全机关自首，张某等人未及实施具体的行为，即被抓获。张某等人的行为属于（　　　）。

A. 分裂国家罪既遂

B. 分裂国家罪未遂

C. 背叛国家罪

D. 煽动分裂国家罪

3. 甲、乙、丙、丁四人多次密谋推翻中国共产党和社会主义制度。某日，四人策划成立"自由民主党"反动组织，共同起草了"宣言书"，诬蔑、攻击中国共产党的领导，号召推翻社会主义制度。"宣言书"制作完毕以后，甲、乙、丙、丁四人多次在公共场合进行散发。四人的行为构成（　　　）。

A. 背叛国家罪

B. 煽动分裂国家罪

C. 颠覆国家政权罪

D. 煽动颠覆国家政权罪

4. 为敌人指示轰击目标的行为构成（　　　）。

A. 资敌罪

B. 间谍罪

C. 为境外窃取、刺探、收买、非法提供国家秘密、情报罪

D. 投敌叛变罪

5. 李某系国家机关保密室工作人员，为达到出国目的，李某主动将其所保管的国家事务中重大决策的秘密文件提供给境外某机构。李某构成（　　　）。

A. 间谍罪

B. 非法获取国家秘密罪

C. 为境外窃取、刺探、收买、非法提供国家秘密、情报罪

D. 故意泄露国家秘密罪

二、多项选择题

1. 与境外机构、组织、个人相勾结，从重处罚的犯罪是（　　　）。

A. 煽动颠覆国家政权罪

B. 资助危害国家分裂犯罪活动罪

C. 武装叛乱罪

D. 间谍罪

2. 在危害国家安全罪一章中犯罪主体只能是中国公民的犯罪有（　　　）。

A. 背叛国家罪

B. 分裂国家罪

C. 投敌叛变罪

D. 叛逃罪

E. 间谍罪

3. 投敌叛变罪的行为人在客观方面表现为（　　　）。

A. 投奔敌营，为敌方效力

B. 带领人民警察投敌叛变

C. 勾结外国背叛国家

D. 资助武装叛乱、暴乱分子

4. 分裂国家罪的犯罪首要分子可处（　　）。

A. 无期徒刑

B. 死刑

C. 拘役

D. 剥夺政治权利

E. 没收财产

第三章

危害公共安全罪

◆ **知识目标**

1. 明确公共安全罪的概念、构成和种类。

2. 掌握和理解重点及常见罪名的概念、构成以及认定时应注意的问题。

3. 了解非重点罪名的概念和有关特别规定。

◆ **能力目标**

1. 能够运用刑法理论区分相似的具体罪名。

2. 能够将本章法律条文运用到实际案例中，进行案例分析，处理实务问题。

◆ **重点罪名**

放火罪，投放危险物质罪，以危险方法危害公共安全罪，破坏交通工具罪，组织、领导、参加恐怖组织罪，劫持航空器罪，非法制造、买卖、运输、邮寄、储存枪支、弹药、爆炸物罪，交通肇事罪，危险驾驶罪，重大责任事故罪

💡 **案例导入**

1. 杭州保姆莫某因长期沉迷赌博而身负高额债务，为躲债于 2015 年外出打工。2016 年 9 月，莫某经中介应聘到朱某、林某于杭州市上城区蓝色钱江公寓的家中从事住家保姆工作。

2017 年 3 月至 6 月间，莫某多次窃取朱某家中的金器、手表等贵重物品进行典当、抵押，得款 18 万余元。同时，莫某又编造老家买房等虚假理由向朱某借款 11.4 万元。上述款项全部被其用于赌博挥霍一空。2017 年 6 月 21 日晚，莫某又用手机上网赌博，输光了连同当晚用朱某家中一块手表典当所得款项在内的 6 万余元钱款。为继续筹措赌资，莫某决意采取放火再灭火的方式博取朱某的感激以便再次开口借钱。

6 月 22 日凌晨 4 时 55 分许，莫某用打火机点燃书本引燃客厅沙发、窗帘等易燃物品，火势迅速蔓延，导致屋内的朱某及其子女四人困在火场中吸入一氧化碳中毒死亡。火灾造成该室及邻近房屋部分设施损毁，损失价值 257 万余元。

问：莫某的行为构成何罪？

2. 被告人沈某曾任某厂汽车驾驶员，后因报酬等问题被该厂辞退，心存怨恨，意图报复。某日，他将白砂糖倒入该厂一辆货车的发动机内，下车后又扳断一根雨刷器，并用钢丝钳将该车前后刹车油管剪断。次日，该车驾驶员邹某出车前检查，发现车辆被破坏，停止了车辆的使用，幸免于难。后经市公安局鉴定，该车制动系统的前、后制动管路损坏，能造成该车（行车）制动系统完全失效。

问：对沈某的行为应如何认定？

3. 2014 年，数名蒙面暴徒持刀在某火车站砍杀群众，造成大量人员伤亡。4 名暴徒被当场击毙，参加者帕某被击伤后抓获，组织、领导者玉某也落网。

问：帕某、玉某的行为触犯了何种罪名？

4. 陈某某、罗某某系夫妻关系。罗某某曾是该村的"放铳"手艺人，在村民家里有红白喜事的时候"放铳"，还会自己制作黑火药。因国家禁止，加上罗某某身体不好，患有严重的肺气肿，便不再制作黑火药，不再"放铳"。后来，陈某某发现家里还剩下一些硝与硫黄，觉得不用浪费，于是让罗某某告诉其配方。在罗某某的指导下，陈某某在其家里堂屋制作出约 10 公斤的黑火药，存放在家。再以每斤 10 元钱的价格出售给当地村民（具体出售给谁，现无法查清）。

问：如何认定陈某某、罗某某的行为？

5. 2009 年 1 月 21 日 23 时 20 分许，王某醉酒后驾驶一宝马 730 型轿车沿 310 国道由东向西超速行驶，行至 879KM＋800M 处时，与停在超车道上的桑塔纳轿车及现场协商事故的人员相撞，致 6 人当场死亡、7 人受伤，王某在事故发生后弃车离开现场，22 日凌晨 2 时投案，并如实供述了上述事实。

事发中午，王某在宾馆吃饭、饮白酒。当晚借张某某的宝马轿车去见朋友，并在一娱乐场所和朋友又一次喝啤酒。事故发生后近五小时，王某血液中的酒精含量为 112.5mg/100ml。案发后，王某的亲属交纳赔偿款 60 万元。

问：王某的行为构成何罪？

第一节　危害公共安全罪概述

一、危害公共安全罪的概念与构成

危害公共安全罪，是指故意或者过失地实施危及不特定或多数人的生命、健康或者重大公私财产安全的行为。

危害公共安全罪严重破坏社会治安秩序，危害和威胁公民的生命、健康和财产的安全，因而是社会危害性和危险性较大的一类犯罪。此类犯罪被规定为刑法分则第二章，也彰显出立法者对此类犯罪严重危害性的重视。

危害公共安全罪的客体是社会的公共安全，即不特定或多数人的生命、健康和重大公私财产的安全。所谓不特定，是相对其他犯罪危害的特定人和物而言，是指犯罪行为可能侵犯的对象和可能造成的结果事先无法确定，行为人对此既无法具体预料，也难以实际控制，而且不特定包括不特定少数和不特定多数。所谓多数，是相对于其他犯罪一般只危害少数人和物而言，包括不特定多数和特定多数。当然，有时侵犯人身权利罪或财产罪也会造成多人多物的损害，但其是以某个、某几个特定的人或者某项特定具体的财产为侵犯对象的，其可能造成的危害范围是有一定局限性的，是可以预料和可以控制的，并没有同时危害到不特定或者多数人的生命、健康、重大公私财产的安全，就不构成危害公共安全罪。但危害公共安全犯罪，侵害的对象往往具有不特定性，或者虽然对象特定，但为多数人或重大财物，即造成的危害不是限定于特定的个人或财产。不特定并不是说危害公共安全犯罪的行为人没有特定的侵犯对象或目标。实施危害公共安全罪的犯罪人，有的在主观上也有要侵犯的特定对象，同时也会对损害的可能范围有估计和认识，客观上有指向的目标，只不过其行为所造成或可能造成的实际后果是犯罪分子难以控制的。因此，不能将不特定理解为没有特定的侵犯对象或目标。

公共安全的多数性，常常是造成了重大人身伤亡、财产损毁、秩序混乱等严重后果，而它的不特定性往往使公众普遍陷于这种难以提防的危险所带来的恐惧之中，平添不安全感。正因如此，危害公共安全罪比那些单纯侵犯人身权利或财产权利的犯罪危害要大。这也正是刑法分则单列此类犯罪，并将其安排在仅次于危害国家安全罪的位置的主要原因。

危害公共安全罪的客观方面表现为实施危及公共安全，已经造成严重后果，或者足以造成严重后果的行为。危害公共安全的行为可以作为方式实施，也可以不作为方式实施。危害公共安全的行为，包括已经造成实际损害结果的行为，也包括虽未造成实际损害结果，但足以造成严重后果，危害不特定多数人的生命、健康和重大公私财产安全的行为。

危害公共安全罪的主体既有一般主体，又有特殊主体。大多数犯罪，如放火罪、劫持航空器罪等，由一般主体构成；少数犯罪要求由从事特定业务或具有特定职务的人员构成，如重大飞行事故罪的主体是民用航空活动的空勤人员和地面人员。有些犯罪可以由单位构成，或者只能由单位构成，前者如非法制造、买卖、运输、储存危险物质罪，后者如工程重大安全事故罪。

危害公共安全罪的主观方面既有故意，也有过失。

二、危害公共安全罪的种类

根据我国刑法分则第二章的规定，这类犯罪具体可以分为以下几类。

（1）以危险方法危害公共安全的犯罪。包括放火罪，决水罪，爆炸罪，投放危险物质罪，以危险方法危害公共安全罪，失火罪，过失决水罪，过失爆炸罪，过失投放危险物质罪，过失以危险方法危害公共安全罪。

（2）破坏公用工具、设施危害公共安全的犯罪。包括破坏交通工具罪，破坏交通设施罪，破坏电力设备罪，破坏易燃易爆设备罪，过失损坏交通工具罪，过失损坏交通设施罪，过失损坏电力设备罪，过失损坏易燃易爆设备罪，破坏广播电视设施、公用电信设施罪，过失损坏广播电视设施、公用电信设施罪。

（3）实施恐怖、危险活动危害公共安全的犯罪。包括组织、领导、参加恐怖组织罪，帮助恐怖活动罪，准备实施恐怖活动罪，宣扬恐怖主义、极端主义、煽动实施恐怖活动罪，利用极端主义破坏法律实施罪，强制穿戴宣扬恐怖主义、极端主义服饰、标志罪，非法持有宣扬恐怖主义、极端主义物品罪，劫持航空器罪，劫持船只、汽车罪，暴力危及飞行安全罪。

（4）违反枪支、弹药、爆炸物、危险物质管理规定危害公共安全的犯罪。包括非法制造、买卖、运输、邮寄、储存枪支、弹药、爆炸物罪，非法制造、买卖、运输、储存危险物质罪，违规制造、销售枪支罪，盗窃、抢夺枪支、弹药、爆炸物、危险物质罪，抢劫枪支、弹药、爆炸物、危险物质罪，非法持有、私藏枪支、弹药罪，非法出租、出借枪支罪，丢失枪支不报罪，非法携带枪支、弹药、管制刀具、危险物品危及公共安全罪。

（5）过失造成重大事故危害公共安全的犯罪。包括重大飞行事故罪，铁路运营安全事故罪，交通肇事罪，危险驾驶罪，妨害安全驾驶罪，重大责任事故罪，强令、组织他人违章冒险作业罪，危险作业罪，重大劳动安全事故罪，大型群众性活动重大安全事故罪，危险物品肇事罪，工程重大安全事故罪，教育设施重大安全事故罪，消防责任事故罪，不报、谎报安全事故罪。

第二节 以危险方法危害公共安全的犯罪

一、放火罪

（一）放火罪的概念与构成

放火罪，是指故意放火焚烧公私财物，危害公共安全的行为。

本罪侵犯的客体是公共安全。通常情况下，放火既危及不特定或者多数人的生命、健康安全，又危及重大公私财产安全。

本罪的客观方面表现为实施放火焚烧公私财物的行为。所谓放火，是指故意使用引火物或者其他方法引起一定对象燃烧的行为。放火的方法没有限制，既可以是作为，如行为人直接用引火物把对象点燃，使对象燃烧；也可以是不作为，如某些负有防止火灾发生义务的人发现有火灾危险时，置现实的火灾危险于不顾，能够采取防止措施而不采取，以致发生火灾。燃烧财物时，不管燃烧的是他人财物还是自己的财物，只要行为足以危害到公共安全，就属于放火行为。燃烧他人财物不足以危害公共安全的，只可能构成故意毁坏财物罪；燃烧自己财物不足以危害公共安全的，则不构成犯罪。由于放火是危险性很大的行为，故只要实施了足以危害公共安全的放火行为，就构成放火罪，不要求造成实际的危害结果。造成了危害公共安全的实际危害结果，只应作为一个情节在量刑时予以考虑。

本罪的主体是已满14周岁、具有刑事责任能力的自然人。

本罪的主观方面只能是故意，即行为人明知自己的放火行为会发生危害公共安全的结果，并且希望或者放任这种结果的发生。

（二）放火罪认定时应注意的问题

1. 本罪与非罪的界限

认定放火行为是否构成放火罪，关键要把握放火行为是否具有相当严重的社会危害性，是否具备刑法分则规定的犯罪构成要件，是否危害或足以危害公共安全。如果放火行为不具有社会危害性，或者其社会危害性没有达到应当追究刑事责任的严重程度，则不能认定为犯罪。如放火烧荒行为就不具有社会危害性，因而不能以犯罪论处。放火烧毁自己的财物，并不危害或不足以危害公共安全的，也不构成犯罪。

2. 放火罪与以放火方法实施其他犯罪的界限

在司法实践中，常常发生以放火的手段实施故意杀人、故意毁坏财物等犯罪的现象。对此，应以放火行为是否危害公共安全来决定犯罪的性质。如果放火行为危害到公共安全，就应认定为放火罪；如果放火行为没有也不可能危害公共安全，则应以故意杀人罪、故意毁坏财物罪论处。至于行为是否具有危害公共安全的性质，应根据作案的时间、地点等具体情况而定。

3. 既遂与未遂的界限

如何认定放火罪的既遂与未遂，目前大多数学说认可的是独立燃烧说，即当放火行为导致目的物在离开媒介物的情况下能够独立燃烧时，就是放火既遂。只要行为人实施了放火行为，将目的物点燃，导致目的物在离开媒介物的情况下能够处于相对稳定的独立燃烧状态，并足以危害公共安全时，便是放火罪的既遂。即使后来被他人及时扑灭，未达到烧毁的目的，仍构成放火罪既遂。

4. 一罪与数罪的界限

放火行为是危害公共安全的行为，故可能造成多种结果。行为人在一个放火故意支配下实施一个放火行为，造成多种结果的，只能认定为一个放火罪。但是，实践中行为人实施了其他犯罪行为后，为消灭罪迹往往放火焚烧现场，对此，应视不同情况分别处理。如果行为人实施了故意杀人、抢劫、强奸致人死亡等犯罪后，为消灭罪迹而在野外放火焚尸，不足以危害公共安全的，就不另定放火罪；如果犯罪分子实施了杀人、抢劫、强奸致人死亡、盗窃、贪污等犯罪后，为消灭罪迹在住宅区或者其他公共建筑物内放火，足以危害公共安全的，则应另定放火罪，实行数罪并罚。行为人为了骗取保险金而放火，并且骗取了保险金的，也应实行数罪并罚。

本章导入案例1中，莫某的放火行为不仅造成了朱某一家四口人死亡，还造成了邻居房屋损失，危及公共安全，按照《刑法》第115条第1款的规定，构成放火罪。

（三）放火罪的刑事责任

根据《刑法》第114条、第115条第1款的规定，犯本罪的，尚未造成严重后果的，处3年以上10年以下有期徒刑；致人重伤、死亡或者使公私财产遭受重大损失的，处10年以上有期徒刑、无期徒刑或者死刑。

二、爆炸罪

（一）爆炸罪的概念与构成

爆炸罪，是指故意使用爆炸的方法，危害公共安全的行为。

本罪的客观方面表现为行为人实施了引起爆炸物或其他设备、装置爆炸，危害公共安全的行为。引起爆炸物爆炸，主要是指引起炸弹、炸药包、手榴弹、雷管及各种易爆的固体、液体、气体物品爆炸。引起其他设备、装置爆炸，主要是指利用各种手段，导致机器、锅炉等设备或装置爆炸。爆炸行为必须危害公共安全，但不要求发生实际损害结果，只要有危害公共安全的危险存在即可。

本罪的主体是已满 14 周岁、具有刑事责任能力的自然人。

本罪的主观方面必须是故意，即明知自己的爆炸行为会发生危害公共安全的结果，并且希望或者放任这种结果发生。

（二）爆炸罪的刑事责任

根据《刑法》第 114 条、第 115 条第 1 款的规定，犯本罪的，尚未造成严重后果的，处 3 年以上 10 年以下有期徒刑；致人重伤、死亡或者使公私财产遭受重大损失的，处 10 年以上有期徒刑、无期徒刑或者死刑。

三、投放危险物质罪

（一）投放危险物质罪的概念与构成

投放危险物质罪，是指故意投放毒害性、放射性、传染病病原体等物质，危害公共安全的行为。

本罪的客观方面表现为行为人实施了投放毒害性、放射性、传染病病原体等物质危害公共安全的行为。其一，行为人投放的必须是毒害性、放射性、传染病病原体等危害人的生命、健康或牲畜、禽类、水产养殖物安全的危险物质。其中，毒害性物质是指含有毒质的有机物或者无机物，主要包括砒霜、氯化钾、氰化钾、敌敌畏以及其他含有剧毒的农药等；放射性物质是指通过原子核裂变时放出的射线发生伤害作用的物质，如镭、铀、钴等放射性化学元素；传染病病原体是能够引起疾病的微生物和寄生虫的统称，如炭疽、霍乱等传染病病菌、病毒。由于能够引起疾病的微生物和寄生虫的范围非常广泛，我们认为，本罪的传染病病原体应以《传染病防治法》规定的属于甲、乙、丙类传染病病原体为限。例如，投放蠕虫（如蛔虫）、螨类（如疥螨）的寄生虫的，因不在《传染病防治法》预防的范围内，不能以犯罪论处。此外，行为人投放的危险物质除毒害性、放射性物质和传染病病原体外，还包括严重威胁公共安全的其他生化物质。其二，投放行为必须危害公共安全。即该行为已经对不特定人的生命、健康或者牲畜、禽类、水产养殖物等财产造成严重威胁或严重损害后果。本罪是危险犯，其成立并不需要出现不特定人的中毒或重大公私财产毁损的实际危害结果，只要行为人的行为足以危害公共安全，即有危害公共安全的危险存在即可。投放行为的主要方式：一是将危险物质投放于供不特定人饮食的食品或饮料中；二是将毒物投放于供人、畜等使用的河流、池塘、水井等中；三是在一些公共场所释放放射性、传染病病原体。若故意使用投放危险物质的方法杀害特定个人或特定牲畜，不足以危害公共安全的，不构成投放危险物质罪，视情形可成立故意杀人罪或故意毁坏财物罪。

本罪的主体是已满 14 周岁、具有刑事责任能力的自然人。

本罪的主观方面必须是故意，即行为人明知自己投放危险物质的行为会发生危害公共安全的结果，并且希望或者放任这种结果的发生。犯罪动机不影响本罪的成立。

（二）投放危险物质罪的刑事责任

根据《刑法》第 114 条、第 115 条第 1 款的规定，犯本罪的，尚未造成严重后果的，处 3 年以上 10 年以下有期徒刑；致人重伤、死亡或者使公私财产遭受重大损失的，处 10 年以上有期徒刑、无期徒刑或者死刑。

四、以危险方法危害公共安全罪

（一）以危险方法危害公共安全罪的概念与构成

以危险方法危害公共安全罪，是指故意使用放火、决水、爆炸、投放危险物质以外的危险方法危害公共安全的行为。

本罪的客观方面表现为行为人必须具有以其他危险方法危害公共安全的行为。这里的其他危险方法，是指与放火、决水、爆炸、投放危险物质的危险性相当，足以危害公共安全的方法。这就是说，刑法规定的其他危险方法是有限制的，而不是无所不包的，不能任意扩大其适用范围。至于其他危险方法究竟有哪些，法律上没有明确规定，司法实践中发生案件的形式是多种多样的，如破坏矿井通风设备、私设电网等。又如根据最高人民法院、最高人民检察院《关于办理组织、利用邪教组织破坏法律实施等刑事案件适用法律若干问题的解释》第 12 条的规定，邪教组织人员以自焚、自爆或者其他危险方法危害公共安全的，按照关于以危险方法危害公共安全罪的相关规定定罪处罚。总之，以危险方法危害公共安全罪，必须与放火、决水、爆炸、投放危险物质罪的危险性相当，否则就不属于刑法规定的其他危险方法。

本罪的主体是一般主体，即已满 16 周岁、具有刑事责任能力的自然人。

本罪的主观方面是故意。

（二）以危险方法危害公共安全罪的刑事责任

根据《刑法》第 114 条、第 115 条第 1 款的规定，犯本罪的，尚未造成严重后果的，处 3 年以上 10 年以下有期徒刑；致人重伤、死亡或者使公私财产遭受重大损失的，处 10 年以上有期徒刑、无期徒刑或者死刑。

第三节　破坏公用工具、设施危害公共安全的犯罪

一、破坏交通工具罪

（一）破坏交通工具罪的概念与构成

破坏交通工具罪，是指故意破坏火车、汽车、电车、船只、航空器，足以使其发生倾覆、毁坏危险，危害公共安全的行为。

本罪的客观方面表现为行为人实施了破坏火车、汽车、电车、船只、航空器，足以使其发生倾覆、毁坏危险，危害公共安全的行为。其一，破坏的对象是火车、汽车、电车、船只、航空器。破坏自行车、人力三轮车、马车等非机动交通工具的，由于一般不足以危害公共安全，故不构成本罪。其二，行为人破坏的必须是正在使用中的交通工具。"正在使用"包括正在行驶中以及已交付使用而停机待用两种情形。若行为人破坏的不是正在使用中的交通工具，则不会危害公共安全，不能成立本罪，视情形可能构成其他犯罪。其三，行为人实施的破坏行为必须足以使被破坏的交通工具发生倾覆、毁坏危险。所谓倾覆，是指火车出轨、汽车或电车翻车、船只翻沉、航空器坠落等；所谓毁坏，是指使交通工具性能丧失、报废或者有其他重大毁损。应当注意的是，行为人的破坏行为只要存在使交通工具发生倾覆、毁坏的危险，即具有倾覆、毁坏的现实可能性即可，不要求必须有倾覆、毁坏的实际结果发生。破坏行为通常是指对上述交通工具的整体或者重要部件的破坏，若破坏的仅是交通工具上的一些辅助性部件，如座椅、卧具、窗帘等，并不影响交通运输安全，其行为不能成立本罪。

本罪的主体是一般主体。

本罪的主观方面是故意，即明知自己破坏火车、汽车、电车、船只、航空器的行为会使其发生倾覆或者毁坏的危险，并且希望或者放任这种结果的发生。

（二）破坏交通工具罪认定时应注意的问题

1. 本罪与非罪的界限

司法实践中，区分本罪与非罪的关键是看行为人的破坏行为是否指向法定的几种交通工具，该交通工具是否"正在使用中"，以及其破坏行为是否足以使交通工具发生倾覆、毁坏危险，危害公共安全。若对以上问题的回答有一项是否定的，则其行为要么不能成立犯罪，要么成立其他犯罪。

2. 此罪与彼罪的界限

（1）本罪与放火罪、爆炸罪的界限。实践中，行为人往往采用放火、爆炸的手段实施破坏交通工具的行为。由于《刑法》将正在使用中的交通工具作为特殊对象加以保护，将此类破坏行为规定为独立的犯罪，因此无论行为人采用何种方法破坏交通工具，只要其行为符合破坏交通工具罪的构成要件，都应成立破坏交通工具罪。如果行为人以放火、爆炸的方法破坏尚未交付使用的交通工具，危害或足以危害公共安全的，则应以放火罪、爆炸罪论处。

（2）本罪与盗窃罪的界限。司法实践中，行为人出于占有目的盗窃正在使用中的交通工具上的一些重要零部件，足以使交通工具发生倾覆、毁坏危险，危害公共安全的，其行为同时符合破坏交通工具罪与盗窃罪的犯罪构成。此情形属于刑法上的想象竞合犯，应按从一重罪处断原则处理。如果行为人盗窃的是非使用中的交通工具上的部件，或者是正在使用中的交通工具上的一般部件，不足以危害交通运输安全的，则不能成立破坏交通工具罪，若其行为符合盗窃罪的构成要件，应以盗窃罪论处。

本章导入案例2中，沈某破坏的是待用状态的交通工具，符合"正在使用中"的交通工具，且他的破坏行为足以造成交通工具颠覆、毁坏，只是驾驶员邹某检修发现才避免造成严重后果。沈某的行为符合《刑法》第116条的规定，构成破坏交通工具罪。

（三）破坏交通工具罪的刑事责任

根据《刑法》第116条、第119条的规定，犯本罪，尚未造成严重后果的，处3年以上10年以下有期徒刑；造成严重后果的，处10年以上有期徒刑、无期徒刑或者死刑。

二、破坏交通设施罪

（一）破坏交通设施罪的概念与构成

破坏交通设施罪，是指故意破坏轨道、桥梁、隧道、公路、机场、航道、灯塔、标志或者进行其他破坏活动，足以使火车、汽车、电车、船只、航空器发生倾覆、毁坏危险，危害公共安全的行为。

本罪的客观方面表现为行为人实施了破坏轨道、桥梁、隧道、公路、机场、航道、灯塔、标志或者进行其他破坏活动，足以使火车、汽车、电车、船只、航空器发生倾覆、毁坏危险或者造成严重后果的行为。其一，破坏的对象是正在使用中的轨道、桥梁、隧道、公路、机场、航道、灯塔、标志这些交通设施。其二，行为人必须实施了破坏行为，包括使交通设施本身遭受毁损与使交通设施失去应有性能的行为，如拆卸铁轨、拔去枕木、毁损标志、熄灭灯塔上的灯光、在公路或机场上挖坑掘穴等。此外，本罪中除破坏上述交通设施外，法律还规定了"进行其他破坏活动"。所谓"进行其他破坏活动"，是指实施那些虽然没有直接破坏上述交通设施，但其行为本身也足以使火车、汽车、电车、船只、航空器发生倾覆、毁坏危险的一切破坏活动，例如乱发指示信号、任意改动火车停发时间表等。由于这些行为直接危及交通运输安全，因而也构成本罪。其三，破坏行为必须足以使火车、汽车、电车、船只或者航空器发生倾覆、毁坏危险，刑法并不要求行为造成倾覆、毁坏的实际结果，实际上的倾覆与毁坏只是本罪法定刑升格的条件。

本罪的主体是一般主体，既可以是交通运输部门的工作人员，也可以是非交通运输部门的人员。

本罪的主观方面是故意，即明知自己破坏交通设施的行为会发生使交通工具倾覆或者毁坏的危害结果，并且希望或者放任这种结果的发生。

（二）破坏交通设施罪认定时应注意的问题

认定本罪应注意正确区分本罪与破坏交通工具罪的界限。二者都是故意犯罪，侵犯的客体都是交通运输安全，其主要区别在于侵害的对象不同，前者侵害的对象主要是交通设施，即轨道、桥梁、隧道、公路、机场、航道、灯塔、标志等；后者侵害的对象主要是火车、汽车、电车、船只、航空器等交通工具。二者之间有着密切的联系，破坏交通设施容易导致交通工具的倾覆、毁坏，但绝不能仅以被破坏的设施本身价值的大小来衡量行为的危害性。正在使用中的一切交通设施，都直接关系到交通工具的正常运行和安全。如铁道上的道钉虽小，但如果破坏它就可能足以使火车发生倾覆的危险，因此也应构成破坏交通设施罪。

（三）破坏交通设施罪的刑事责任

根据《刑法》第 117 条、第 119 条第 1 款的规定，犯本罪的，尚未造成严重后果的，处 3 年以上 10 年以下有期徒刑；造成严重后果的，处 10 年以上有期徒刑、无期徒刑或者死刑。

第四节　实施恐怖、危险活动危害公共安全的犯罪

一、组织、领导、参加恐怖组织罪

（一）组织、领导、参加恐怖组织罪的概念与构成

组织、领导、参加恐怖组织罪，是指组织、领导或者参加恐怖活动组织的行为。

本罪的客观方面表现为行为人实施了组织、领导或者参加恐怖活动组织的行为。恐怖活动组织，是指以实施恐怖活动为目的而建立起来的、危害极为严重的犯罪组织。恐怖活动，通常是指为了达到一定目的，特别是政治目的，使用暴力、胁迫等强制手段专门从事杀人、爆炸、劫持、绑架人质等暴力犯罪活动。恐怖活动的严重危害性，决定了恐怖组织的存在本身就是对公共安全的严重威胁，故成立本罪不要求造成实际的危害后果，只要行为人实施了组织、领导、参加恐怖组织的行为，便可成立犯罪。这里的组织，主要是指组建恐怖组织和召集恐怖分子；领导，主要是指策划、指挥恐怖组织的具体活动；参加，是指加入恐怖组织，使自己成为该组织成员。只要行为人实施了组织、领导、参加行为之一，便成立本罪，是否开始实施恐怖活动不影响本罪成立。

本罪的主体是一般主体，即已满16周岁、具有刑事责任能力的自然人。

本罪的主观方面是故意，即行为人明知恐怖活动危害公共安全，还以实施恐怖活动为目的，组织、领导或者参加恐怖组织。

（二）组织、领导、参加恐怖组织罪的刑事责任

根据《刑法》第120条的规定，组织、领导恐怖活动组织的，处10年以上有期徒刑或者无期徒刑，并处没收财产；积极参加的，处3年以上10年以下有期徒刑，并处罚金；其他参加的，处3年以下有期徒刑、拘役、管制或者剥夺政治权利，可以并处罚金。犯组织、领导恐怖组织罪并实施杀人、爆炸、绑架等犯罪的，依照数罪并罚的规定处罚。

本章导入案例3中，帕某为参加恐怖组织罪，玉某为组织、领导恐怖组织罪，分别按照《刑法》第120条的规定定罪量刑。

二、宣扬恐怖主义、极端主义、煽动实施恐怖活动罪

（一）宣扬恐怖主义、极端主义、煽动实施恐怖活动罪的概念与构成

宣扬恐怖主义、极端主义、煽动实施恐怖活动罪，是指制作、散发宣扬恐怖主义、极端主义的图书、音频视频资料或其他物品，或者通过讲授、发布信息等方式宣扬恐怖主义、极端主义，或者煽动实施恐怖活动的行为。

本罪的客观方面表现为制作、散发宣扬恐怖主义、极端主义的图书、音频视频资料或其他物品，或者通过讲授、发布信息等方式宣扬恐怖主义、极端主义，或者煽动实施恐怖活动的行为。制作，是指撰写、编纂、出版图书或其他物品，或者拍摄、录制音频视频资料或其他物品的行为。散发，是指无偿分发含有宣扬恐怖主义、极端主义信息的图书、音频视频资料或其他物品的行为。讲授，是指通过语言或其他交流手段等方式宣传恐怖主义、极端主义思想或观点的行为。发布信息，是指通过刊物、媒体或网络传播恐怖主义、极端主义信息的行为。煽动实施恐怖活动，是指鼓动、怂恿、促使不特定人实施恐怖活动的行为。

本罪的主体是一般主体，即已满 16 周岁、具有刑事责任能力的自然人。

本罪的主观方面是故意，并且具有宣扬恐怖主义、极端主义思想或煽动实施恐怖活动的目的。如果不具备该目的，仅仅因为其讲话内容而导致他人产生信仰恐怖主义或极端主义教义的，不能成立本罪。

（二）宣扬恐怖主义、极端主义、煽动实施恐怖活动罪的刑事责任

根据《刑法》第 120 条之三的规定，犯本罪的，处 5 年以下有期徒刑、拘役、管制或者剥夺政治权利，并处罚金；情节严重的，处 5 年以上有期徒刑，并处罚金或者没收财产。

三、劫持航空器罪

（一）劫持航空器罪的概念与构成

劫持航空器罪，是指以暴力、胁迫或者其他方法劫持航空器，危害航空安全的行为。

本罪的客观方面表现为行为人实施了以暴力、胁迫或者其他方法劫持航空器的行为。其一，犯罪对象是正在使用或者飞行中的航空器。《刑法》虽然没有这样明文限定，但从劫持的含义及有关国际公约来看，应当作出这种限定。未投入使用或已报废的航空器，不能作为本罪的犯罪对象。根据《蒙特利尔公约》的规定，从地面人员或机组为某一特定飞行而对航空器进行飞行前的准备时起，直到降落后 24 小时为止，该航空器被认为是正在使用中。航空器从装载完毕，机舱外部各门均已关闭时起，直至打开任一机舱门以便卸载时止，视为在飞行中；航空器被迫降落时，在主管当局接管该航空器及机上人员与财产的责任以前，视为仍在飞行中。关于航空器的范围，虽然根据有关国际公约，劫持航空器犯罪中的航空器仅限于民用航空器，但不能完全根据国际公约来解释国内刑法；国内刑法也没有对航空器作出任何限定；劫持供军事、海关、警察等使用的航空器的犯罪行为也可能发生，应依法惩治。其二，行为人实施了劫持航空器的行为。所谓劫持，是指以暴力、胁迫或者其他方法迫使机组人员改变航空器原定航向，飞往劫持者指定的地方。

本罪的主体是一般主体，即已满 16 周岁、具有刑事责任能力的自然人，无论是中国人、外国人还是无国籍人，都可成为本罪主体。

本罪的主观方面只能是故意，即明知劫持航空器的行为会发生危害航空安全的严重后果，并且希望或者放任这种结果的发生。从实践上看，劫持者的动机多种多样，如逃避刑事责任、躲避经济债务，或者为了政治目的等，但犯罪动机的内容不影响本罪的成立。

（二）劫持航空器罪的刑事责任

根据《刑法》第 121 条的规定，犯本罪的，处 10 年以上有期徒刑或者无期徒刑；致人重伤、死亡或者使航空器遭受严重破坏的，处死刑。

第五节　违反枪支、弹药、爆炸物、危险物质管理规定危害公共安全的犯罪

一、非法制造、买卖、运输、邮寄、储存枪支、弹药、爆炸物罪

（一）非法制造、买卖、运输、邮寄、储存枪支、弹药、爆炸物罪的概念与构成

非法制造、买卖、运输、邮寄、储存枪支、弹药、爆炸物罪，是指违反国家有关枪支、弹药、爆炸物管理法规，擅自制造、买卖、运输、邮寄、储存枪支、弹药、爆炸物，危害公共安全的行为。

本罪的客观方面表现为行为人违反国家有关枪支、弹药、爆炸物管理法规，擅自制造、买卖、运输、邮寄、储存枪支、弹药、爆炸物的行为。其一，本罪的犯罪对象是枪支、弹药、爆炸物。《枪支管理法》第 46 条规定，枪支是指以火药或者压缩气体等为动力，利用管状器具发射金属弹丸或者其他物质，足以致人伤亡或者丧失知觉的各种枪支。这里的枪支、弹药，包括军用手枪、步枪、冲锋枪、机枪、射击运动所用的各种枪支、狩猎用的膛线枪、霰弹枪、火药枪，麻醉动物用的注射枪和发射金属弹丸的气枪，以及上述各种枪支使用的弹药。因此，枪支、弹药不是专指军用枪支、弹药，也包括民用枪支、弹药。对于爆炸物，一般认为包括各种手榴弹、地雷、炸弹、爆破筒、炸药和雷管等。根据有关法律规定，民用爆炸物品的范围相当广泛，具体分为三类。① 爆破器材，包括各类炸药、雷管、导火索、导爆索、非电导爆系统、起爆药和爆破剂；② 黑火药、烟火剂、民用信号弹和烟花爆竹；③ 公安部门认为需要管理的其他爆炸物品。实践中，容易成为本罪犯罪对象的爆炸物主要包括硝酸铵、氯酸钾、雷管等。其二，行为人必须实施了非法制造、买卖、运输、邮寄、储存枪支、弹药、爆炸物的行为。非法制造，是指未经国家有关部门许可，擅自制造枪支、弹药、爆炸物，包括制作、组装、改装和拼装行为。非法买卖，是指未经国家有关部门许可，购买或者出售枪支、弹药、爆炸物。非法运输，是指违反有关法规，将枪支、弹药、爆炸物进行地点的转移。非法邮寄，是指未经国家有关部门许可，通过邮政部门寄递枪支、弹药、爆炸物。非法储存，是指明知是他人非法制造、买卖、运输、邮寄的枪支、

弹药、爆炸物而为其存放的行为。本罪是选择性罪名，只要行为人实施了非法制造、买卖、运输、邮寄、储存枪支、弹药、爆炸物的行为之一，即可构成本罪。如果行为人同时实施了其中两种或者两种以上的行为，如非法制造又销售的，也只构成一罪，不适用数罪并罚。

本罪的主体既可以是已满 16 周岁、具有刑事责任能力的自然人，也可以是单位。

本罪的主观方面必须是故意，即明知是枪支、弹药、爆炸物而故意非法制造、买卖、运输、邮寄或者储存。不明知是枪支、弹药、爆炸物而实施上述行为的，不成立本罪。

本章导入案例 4 中，陈某某、罗某某私自制造大量的"铳"进行贩卖，符合《刑法》第 125 条的规定，符合非法制造、买卖爆炸物罪。

（二）非法制造、买卖、运输、邮寄、储存枪支、弹药、爆炸物罪的刑事责任

根据《刑法》第 125 条第 1 款的规定，犯本罪的，处 3 年以上 10 年以下有期徒刑；情节严重的，处 10 年以上有期徒刑、无期徒刑或者死刑。

二、盗窃、抢夺枪支、弹药、爆炸物、危险物质罪

（一）盗窃、抢夺枪支、弹药、爆炸物、危险物质罪的概念与构成

盗窃、抢夺枪支、弹药、爆炸物、危险物质罪，是指以非法占有为目的，秘密窃取或者公然夺取枪支、弹药、爆炸物或者毒害性、放射性、传染病病原体等物质，危害公共安全的行为。

本罪的客观方面表现为行为人实施了盗窃或者抢夺枪支、弹药、爆炸物或者毒害性、放射性、传染病病原体等物质的行为。盗窃一般是指采用不为人知的方法秘密窃取；抢夺一般是指乘人不备公然夺取。犯罪对象包括枪支、弹药、爆炸物或者毒害性、放射性、传染病病原体等危险物质。

本罪的主体是一般主体，凡已满 16 周岁、具有刑事责任能力的自然人，均可成为本罪主体。

本罪的主观方面只能是故意，即明知是枪支、弹药、爆炸物或者毒害性、放射性、传染病病原体等危险物质而故意盗窃或抢夺。实践中有时会出现行为人为了盗窃、抢夺一般财物而实际上盗窃、抢夺了枪支、弹药、爆炸物或者毒害性、放射性、传染病病原体等危险物质的案件，由于行为人不知是枪支、弹药、爆炸物、危险物质，故不能认定为本罪，构成犯罪的只能以盗窃罪、抢夺罪论处；如果盗窃、抢夺枪支、弹药后非法持有、私藏的，则不另行构成非法持有、私藏枪支、弹药罪。

（二）盗窃、抢夺枪支、弹药、爆炸物、危险物质罪认定时应注意的问题

1. 本罪与非罪的界限

对于盗窃、抢夺枪支、弹药、爆炸物、危险物质的行为，由于其犯罪对象的公共危险性，《刑法》没有规定必须"数额较大""多次盗窃""情节严重"才可构成犯罪。一般情况下，只要行为人明知是枪支、弹药、爆炸物或者毒害性、放射性、传染病病原体等危险物质而故意实施盗窃、抢夺行为，即可构成本罪。但是，根据《刑法》第13条但书的规定，情节显著轻微危害不大的，不认为是犯罪。

2. 本罪与盗窃罪、抢夺罪的界限

本罪与盗窃罪、抢夺罪在行为方式、罪过形式、犯罪主体等方面存在相同之处。二者的区别表现在以下几方面。① 犯罪对象不同。前者是具有较大危险性的枪支、弹药、爆炸物或者毒害性、放射性、传染病病原体等危险物质，后者是普通的公私财物，范围极广，但不包括枪支、弹药、爆炸物或者毒害性、放射性、传染病病原体等危险物质。② 侵害的客体不同。前者主要侵害了国家对枪支、弹药、爆炸物或者毒害性、放射性、传染病病原体等危险物质的管理秩序和公共安全，后者侵犯的是公私财产所有权。③ 主观故意的内容不同。前者表现为行为人明知是枪支、弹药、爆炸物或者毒害性、放射性、传染病病原体等危险物质而秘密窃取或公然夺取，后者表现为行为人明知是一般财物而秘密窃取或公然夺取。④ 对行为的要求不同。前者对行为没有数额、次数等要求，而构成盗窃罪的，必须要求数额较大，或者多次盗窃、入户盗窃、携带凶器盗窃、扒窃；构成抢夺罪的，也必须要求"数额较大"。

3. 既遂与未遂的界限

（1）盗窃枪支、弹药、爆炸物、危险物质罪的既遂与未遂。

对于盗窃枪支、弹药、爆炸物、危险物质罪既遂与未遂的区分标准，只要行为人的盗窃行为使枪支、弹药、爆炸物、危险物质的所有者、保管者丧失对被盗枪支、弹药、爆炸物、危险物质的控制，就应当认定其行为已达到既遂而不是未遂。认定枪支、弹药、爆炸物、危险物质的所有者、保管者是否丧失对被盗枪支、弹药、爆炸物、危险物质的控制，应根据盗窃的环境、条件等客观状况的不同，具体情况具体分析。

（2）抢夺枪支、弹药、爆炸物、危险物质罪的既遂与未遂。

根据抢夺行为的特点，只有当行为人实施了抢夺行为，并且实际将枪支、弹药、爆炸物、危险物质抢夺到手时，方可成立犯罪既遂。反之，行为人只是实施了抢夺行为，由于其意志以外的原因，而未能将枪支、弹药、爆炸物、危险物质抢夺到手时，则为犯罪未遂。

4. 一罪与数罪的界限

盗窃、抢夺枪支、弹药、爆炸物、危险物质的行为人往往基于不同动机，出于不同目的，其罪数形态非常复杂，认定时应注意以下问题。

（1）行为人盗窃、抢夺枪支、弹药后又非法持有的。这种情形下，行为人存在两个犯罪行为，即盗窃、抢夺和非法持有行为，其行为触犯了两个罪名，即盗窃、抢夺枪支、弹药罪和非法持有枪支、弹药罪。但由于这两个行为之间具有前行为是后行为的所经阶段，后行为是前行为发展的自然结局的特征，故应成立吸收关系。根据这两个行为的关系，非法持有行为被盗窃、抢夺行为所吸收，仅成立盗窃、抢夺枪支、弹药罪一罪，不数罪并罚。

（2）行为人实施了盗窃、抢夺枪支、弹药、爆炸物、危险物质罪之后，又利用这些物品进行杀人、强奸、抢劫、绑架、投放危险物质等犯罪活动的。这种情形下，由于行为人基于数个不同的犯罪故意，实施了数个独立的犯罪行为，具备数个犯罪的犯罪构成，故成立实质的数罪，应依法实行数罪并罚。

（三）盗窃、抢夺枪支、弹药、爆炸物、危险物质罪的刑事责任

根据《刑法》第127条的规定，犯本罪的，处3年以上10年以下有期徒刑；情节严重的，处10年以上有期徒刑、无期徒刑或者死刑。盗窃、抢夺国家机关、军警人员、民兵的枪支、弹药、爆炸物的，处10年以上有期徒刑、无期徒刑或者死刑。

第六节　过失造成重大事故危害公共安全的犯罪

一、交通肇事罪

（一）交通肇事罪的概念与构成

交通肇事罪，是指违反交通运输管理法规，因而发生重大交通事故，致人重伤、死亡或者使公私财产遭受重大损失的行为。

本罪侵犯的客体是交通运输安全。交通运输包括航空交通运输、铁路交通运输、公路交通运输和水路交通运输。但由于《刑法》对在铁路、航空运输中由特殊主体违规而发生的重大责任事故单独作了规定，因此本罪的发生范围主要是指发生在陆路交通运输和水路交通运输中的重大交通事故。

本罪的客观方面表现为违反交通运输管理法规，因而发生重大交通事故，致人重伤、死亡或者使公私财产遭受重大损失的行为。其一，必须有违反交通运输管理法规的行为。交通运输管理法规是指国家有关交通运输管理方面的法律、法规以及有关主

管部门维护、保障公共交通安全的规定。由于《刑法》第131条、第132条已对重大飞行事故罪和铁路运营安全事故罪作了专门规定，这里的交通运输管理法规主要指公路、水上交通运输中的各种交通规则、操作规程、劳动纪律等，但也不能绝对排除铁路、航空交通运输中的管理法规。这是因为，如果非航空人员违反航空运输管理法规，或者非铁路职工违反铁路运输管理法规，因而发生重大飞行事故或者铁路运营安全事故，致人重伤、死亡或者使公私财产遭受重大损失，又不构成其他犯罪的，则仍然应当按本罪处理。其二，必须发生重大交通事故，致人重伤、死亡或者使公私财产遭受重大损失。行为虽违反交通运输管理法规，但未造成重大交通事故的，不成立本罪。其三，重大交通事故必须发生在公共交通管理的范围内。在公共交通管理的范围外，驾驶机动车辆或者使用其他交通工具致人伤亡或者致使公共财产或他人财产遭受重大损失，构成犯罪的，应分别以重大责任事故罪、重大劳动安全事故罪、过失致人死亡罪等定罪处罚。如出于好奇或逞能而乱开停放在院中挂倒挡的汽车，不慎将车后之人轧死的，就不应以本罪论处，而应定过失致人死亡罪。

本罪的主体是一般主体，包括从事交通运输的人员以及其他非交通运输人员，但在实践中多为交通运输人员。本罪中从事交通运输的人员应指航空人员、铁路人员以外的其他从事交通运输的人员，主要指公路、水上运输人员。因为航空人员违章造成重大飞行事故的，成立重大飞行事故罪；铁路职工违章造成铁路运营安全事故的，成立铁路运营安全事故罪。但航空人员、铁路职工以外的人员造成重大飞行事故或铁路运营事故的，成立本罪。根据有关司法解释，为练习开车、游乐等目的，偷开机动车辆，在偷开过程中发生交通肇事构成犯罪的，应成立交通肇事罪；单位主管人员、机动车辆所有人或者机动车辆承包人指使、强令他人违章驾驶造成重大交通事故，构成犯罪的，应以交通肇事罪论处。

本罪的主观方面是过失，即应当预见自己违反交通运输管理法规的行为可能发生重大交通事故，但因为疏忽大意而没有预见或者已经预见而轻信能够避免，以致发生这种结果。行为人违反交通运输管理法规可能是出于故意，但这里的故意不是刑法中罪过形式中的故意，在这种情况下，行为人对危害结果的发生往往抱着轻信能够避免的态度，因而本罪罪过形式仍然是过失。因此，那种认为交通肇事罪的主观方面同时包括了故意与过失的观点，是值得商榷的。

（二）交通肇事罪认定时应注意的问题

1. 本罪与非罪的界限

（1）交通肇事罪与一般交通事故的界限。二者都违反了交通运输管理法规，造成了交通事故，区别在于二者造成的危害结果的严重程度不同。构成交通肇事罪，必须发生重大交通事故，致人重伤、死亡或者使公私财产遭受重大损失。行为人虽然违反交通运输管理法规，但并没有造成重大交通事故的，不能认定为交通肇事罪。根据最高人民法院《关于审理交通肇事刑事案件具体应用法律若干问题的解释》的规定，从事交通运输人员或者非交通运输人员，违反交通运输管理法规发生重大交通事故，具有下列情形之一的，即可定罪处罚：死亡1人或者重伤3人以上，负事故全部或者主要责任的；死亡3人以上，负事故同等责任的；造成公共财产或者他人财产直接损失，负事故全部或者主要责任，无能力赔偿数额在30万元以上的。此外，交通肇事致1人以上重伤，负事故全部或者主要责任，并具有下列情形之一的，也应以交通肇事罪定罪处罚：酒后、吸食毒品后驾驶机动车辆的；无驾驶资格驾驶机动车辆的；明知是安全装置不全或者安全机件失灵的机动车辆而驾驶的；明知是无牌证或者已报废的机动车辆而驾驶的；严重超载驾驶的；为逃避法律追究逃离事故现场的。

（2）交通肇事罪与交通事故中的意外事件的界限。二者都造成了交通事故，区别的关键在于行为人主观上是否具有过失。若行为虽然造成了严重后果，但行为人主观上没有过失，而是由于不能抗拒或者不能预见的原因所引起的，不能认定为交通肇事罪，应属于交通事故中的意外事件。

（3）发生交通事故的原因往往比较复杂，因此有必要分清造成事故的原因，以便正确定罪量刑。对于完全是由交通运输人员的违章行为所造成的重大交通事故，应以交通肇事罪论处；完全是由被害人自己的原因所造成的重大交通事故，应由被害人自己负完全的责任。在许多情况下，行为人与被害人均有责任，如果行为人对事故不应负主要责任或同等责任的，则不能认定为交通肇事罪。

2. 此罪与彼罪的界限

（1）本罪与过失损坏交通工具罪、过失损坏交通设施罪的界限。二者的相似之处表现为，主观上都是过失，客观上都要求出现一定的危害后果。但二者亦有明显区别，主要表现在：第一，前者是违反交通运输管理法规而造成重大交通事故的行为，后者是过失破坏交通工具或交通设施的行为，与交通管理法规没有任何关系。第二，前者发生在交通运输活动以及与交通运输有直接关系的活动中，后者没有这种限制。

（2）本罪与利用交通工具故意杀人或者故意伤害罪的界限。二者都会发生致人重伤、死亡的危害后果，且危害后果的发生都与交通工具有关。二者的关键区别在于主观心理状态不同：前者对致人重伤或者死亡的危害后果表现出过失的心理态度，而后者是利用交通工具故意杀人或者故意伤害他人，对于重伤、死亡的危害后果表现出故意的心理态度。

（3）本罪与重大飞行事故罪、铁路运营安全事故罪的界限。二者的主要区别是：第一，二者危害的是不同方面的交通运输安全。交通肇事罪侵犯的主要是公路、水上交通运输安全，重大飞行事故罪侵犯的是航空交通运输安全，铁路运营安全事故罪侵犯的是铁路交通运输安全。第二，犯罪主体不同。交通肇事罪的主体是一般主体，包括从事交通运输的人员以及其他非交通运输人员；重大飞行事故罪的主体是特殊主体，必须由航空人员构成，包括空勤人员与地面人员；铁路运营安全事故罪的主体也是特殊主体，必须是铁路职工。

（4）本罪与以驾车撞人的危险方法危害公共安全罪的界限。二者都是危害公共安全的犯罪，都可能发生致人重伤、死亡或者使公私财产遭受重大损失的严重后果。二者的主要区别有：第一，主观罪过形式不同。前者表现为过失，后者表现为故意。第二，客观方面的要求不同。前者要求行为人的违章行为必须造成法定的严重后果才能构成犯罪，后者则并不要求造成实际的严重后果。

（三）交通肇事罪的刑事责任

根据《刑法》第 133 条的规定，犯本罪的，处 3 年以下有期徒刑或者拘役；交通运输肇事后逃逸或者有其他特别恶劣情节的，处 3 年以上 7 年以下有期徒刑；因逃逸致人死亡的，处 7 年以上有期徒刑。

根据最高人民法院《关于审理交通肇事刑事案件具体应用法律若干问题的解释》，"交通运输肇事后逃逸"，是指行为人的交通肇事行为已达到定罪标准，在发生交通事故后，为逃避法律追究而逃跑的行为。"有其他特别恶劣情节"，是指交通肇事具有下列情形之一：① 死亡 2 人以上或者重伤 5 人以上，负事故全部或者主要责任的；② 死亡 6 人以上，负事故同等责任的；③ 造成公共财产或者他人财产直接损失，负事故全部或者主要责任，无能力赔偿数额在 60 万元以上的。"因逃逸致人死亡"，是指行为人在交通肇事后为逃避法律追究而逃跑，致使被害人因得不到救助而死亡的情形。交通肇事后，单位主管人员、机动车辆所有人、承包人或者乘车人指使肇事人逃逸，致使被害人因得不到救助而死亡的，以交通肇事罪的共犯论处。若行为人在交通肇事后为逃避法律追究，将被害人带离事故现场后隐藏或者遗弃，致使被害人无法得到救助而死亡或者严重残疾的，应当分别以故意杀人罪或者故意伤害罪定罪处罚。

在交通肇事案件中，常常出现肇事者肇事后逃逸，同时又发生了被害人死亡的情形。但并非所有这种情形都按"因逃逸致人死亡"处理，应具体情形具体分析，然后作出不同的处理。

（1）交通肇事当场致被害人死亡，行为人下车查看，确认被害人已经死亡，为逃避责任而逃逸。在这种情况下，虽然行为人有逃逸行为，但被害人死亡的结果和行为人逃逸的行为之间不存在因果关系，因而不能按"因逃逸致人死亡"处理。若其行为已构成犯罪，只能按"交通运输肇事后逃逸"的情节处罚。

（2）交通肇事当场致被害人死亡，行为人未下车查看，并不知道被害人已经死亡，为逃避责任而逃逸。在这种情况下，行为人并不知道被害人是死是活就驾车逃逸而去，但其逃逸行为与被害人死亡结果之间仍不存在因果关系，因而仍不能按"因逃逸致人死亡"处理。若其行为已构成犯罪，只能按"交通运输肇事后逃逸"的情节处罚。

（3）交通肇事致被害人身受重伤濒临死亡，行为人为逃避责任而逃逸，被害人被其他人及时送往医院，却仍在去医院的途中或经抢救无效而死亡。在这种情况下，即使毫不耽搁地进行抢救，被害人也无法救活，行为人的逃逸行为对被害人死亡结果的发生并无原因力，因而仍不能按"因逃逸致人死亡"处理。若其行为已构成犯罪，只能按"交通运输肇事后逃逸"的情节处罚。

（4）交通肇事致被害人重伤，被害人如果能得到及时救治就不会死亡，但行为人却为逃避责任而逃逸，放任被害人死亡结果的发生，致使被害人因得不到及时救治而死亡。在这种情况下，行为人的逃逸行为与被害人的死亡结果之间显然存在因果关系，故应按"因逃逸致人死亡"处理。

（5）交通肇事后不但不积极抢救被害人，反而将其移至隐蔽处，致使被害人因得不到及时救治而死亡。对于这种情形，如果行为人的交通肇事行为不构成交通肇事罪，则应当以不作为的间接故意杀人罪定罪处罚；如果行为人的交通肇事行为已构成交通肇事罪，则应当以交通肇事罪和故意杀人罪数罪并罚。

本章导入案例 5 中，王某酒后交通肇事，造成 6 人当场死亡、7 人死亡，属于交通肇事罪法定刑升格之"其他特别恶劣情节"。当然王某的酒驾行为也符合危险驾驶罪的特征，构成危险驾驶罪和交通肇事罪的想象竞合犯，应该择一重罪处理。交通肇事有其他恶劣情节的，显然处罚更重，所以本案构成交通肇事罪。

二、危险驾驶罪

（一）危险驾驶罪的概念与构成

危险驾驶罪是《刑法修正案（八）》中增设、并经过《刑法修正案（九）》修正的罪名。危险驾驶罪，是指在道路上危险驾驶机动车的行为。

本罪侵犯的客体是交通运输安全。危险驾驶行为本身具有极大的公共危险性，一旦实施，就会对参与交通的不特定或者多数人的生命、健康或重大公私财产等法益构成极大的威胁，侵害结果发生具有高度盖然性。故本罪的设置，是在法益还未受到现实侵害之前，刑法就予以介入，是刑法对法益的一种提前保护。

本罪的客观方面表现为在道路上危险驾驶机动车的行为。所谓道路，是指公路、城市道路和虽在单位管辖范围但允许社会机动车通行的地方，包括广场、公共停车场等用于公众通行的场所。

危险驾驶行为具体包括：① 在道路上驾驶机动车追逐竞驶，情节恶劣的行为。所谓在道路上驾驶机动车追逐竞驶，是指行为人以竞技、追求刺激、娱乐或者赌气、赌博等为动机，驾驶机动车在公共道路上你追我赶，互相竞逐。根据《刑法》第 133 条之一的规定，追逐竞驶行为必须情节恶劣，才成立本罪。所谓情节恶劣，一般是指在人流车流密集的交通路段追逐竞驶；追逐竞驶中连闯红灯或超速驾驶；反复多次追逐竞驶；不听交通警察劝阻继续追逐竞驶；等等。② 在道路上醉酒驾驶机动车。醉酒驾驶不同于日常生活中的醉酒，应该按照国家质量监督检验检疫总局《车辆驾驶人员血液、呼气酒精含量阈值与检验》（GB 19522—2024）来认定。按照该标准，如果人体血液中酒精含量达到了 80 毫克/100 毫升，就被认定为醉酒，而不需要考虑该行为人是否属于日常生活中的醉酒。③ 从事校车业务或旅客运输，严重超过额定乘员载客，或者严重超过规定时速行驶的行为。从事校车业务，是指驾驶专门从事接送幼儿园、中小学校学生的车辆的行为。从事旅客运输，是指驾驶车辆运输旅客的行为。从事校车业务或者旅客运输业务，包括符合法定资质的依法从事校车或者旅客运输业务的，也包括不符合法定资质的私自从事校车业务或旅客运输业务的。严重超载，是指严重超过额定乘员载客的行为。严重超过规定时速行驶，是指从事客运业务的车辆行驶时速严重超过公路规定的最高限速的行为。④ 违反危险化学品安全管理规定运输危险化学物品，危及公共安全的行为。该行为是指违反了《危险化学品安全管理条例》第 5 章"运输安全"规定的运输危险化学物品、足以危及公共安全但没有造成运输事故的行为。

本罪的主体是一般主体，凡已满 16 周岁、具有刑事责任能力的自然人，均可成为本罪主体。

本罪的主观方面是故意，即行为人明知危险驾驶行为会对公共安全造成极大的威胁，但却放任这种危险状态的存在。

（二）危险驾驶罪认定时应注意的问题

1. 本罪与非罪的界限

按照日常一般观念，具有危险性的驾驶行为有很多，如超速驾驶、超载驾驶、无证驾驶、吸毒后驾驶、闯红灯、饮酒后驾驶、追逐竞驶等。但根据罪刑法定原则，法律明确规定的四种行为才能成立本罪，即：在道路上驾驶机动车追逐竞驶，情节恶劣的行为；在道路上醉酒驾驶机动车的行为；在道路上从事校车业务或旅客运输业务，严重超过额定乘员载客，或者严重超过规定时速行为；违反危险化学品安全管理规定运输危险化学物品，危及公共安全的行为。其他危险驾驶行为则按一般交通违法行为处理。应当注意的是，虽然有在道路上驾驶机动车追逐竞驶的行为，但情节不恶劣的，亦不成立本罪。另外，并不是所有酒后驾驶行为都构成犯罪，只有当人饮酒达到醉酒标准，在道路上驾驶机动车的，才成立本罪。

2. 此罪与彼罪的界限

（1）本罪与交通肇事罪的关系。危险驾驶罪是故意犯罪，是危险犯；而交通肇事罪是过失犯罪，是结果犯。二者似乎泾渭分明，其实不然。危险驾驶与交通肇事本就不是绝对独立的两个范畴，二者有着密切的联系。危险驾驶罪中的危险驾驶行为无疑都是违反交通运输管理法规的行为，若因此而发生重大交通事故，致人重伤、死亡或使公私财产遭受重大损失的，只要行为人对危害结果是过失的态度，则构成交通肇事罪。根据《刑法》第 133 条之一的规定，有危险驾驶罪行为，同时构成其他犯罪的，依照处罚较重的规定定罪处罚。

（2）本罪与以危险方法危害公共安全罪的关系。从犯罪客体上看，二者都危害公共安全；从犯罪性质上看，二者都是危险犯；从主观罪过上看，二者都是故意；从客观行为上看，危险驾驶行为属于以危险方法危害公共安全罪中的危险方法。但不同的是，以危险方法危害公共安全罪属于具体危险犯，危险驾驶罪则属于抽象危险犯。前者是指在个案上已经引发刑法所保护法益的危险，此危险状态可以在经验上被感知；后者是指立法上认定特定的行为方式一旦出现，危险状态即伴随而生。这一区分的意义在于，对于以危险方法危害公共安全罪，认定罪名时需斟酌个案中的各种要素，以确认是否对法益造成危险；而对于危险驾驶罪，特定的危险驾驶行为一经出现，立法上就认定危险状态已经产生，无须再逐案判断客观上是否发生危险。因此，如果行为人出于报复社会、泄愤的目的，故意醉酒驾车，或在公共道路上横冲直撞，追逐竞驶，已对不特定或多数人的生命、健康和财产安全造成现实危险，其行为同时符合危险驾驶罪和《刑法》第114条规定的以危险方法危害公共安全罪；若该行为已造成致人重伤、死亡或使公私财产遭受重大损失的实害结果，行为人对这一结果明显具有故意时，其行为同时构成危险驾驶罪和《刑法》第115条规定的以危险方法危害公共安全罪。根据《刑法》第133条之一的规定，有危险驾驶罪行为，同时构成其他犯罪的，依照处罚较重的规定定罪处罚。

（三）危险驾驶罪的刑事责任

根据《刑法》第133条之一的规定，犯本罪的，处拘役，并处罚金。机动车所有人、管理人对从事校车业务或旅客运输业务危险驾驶，或者违反危险化学品安全管理规定运输危险化学品行为负有直接责任的，按照本罪定罪处罚。犯本罪，同时构成其他犯罪的，依照处罚较重的规定定罪处罚。

三、妨害安全驾驶罪

（一）妨害安全驾驶罪的概念与构成

妨害安全驾驶罪是《刑法修正案（十一）》中增设的罪名，是指对行驶中的公共交通工具的驾驶人员使用暴力或者抢控驾驶操纵装置，干扰公共交通工具正常行驶，危及公共安全的行为。

本罪侵犯的客体是交通运输安全。客观方面表现为两种情形：① 乘客对行驶中的公共交通工具的驾驶人员使用暴力或者抢控驾驶操纵装置，干扰公共交通工具正常行驶，危及公共安全的。例如，乘客在公交车上打司机。② 驾驶人员在行驶的公共交通工具上擅离职守，与他人互殴或者殴打他人，危及公共安全的。例如，司机和乘客吵架，离开驾驶室和乘客对打。

本罪的主体是一般主体，主观方面是故意。

（二）妨害安全驾驶罪的刑事责任

根据《刑法》第133条之二的规定，犯本罪的，处1年以下有期徒刑、拘役或者管制，并处或者单处罚金。

四、重大责任事故罪

（一）重大责任事故罪的概念与构成

《刑法修正案（六）》对同重大责任事故罪相关的《刑法》第134条进行了修改。根据修正后的《刑法》第134条第1款的规定，重大责任事故罪，是指在生产、作业中违反有关安全管理的规定，因而发生重大伤亡事故或者造成其他严重后果的行为。

本罪侵犯的客体是生产、作业安全。生产、作业安全是公共安全的重要组成部分，危害生产、作业安全，同样会使不特定或者多数人的生命、健康和公私财产安全遭受侵害。

本罪的客观方面表现为在生产、作业中违反有关安全管理的规定，造成重大安全事故的行为。其一，行为人必须有违反有关安全管理规定的行为，即有违反同保障生产、作业安全有关的法律、法规，以及企事业单位或其上级主管机关制定的保障生产、作业安全的规章制度的行为。其二，必须发生重大伤亡事故或者造成其他严重后果。其三，重大事故必须发生在生产、作业活动中，并同有关职工、从业人员的生产、作业活动有直接联系。如果事故的发生与生产、作业没有关系，则不宜以本罪论处。

本罪的主体是特殊主体，主要包括对生产、作业负有组织、指挥或者管理职责的负责人、管理人、实际控制人、投资人等人员，以及直接从事生产、作业的人员。

本罪的主观方面是过失，即应当预见到自己不服管理、违反规章制度时生产、作业可能发生伤亡事故或者造成其他严重后果，但因为疏忽大意而没有预见或者已经预见而轻信能够避免，以致发生这种结果。至于行为人违反安全管理规定，则可能是明知故犯。

（二）重大责任事故罪认定时应注意的问题

1. 本罪与非罪的界限

其一，不能预见或者不能抗拒的自然现象引起的事故，以及因技术条件或设备条件限制而无法避免的事故，因为行为人主观上没有过失，不能认定为本罪。

其二，在技术革新、科学实验中，只要行为人遵守了有关规则，就不能因为技术革新或科学实验失败而认定为本罪。时代的发展需要技术革新与科学实验，而技术革新与科学实验都面临着两种结局：成功与失败。行为人一般也预见到了失败的可能性。在这种情况下，不能轻易认定行为人具有过于自信的过失，否则会抑制人民群众的积极性与创造性。只有在行为人没有遵守有关规则的情况下，才能认定为过失行为。

其三，行为人虽然在生产、作业中违反规章制度，但没有造成严重后果的，不能认定为本罪。所谓重大伤亡事故或者造成其他严重后果，根据司法解释，包括造成死亡 1 人以上，或重伤 3 人以上，或者造成直接经济损失 50 万元（如果属于矿山生产安全责任事故，则造成直接经济损失 100 万元），或者造成其他严重后果的情形。

2. 此罪与彼罪的界限

（1）本罪与失火罪、过失爆炸罪等的界限。二者在主观上都是过失，在客观上都造成了人员的重大伤亡或公私财产的重大损失。其主要区别是：前者是在生产、作业活动中违反规章制度造成严重后果，后者是在日常生活中违反生活规则造成严重后果；前者是特殊主体，后者是一般主体；前者是业务过失，后者是普通过失。

（2）本罪与交通肇事罪的界限。二者一般容易区别，但对厂（矿）区内机动车作业期间发生的伤亡事故案件有时难以认定。对此应根据不同情况，区别对待：在公共交通管理范围内，因违反交通运输管理法规，造成重大事故的，应认定为交通肇事罪；因违反安全生产规章制度，发生重大伤亡事故，造成严重后果的，应认定为本罪。在公共交通管理范围外机动车作业期间发生的伤亡事故案件，应认定为本罪。

（三）重大责任事故罪的刑事责任

根据《刑法》第 134 条第 1 款的规定，犯本罪的，处 3 年以下有期徒刑或者拘役；情节特别恶劣的，处 3 年以上 7 年以下有期徒刑。

五、危险作业罪

（一）危险作业罪的概念与构成

危险作业罪，是指在施工、生产等过程中，未按照有关安全规定进行操作，发生设备损坏、人员伤亡等严重后果，造成危险的行为。

本罪侵犯的客体是生产、作业的安全，即从事生产、作业的不特定或多数人的生命、健康的安全和重大公私财产的安全。

本罪的客观方面表现为在生产、作业中违反有关安全管理规定，实施特定的危险作业行为，具有发生重大伤亡事故或者其他严重后果的现实危险。包括以下三种情形：① 关闭、破坏直接关系生产安全的监控、报警、防护、救生设备、设施，或者篡改、隐瞒、销毁其相关数据、信息的；② 因存在重大事故隐患被依法责令停产停业、停止施工、停止使用有关设备、设施、场所或者立即采取排除危险的整改措施，而拒不执行的；③ 涉及安全生产的事项未经依法批准或者许可，擅自从事矿山开采、金属冶炼、建筑施工，以及危险物品生产、经营、储存等高度危险的生产作业活动的。

本罪的主体是一般主体，既包括对生产、作业负有组织、指挥或者管理职责的负责人、管理人、实际控制人、投资人等人员，也包括直接从事生产、作业的人员，但单位不能成为本罪的主体。

主观方面，行为人明知自己的行为违反相关安全管理规定，但对于违规行为引发的危害后果，是出于过失。

（二）危险作业罪的刑事责任

根据《刑法》第134条之一的规定，犯本罪的，处1年以下有期徒刑、拘役或者管制。

每章一练

一、单项选择题

1. 有公社农场大队非法生产硝铵炸药，因设备陈旧，厂房也不符合炸药生产规定，又没有安全措施，该县公安局曾几次正式通知他们停止生产。但该大队拒不执行，继续生产，以致在生产中发生爆炸，造成六人当场被炸死、整个车间（十间房子）被夷为平地的严重后果。本案应如何处理？（ ）

A. 该农场大队及其负责人员构成危险物品肇事罪

B. 该农场大队及其负责人员构成爆炸罪

C. 该场负责人员构成重大责任事故罪

D. 该农场负责人员构成危险物品肇事罪

2. 被告人薛某乘人不备，于某日晚窃得公路下水井盖9个，价值人民币720元。薛某的行为应认定为（ ）。

A. 盗窃罪

B. 破坏交通设施罪

C. 以危险方法危害公共安全罪

D. 故意毁坏财物罪

3. 甲某为泄愤，将乙某家处在离村较远相对孤立的养鸡场放火烧毁，导致养鸡场5000多只鸡被烧死，鸡舍被毁，造成直接经济损失5万余元。甲某的行为（ ）。

A. 构成放火罪

B. 构成破坏生产经营罪

C. 构成故意毁坏财物罪

D. 不构成犯罪

4. 甲某是某工厂的电焊工，在一次维修厂房过程中，未清除电焊作业下方堆放的大量棉纱和锯末，就进行电焊作业。高温的电焊残渣掉落到下方的棉纱和锯末上，引起火灾，造成厂房被烧毁，直接经济损失800多万元，同时还导致当时在车间内工作的两名工人被大火烧死。甲某的行为构成（ ）。

A. 失火罪

B. 失火罪和过失致人死亡罪

C. 重大责任事故罪

D. 重大责任事故罪和过失致人死亡罪

5. 农民某甲见村庄附近的灌溉专用线路因降雨而暂时未使用，便于某日晚偷割该输电线 200 多米，次日卖给非法收购者，得到 500 多元。某甲的行为构成（　　）。

A. 盗窃罪

B. 破坏电力设备罪

C. 以危险方法危害公共安全罪

D. 盗窃罪和破坏电力设备罪

二、多项选择题

1. 下列情形构成以其他危险方法危害公共安全罪的有（　　）。

A. 私设电网致人死亡

B. 在人群密集处驾车撞人致使多人伤亡

C. 制、输坏血、病毒血致使多名患者染上恶性传染病

D. 在公共场所向人群开枪

2. 下列可以构成破坏交通工具罪的犯罪对象的有（　　）。

A. 航空器

B. 船只

C. 马车

D. 耕种用拖拉机

3. 破坏电力设备罪与盗窃罪的区别在于（　　）。

A. 二者的主体要求不同

B. 二者侵犯的犯罪客体不同

C. 二者作用的犯罪对象不同

D. 二者的主观方面不同

4. 犯劫持航空器罪，可以判处死刑的有（　　）。

A. 致人重伤、死亡的

B. 致航空器被迫改变航向的

C. 致公私财产遭受重大损失的

D. 使航空器遭受严重破坏的

5. 下列犯罪中，危害公共安全罪的犯罪是（　　）。

A. 爆炸罪

B. 破坏电力设备罪

C. 传授犯罪方法罪

D. 私自开拆、隐匿、毁弃邮件、电报罪

第四章

破坏社会主义市场经济秩序罪

◆ **知识目标**

1. 明确破坏社会主义市场经济秩序罪的概念、构成和种类。

2. 掌握和理解重点及常见罪名的概念、构成以及认定时应注意的问题。

3. 了解非重点罪名的概念和有关特别规定。

◆ **能力目标**

1. 能够运用刑法理论区分相似的具体罪名。

2. 能够将本章法律条文运用到实际案例中，进行案例分析，处理实务问题。

◆ **重点罪名**

生产、销售伪劣产品罪，走私普通货物、物品罪，非国家工作人员受贿罪，伪造货币罪，使用假币罪，洗钱罪，非法吸收公众存款罪，集资诈骗罪，信用卡诈骗罪，保险诈骗罪，侵犯著作权罪，侵犯商业秘密罪，非法经营罪

案例导入

1. 曾在某化工厂工作的甲辞职后，为销售自己组织生产的产品，成立了某汽车节能用油经销公司。该公司以其生产的重油膨化剂在掺水使用时可以节油 20% 以上为由骗取购货方信任，先后向多家单位销售重油膨化剂 100 余吨，违法所得近 400 万元。经查，甲所在公司所售产品根本达不到其许诺的基本使用性能，热值低，发热量随着掺水量的增加而成比例下降，无节油效果。

问：某汽车节能用油经销公司的行为构成何罪？

2. 甲与乙是同一家公司的员工，二人同租一房。某日，甲将自己的信用卡暂时交给乙保管，两天后索回。一周后，甲发现自己的信用卡丢失，到银行挂失时，得知卡上 3 万元已被人取走。甲报案后，公安机关将嫌疑人锁定为乙。

问：（1）假设甲将信用卡交给乙保管时，乙私下取走现金，乙涉嫌何罪？

（2）假设乙拾得信用卡后，用该信用卡在自动取款机上提取现金，乙涉嫌何罪？

（3）假设乙盗得信用卡后，用该信用卡在自动取款机上提取现金，乙涉嫌何罪？

第一节　破坏社会主义市场经济秩序罪概述

一、破坏社会主义市场经济秩序罪的概念与构成

破坏社会主义市场经济秩序罪，是指违反国家经济管理法规，干扰国家对市场经济的管理活动，破坏正常的交易秩序，使市场参与者的利益以及市场秩序遭受严重损害的行为。

破坏社会主义市场经济秩序罪具有如下构成要件。

本类犯罪侵犯的客体是我国社会主义市场经济秩序。

市场经济秩序，是指国家通过法律对以市场进行资源配置的经济运行过程进行调节所形成的正常、协调和有序的状态。刑法分则第三章共分八节，每一节都存在一个微观的市场经济秩序。其中，第一节"生产、销售伪劣商品罪"侵害的是市场竞争秩序、消费者的合法权益；第二节"走私罪"侵害的是国家对外贸易管制活动；第三节"妨害对公司、企业的管理秩序罪"侵害的是国家对公司、企业成立、运营、终止的管理制度；第四节"破坏金融管理秩序罪"侵害的是国家金融、证券、期货管理制度；第五节"金融诈骗罪"侵害的是国家金融制度和公民、法人或其他非法人组织的财产权；第六节"危害税收征管罪"侵害的是国家税收征收管理、发票管理制度；第七节"侵犯知识产权罪"侵害的是国家对商标、专利、著作权以及商业秘密的管理制度以及

他人合法的知识产权；第八节"扰乱市场秩序罪"侵害的是公平、公正、平等、诚实信用的交易原则和市场自由竞争秩序。

本类犯罪的客观方面表现为违反经济管理法规，采用各种行为方式干扰国家对市场的管理活动，使市场经济秩序遭受严重损害的行为。

行为违反国家经济管理法规，是构成本章犯罪的前提。在认定破坏社会主义市场经济秩序罪时，往往要根据各种经济管理法规的规定予以把握。例如，对生产、销售、提供假药罪和生产、销售、提供劣药罪中的"假药""劣药"就应当依照《药品管理法》的规定加以认定。又如，虚报注册资本，虚假出资、抽逃出资，徇私舞弊低价折股，套取金融机构信贷资金高利转贷他人，对违法票据予以承兑、付款或者保证，串通投标报价等行为的认定，均与国家经济管理法律、法规的基本立场紧密相关。

违反经济管理法规的破坏社会主义市场经济秩序行为，并不都构成本章罪。在多数情况下，破坏社会主义市场经济秩序罪的构成须以情节严重、数额较大、数额巨大、造成严重后果等为要件，也据此用以划分这类犯罪的罪与非罪的界限。但是，对有的犯罪，《刑法》未作数额和情节上的限定。例如，走私武器、弹药罪，走私核材料罪，走私假币罪，伪造货币罪，擅自设立金融机构罪，伪造、变造金融票证罪，虚开增值税专用发票、用于骗取出口退税、抵扣税款发票罪，伪造、出售伪造的增值税专用发票罪，非法出售增值税专用发票罪，非法购买增值税专用发票、购买伪造的增值税专用发票罪等犯罪，即是如此。原则上，行为人一经实施法定行为，不论其数额或情节如何，均成立犯罪。立法上作这样的规定，主要是考虑到这些行为本身社会危害性就大。

破坏社会主义市场经济秩序罪，属于狭义上的经济犯罪范畴。经济犯罪与传统财产犯罪的区别，首先表现在侵犯的客体不同。传统财产犯罪所侵犯的客体为特定人的财产法益，它并不对社会整体经济利益造成侵害。而经济犯罪是市场经济时代的产物，它是在社会化大生产条件下得以产生、发展和蔓延的，犯罪受害人主要是社会整体或社会的某一群人，所以经济犯罪的法益较传统财产犯罪所侵害的要广泛得多。对经济犯罪的惩治着眼于寻求对社会整体经济利益动态、抽象的公平、秩序或自由的刑法保护。其次，经济犯罪与传统财产犯罪相比，行为实施方式亦不同。传统财产犯罪多数为暴力犯罪，且与罪犯的职业无关。经济犯罪多数为智能型犯罪，且与罪犯所从事的职业有关。所以，相对而言，传统财产犯罪的犯罪事实多数较为明确，被害人与第三人容易辨认。经济犯罪的犯罪事实多数较为复杂，查处难度更大。

本类犯罪的主体多为一般主体。特殊主体的犯罪规定于妨害对公司、企业的管理秩序罪，破坏金融管理秩序罪，金融诈骗罪，危害税收征管罪和扰乱市场秩序罪几节中。除自然人外，单位可以构成本章所规定的2/3以上的犯罪。

本类犯罪的主观方面在绝大多数情况下是故意，即认识自己的行为违反国家经济管理法规、破坏社会主义市场经济秩序而仍然实施，希望或放任一定的危害社会的结果发生。本类犯罪的行为人一般具有牟利的目的、非法占有的目的或其他目的。例如，走私淫秽物品罪以牟利或者传播为目的，集资诈骗罪、贷款诈骗罪要以非法占有为目的，侵犯著作权罪、销售侵权复制品罪以营利为目的，高利转贷罪以转贷牟利为目的。少数犯罪则可以由过失构成。例如，签订、履行合同失职被骗罪，国有公司、企业、事业单位人员失职罪，出具证明文件重大失实罪等，在这些犯罪中，行为人应当预见自己在工作中不负责任的行为可能导致国家利益、公司企业或者其他个人利益遭受重大损害，但是由于疏忽大意或者过于自信，最终使结果得以发生。

二、破坏社会主义市场经济秩序罪的种类

由于我国市场经济制度还处于一个不断发展的过程，因此本章犯罪也处于一个不断变化的过程，刑法修正案对本章内容有过多次修改。

根据我国刑法分则第三章的规定，破坏社会主义市场经济秩序罪分为八节，规定了如下八种类型的犯罪。

（1）生产、销售伪劣商品罪。包括生产、销售伪劣产品罪，生产、销售、提供假药罪，生产、销售、提供劣药罪，妨害药品管理罪，生产、销售不符合安全标准的食品罪，生产、销售有毒、有害食品罪，生产、销售不符合标准的医用器材罪，生产、销售不符合安全标准的产品罪，生产、销售伪劣农药、兽药、化肥、种子罪，生产、销售不符合卫生标准的化妆品罪。

（2）走私罪。包括走私武器、弹药罪，走私核材料罪，走私假币罪，走私文物罪，走私贵重金属罪，走私珍贵动物、珍贵动物制品罪，走私国家禁止进出口的货物、物品罪，走私淫秽物品罪，走私废物罪，走私普通货物、物品罪。

（3）妨害对公司、企业的管理秩序罪。包括虚报注册资本罪，虚假出资、抽逃出资罪，欺诈发行证券罪，违规披露、不披露重要信息罪，妨害清算罪，隐匿、故意销毁会计凭证、会计账簿、财务会计报告罪，虚假破产罪，非国家工作人员受贿罪，对非国家工作人员行贿罪，对外国公职人员、国际公共组织官员行贿罪，非法经营同类营业罪，为亲友非法牟利罪，签订、履行合同失职被骗罪，国有公司、企业、事业单位人员失职罪，国有公司、企业、事业单位人员滥用职权罪，徇私舞弊低价折股、出售公司、企业资产罪，背信损害上市公司利益罪。

（4）破坏金融管理秩序罪。包括伪造货币罪，出售、购买、运输假币罪，金融工作人员购买假币、以假币换取货币罪，持有、使用假币罪，变造货币罪，擅自设立金融机构罪，伪造、变造、转让金融机构经营许可证、批准文件罪，高利转贷罪，骗取贷款、票据承兑、金融票证罪，非法吸收公众存款罪，伪造、变造金融票证罪，妨害信用卡管理罪，窃取、收买、非法提供信用卡信息罪，伪造、变造国家有价证券罪，伪造、变造股票、公司、企业债券罪，擅自发行股票、公司、企业债券罪，内幕交易、泄露内幕信息罪，利用未公开信息交易罪，编造并传播证券、期货交易虚假信息罪，诱骗投资者买卖证券、期货合约罪，操纵证券、期货市场罪，背信运用受托财产罪，违法运用资金罪，违法发放贷款罪，吸收客户资金不入账罪，违规出具金融票证罪，对违法票据承兑、付款、保证罪，逃汇罪，骗购外汇罪，洗钱罪。

（5）金融诈骗罪。包括集资诈骗罪，贷款诈骗罪，票据诈骗罪，金融凭证诈骗罪，信用证诈骗罪，信用卡诈骗罪，有价证券诈骗罪，保险诈骗罪。

（6）危害税收征管罪。包括逃税罪，抗税罪，逃避追缴欠税罪，骗取出口退税罪，虚开增值税专用发票、用于骗取出口退税、抵扣税款发票罪，虚开发票罪，伪造、出售伪造的增值税专用发票罪，非法出售增值税专用发票罪，非法购买增值税专用发票、购买伪造的增值税专用发票罪，非法制造、出售非法制造的用于骗取出口退税、抵扣税款发票罪，非法制造、出售非法制造的发票罪，非法出售用于骗取出口退税、抵扣税款发票罪，非法出售发票罪，持有伪造的发票罪。

（7）侵犯知识产权罪。包括假冒注册商标罪，销售假冒注册商标的商品罪，非法制造、销售非法制造的注册商标标识罪，假冒专利罪，侵犯著作权罪，销售侵权复制品罪，侵犯商业秘密罪，为境外窃取、刺探、收买、非法提供商业秘密罪。

（8）扰乱市场秩序罪。包括损害商业信誉、商品声誉罪，虚假广告罪，串通投标罪，合同诈骗罪，组织、领导传销活动罪，非法经营罪，强迫交易罪，伪造、倒卖伪造的有价票证罪，倒卖车票、船票罪，非法转让、倒卖土地使用权罪，提供虚假证明文件罪，出具证明文件重大失实罪，逃避商检罪。

第二节　生产、销售伪劣商品罪

一、生产、销售伪劣产品罪

（一）生产、销售伪劣产品罪的概念与构成

生产、销售伪劣产品罪，是指生产者、销售者在产品中掺杂、掺假，以假充真，以次充好或者以不合格产品冒充合格产品，销售金额达5万元以上的行为。

本罪侵犯的是复杂客体，即国家对产品质量的监督管理制度、市场管理制度以及广大用户、消费者的合法权益。

本罪的客观方面表现为生产者、销售者违反产品质量管理法规，在产品中掺杂、掺假，以假充真，以次充好或者以不合格产品冒充合格产品的的行为。根据我国《产品质量法》的规定，这里的"产品"，是指经过加工、制作，用于销售的产品（不包括建设工程）。① 掺杂、掺假，是指在生产、销售的产品中掺入杂质或者异物，借以增加产品重量、体积、数量等，致使产品质量不符合国家法规或者产品明示质量标准规定的质量要求，降低、失去应有的使用效能的行为。例如，在油菜籽中掺进黑沙子。② 以假充真，是指以不具有某种性能的产品冒充具有该种性能产品的行为。例如，用人造革冒充真皮革。③ 以次充好，是指以低等级、低档次产品冒充高等级、高档次产品，或者以残次、废旧零配件组合、拼装后冒充正品或者新产品的行为。例如，以人工养

殖的珍珠冒充天然珍珠。④ 以不合格产品冒充合格产品，是指以不符合产品质量标准的产品冒充符合质量要求的产品的行为。这里的不合格产品，是指不符合《产品质量法》第 26 条第 2 款规定的质量要求的产品。

本罪的主体是从事生产、销售伪劣产品的生产者、销售者，属于一般主体，即已满 16 周岁、具有刑事责任能力的自然人，都可能成为本罪的主体，单位也可以成为本罪的主体。

本罪的主观方面只能是故意，即行为人明知生产、销售的是伪劣产品而仍然予以生产或者销售。行为人通常具有非法牟利的目的，但非法牟利的目的不是构成本罪的要件，行为人是否具有非法牟利的目的，不影响本罪的成立。若行为人主观上出于过失，则不构成本罪。

（二）生产、销售伪劣产品罪认定时应注意的问题

1. 本罪与非罪的界限

生产、销售金额 5 万元以上的，才构成本罪。未达此标准，一般不认为是犯罪。销售金额，是指生产者、销售者出售伪劣产品后所得和应得的全部违法收入。全部违法收入，不应当扣除成本以及各种费用。① 行为人生产或购进了伪劣产品后，与他人签订销售伪劣产品的合同时，合同上所载明的货款就是销售金额，而不管其是否实际收回该款项。② 销售合格产品的金额与销售伪劣产品的金额无法区分时，将不可分割的全部金额认定为销售伪劣产品的金额。③ 多次实施生产、销售伪劣产品行为，未经处理的，伪劣产品的销售金额或者货值金额累计计算。

根据最高人民法院、最高人民检察院《关于办理生产、销售伪劣商品刑事案件具体应用法律若干问题的解释》的规定，实践中虽然没有销售 5 万元以上，但查获的伪劣产品价值 15 万元以上的，以犯罪未遂论处。

2. 本罪与销售假冒注册商标的商品罪的界限

这两种犯罪存在着互相交叉的情况：行为人为了顺利销售伪劣产品，往往假冒名牌产品的注册商标；而销售假冒注册商标的商品，也往往是将自己生产的质量差的产品冒充他人质量好的产品。但二者毕竟存在明显的区别，划分二者的界限主要在于：① 犯罪行为侵犯的客体不同。前者侵犯的客体是国家对产品质量的监督管理制度、市场管理制度和广大用户、消费者的合法权益；后者侵犯的客体是他人的注册商标专用权和国家的商标管理制度。② 犯罪对象的性质不同。前者的犯罪对象是伪劣产品，即以假充真、质量低劣不合格的产品；后者的犯罪对象是假冒他人已注册商标的商品，从该商品的性质看，可能其质量是合格的。如果行为人生产、销售伪劣产品并假冒他人注册商标时，属于牵连犯，应从一重罪从重处罚，即按生产、销售伪劣产品罪定罪并从重处罚。

3. 本罪与本节规定的生产、销售特定种类的伪劣产品犯罪的界限

《刑法》第141条至第148条规定了生产、销售、提供假药，生产、销售、提供劣药，生产、销售不符合安全标准的食品等多种特定种类的伪劣产品的犯罪。生产、销售伪劣产品罪与这类犯罪的区别主要在于：① 犯罪对象是否特定。前者的犯罪对象是伪劣产品，《刑法》未作特别的限定；后者的犯罪对象是《刑法》规定的特别种类的伪劣产品，例如假药、劣药等。② 犯罪的客观要件有所不同。前者构成犯罪，客观上要求具备销售金额5万元以上的条件，后者中有的犯罪的构成客观上只要具备行为要素即可，有的犯罪要求行为造成"严重后果"才能构成。

根据《刑法》第149条的规定，如果行为人生产、销售《刑法》第141条至第148条所列产品，不构成各该条规定的犯罪，但是销售金额在5万元以上的，依照第140条关于生产、销售伪劣产品罪的规定定罪处罚。如果行为人实施的行为同时符合第140条（生产、销售伪劣产品罪）与第141条至148条所规定的犯罪的，依照处罚较重的处罚。

生产、销售伪劣产品罪与本节其他罪名之间是一般法与特别法的关系，是法条竞合，本应特别法优先，但为了突出对制售假货的打击，《刑法》规定"重法优先"。例如，甲饲养生猪时在饲料中添加大量对人体有害的"瘦肉精"，销售金额达到10万元。甲的行为构成生产、销售伪劣产品罪（既遂）和生产、销售有毒、有害食品罪，应当从一重罪论处。

4. 认定本罪应注意的其他问题

（1）共犯问题。知道他人实施生产、销售伪劣产品，而为其提供贷款、资金、账号、发票、证明、许可证件，或者提供生产、经营场所或运输、仓储、保管、邮寄等便利条件，或者提供制假生产技术的，以本罪的共犯论处。

（2）数罪并罚。生产、销售伪劣产品，又以暴力、威胁方法抗拒查处，构成妨害公务等罪的，应当数罪并罚。

（3）在生产、销售伪劣产品过程中，使用欺骗方法掩饰掺杂掺假、产品质量低劣等事实骗取财物的，欺骗行为包含于生产、销售行为之中，只应构成本罪，不构成诈骗罪；无商品交易或以虚拟的交易骗取他人财物的，不构成销售伪劣产品罪，而构成诈骗罪。

例如，本章导入案例1中，某汽车节能用油经销公司生产、销售的产品在没有国家标准、行业标准和地方标准时，应达到其承诺的使用性能，然而其生产、销售的产品并未达到其承诺的基本使用性能，应成立生产、销售伪劣产品罪。虽然该公司的行为有欺骗的成分存在，但是由于有基本的交易事实，其所销售的产品有一定的发热量，所以从本质上看其与诈骗罪中虚构交易事实、骗取财物的特征并不完全符合，所以不成立诈骗罪。

（4）国家机关工作人员参与生产、销售伪劣商品犯罪的，从重处罚。

（三）生产、销售伪劣产品罪的刑事责任

根据《刑法》第 140 条的规定，犯本罪，销售金额 5 万元以上不满 20 万元的，处 2 年以下有期徒刑或者拘役，并处或者单处销售金额 50% 以上 2 倍以下罚金；销售金额 20 万元以上不满 50 万元的，处 2 年以上 7 年以下有期徒刑，并处销售金额 50% 以上 2 倍以下罚金；销售金额 50 万元以上不满 200 万元的，处 7 年以上有期徒刑，并处销售金额 50% 以上 2 倍以下罚金；销售金额 200 万元以上的，处 15 年有期徒刑或者无期徒刑，并处销售金额 50% 以上 2 倍以下罚金或者没收财产。

根据《刑法》第 150 条的规定，单位犯本罪的，对单位判处罚金，并对其直接负责的主管人员和其他直接责任人员，依照个人犯本罪的规定处罚。

二、生产、销售、提供假药罪

（一）生产、销售、提供假药罪的概念与构成

生产、销售、提供假药罪，是指违反国家药品管理法规，生产、销售、提供假药，或者将假药提供给他人使用的行为。

本罪侵犯的是复杂客体，即国家对药品的管理制度和不特定多数人的身体健康、生命安全。《刑法修正案（八）》对本罪有重大改动，将此罪从以往的具体危险犯修改为抽象危险犯，降低了入罪门槛。《刑法修正案（十一）》修改了第 141 条第 2 款的规定，增加"提供假药"的情形。故只要有生产、销售、提供假药的行为，原则上就可以成立本罪。

本罪的客观方面表现为违反国家药品管理法规，生产、销售、提供与药品本性不相符合的产品的行为。① 生产，是指一切提炼、加工、采集、收集假药的行为。以生产、销售假药为目的，实施下列行为之一的，应当认定为本罪的"生产"：合成、精制、提取、储存、加工炮制药品原料的行为；在将药品原料、辅料、包装材料制成成品过程中，进行配料、混合、制剂、储存、包装的行为。② 销售，是指获取对价后提供假药的行为。③ 提供，是指药品使用单位的人员明知是假药而提供给他人使用的行为。这里的药品使用单位的人员，主要是指医院、防疫站、敬老院、保健院等可能对病人或被照护人员提供药品的单位的工作人员。这里的提供，限于免费提供，如果是有偿提供，就属于为获取对价的销售行为，成立销售假药罪。

本罪的犯罪对象是假药。假药，是指药品成分虚假，完全无法发挥其应有功效的药品。根据《药品管理法》第 98 条第 2 款的规定，有下列情形之一的，为假药：① 药品所含成分与国家药品标准规定的成分不符；② 以非药品冒充药品或者以他种药品冒充此种药品；③ 变质的药品；④ 药品所标明的适应症或者功能主治超出规定范围。是否属于假药难以确定的，司法机关可以根据地市级以上药品监督管理部门出具的认定

意见等相关材料进行认定。必要时，可以委托省级以上药品监督管理部门设置或者确定的药品检验机构进行检验。生产、销售、提供假农药、假兽药的，构成其他犯罪。

本罪是抽象危险犯，只要生产、销售、提供假药，原则上即构成本罪，不要求有致人死伤的实害后果发生，也不要求足以严重危害人体健康，生产的假药是否实际卖出、消费者是否购买并使用也在所不问。生产、销售、提供假药，同时又构成侵犯知识产权、非法经营、非法行医等犯罪的，依照处罚较重的规定定罪处罚。

根据最高人民法院、最高人民检察院《关于办理危害药品安全刑事案件适用法律若干问题的解释》的规定：根据民间传统配方私自加工药品或者销售上述药品，数量不大，且未造成他人伤害后果或者延误诊治的，或者不以营利为目的实施带有自救、互助性质的生产、进口、销售药品的行为，不应当认定为犯罪。对于是否属于民间传统配方难以确定的，根据地市级以上药品监督管理部门或者有关部门出具的认定意见，结合其他证据作出认定。

对人体健康造成严重危害或者有其他严重情节的，以及致人死亡或者有其他特别严重情节的，属于法定刑升格条件。根据《关于办理危害药品安全刑事案件适用法律若干问题的解释》第 2 条的规定，生产、销售、提供假药，具有下列情形之一的，应当认定为本罪中的"对人体健康造成严重危害"：① 造成轻伤或者重伤的；② 造成轻度残疾或者中度残疾的；③ 造成器官组织损伤导致一般功能障碍或者严重功能障碍的；④ 其他对人体健康造成严重危害的情形。

本罪的主体根据不同的行为方式而存在差别。其中生产、销售假药行为的主体是一般主体，而提供假药行为的主体是特殊主体，仅限于药品使用单位的人员。自然人和单位都可以成为本罪的主体。

本罪的主观方面是故意，即行为人明知自己生产、销售、提供的是假药，而仍然生产、销售、提供。成立本罪不要求有销售金额，所以，生产、销售者是否有营利目的，是否实际获得利益等，都并不关键。生产、销售、提供假药，如果系出于过失，则不构成本罪。

（二）生产、销售、提供假药罪认定时应注意的问题

1. 共犯问题

明知他人实施危害药品安全犯罪，而有下列情形之一的，以共同犯罪论处：① 提供资金、贷款、账号、发票、证明、许可证件的；② 提供生产、经营场所、设备或者运输、储存、保管、邮寄、销售渠道等便利条件的；③ 提供生产技术或者原料、辅料、包装材料、标签、说明书的；④ 提供虚假药物非临床研究报告、药物临床试验报告及相关材料的；⑤ 提供广告宣传的；⑥ 提供其他帮助的。

2. 应当酌情从重处罚的情节

应当酌情从重处罚的情节包括：① 涉案药品以孕产妇、儿童或者危重病人为主要

使用对象的；② 涉案药品属于麻醉药品、精神药品、医疗用毒性药品、放射性药品、生物制品，或者以药品类易制毒化学品冒充其他药品的；③ 涉案药品属于注射剂药品、急救药品的；④ 涉案药品系用于应对自然灾害、事故灾难、公共卫生事件、社会安全事件等突发事件的；⑤ 药品使用单位及其工作人员生产、销售假药的；⑥ 其他应当酌情从重处罚的情形。

3. 严格缓刑、免予刑事处罚的适用

对于犯生产、销售、提供假药罪，生产、销售、提供劣药罪，妨害药品管理罪的，应当依照刑法规定的条件，严格缓刑、免予刑事处罚的适用。对于被判处刑罚的，可以根据犯罪情况和预防再犯罪的需要，依法宣告职业禁止或者禁止令。

4. 认定本罪应注意的其他问题

（1）以提供给他人生产、销售、提供药品为目的，违反国家规定，生产、销售不符合药用要求的原料、辅料，符合《刑法》第 140 条规定的，以生产、销售伪劣产品罪从重处罚；同时构成其他犯罪的，依照处罚较重的规定定罪处罚。

（2）违反国家药品管理法律法规，未取得或者使用伪造、变造的药品经营许可证，非法经营药品，情节严重的，以非法经营罪定罪处罚。

（三）生产、销售、提供假药罪的刑事责任

根据《刑法》第 141 条的规定，犯本罪的，处 3 年以下有期徒刑或者拘役，并处罚金；对人体健康造成严重危害或者有其他严重情节的，处 3 年以上 10 年以下有期徒刑，并处罚金；致人死亡或者有其他特别严重情节的，处 10 年以上有期徒刑、无期徒刑或者死刑，并处罚金或者没收财产。药品使用单位的人员明知是假药而提供给他人使用的，依照前款的规定处罚。

根据《刑法》第 150 条的规定，单位犯本罪的，对单位判处罚金，并对其直接负责的主管人员和其他直接责任人员，依照个人犯本罪的规定处罚。

三、生产、销售、提供劣药罪

（一）生产、销售、提供劣药罪的概念与构成

生产、销售、提供劣药罪，是指违反国家药品管理法规，明知是劣药而进行生产、销售，或者将劣药提供给他人使用，对人体健康造成严重危害的行为。

本罪的客观方面表现为生产、销售、提供劣药，对人体健康造成严重危害的行为。

本罪的犯罪对象是劣药，即药品成分属于劣质，无法发挥其应有功能的药品。根据《药品管理法》第 98 条第 3 款的规定，有下列情形之一的，为劣药：① 药品成分的含量不符合国家药品标准；② 被污染的药品；③ 未标明或者更改有效期的药品；④ 未

注明或者更改产品批号的药品；⑤ 超过有效期的药品；⑥ 擅自添加防腐剂、辅料的药品；⑦ 其他不符合药品标准的药品。

本罪属于结果犯，必须出现对人体健康造成严重危害的实害结果才构成犯罪。

本罪的主体根据不同的行为方式而存在差别。其中生产、销售劣药行为的主体是一般主体，而提供劣药行为的主体是特殊主体，仅限于药品使用单位的人员。自然人和单位都可以成为本罪的主体。

本罪的主观方面是故意。行为人对生产、销售、提供的是劣药，对行为违反药品管理法规，都有所认识，对行为可能造成人体健康严重危害的后果大多持放任态度。

具有药品经营资质的企业通过非法渠道从私人手中购进药品后再销售的，应如何处理？最高人民检察院法律政策研究室《对〈关于具有药品经营资质的企业通过非法渠道从私人手中购进药品后销售的如何适用法律问题的请示〉的答复》指出，对此应区分情况，分别定性处理：① 对于经认定属于假药、劣药，且达到销售假药罪、销售劣药罪的定罪量刑标准的，应当以销售假药罪、销售劣药罪依法追究刑事责任；② 对于经认定属于劣药，但尚未达到销售劣药罪的定罪量刑标准的，可以以销售伪劣产品罪追究刑事责任；③ 对于无法认定属于假药、劣药的，可以由药品监督管理部门依照《药品管理法》的规定给予行政处罚，不宜以非法经营罪追究刑事责任。

（二）生产、销售、提供劣药罪的刑事责任

根据《刑法》第142条的规定，犯本罪的，处3年以上10年以下有期徒刑，并处罚金；后果特别严重的，处10年以上有期徒刑或者无期徒刑，并处罚金或者没收财产。药品使用单位的人员明知是劣药而提供给他人使用的，依照前款的规定处罚。

根据《刑法》第150条的规定，单位犯本罪的，对单位判处罚金，并对其直接负责的主管人员和其他直接责任人员，依照个人犯本罪的规定处罚。

四、妨害药品管理罪

（一）妨害药品管理罪的概念与构成

妨害药品管理罪，是指违反药品管理法规，妨害药品管理，足以严重危害人体健康的行为。本罪是《刑法修正案（十一）》规定的新罪。

本罪的犯罪对象是假药和劣药以外的违禁药品，但是为了和行政违法相区别，成立本罪必须出现足以严重危害人体健康的具体危险。药品研发、生产坚持有效性和安全性并重，是一项严格的科学试验过程，《刑法》上能够直接认定为"足以严重危害人体健康"，按照本罪追究刑事责任的情形包括：① 生产、销售国务院药品监督管理部门禁止使用的药品的；② 未取得药品相关批准证明文件生产、进口药品或者明知是上述药品而销售的；③ 药品申请注册中提供虚假的证明、数据、资料、样品或者采取其他欺骗手段的；④ 编造生产、检验记录的。需要注意的是，对于销售少量根据民间传统

配方私自加工的药品等少数情形，需要进一步判断是否足以严重危害人体健康。药品申请注册中提供虚假的证明、数据、资料、样品或者采取其他欺骗手段，或者编造生产、检验记录，但据此生产、销售的药品从功效上看并不足以严重危及人体健康的，不构成本罪。

本罪的主体既可以是自然人，也可以是单位。主观方面是故意。

（二）妨害药品管理罪的刑事责任

根据《刑法》第 142 条之一的规定，犯本罪的，处 3 年以下有期徒刑或者拘役，并处或者单处罚金；对人体健康造成严重危害或者有其他严重情节的，处 3 年以上 7 年以下有期徒刑，并处罚金。违反药品管理秩序的行为，涉及的药品经鉴定属于假药或劣药的，应当按照生产、销售、提供假药罪或生产、销售、提供劣药罪与本罪从一重罪处罚。

根据《刑法》第 150 条的规定，单位犯本罪的，对单位判处罚金，并对其直接负责的主管人员和其他直接责任人员，依照个人犯本罪的规定处罚。

五、生产、销售不符合安全标准的食品罪

（一）生产、销售不符合安全标准的食品罪的概念与构成

生产、销售不符合安全标准的食品罪，是指违反国家食品卫生管理法规，生产、销售不符合食品安全标准的食品，足以造成严重食物中毒事故或者其他严重食源性疾病的行为。

本罪的客观方面主要表现为：① 在食品加工、销售、运输、贮存等过程中，违反食品安全标准，超限量或者超范围滥用食品添加剂，足以造成严重食物中毒事故或者其他严重食源性疾病的；② 在食用农产品种植、养殖、销售、运输、贮存等过程中，违反食品安全标准，超限量或者超范围滥用添加剂、农药、兽药等，足以造成严重食物中毒事故或者其他严重食源性疾病的。

本罪中的食品，既包括一般食品，也包括食品添加剂、调味素、色素、保鲜剂，还包括油脂和饮料等。《食品安全法》第 150 条规定，食品，指各种供人食用或者饮用的成品和原料以及按照传统既是食品又是中药材的物品，但是不包括以治疗为目的的物品。

本罪是具体危险犯，必须要具备"足以造成严重食物中毒事故或者其他严重食源性疾病"的危险，才构成本罪。根据最高人民法院、最高人民检察院《关于办理危害食品安全刑事案件适用法律若干问题的解释》第 1 条的规定，具有下列情形之一的，应当认定为"足以造成严重食物中毒事故或者其他严重食源性疾病"：① 含有严重超出标准限量的致病性微生物、农药残留、兽药残留、生物毒素、重金属等污染物质以及其他严重危害人体健康的物质的；② 属于病死、死因不明或者检验检疫不合格的畜、

禽、兽、水产动物肉类及其制品的；③ 属于国家为防控疾病等特殊需要明令禁止生产、销售的；④ 特殊医学用途配方食品、专供婴幼儿的主辅食品营养成分严重不符合食品安全标准的；⑤ 其他足以造成严重食物中毒事故或者严重食源性疾病的情形。

本罪的主体既可以是自然人，也可以是单位。

本罪的主观方面是故意，行为人对生产、销售的产品不符合食品安全标准有认识并希望或者放任结果的发生。过失不构成本罪。

（二）生产、销售不符合安全标准的食品罪认定时应注意的问题

1. 共犯问题

明知他人生产、销售不符合食品安全标准的食品，有毒、有害食品，具有下列情形之一的，以生产、销售不符合安全标准的食品罪或者生产、销售有毒、有害食品罪的共犯论处：① 提供资金、贷款、账号、发票、证明、许可证件的；② 提供生产、经营场所或者运输、贮存、保管、邮寄、销售渠道等便利条件的；③ 提供生产技术或者食品原料、食品添加剂、食品相关产品或者有毒、有害的非食品原料的；④ 提供广告宣传；⑤ 提供其他帮助的。

2. 严格适用缓刑、免予刑事处罚

对实施生产、销售不符合安全标准的食品罪和生产、销售有毒、有害食品罪的犯罪分子，应当依照刑法规定的条件，严格适用缓刑、免予刑事处罚。对于依法适用缓刑的，可以根据犯罪情况，同时宣告禁止令。

3. 认定本罪应注意的其他问题

（1）生产、销售不符合食品安全标准的食品添加剂，用于食品的包装材料、容器、洗涤剂、消毒剂，或者用于食品生产经营的工具、设备等，符合《刑法》第 140 条规定的，依照生产、销售伪劣产品罪定罪处罚。如果上述行为导致食品变得有毒、有害或不符合安全标准，也同时构成生产、销售有毒、有害食品罪，按生产、销售不符合安全标准的食品罪论处。

（2）生产、销售用超过保质期的食品原料、超过保质期的食品、回收食品作为原料的食品，或者以更改生产日期、保质期、改换包装等方式销售超过保质期的食品、回收食品，符合《刑法》第 140 条规定的，以生产、销售伪劣产品罪定罪处罚。

（三）生产、销售不符合安全标准的食品罪的刑事责任

根据《刑法》第 143 条的规定，犯本罪的，处 3 年以下有期徒刑或者拘役，并处罚金；对人体健康造成严重危害或者有其他严重情节的，处 3 年以上 7 年以下有期徒刑，并处罚金；后果特别严重的，处 7 年以上有期徒刑或者无期徒刑，并处罚金或者没收财产。

根据《刑法》第150条的规定，单位犯本罪的，对单位判处罚金，并对其直接负责的主管人员和其他直接责任人员，依照个人犯本罪的规定处罚。

六、生产、销售有毒、有害食品罪

（一）生产、销售有毒、有害食品罪的概念与构成

生产、销售有毒、有害食品罪，是指违反国家食品安全管理法规，在生产、销售的食品中掺入有毒、有害的非食品原料，或者销售明知掺有有毒、有害的非食品原料的食品的行为。

本罪的客观方面表现为生产、销售有毒、有害食品，或者销售明知掺有有毒、有害的非食品原料的食品的行为。其行为方式表现为主动在食品中"掺入"毒，包括但不限于以下情形：① 在食品加工、销售、运输、贮存等过程中，掺入有毒、有害的非食品原料，或者使用有毒、有害的非食品原料加工食品的；② 在食用农产品种植、养殖、销售、运输、贮存等过程中，使用因"危害人体健康"而被禁用的农药、兽药等禁用物质或者其他有毒、有害物质的；③ 在保健食品或者其他食品中非法添加国家禁用药物等有毒、有害物质的。对于"毒"的来源，没有限制。例如，甲捡到若干毒蘑菇，明知蘑菇有毒还向他人销售，即便是捡来的仍是有毒、有害食品，成立销售有毒、有害食品罪。

本罪的犯罪对象是有毒、有害食品，即掺有有毒、有害物质或非食品原料的食品。有毒、有害的非食品原料，是指含有毒性元素或者对人体有害的成分而不能作为食品配料或者食品添加剂的物质。根据最高人民法院、最高人民检察院《关于办理危害食品安全刑事案件适用法律若干问题的解释》的规定，下列物质应当认定为"有毒、有害的非食品原料"：① 因危害人体健康，被法律、法规禁止在食品生产经营活动中添加、使用的物质；② 因危害人体健康，被国务院有关部门列入《食品中可能违法添加的非食用物质名单》、《保健食品中可能非法添加的物质名单》、国务院有关部门公告的禁用农药、《食品动物中禁止使用的药品及其他化合物清单》等名单上的物质；③ 其他有毒、有害的物质。"有毒、有害的非食品原料"难以确定的，司法机关可以依据鉴定意见、检验报告、地市级以上相关行政主管部门组织出具的书面意见，结合其他证据作出认定。必要时，专门性问题由省级以上相关行政主管部门组织出具书面意见。

本罪是抽象危险犯，其构成不要求发生实害结果，也不要求有发生结果的具体危险，只要有生产、销售有毒、有害食品的行为就构成本罪。对人体健康造成严重危害或者有其他严重情节的，以及致人死亡或者有其他特别严重情节的，属于法定刑升格条件。

本罪的主体是一般主体，自然人和单位均为本罪的主体。

本罪的主观方面是故意，行为人明知其生产、销售的产品是有毒、有害食品。这

里的"明知"，是指行为人认识到自己生产、销售的是不符合食品安全标准的伪劣商品。并不要求其确实知道，只要认识到可能性的，即符合"明知"的要求。销售者确实不知是掺入有毒、有害非食品原料的食品而购进并予以销售的，欠缺本罪的故意，不成立本罪。

在生产、销售有毒、有害食品造成严重食物中毒事故或者其他严重食源性疾病，以及致人死亡或者对人体健康造成其他特别严重危害的结果加重犯的场合，不要求生产、销售者对加重结果有故意，但要求其有过失。

（二）生产、销售有毒、有害食品罪认定时应注意的问题

1. 本罪与生产、销售不符合安全标准的食品罪的界限

二者在犯罪客体、犯罪主体方面存在相同或相似之处，但有根本的区别。① 生产、销售的食品的性质不同：前者生产、销售的是掺有有毒、有害的非食品原料的食品，即主动"掺入"毒；后者生产、销售的是不符合安全标准的食品，如食品本身质量发生变化以致不符合食用标准，或者过量添加可以添加的食品添加剂。② 犯罪的形态不同：前者是抽象危险犯，只要实施了生产、销售有毒、有害食品的行为，即构成犯罪；后者是具体危险犯，除了实施生产、销售不符合安全标准的食品的行为外，还要行为足以造成法定的危险结果，犯罪才能成立。

2. 本罪与投放危险物质罪的界限

二者的主要区别在主观方面，后者的目的是造成不特定多数人的伤亡，前者的目的是非法牟利。行为人在食品中掺入有毒、有害的非食品原料虽是明知的，但并不希望致人伤亡的结果发生。行为人生产、销售有毒、有害食品，目的就是追求致人伤亡的结果发生，则应认定为投放危险物质罪。行为人由于过失在食品中掺入了有毒、有害的非食品原料，造成严重后果的，应认定为过失投放危险物质罪。

3. 认定本罪应注意的其他问题

（1）餐厨废弃油（俗称"地沟油"）。① 明知对方是食用油经销者，仍将用餐厨废弃油加工而成的劣质油脂销售给对方，导致劣质油脂流入食用油市场供人食用的，构成生产、销售有毒、有害食品罪。② 明知油脂经销者向饲料生产企业和药品生产企业等单位销售豆油等食用油，仍将用餐厨废弃油加工而成的劣质油脂销售给对方，导致劣质油脂流向饲料生产企业和药品生产企业等单位的，构成生产、销售伪劣产品罪。

（2）按照司法解释，明知是使用"瘦肉精"等禁止在饲料和动物饮用水中使用的药品或者含有该类药品的饲料养殖的供人食用的动物，而提供屠宰等加工服务，或者销售其制品的，可构成生产、销售有毒、有害食品罪。

（3）根据最高人民法院《关于审理走私、非法经营、非法使用兴奋剂刑事案件适用法律若干问题的解释》第 5 条的规定，生产、销售含有兴奋剂目录所列物质的食品

的，视情形以生产、销售不符合安全标准的食品罪和生产、销售有毒、有害食品罪定罪处罚。

（三）生产、销售有毒、有害食品罪的刑事责任

根据《刑法》第 144 条的规定，犯本罪的，处 5 年以下有期徒刑，并处罚金；对人体健康造成严重危害或者有其他严重情节的，处 5 年以上 10 年以下有期徒刑，并处罚金；致人死亡或者有其他特别严重情节的，按生产、销售、提供假药罪的规定处罚。

根据《刑法》第 150 条的规定，单位犯本罪的，对单位判处罚金，并对其直接负责的主管人员和其他直接责任人员，依照个人犯本罪的规定处罚。

第三节　走私罪

一、走私犯罪概述

走私犯罪是违反海关法规，逃避海关监管，进行走私活动，破坏国家海关监管制度，情节严重的行为。破坏海关监管制度是本章走私犯罪所侵犯的同类法益。本章走私犯罪共 10 个罪名。除了本章的走私犯罪，《刑法》第 334 条之一还规定了走私人类遗传资源材料罪、第 347 条规定了走私毒品罪。走私犯罪都可由单位构成。本章中的走私犯罪都不再有死刑。

按照走私对象的不同，本章走私犯罪可以分为三类。① 走私普通货物、物品罪：构成这种走私犯罪必须有逃避应缴税额的要素；② 走私特定货物的犯罪：《刑法》具体列举了武器、弹药、核材料、假币、文物、贵重金属、珍贵动物、珍贵动物制品、淫秽物品、废物等法律禁止或限制出入境的物品，构成这些犯罪，无需有逃避应缴税额的要素，只要违反国家规定，走私这些刑法列举的对象，就构成犯罪；③ 走私国家禁止进出口的货物、物品罪：这是《刑法修正案（七）》规定的兜底罪名，用来填补前两类走私犯罪之间的空白。

（一）走私行为

1. 行为表现

（1）绕关。未经国务院或国务院授权的部门批准，不经过设立海关的地点，非法运输、携带走私品进出国（边）境。

（2）瞒关。虽然通过设立海关的地点进出国（边）境，但采取隐匿、伪装、假报等欺骗手段，逃避海关监管、检查，非法盗运、偷带或者非法邮寄走私品。

（3）变相走私。仅存在于走私普通货物、物品罪中。① 未经海关许可并且未补缴

应缴税额，擅自将批准进口的来料加工、来件装配、补偿贸易的原材料、零件、制成品、设备等保税货物，在境内销售牟利的。② 未经海关许可并且未补缴应缴税额，擅自将特定减税、免税进口的货物、物品在境内销售牟利的。例如，甲系独资企业老板，因欠他人巨额债务，私自将免税购买的两辆进口轿车以市场价 160 万元充抵债务，就属于此种走私。甲将免税车抵债，偷逃了国家的关税。

（4）间接走私。① 直接向走私人非法收购国家禁止进口物品，或者直接向走私人非法收购走私进口的其他货物、物品，数额较大的；② 在内海、领海、界河、界湖运输、收购、贩卖国家禁止进出口物品，或运输、收购、贩卖国家限制进出口货物、物品，数额较大，没有合法证明的。例如，甲直接向走私犯罪分子乙购买走私物品的，成立相应的走私犯罪。但甲又转手卖给丙，丙即使知道真相，也不成立走私犯罪，可能成立掩饰、隐瞒犯罪所得罪等。

2. 单向走私

本章中大部分犯罪既包括出口走私，也包括进口走私，但走私文物罪和走私贵重金属罪为单向犯罪，禁止出口，即在进口时不构成本罪。《刑法修正案（十一）》增加的走私人类遗传资源材料罪也是禁止出口。走私废物罪正相反，入境时构成本罪。如果走私贵重金属入境，偷逃应缴税额较大，虽然不构成走私贵重金属罪，但根据法条竞合的兜底作用，可以构成走私普通货物、物品罪。

3. 共犯行为

与走私罪犯通谋，为其提供贷款、资金、账号、发票、证明，或者为其提供运输、保管、邮寄或者其他方便的，成立走私犯罪的共犯。如果行为人与走私罪犯通谋，为其提供帮助后又收购走私物品的，属于间接走私的正犯，而非帮助犯。

4. 既遂标准

实施走私犯罪，具有下列情形之一的，应当认定为犯罪既遂：① 在海关监管现场被查获的；② 以虚假申报方式走私，申报行为实施完毕的；③ 以保税货物或者特定减税、免税进口的货物、物品为对象走私，在境内销售的，或者申请核销行为实施完毕的。

（二）罪过形式

走私犯罪的主观方面是故意，即行为人明知自己的行为违反国家法律法规，希望或者放任危害结果的发生。至于行为人是否具有牟利目的，除了以牟利或者传播为目的的走私淫秽物品罪之外，其他走私在所不问。

实务中，具有下列情形之一的，可以认定为"明知"，但有证据证明确属被蒙骗的除外：① 逃避海关监管，运输、携带、邮寄国家禁止进出境的货物、物品的；② 用特制的设备或者运输工具走私货物、物品的；③ 未经海关同意，在非设关的码头、海（河）岸、陆路边境等地点，运输（驳载）、收购或者贩卖非法进出境货物、物品的；

④ 提供虚假的合同、发票、证明等商业单证委托他人办理通关手续的；⑤ 以明显低于货物正常进（出）口的应缴税额委托他人代理进（出）口业务的；⑥ 曾因同一种走私行为受过刑事处罚或者行政处罚的；⑦ 其他有证据证明的情形。上述认定标准中的"明知"带有推定性质，故其结论未必完全可靠。对明知的推定不是凭空想象，应以控方提出的证据为基础，且应当允许反证。

最高人民法院、最高人民检察院、海关总署《关于办理走私刑事案件适用法律若干问题的意见》第 6 条指出，走私犯罪嫌疑人主观上具有走私犯罪故意，但对其走私的具体对象不明确的，不影响走私犯罪构成，应当根据实际的走私对象定罪处罚。但是，确有证据证明行为人因受蒙骗而对走私对象发生认识错误的，可以从轻处罚。

在走私犯罪中，要注意主客观相统一原则的运用。对于抽象认识错误的走私案件，只能在故意内容与客观事实重合的限度内认定为轻罪的既遂犯。例如，甲以走私文物罪的故意，客观上走私了笔记本电脑，由于普通物品和特定物品在普通物品的范围内重合，故成立走私普通货物、物品罪的既遂。又例如，乙以走私文物罪的故意，客观上走私了武器、弹药，由于这两种特定物品无法在各自的构成要件内重合，只能在禁止进出口的货物、物品的范围内重合，故乙只能认定为走私国家禁止进出口的货物、物品罪。

（三）罪数问题

（1）武装掩护走私的，从重处罚。

（2）混合走私。在一次走私活动中，既走私普通货物、物品，又走私毒品、假币等物品的，应当认定行为人实施了数次走私行为，不能理解为想象竞合犯，而应数罪并罚。

（3）以暴力、威胁方法抗拒缉私的，须与妨害公务罪数罪并罚（不含走私毒品罪）。如果妨害公务行为造成国家机关工作人员重伤，则根据想象竞合犯，从一重罪，以故意伤害罪论，然后再与走私罪数罪并罚。

二、走私普通货物、物品罪

（一）走私普通货物、物品罪的概念与构成

走私普通货物、物品罪，是指违反海关法规、逃避海关监管，非法运输、携带或者邮寄国家禁止进出口的武器、弹药、核材料、伪造的货币、文物、珍贵动物及其制品、贵重金属、珍稀植物及其制品等国家禁止进出口的其他货物、物品以及淫秽物品、境外废物、毒品以外的货物、物品进出境，偷逃应缴税额数额较大或者一年内曾因走私被给予 2 次行政处罚后又走私的行为。

本罪侵犯的客体是国家对外贸易管制中关于普通货物、物品进出口的监管制度和征收关税制度。

本罪的客观方面表现为逃避海关监管，走私国家普通货物、物品进出境，偷逃应缴税额数额较大或者一年内曾因走私被给予2次行政处罚又走私的行为。

本罪的犯罪对象包括两大类：① 国家限制进出口的货物、物品，即国家对其进口或出口实行配额或者许可证管理的货物、物品。限制进出口的货物一般来说包括烟、酒、汽车、电视机、电冰箱、计算器、摩托车等。走私成品油，即汽油、煤油、柴油以及其他具有相同用途的乙醇汽油和生物柴油等替代燃料（包括添加染色剂的"红油""白油""蓝油"等），属于走私国家限制进出口的货物、物品。② 应缴纳税款的货物、物品。对于这类物品，国家并不禁止或限制某些产品的进出口，但会根据国民经济发展和社会发展的需要，通过征收关税对其需求进行适当的调节，对这类物品偷逃应缴税额的，构成本罪。

在《刑法》第151条第3款规定走私国家禁止进出口的货物、物品罪之后，本罪中的普通货物、物品不再包括国家禁止进出口的其他货物、物品。例如，走私下列物品的，应当构成走私国家禁止进出口的货物、物品罪：对我国政治、经济、文化、道德有害的和内容涉及国家秘密的印刷品、胶卷、图片、音像制品、软件等物品；内容涉及国家秘密的手稿；烈性毒药；有碍人畜健康的、来自疫区的或其他能传播疾病的食品、药品等物品；带有危险性的病菌、害虫及其他能传播疾病的食品、药品等物品；侵犯知识产权的货物、物品；国家禁止进出口的动植物及其产品等。取得许可，但超过许可数量进出口国家限制进出口的货物、物品，构成犯罪的，以本罪定罪处罚。

走私普通货物、物品，偷逃应缴税额数额较大的，才构成本罪。根据最高人民法院、最高人民检察院《关于办理走私刑事案件适用法律若干问题的解释》的规定，走私普通货物、物品，偷逃应缴税额在10万元以上不满50万元的，应当认定为偷逃应缴税额数额较大。此外，一年内曾因走私被给予2次行政处罚后又走私的，也可以构成本罪。其中，"被给予2次行政处罚"的走私行为，包括走私普通货物、物品以及其他货物、物品；"又走私"行为仅指走私普通货物、物品。多次走私未经处理，是指多次走私未经行政处罚处理。多次走私未经处理的，按照累计走私货物、物品的偷逃应缴税额计算。

（二）走私普通货物、物品罪的刑事责任

根据《刑法》第153条的规定，走私本法第151条、第152条、第347条规定以外的货物、物品的，根据情节轻重，分别依照下列规定处罚：

（1）走私货物、物品偷逃应缴税额较大或者一年内曾因走私被给予2次行政处罚后又走私的，处3年以下有期徒刑或者拘役，并处偷逃应缴税额1倍以上5倍以下罚金。

（2）走私货物、物品偷逃应缴税额巨大或者有其他严重情节的，处3年以上10年以下有期徒刑，并处偷逃应缴税额1倍以上5倍以下罚金。

（3）走私货物、物品偷逃应缴税额特别巨大或者有其他特别严重情节的，处10

年以上有期徒刑或者无期徒刑，并处偷逃应缴税额 1 倍以上 5 倍以下罚金或者没收财产。

单位犯本罪的，对单位判处罚金，并对其直接负责的主管人员和其他直接责任人员，处 3 年以下有期徒刑或者拘役；情节严重的，处 3 年以上 10 年以下有期徒刑；情节特别严重的，处 10 年以上有期徒刑。

第四节　妨害对公司、企业的管理秩序罪

一、非国家工作人员受贿罪

（一）非国家工作人员受贿罪的概念与构成

非国家工作人员受贿罪，是指公司、企业或者其他单位的工作人员，利用职务上的便利，索取他人财物或者非法收受他人财物，为他人谋取利益，数额较大的行为。

本罪侵犯的客体是公司、企业或者其他单位的正常管理秩序和公司、企业或者其他单位工作人员职务行为的廉洁性。

本罪的犯罪对象是财物，既包括金钱和实物，也包括可以用金钱计算数额的财产性利益，如提供房屋装修、含有金额的会员卡、代币卡（券）、旅游费用等，具体数额以实际支付的资费为准。收受银行卡的，不论受贿人是否实际取出或者消费，卡内的存款数额一般应全额认定为受贿数额。使用银行卡透支的，如果由给予银行卡的一方承担还款责任，透支数额也应当被认定为受贿数额。

本罪的客观方面表现为利用职务上的便利，索取他人财物或者非法收受他人财物，为他人谋取利益的行为。

利用职务上的便利，是指公司、企业或其他单位的工作人员利用自己在本单位负责、主管或参与某项工作的职权范围内的条件，即利用本人担任公司、企业或其他单位中某种职务所享有的主管、分管、决定、处理以至经办某种事务的人、财、物决定权。不是直接利用本人职权，而是利用由本人职权或地位所形成的便利条件，通过第三人为请托人谋取利益，收受请托人财物（斡旋受贿）的行为，不成立本罪。对于非国家工作人员的斡旋受贿行为，刑法并未作出特别规定，所以不能将本罪中的"利用职务上的便利"扩大解释为间接利用职权或职务上的便利条件。

索取，是指行为人以公开或暗示的形式，主动向他人索要财物。非法收受，是指行为人违反法律法规，被动接受他人主动送予的财物。根据 2022 年最高人民检察院、公安部印发的《关于公安机关管辖的刑事案件立案追诉标准的规定（二）》（以下简称《立案追诉标准（二）》）第 10 条规定，数额在 3 万元以上的，应予立案追诉。

为他人谋取利益是指行为人利用本人职务上的便利，主动或应他人要求为他人谋

取某种利益。至于财物交付是在谋取利益之前还是在谋取利益之后，是直接由行贿人交付还是第三者转交，都不影响收受的成立。许诺为他人谋取利益的内容是否通过实际行动部分兑现，或者已经全部实现，也不影响成立为他人谋取利益。为他人谋取的是正当利益还是不正当利益，对成立犯罪无关紧要。

公司、企业或者其他单位的工作人员在经济往来中，利用职务上的便利，违反国家规定，收受各种名义的回扣、手续费，归个人所有的，也按照本罪定罪处罚。即在正常的市场交易行为中，取得符合《反不正当竞争法》规定的折扣、佣金是正当业务行为；而违反国家规定，收受各种名义的回扣、手续费，为个人所有的，应认定为非国家工作人员受贿罪。

本罪的主体是特殊主体，即公司、企业或者其他单位的工作人员。这里的公司、企业的工作人员，包括公司、企业的董事、监事、经理、会计等行政人员和业务人员。国有公司、企业以及其他国有单位中的非国家工作人员，也是这里的公司、企业或者其他单位的工作人员。这里的"其他单位"，根据最高人民法院、最高人民检察院《关于办理商业贿赂刑事案件适用法律若干问题的意见》第2条的规定，既包括事业单位、社会团体、村民委员会、居民委员会、村民小组等常设性的组织，也包括为组织体育赛事、文艺演出或者其他正当活动而成立的组委会、筹委会、工程承包队等非常设性的组织。

医疗机构中的非国家工作人员，在药品、医疗器械、医用卫生材料等医药产品采购活动中，利用职务上的便利，索取销售方的财物，或者非法收受销售方财物，为销售方谋取利益，构成犯罪的，以本罪定罪处罚。医疗机构中的医务人员，利用开处方的职务便利，以各种名义非法收受药品、医疗器械、医用卫生材料等医药产品销售方的财物，为医药产品销售方谋取利益，数额较大的，亦构成本罪。

本罪的主观方面是故意，即行为人明知利用职务上的便利为他人谋取利益而索取或收受贿赂的行为是损害其职务行为不可收买性的行为，而执意实施。

（二）非国家工作人员受贿罪认定时应注意的问题

1. 本罪既遂的认定

对于本罪的既遂，理论界主要有两种观点：一种观点认为，行为人只要收受了数额较大的财物，就构成本罪的既遂；另一种观点认为，成立本罪的既遂，不仅要求行为人已经收受了数额较大的财物，还必须至少同时具有为他人谋取利益的承诺行为。我们赞同第二种观点。根据刑法理论中的通行见解，构成犯罪既遂，行为必须完全具备刑法分则所规定的全部构成要件和要素。结合非国家工作人员受贿罪的规定来看，要构成本罪的既遂，无论是财物数额较大的要素，还是为他人谋取利益的要素，都是必须具备的。受贿罪具有权钱交易的本质特点，即行为人以利用职务上的便利为他人谋取利益作为与行贿人的财物交换的条件。如果没有为他人谋取利益这一行为要素，就谈不到受贿行为的存在，当然也不可能成立本罪的既遂，也无法将本罪与敲诈勒索罪、诈骗罪等犯罪区别开来。因此，只有为他人谋取利益与收受他人财物两个要素同时具备，才能成立本罪的既遂。

2. 本罪中共同犯罪的认定

非国家工作人员与国家工作人员通谋，共同收受他人财物，构成共同犯罪的，根据双方利用职务便利的具体情形分别定罪，追究刑事责任：① 利用国家工作人员的职务便利为他人谋取利益的，以受贿罪追究刑事责任；② 利用非国家工作人员的职务便利为他人谋取利益的，以非国家工作人员受贿罪追究刑事责任；③ 分别利用各自的职务便利为他人谋取利益的，按照主犯的犯罪性质追究刑事责任，不能分清主、从犯的，可以受贿罪追究刑事责任。

（三）非国家工作人员受贿罪的刑事责任

根据《刑法》第 163 条的规定，犯本罪，数额较大的，处 3 年以下有期徒刑或者拘役，并处罚金；数额巨大或者有其他严重情节的，处 3 年以上 10 年以下有期徒刑，并处罚金；数额特别巨大或者有其他特别严重情节的，处 10 年以上有期徒刑或者无期徒刑，并处罚金。

二、非法经营同类营业罪

（一）非法经营同类营业罪的概念与构成

非法经营同类营业罪，是指国有公司、企业的董事、监事、高级管理人员利用职务便利，或者其他公司、企业的董事、监事、高级管理人员违反法律、行政法规规定，自己经营或者为他人经营与其任职公司、企业同类的营业，获取非法利益且数额巨大，或者致使公司、企业利益遭受重大损失的行为。

本罪的客观方面包括以下要素。① 行为人具有自己经营或者为他人经营与其任职公司、企业同类的营业的行为。自己经营，是指自己独资经营公司、企业。为他人经营，是指在他人出资经营的公司、企业中任职从而获取经营报酬。同类的营业，是指生产、销售同一商品或者具有其他同一性质的营业。② 国有公司、企业的董事、监事、高级管理人员实施上述经营同类营业的行为时，必须利用了其在国有公司、企业担任董事、监事、高级管理人员职务上的便利，且获取非法利益，数额巨大。利用职务便利，是指行为人利用其主管、经管的权力或由此产生的方便条件（如对进货、营销渠道的直接掌握或影响）。获取非法利益，是指因同类竞业损害国有公司、企业的利益而自己获得利益。③ 其他公司、企业的董事、监事、高级管理人员实施上述经营同类营业的行为，要求违反法律、行政法规规定，且致使公司、企业利益遭受重大损失。与国有企业相比，《刑法修正案（十二）》在本罪适用于民营企业时作了一定程度的限制。

《刑法修正案（十二）》对本罪的行为主体进行了两方面的修改。一方面，从"董事、经理"调整为"董事、监事、高级管理人员"；另一方面，将民营企业纳入了本罪的惩治范畴。故本罪的主体可以是国有公司、企业的董事、监事、高级管理人员，也可以是其他民营公司、企业的董事、监事、高级管理人员。

本罪的主观方面是故意，行为人对自己经营或者为他人经营的营业与其所任职的公司、企业的营业相同有明确认识。

（二）非法经营同类营业罪的刑事责任

根据《刑法》第 165 条的规定，犯本罪，非法获利数额巨大的，处 3 年以下有期徒刑或者拘役，并处或者单处罚金；数额特别巨大的，处 3 年以上 7 年以下有期徒刑，并处罚金。其他公司、企业的董事、监事、高级管理人员违反法律、行政法规规定，实施前款行为，致使公司、企业利益遭受重大损失的，依照前款的规定处罚。

三、为亲友非法牟利罪

（一）为亲友非法牟利罪的概念与构成

为亲友非法牟利罪，是指国有公司、企业、事业单位的工作人员利用职务便利，或者其他公司、企业的工作人员违反法律、行政法规规定，将本单位的盈利业务交由自己的亲友进行经营，或者与亲友经营管理的单位进行明显有利于对方的购销活动，使国家利益或者公司、企业利益遭受重大损失的行为。

本罪侵犯的客体是国有公司、企业、事业单位或其他公司、企业的正常管理活动、合法利益。

本罪的客观方面包括以下几个要素。① 行为人具有为亲友非法牟利的行为。《刑法修正案（十二）》扩大了本罪行为类型的范围，明确将商品与服务两相结合，因此为亲友非法牟利包括以下几种情形。第一，将本单位的盈利业务交由自己的亲友经营。盈利业务，是指肯定能够获得利润的业务。如果某种业务盈利与否取决于经营的好坏，则不能认为是盈利业务。第二，以明显高于市场的价格向自己亲友经营管理的单位采购商品、接受服务或者以明显低于市场的价格向自己亲友经营管理的单位销售商品、提供服务。"明显高于"和"明显低于"，意味着不是略高一点或者略低一点，而是高出或者低于较多。第三，向自己亲友经营管理的单位采购、接受不合格的商品、服务。② 国有公司、企业、事业单位的工作人员实施上述行为必须利用了其在国有公司、企业、事业单位担任的职务的便利，其他公司、企业的工作人员则是以违反法律、行政法规规定为前提实施上述行为。③ 行为人的行为使国家利益或者公司、企业遭受了重大损失。

国有公司、企业、事业单位工作人员因受贿而将本单位盈利业务交由自己的亲友经营，或者向自己亲友经营管理的单位采购（接受）、销售（提供）与市场价格严重不相称的商品或者服务的，应以受贿罪和本罪并罚。

《刑法修正案（十二）》将本罪的主体扩大至民营企业的工作人员，故本罪的主体可以是国有公司、企业、事业单位的工作人员，也可以是其他民营公司、企业的工作人员。

本罪的主观方面是故意，行为人对其行为可能导致其亲友获取非法利益持希望或放任的态度。过失不成立本罪。

（二）为亲友非法牟利罪的刑事责任

根据《刑法》第 166 条的规定，犯本罪的，处 3 年以下有期徒刑或者拘役，并处或者单处罚金；致使国家利益遭受特别重大损失的，处 3 年以上 7 年以下有期徒刑，并处罚金。

四、国有公司、企业、事业单位人员失职罪

（一）国有公司、企业、事业单位人员失职罪的概念与构成

国有公司、企业、事业单位人员失职罪，是指国有公司、企业、事业单位的工作人员，严重不负责任，造成国有公司、企业破产或严重损失，致使国家利益遭受重大损失的行为。

本罪侵犯的客体是国家对国有公司、企业、事业单位的管理秩序。

本罪的客观方面主要表现为：① 行为人在工作中严重不负责任，即行为人不履行或者不认真履行自己的职务。② 行为人的行为使国家利益遭受了重大损失。

本罪的主体是国有公司、企业、事业单位的工作人员。

本罪的主观方面是过失。

国有公司、企业、事业单位直接负责的主管人员在签订、履行合同过程中，合同的对方当事人并未实施欺骗行为，只是因主管人员自身严重不负责任，致使国家利益遭受重大损失的，不符合签订、履行合同失职被骗罪中因严重不负责任而被诈骗的构成要件，只能以本罪论处。

（二）国有公司、企业、事业单位人员失职罪的刑事责任

根据《刑法》第 168 条的规定，犯本罪的，处 3 年以下有期徒刑或者拘役；致使国家利益遭受特别重大损失的，处 3 年以上 7 年以下有期徒刑。

五、徇私舞弊低价折股、出售公司、企业资产罪

（一）徇私舞弊低价折股、出售公司、企业资产罪的概念与构成

徇私舞弊低价折股、出售公司、企业资产罪，是指国有公司、企业或其上级主管

部门直接负责的主管人员，或者其他公司、企业直接负责的主管人员，徇私舞弊，将国有或者其他公司、企业资产低价折股或者低价出售，致使国家利益或者公司、企业遭受重大损失的行为。

本罪的客观方面主要表现为：① 行为人具有徇私舞弊，将国有或者其他公司、企业资产低价折股或者低价出售的行为。徇私舞弊，是指为私利、私情而违反国家关于国有或者其他公司、企业资产保护法规的规定，在折股资产或出售资产时弄虚作假。低价折股，是指在推行股份制过程中，将国有或者其他公司、企业的实物、工业产权、非专利技术、土地使用权"压价"折合为出资股份。低价出售，是指以低于资产实际价值的价格将其出卖。② 行为人的行为使国家利益或者其他公司、企业利益遭受重大损失。

《刑法修正案（十二）》将徇私舞弊低价折股、出售国有资产罪的保护法益扩大到民营企业的私有财产，契合同等对待民营经济和国有经济，严厉打击民营企业内部腐败犯罪的立法精神。故本罪的主体可以是国有公司、企业直接负责的主管人员或者其上级主管部门直接负责的主管人员，也可以是其他民营公司、企业直接负责的主管人员。

本罪的主观方面是故意。

（二）徇私舞弊低价折股、出售公司、企业资产罪的刑事责任

根据《刑法》第 169 条的规定，犯本罪的，处 3 年以下有期徒刑或者拘役；致使国家利益遭受特别重大损失的，处 3 年以上 7 年以下有期徒刑。其他公司、企业直接负责的主管人员，徇私舞弊，将公司、企业资产低价折股或者低价出售，致使公司、企业利益遭受重大损失的，依照前款的规定处罚。

第五节　破坏金融管理秩序罪

一、伪造货币罪

（一）伪造货币罪的概念与构成

伪造货币罪，是指违反货币管理法规，依照货币的式样，制造假货币冒充真货币的行为。

本罪侵犯的客体是国家的货币管理秩序。维持处于流通状态的货币的信用，保护使用货币的国民的交易安全是本罪的立法宗旨。此外，本罪还保护国家的货币发行权、国家通过货币发行量规制经济生活的权力等利益。

本罪的犯罪对象是正在流通或者通用的货币，包括可在国内市场通用的人民币（含普通纪念币、贵金属纪念币）和可流通、兑换的外币。以前曾经作为货币但目前已

不在我国国内市场流通或者兑换的货币，如旧中国作为货币使用的银圆，不属于本罪的犯罪对象。实践中伪造旧货币用以诈骗财物的，应当以诈骗罪论处。

本罪的客观方面表现为仿照真实货币的图案、形状、色彩等特征非法制造假币，冒充真币的行为。判断行为人伪造的假币是否类似于真币、是否达到使一般人发生误认的程度进行判断。一方面，伪造的假币不要求与真币完全相同，例如无真币号码、印章的，仍属伪造；另一方面，对假币的判断，不从专家立场出发，因为本罪侵的法益是货币的公共信用，假币足以在市场交易中欺骗公众就是伪造。例如，利用激光照相制版等高科技手段伪造货币，在搭配假币颜色的工序尚未全部完成时即案发的，假币在色彩上与真币略有差异，但足以使一般人产生误认，则应成立本罪的既遂。当然，假币的仿真程度极低、按照一般人的注意力不会将其看作真币的，属于着手实施伪造行为。由于行为人意志以外的原因，未将假币制造出来，是本罪未遂。同时采用伪造和变造手段，制造真伪拼凑货币的行为，以伪造货币罪定罪处罚。

本罪的主体是一般主体。

本罪的主观方面是故意，行为人对制造的是正在强制流通中的货币有认识，并且追求或者放任伪造结果的发生。

（二）伪造货币罪的刑事责任

根据《刑法》第170条的规定，犯本罪的，处3年以上10年以下有期徒刑，并处罚金。有下列三种情形之一的，处10年以上有期徒刑或者无期徒刑，并处罚金或者没收财产：① 伪造货币集团的首要分子；② 伪造货币数额特别巨大的；③ 有其他特别严重情节的。

《立案追诉标准（二）》第14条规定："伪造货币，涉嫌下列情形之一的，应予立案追诉：（一）总面额在二千元以上或者币量在二百张（枚）以上的；（二）总面额在一千元以上或者币量在一百张（枚）以上，二年内因伪造货币受过行政处罚，又伪造货币的；（三）制造货币版样或者为他人伪造货币提供版样的；（四）其他伪造货币应予追究刑事责任的情形。"

伪造货币又出售、持有、使用、运输的，以伪造货币罪定罪处罚，将出售、持有、使用、运输行为作为量刑情节考虑。以使用为目的，伪造停止流通的货币，或者使用伪造的停止流通的货币的，以诈骗罪定罪处罚。对于制造、销售伪造货币的印刷版、胶片、模具或者其他伪造货币的工具的，或者与他人事前通谋，为他人伪造货币提供版样的，不认定为犯罪数额，以本罪定罪，根据犯罪情节量刑。

二、持有、使用假币罪

（一）持有、使用假币罪的概念与构成

持有、使用假币罪，是指违反货币管理法规，明知是伪造的货币而持有、使用，

数额较大的行为。

本罪的客观方面主要表现为：① 行为人具有持有伪造的货币或者使用伪造的货币的行为。具有该两种行为之一的，即具备本罪的行为要素。持有，是指保存、控制、携带假币的状态。明知是假币而运输的，不是持有假币。伪造货币，出售、购买假币后持有假币的，对持有行为不单独定罪。使用，是指将伪造的货币投入流通领域，作为一种支付手段而购买商品或者接受服务等。② 行为人持有或者使用的伪造货币数额较大。至于其具体标准，《立案追诉标准（二）》第 17 条规定："明知是伪造的货币而持有、使用，涉嫌下列情形之一的，应予立案追诉：（一）总面额在四千元以上或者币量在四百张（枚）以上的；（二）总面额在二千元以上或者币量在二百张（枚）以上，二年内因持有、使用假币受过行政处罚，又持有、使用假币的；（三）其他持有、使用假币应予追究刑事责任的情形。"

伪造、变造假币后使用的，伪造、变造行为与本罪之间有牵连关系；购买假币后使用的，以购买假币罪定罪从重处罚；将盗窃、诈骗等财产犯罪所获取的假币加以使用的，应以相应财产犯罪和本罪并罚。出售、运输假币构成犯罪，同时有使用假币行为的，依照《刑法》第 171 条、第 172 条的规定，数罪并罚。将假币在自动贩卖机上使用的，不构成诈骗罪，但构成使用假币罪和盗窃罪的想象竞合犯。

本罪的主体是一般主体，即已满 16 周岁、具有刑事责任能力的自然人。

本罪的主观方面是故意，即行为人明知是伪造的货币仍持有、使用。

（二）持有、使用假币罪的刑事责任

根据《刑法》第 172 条的规定，犯本罪，数额较大的，处 3 年以下有期徒刑或者拘役，并处或者单处 1 万元以上 10 万元以下罚金；数额巨大的，处 3 年以上 10 年以下有期徒刑，并处 2 万元以上 20 万元以下罚金；数额特别巨大的，处 10 年以上有期徒刑，并处 5 万元以上 50 万元以下罚金或者没收财产。

三、非法吸收公众存款罪

（一）非法吸收公众存款罪的概念与构成

非法吸收公众存款罪，是指非法吸收公众存款或者变相吸收公众存款，扰乱金融秩序的行为。

本罪侵犯的客体是国家的金融管理秩序。

本罪的客观方面表现为行为人实施了非法吸收或变相吸收公众存款的行为。根据最高人民法院《关于审理非法集资刑事案件具体应用法律若干问题的解释》的规定，违反国家金融管理法规规定，向社会公众（包括单位和个人）吸收资金的行为，同时具备下列四个条件的，除刑法另有规定的以外，应当认定为"非法吸收公众存款或者变相吸收公众存款"：① 未经有关部门依法批准或者借用合法经营的形式吸收资金（非

法性）；② 通过媒体、推介会、传单、手机短信等途径向社会公开宣传（公开性）；③ 承诺在一定期限内以货币、实物、股权等方式还本付息或者给付回报（利诱性）；④ 向社会公众即社会不特定对象吸收资金（社会性）。未向社会公开宣传，只是在亲友或者单位内部针对特定对象吸收资金的，不属于非法吸收或者变相吸收公众存款。有两点需要注意的是，首先，向社会公开宣传包括以各种途径向社会公众传播吸收资金的信息，以及明知是吸收资金的信息而向社会公众扩散、予以放任等情形。其次，根据司法解释，在向亲友或者单位内部人员吸收资金的过程中，明知亲友或者单位内部人员向不特定对象吸收资金而予以放任的，以及以吸收资金为目的，将社会人员吸收为单位内部人员，并向其吸收资金的，应当认定为"向社会公众吸收资金"。

《立案追诉标准（二）》第 23 条对非法吸收公众存款行为应予立案追诉的情节标准作了明确的规定："非法吸收公众存款或者变相吸收公众存款，扰乱金融秩序，涉嫌下列情形之一的，应予立案追诉：（一）非法吸收或者变相吸收公众存款数额在一百万元以上的；（二）非法吸收或者变相吸收公众存款对象一百五十人以上的；（三）非法吸收或者变相吸收公众存款，给集资参与人造成直接经济损失数额在五十万元以上的；非法吸收或者变相吸收公众存款数额在五十万元以上或者给集资参与人造成直接经济损失数额在二十五万元以上，同时涉嫌下列情形之一的，应予立案追诉：（一）因非法集资受过刑事追究的；（二）二年内因非法集资受过行政处罚的；（三）造成恶劣社会影响或者其他严重后果的。"

近年来，互联网与金融的深度融合促进了金融创新，提高了金融资源的配置效率，但也存在一些问题和风险隐患。单位或个人假借开展网络借贷信息中介业务之名，未经依法批准，归集不特定公众的资金设立资金池，控制、支配资金池中的资金，并承诺还本付息的，应当构成本罪。

在实践中，以发行私募基金的形式融资是否构成本罪，有时难以判断。根据法秩序统一性原理的要求，金融犯罪要以违反金融管理法规为前提。就融资行为而言，只要基金管理人没有违反《证券投资基金法》《私募投资基金监督管理暂行办法》的相关规定，其募集基金的行为就是合法的，成立犯罪的前提就不存在。将符合金融法规的行为认定为犯罪，势必阻碍金融创新，且容易导致错案。

擅自设立金融机构后非法吸收公众存款的，应从一重罪处断。非法吸收公众存款的过程中，偶尔编造事实、骗取存款的，将骗取行为作为非法吸收公众存款的一种实行手段看待，不再单独定罪，因为骗取贷款者只有以非法吸收的贷款牟利的目的，事后要付给利息、返还本金，与普通诈骗罪并不相同。非法吸收或者变相吸收公众存款，主要用于正常的生产经营活动，能够及时清退所吸收资金，可以免予刑事处罚；情节显著轻微的，不作为犯罪处理。

本罪的主体包括自然人和单位，主观方面是故意。

（二）非法吸收公众存款罪的刑事责任

根据《刑法》第 176 条的规定，犯本罪的，处 3 年以下有期徒刑或者拘役，并处或者单处罚金；数额巨大或者有其他严重情节的，处 3 年以上 10 年以下有期徒刑，并处罚金；数额特别巨大或者有其他特别严重情节的，处 10 年以上有期徒刑，并处罚金。单位犯本罪的，对单位判处罚金，并对其直接负责的主管人员和其他直接责任人员，依照个人犯本罪的规定处罚。有前两款行为，在提起公诉前积极退赃退赔，减少损害结果发生的，可以从轻或者减轻处罚。

四、伪造、变造金融票证罪

（一）伪造、变造金融票证罪的概念与构成

伪造、变造金融票证罪，是指行为人违反金融票据管理法规，仿照金融票据的式样、形状、色彩、文字等要素制作假的金融票据或者对真实的金融票据进行改制的行为。

本罪侵犯的客体是国家的金融票证管理秩序。本罪的犯罪对象是汇票、本票、支票和委托收款凭证、汇款凭证、银行存单等其他银行结算凭证，以及信用证或者附随的单据、文件和信用卡。

本罪的客观方面表现为行为人违反金融票据管理法规，仿照金融票据的式样、形状、色彩、文字等要素制作假的金融票据或者对真实的金融票据进行改制的行为。具体包括：① 伪造、变造汇票、本票、支票的；② 伪造、变造委托收款凭证、汇款凭证、银行存单等其他银行结算凭证的；③ 伪造、变造信用证或者附随的单据、文件的；④ 伪造信用卡的。《立案追诉标准（二）》第 24 条规定："伪造、变造金融票证，涉嫌下列情形之一的，应予立案追诉：（一）伪造、变造汇票、本票、支票，或者伪造、变造委托收款凭证、汇款凭证、银行存单等其他银行结算凭证，或者伪造、变造信用证或者附随的单据、文件，总面额在一万元以上或者数量在十张以上的；（二）伪造信用卡一张以上，或者伪造空白信用卡十张以上的。"

本罪的主体包括自然人和单位，主观方面是故意。

（二）伪造、变造金融票证罪的刑事责任

根据《刑法》第 177 条的规定，犯本罪的，处 5 年以下有期徒刑或者拘役，并处或者单处 2 万元以上 20 万元以下罚金；情节严重的，处 5 年以上 10 年以下有期徒刑，并处 5 万元以上 50 万元以下罚金；情节特别严重的，处 10 年以上有期徒刑或者无期徒刑，并处 5 万元以上 50 万元以下罚金或者没收财产。单位犯本罪的，对单位判处罚金，并对其直接负责的主管人员和其他直接责任人员，依照个人犯本罪的规定处罚。

五、妨害信用卡管理罪

（一）妨害信用卡管理罪的概念与构成

妨害信用卡管理罪，是指持有、运输伪造的信用卡或者数量较大的伪造的空白信用卡，或者持有他人数量较大的信用卡，或者使用虚假的身份证明骗领信用卡，或者出售、购买、为他人提供伪造的信用卡或者以虚假的身份证明骗领的信用卡，妨害信用卡管理的行为。

本罪侵犯的客体是国家的信用卡管理秩序。

本罪的客观方面包括以下四种行为：① 明知是伪造的信用卡而持有、运输的，或者明知是伪造的空白信用卡而持有、运输，数量较大的；② 非法持有他人的信用卡，数量较大；③ 使用虚假的身份证明骗领信用卡；④ 出售、购买、为他人提供伪造的信用卡或者以虚假的身份证明骗领的信用卡。行为人只要实行上述四种行为之一，即具备本罪的行为要素。对于持有、运输伪造的空白信用卡的行为和持有他人信用卡的行为，只有信用卡的数量达到较大才能成立犯罪。对于具体数量标准，《立案追诉标准（二）》第 25 条明确规定："妨害信用卡管理，涉嫌下列情形之一的，应予立案追诉：（一）明知是伪造的信用卡而持有、运输的；（二）明知是伪造的空白信用卡而持有、运输，数量累计在十张以上的；（三）非法持有他人信用卡，数量累计在五张以上的；（四）使用虚假的身份证明骗领信用卡的；（五）出售、购买、为他人提供伪造的信用卡或者以虚假的身份证明骗领的信用卡的。违背他人意愿，使用其居民身份证、军官证、士兵证、港澳居民往来内地通行证、台湾居民来往大陆通行证、护照等身份证明申领信用卡的，或者使用伪造、变造的身份证明申领信用卡的，应当认定为'使用虚假的身份证明骗领信用卡'。"

实践中，隐瞒真相，与对方订立货物买卖合同，收到对方开立的信用证后，伪造各种单据骗取对方货款，或者以根本不存在的公司的名义签发提单，或者故意供给与提单所载明内容不符的其他货物，或者使用伪造的信用卡诈骗的，同时构成伪造、变造金融票证罪和合同诈骗、金融诈骗等罪名，手段行为和结果行为之间有牵连关系。

本罪的主体是一般主体，即已满 16 周岁、具有刑事责任能力的自然人。

本罪的主观方面是故意，即明知是伪造的信用卡或者伪造的空白信用卡而持有、运输，或者明知是他人的信用卡而持有，或者明知是虚假的身份证明而使用并骗领信用卡，或者明知是伪造的信用卡或者以虚假的身份证明骗领的信用卡而出售、购买、为他人提供。

（二）妨害信用卡管理罪的刑事责任

根据《刑法》第 177 条之一的规定，犯本罪的，处 3 年以下有期徒刑或者拘役，并处或者单处 1 万元以上 10 万元以下罚金；数量巨大或者有其他严重情节的，处 3 年以上 10 年以下有期徒刑，并处 2 万元以上 20 万元以下罚金。

六、洗钱罪

（一）洗钱罪的概念与构成

洗钱罪，是指掩饰、隐瞒毒品犯罪、黑社会性质的组织犯罪、恐怖活动犯罪、走私犯罪、贪污贿赂犯罪、破坏金融管理秩序犯罪、金融诈骗犯罪的所得及其产生收益的来源和性质的行为。

本罪侵犯的客体为复杂客体，其主要客体是国家正常的金融管理秩序，次要客体是司法机关的正常活动。

本罪的犯罪对象是毒品犯罪、黑社会性质的组织犯罪、恐怖活动犯罪、走私犯罪、贪污贿赂犯罪、破坏金融管理秩序犯罪、金融诈骗犯罪的所得及其产生的收益。毒品犯罪是指刑法分则第六章第七节规定的各种有关毒品的犯罪；黑社会性质的组织犯罪，是指以黑社会性质的组织为主体所实施的各种犯罪；恐怖活动犯罪，是指恐怖组织实施的各种犯罪；走私犯罪，是指刑法分则第三章第二节规定的各种走私犯罪；贪污贿赂犯罪是指刑法分则第八章规定的各种贪污贿赂犯罪；破坏金融管理秩序犯罪，是指刑法分则第三章第四节规定的各种破坏金融管理秩序犯罪；金融诈骗犯罪，是指刑法分则第三章第五节规定的各种金融诈骗犯罪。犯罪的所得及其产生的收益，是指犯罪分子通过犯罪所获取的非法利益以及犯罪所获取的非法利益产生的孳息和利用犯罪所获取的非法利益从事经营活动所产生的经济利益。

本罪的客观方面表现为行为人对毒品犯罪、黑社会性质的组织犯罪、恐怖活动犯罪、走私犯罪、贪污贿赂犯罪、破坏金融管理秩序犯罪、金融诈骗犯罪的所得及其产生的收益，实施了掩饰、隐瞒其来源和性质的行为。这就是通常所谓的"洗钱"。"洗钱"的目的在于通过金融体系或者直接投资等非金融体系的运作，截断犯罪所得及其产生的收益与先前犯罪行为之间的联系，以逃避法律追查，使犯罪所得及其产生的收益"合法化"。《刑法》将掩饰、隐瞒的行为方式规定为如下五种。① 提供资金账户。即行为人将自己拥有的合法账户提供给实行上述七类犯罪的犯罪分子，或者为其在金融机构开立账户，让其将犯罪所得及其产生的收益存入金融机构。② 将财产转换为现金、金融票据、有价证券。即行为人采取各种方式，将犯罪所得及其收益通过交易等方式转换为现金或者本票、汇票、支票等金融票据或者国库券、财政债券、国家建设债券等有价证券。③ 通过转账或者其他支付结算方式转移资金。即以将上述七类犯罪所得及其收益通过银行等金融机构的转账或者委托付款等结算方式，从一个账户转移到另一个账户，使其混入合法收入之中。④ 跨境转移资产。主要是指享有资金调往境外权利的个人或者企业，通过自己在银行或者其他金融机构所开设的账号，将上述七类犯罪的所得的资金汇往境外。⑤ 以其他方法掩饰、隐瞒犯罪的所得及其收益的性质和来源。实践中常见的有通过典当、租赁、买卖、投资等方式，转移、转换犯罪所得及其收益的；通过与商场、饭店、娱乐场所等现金密集型场所的经营收入相混合的方式，转移、转换犯罪所得及其收益的；通过虚构交易、虚设债权债务、虚假担保、虚报收入等方式，将犯罪所得及其收益转换为"合法"财物的；通过买卖彩票、奖券等方式，转换犯罪所得及其收益的；通过赌博方式，将犯罪所得及其收益转换为赌博收益的；将犯罪所得及其收益携带、运输或者邮寄出入境的；等等。该种情况是考虑到洗钱的行为方式多样性而在刑法上所作的一个堵漏性规定，以免遗漏其他方式的洗钱行为。

本罪的主体包括自然人和单位。需要特别指出的是，《刑法修正案（十一）》对洗钱罪的罪状的规定作了多处修改后，本罪的主体既包括与毒品犯罪、黑社会性质的组织犯罪、恐怖活动犯罪、走私犯罪、贪污贿赂犯罪、破坏金融管理秩序犯罪、金融诈骗犯罪这七类上游犯罪无关的个人和单位，也包括实施了这七类上游犯罪的个人和单位（即把"自洗钱"行为也纳入洗钱罪的规制范围）。

本罪的主观方面是直接故意，而且具有掩饰、隐瞒毒品犯罪、黑社会性质的组织犯罪、恐怖活动犯罪、走私犯罪、贪污贿赂犯罪、破坏金融管理秩序犯罪、金融诈骗犯罪的所得及其产生的收益的来源和性质并使之合法化的目的。

（二）洗钱罪认定时应注意的问题

洗钱罪与掩饰、隐瞒犯罪所得、犯罪所得收益罪的区别包括以下方面。① 侵犯的客体不尽相同。前者侵犯的客体为复杂客体，其主要客体是国家正常的金融管理秩序，次要客体为司法机关的正常活动；而后者侵犯的客体为单一客体，即司法机关的正常活动。② 犯罪对象不尽相同。前者仅限于《刑法》规定的毒品犯罪、黑社会性质的组织犯罪、恐怖活动犯罪、走私犯罪、贪污贿赂犯罪、破坏金融管理秩序犯罪、金融诈骗犯罪的所得及其产生的收益；而后者为所有犯罪的所得及其产生的收益。针对毒品犯罪所得及其收益实行的掩饰、隐瞒行为，两者的规定属于法规竞合，应适用特别法优于一般法的原则即按本罪处理。③ 前者除了包括掩饰、隐瞒他人实施的毒品犯罪等七类犯罪的所得及其产生的收益的来源和性质外，也包括本人实施的毒品犯罪等七类犯罪的所得及其产生的收益的来源和性质；而后者只包括掩饰、隐瞒他人实施的犯罪的所得及其产生的收益的来源和性质。

（三）洗钱罪的刑事责任

根据《刑法》第191条的规定，犯本罪的，没收实施以上犯罪的所得及其产生的收益，处5年以下有期徒刑或者拘役，并处或者单处罚金；情节严重的，处5年以上10年以下有期徒刑，并处罚金。

第六节　金融诈骗罪

一、集资诈骗罪

（一）集资诈骗罪的概念与构成

集资诈骗罪，是指以非法占有为目的，使用诈骗方法非法向公众吸纳资金，数额较大的行为。

本罪侵犯的客体是国家正常的金融管理秩序和公私财产所有权。

本罪的客观方面表现为使用诈骗方法非法集资。使用诈骗方法，是指以非法占有为目的，采用编造谎言、捏造或者隐瞒事实真相等欺骗方法，吸纳、骗取他人资金的行为，如采取虚构资金用途、以共同投资等名义非法集资，以参加投资的人可以获取数倍于同期存款利率的收益等诈骗手段为诱饵吸收公众投资，将筹集的资金据为己有等。非法集资，是指公司、企业或其他组织、个人未经批准，违反法律、法规，通过不正当的渠道向社会公众或者集体募集资金的行为。资金是企业生产经营正常运作的必要要素，企业获得资金的合法途径是向银行申请贷款，或者依照法定条件和程序向社会发行股票、公司债券或者以合资、合营、联营、企业内部集资等方法筹措资金。此外，获得资金的方法原则上都可能成立非法集资。

根据最高人民法院《关于审理非法集资刑事案件具体应用法律若干问题的解释》第 2 条、第 7 条的规定，以非法占有为目的，使用诈骗方法实施下列行为之一，应当以本罪定罪处罚：① 有房产销售的真实内容或者不以房产销售为主要目的，以返本销售、售后包租、约定回购、销售房产份额等方式非法吸收资金的；② 以转让林权并代为管护等方式非法吸收资金的；③ 以代种植（养殖）、租种植（养殖）、联合种植（养殖）等方式非法吸收资金的；④ 不具有销售商品、提供服务的真实内容或者不以销售商品、提供服务为主要目的，以商品回购、寄存代售等方式非法吸收资金的；⑤ 不具有发行股票、债券的真实内容，以虚假转让股权、发售虚构债券等方式非法吸收资金的；⑥ 不具有募集基金的真实内容，以假借境外基金、发售虚构基金等方式非法吸收资金的；⑦ 不具有销售保险的真实内容，以假冒保险公司、伪造保险单据等方式非法吸收资金的；⑧ 以网络借贷、投资借贷、投资入股、虚拟币交易等非法吸收资金的；⑨ 以委托理财、融资租赁等方式非法吸收资金的；⑩ 以提供"养老服务"、投资"养老项目"、销售"老年产品"等方式非法吸收资金的；⑪ 利用民间"会""社"等组织非法吸收资金的；⑫ 其他非法吸收资金的行为。

非法集资数额较大的，才能构成本罪。根据《立案追诉标准（二）》第 44 条规定以及最高人民法院《关于审理非法集资刑事案件具体应用法律若干问题的解释》第 8 条的规定，集资诈骗数额在 10 万元以上的，应当认定为"数额较大"；数额在 100 万元以上的，应当认定为"数额巨大"。集资诈骗数额在 50 万元以上，同时造成恶劣社会影响或者其他严重后果的，应当认定为《刑法》第 192 条规定的"其他严重情节"。集资诈骗的数额以行为人实际骗取的数额计算，在案发前已归还的数额应予扣除。行为人为实施集资诈骗活动而支付的广告费、中介费、手续费、回扣，或者用于行贿、赠与等费用，不予扣除。行为人为实施集资诈骗活动而支付的利息，除本金未归还可予折抵本金以外，应当计入诈骗数额。

本罪的主观方面是故意，而且具有非法占有目的。根据司法实践，对于行为人通过集资的方法非法获取资金，造成数额较大资金不能归还，并具有下列情形之一的，可以认定为具有非法占有目的：① 集资后不用于生产经营活动或者用于生产经营活动的资金与筹集资金规模明显不成比例，致使集资款不能返还的；② 肆意挥霍集资款，致使集资款不能返还的；③ 携带集资款逃匿的；④ 将集资款用于违法犯罪活动的；⑤ 抽逃、转移资金、隐匿财产，逃避返还资金的；⑥ 隐匿、销毁账目，或者搞假破产、假倒闭，逃避返还资金的；⑦ 拒不交代资金去向，逃避返还资金的；⑧ 其他可以认定非法占有目的的情形。

当然，行为人在集资时虽然在某些方面夸大了集资回报的条件，但主观上并无非法占有他人财物的目的，只是由于客观原因无力及时按约定条件偿还集资款及利息的，不构成本罪，原则上应当以民事上的集资借贷纠纷处理。

（二）集资诈骗罪认定时应注意的问题

违反法律、法规规定，未向有关部门申请，未经批准发行股票或者公司、企业债券，将非法募集的资金用于公司、企业的生产经营，无非法占有他人资金的目的，只构成擅自发行股票、公司、企业债券罪，而不构成本罪。

没有使用诈骗方法，而是以营利为目的的给付利息方式非法或变相吸收公众存款，由于经营管理不善造成公众存款无法返还，在不能证明其具有非法占有吸收的公众存款的目的时，只应成立非法吸收公众存款罪。

（三）集资诈骗罪的刑事责任

根据《刑法》第 192 条的规定，犯本罪，数额较大的，处 3 年以上 7 年以下有期徒刑，并处罚金；数额巨大或者有其他严重情节的，处 7 年以上有期徒刑或者无期徒刑，并处罚金或者没收财产。单位犯本罪的，对单位判处罚金，并对其直接负责的主管人员和其他直接责任人员，依照个人犯本罪的规定处罚。

二、贷款诈骗罪

（一）贷款诈骗罪的概念与构成

贷款诈骗罪，是指以非法占有为目的，诈骗银行或者其他金融机构的贷款，数额较大的行为。

本罪侵犯的客体是国家正常的贷款管理秩序和金融机构对所借出资金的所有权。

本罪的客观方面表现为使用虚构事实、隐瞒真相的诈骗方法骗取银行或者其他金融机构的贷款，并且数额较大。本罪中的诈骗行为具体表现为下列情形：① 编造引进资金、项目等虚假理由的；② 使用虚假的经济合同的；③ 使用虚假的证明文件的；④ 使用虚假的产权证明作担保或者超出抵押物价值重复担保的；⑤ 以其他方法诈骗贷款的。构成本罪，要求诈骗贷款的数额较大。至于其具体标准，《立案追诉标准（二）》第 45 条规定，以非法占有为目的，诈骗银行或者其他金融机构的贷款，数额在 5 万元以上的，应予立案追诉。

银行或者其他金融机构的工作人员，利用职务之便，虚拟人名贷款、冒用他人之名贷款的，构成挪用公款或挪用资金罪，而不构成本罪；但是，不是利用职务之便，而只是利用熟悉银行内部情况或人员的方便条件，冒用他人名义骗取银行贷款的，构成贷款诈骗罪。套取银行或者其他金融机构贷款，高利转贷非法牟利的，不是以欺骗方法取得贷款，只构成高利转贷罪，而不构成本罪。

本罪的主体只能是自然人，单位不能构成本罪。对于单位实施的贷款诈骗行为，由于《刑法》第 193 条没有规定单位可以成为本罪的主体，所以不能以贷款诈骗罪对单位及其直接负责的主管人员和其他直接责任人员定罪处罚。根据全国人大常委会《关于〈中华人民共和国刑法〉第三十条的解释》的精神，对于单位实施的贷款诈骗行为，应对组织、策划、实施该危害社会行为的人以贷款诈骗罪依法追究刑事责任。

本罪的主观上是故意，并具有非法占有贷款的目的。具有以下情形之一的，可以认定行为人存在非法占有目的：① 以支付中间人高额回扣、介绍费、提成的方式非法获取贷款，并由此造成大部分资金不能返还的；② 将贷款大部分用于弥补亏空、归还债务的；③ 没有经营、归还能力而大量骗取贷款的；④ 将贷款大量用于挥霍、行贿、赠与的；⑤ 将贷款用于高风险营利活动造成亏损的；⑥ 将贷款用于违法犯罪活动的；⑦ 携资金潜逃的；⑧ 抽逃、转移、隐匿资金，有条件归还而拒不归还贷款的；⑨ 隐匿、销毁财务账目或搞假破产、假倒闭逃避返还贷款的；⑩ 为继续骗取贷款，将资金用于亏损或不营利的生产经营项目的。合法取得贷款，但后来因情况变化而产生非法占有目的，转移、隐匿贷款，拒不还本付息的，不成立本罪，也不成立侵占罪与诈骗罪，应按民事案件处理。但是，如果采用欺骗方法使贷款人免除其还本付息的义务的，可以考虑成立针对财产性利益的普通诈骗罪。

（二）贷款诈骗罪的刑事责任

根据《刑法》第 193 条的规定，犯本罪，数额较大的，处 5 年以下有期徒刑或者拘役，并处 2 万元以上 20 万元以下罚金；数额巨大或者有其他严重情节的，处 5 年以上 10 年以下有期徒刑，并处 5 万元以上 50 万元以下罚金；数额特别巨大或者有其他特别严重情节的，处 10 年以上有期徒刑或者无期徒刑，并处 5 万元以上 50 万元以下罚金或者没收财产

三、信用卡诈骗罪

（一）信用卡诈骗罪的概念与构成

信用卡诈骗罪，是指以非法占有为目的，使用信用卡进行诈骗活动，数额较大的行为。

本罪侵犯的客体是国家正常的信用卡管理秩序和公私财产所有权。

本罪的客观方面表现为利用信用卡实施诈骗活动的行为。这里的信用卡，是指由商业银行或者其他金融机构发行的具有消费支付、信用贷款、转账结算、存取现金等全部功能或者部分功能的电子支付卡。

信用卡诈骗的实行行为具体包括下述情形。

（1）使用伪造的信用卡，或者使用以虚假的身份证明骗领的信用卡。使用，包括用信用卡购物和用信用卡接受有偿服务。对这里的"伪造的信用卡"应作广义理解，包括变造的信用卡在内，其是由使用者本人还是由他人伪造，不影响本罪成立。将自己伪造的信用卡交给他人，委托其代为取款，但向其隐瞒信用卡系伪造的事实的，构成信用卡诈骗罪的间接正犯。

（2）使用作废的信用卡。作废的信用卡，是指因法定理由失去效用的信用卡，包括因超过有效使用期限而自动失效的信用卡、持卡人在信用卡有效期限内中途停止使用并将其交回发卡银行的信用卡、因挂失而失效的信用卡等。

（3）冒用他人信用卡。信用卡必须由持卡人本人使用，不得转借或转让。冒用他人信用卡是指冒充合法持卡人，并通过银行职员或者商场（特约商户）收银员使用信用卡，使持卡人受到资金损失的行为。至于冒用的信用卡是他人委托保管，还是以欺骗、捡拾等方式取得，在所不问。窃取、收买、骗取或者以其他非法方式获取他人信用卡信息资料，并通过互联网通讯终端等使用的，也是冒用他人信用卡。在信用卡被有效挂失后冒充合法持有人使用信用卡，给特约商店或发卡银行带来经济损失的行为属于使用作废的信用卡而非冒用他人信用卡。最高人民法院、最高人民检察院《关于办理妨害信用卡管理刑事案件具体应用法律若干问题的解释》规定，冒用他人信用卡包括以下情形：① 拾得他人信用卡并使用的；② 骗取他人信用卡并使用的；③ 窃取、

收买、骗取或者以其他非法方式获取他人信用卡信息资料，并通过互联网、通讯终端等使用的；④ 其他冒用他人信用卡的情形。

根据最高人民法院、最高人民检察院《关于办理妨害信用卡管理刑事案件具体应用法律若干问题的解释》第 5 条以及《立案追诉标准（二）》第 49 条的相关规定，使用伪造的信用卡、以虚假的身份证明骗领的信用卡、作废的信用卡或者冒用他人信用卡，进行信用卡诈骗活动，数额在 5000 元以上不满 5 万元的，应当认定为"数额较大"；数额在 5 万元以上不满 50 万元的，应当认定为"数额巨大"；数额在 50 万元以上的，应当认定为"数额特别巨大"。

例如，本章导入案例 2 中，甲虽将信用卡交给乙保管，但没有同意乙使用该卡，乙私下用来取走现金，属于冒用信用卡的行为，构成信用卡诈骗罪。乙拾得信用卡后，用该信用卡在自动取款机上提取现金的行为属于冒用他人信用卡，亦构成信用卡诈骗罪。

（4）恶意透支。透支是客户在银行账户上无资金或者资金不足的情况下经银行批准，使用超过其账上资金额度的行为。持卡人透支后，必须在限期内补足资金，并按规定支付利息。恶意透支，是指持卡人以非法占有为目的，超过规定限额或者规定期限透支，经发卡银行两次有效催收后超过 3 个月仍不归还的行为。要成立恶意透支，发卡银行的催收必须要是有效催收。催收同时符合下列四个条件的，才能认定为"有效催收"：① 在透支超过规定限额或者规定期限后进行；② 催收应当采用能够确认持卡人收悉的方式，但持卡人故意逃避催收的除外；③ 两次催收至少间隔 30 日；④ 符合催收的有关规定或者约定。对于是否属于有效催收，应当根据发卡银行提供的电话录音、信息送达记录、信函送达回执、电子邮件送达记录、持卡人或者其家属签字以及其他催收原始证据材料作出判断。发卡银行提供的相关证据材料，应当有银行工作人员签名和银行公章。发卡银行违规以信用卡透支形式变相发放贷款，持卡人未按规定归还的，不适用恶意透支的规定。构成骗取贷款等其他犯罪的，以其他犯罪论处。

根据最高人民法院、最高人民检察院《关于办理妨害信用卡管理刑事案件具体应用法律若干问题的解释》第 8 条以及《立案追诉标准（二）》第 49 条的相关规定，恶意透支，数额在 5 万元以上不满 50 万元的，应当认定为"数额较大"；数额在 50 万元以上不满 500 万元的，应当认定为"数额巨大"；数额在 500 万元以上的，应当认定为"数额特别巨大"。

根据《刑法》第 196 条第 3 款的规定，盗窃信用卡并使用的，构成盗窃罪。虽然使用窃取的信用卡明显具有利用他人信用卡实施诈骗的性质，但是，法律认为窃取信用卡后使用乃通常现象，使用信用卡实施诈骗是将盗窃得来的信用卡本身所含有的不确定价值转化为具体财物的过程，是窃取行为的自然延伸，窃取信用卡本身才是评价的重点。在盗窃信用卡并使用的场合，应以使用信用卡后实际骗取的财物数额作为定罪处罚的标准。盗窃信用卡并使用，因骗局被识破而未得逞的，成立盗窃罪未遂。盗窃信用卡但并不使用的，不构成犯罪。没有参与信用卡盗窃行为，单纯使用他人盗窃取得的信用卡的，不构成赃物犯罪，原则上也不成立盗窃罪的共犯，而应单独成立信用卡诈骗罪。不知是盗窃来的信用卡而使用的，属于冒用他人信用卡的诈骗行为。例如，本章导入案例 2 中，乙盗窃信用卡后，用该信用卡在自动取款机上提取现金 3 万元，仅成立盗窃罪一罪。

本罪的主体是一般主体，即已满 16 周岁、具有刑事责任能力的自然人。

本罪的主观方面是故意，要求行为人知道，伪造、作废的信用卡性质，也知道原属他人的信用卡不得冒用、不得恶意透支，同时要求行为人具有非法占有目的。

实务中，对于信用卡透支行为，不能仅凭透支数额较大不能返还的结果就直接推定行为人具有非法占有目的，应当综合持卡人的信用记录、还款能力和意愿、申领和透支信用卡的状况、透支资金的用途、透支后的表现、未按规定还款的原因等情节作出判断。具有以下情形之一的，应当认定为具有非法占有目的：① 明知没有还款能力而大量透支，无法归还；② 使用虚假资信证明申领信用卡后透支，无法归还；③ 透支后通过逃匿、改变联系方式等手段，逃避银行催收；④ 抽逃、转移资金，隐匿财产，逃避还款；⑤ 使用透支的资金进行犯罪活动；⑥ 其他非法占有资金，拒不归还的情形。对于具有下列情形之一的，不应推定行为人具有非法占有目的：① 持卡人原本有正常、稳定的收入来源，曾有持续还款行为且无大额拖欠，后因失业、突发重大疾病、家庭变故等客观原因导致经济状况严重恶化无力还款的；② 持卡人的透支消费未明显超过其收入水平，虽未完全清偿，但有持续超过最低还款额的还款行为；③ 持卡人因对欠款数额或还款方式有异议，无拒不归还欠款的意思表示，与发卡机构之间保持沟通或积极寻求解决方案的。

（二）信用卡诈骗罪的刑事责任

根据《刑法》第 196 条的规定，犯本罪，数额较大的，处 5 年以下有期徒刑或者拘役，并处 2 万元以上 20 万元以下罚金；数额巨大或者有其他严重情节的，处 5 年以上 10 年以下有期徒刑，并处 5 万元以上 50 万元以下罚金；数额特别巨大或者有其他特别严重情节的，处 10 年以上有期徒刑或者无期徒刑，并处 5 万元以上 50 万元以下罚金或者没收财产。

四、保险诈骗罪

（一）保险诈骗罪的概念与构成

保险诈骗罪，是指行为人故意虚构保险标的，或者对已发生的保险事故编造虚假的原因或夸大损失程度，或者编造未曾发生的保险事故，或者故意制造保险事故，进行保险诈骗活动，骗取数额较大的财物的行为。

本罪侵犯的客体是国家的保险管理秩序和保险人的财产所有权。

本罪的客观方面包括以下两个构成要素。

第一，行为人实行了保险诈骗活动。具体表现为如下几种情形。① 投保人故意虚构保险标的，骗取保险金。保险标的，是指作为保险对象的物质财富及其有关利益、人的生命或身体。虚构保险标的，是指为骗取保险金，虚构一个根本不存在的保险对象，或者将价值较小的保险标的虚构为价值较大的保险标的，或者将不符合保险合同要求的标的虚构为符合保险合同要求的标的，与保险人订立保险合同。② 对已发生的保险事故编造虚假的原因或者夸大损失的程度，骗取保险金。对已发生的保险事故编造虚假的原因，主要是指投保人、被保险人或者受益人，为了骗取保险金，在发生保险事故后，对造成保险事故的原因作虚假的陈述或者隐瞒真实情况。夸大损失的程度，骗取保险金，是指投保人、被保险人或者受益人对发生的保险事故，故意夸大由于保险事故造成保险标的的损失程度，从而更多地取得保险金。③ 编造未曾发生的保险事故，骗取保险金。编造未曾发生的保险事故，是指投保人、被保险人或者受益人在未发生保险事故的情况下，虚构事实，谎称发生保险事故，骗取保险金。④ 故意造成有财产损失的保险事故，骗取保险金。这是指投保财产险的投保人、被保险人，在保险合同的有效期内，故意人为地制造保险标的出险的保险事故，造成财产损失，从而骗取保险金。⑤ 故意造成被保险人死亡、伤残或者疾病，骗取保险金。这种情况仅发生于人身保险中，通常是指投保人、受益人采取杀害、伤害、虐待、遗弃、投毒、传播传染病以及利用其他方法故意造成人身事故，致使被保险人死亡、伤残或者生病，以骗取保险金。

第二，骗取的财物数额较大。《立案追诉标准（二）》第 51 条规定，进行保险诈骗活动，数额在 5 万元以上的，应予立案追诉。

在实践中，一些投保人、被保险人、受益人为了骗取保险金，故意制造保险事故，往往同时又触犯了其他犯罪，如为了骗取保险金而放火烧毁被保险的财物或故意伤害、杀害被保险人的行为既属于保险诈骗的行为，也同时触犯了放火罪、故意伤害罪、故意杀人罪等罪名。《刑法》第 198 条第 2 款明确规定，应当按数罪实行并罚。

本罪的主体是投保人、被保险人、受益人。投保人，是指与保险人订立保险合同，并按照合同约定负有支付保险费义务的人，包括自然人，也包括单位。被保险人是指其财产或者人身受保险合同保障，享有保险金请求权的人。受益人是指人身保险合同中由被保险人或者投保人指定的享有保险金请求权的人。投保人、被保险人可以为受益人，因而都可以成为保险诈骗罪的主体。单位也可以成为本罪的主体。此外，保险事故的鉴定人、证明人、财产评估人故意提供虚假证明文件，为他人诈骗提供条件的，以保险诈骗的共犯论处。

（二）保险诈骗罪认定时应注意的问题

关于保险公司工作人员进行保险诈骗行为的定性，可以分为两种情况。第一，保险公司工作人员利用职务上的便利，故意编造未曾发生的保险事故进行虚假理赔，骗取保险金归自己所有的，应区分其是否属于国家工作人员，若是则应构成贪污罪或者职务侵占罪。第二，保险公司工作人员与投保人、被保险人或受益人共同实施保险诈骗行为的，若保险公司工作人员参与保险诈骗行为没有利用职务上的便利，构成保险诈骗罪的共犯；利用了职务上的便利，其行为构成保险诈骗罪和贪污罪或职务侵占罪的想象竞合犯，从一重罪处断。

（三）保险诈骗罪的刑事责任

根据《刑法》第 198 条的规定，犯本罪，数额较大的，处 5 年以下有期徒刑或者拘役，并处 1 万元以上 10 万元以下罚金；数额巨大或者有其他严重情节的，处 5 年以上 10 年以下有期徒刑，并处 2 万元以上 20 万元以下罚金；数额特别巨大或者有其他特别严重情节的，处 10 年以上有期徒刑，并处 2 万元以上 20 万元以下罚金或者没收财产。

第七节　危害税收征管罪

一、逃税罪

（一）逃税罪的概念与构成

逃税罪，是指纳税人采取欺骗、隐瞒手段进行虚假纳税申报或者不申报，逃避缴纳税款数额较大并且占应纳税额 10％ 以上的行为，或者扣缴义务人不缴或者少缴已扣、已收税款，数额较大的行为。

本罪侵犯的客体是国家的税收征管秩序。

本罪的客观方面表现为纳税人采取欺骗、隐瞒手段进行虚假纳税申报或者不申报，逃避缴纳税款数额较大并且占应纳税额 10％ 以上的行为，或者扣缴义务人不缴或者少缴已扣、已收税款，数额较大的行为。这里的虚假纳税申报，是指纳税人制造虚假材料进行申报，例如，不如实地填写或者提供纳税申报表、财务会计报表及其他纳税资料等。行为人为了达到虚假申报的目的，通常采用的欺骗和隐瞒手段主要包括：设立虚假的账簿、记账凭证，或者对账簿、记账凭证进行挖补、涂改、变造甚至隐匿，或者未经税务主管机关批准而擅自将正在使用中或尚未过期的账簿、记账凭证销毁等；在账簿上大量填写超出实际支出的数额以冲抵或减少实际收入的数额或者不列、少列收入数额。这里的不申报，是指应依法办理纳税申报的纳税人采取欺骗、隐瞒手段，不履行法律、行政法规规定的义务办理纳税申报的行为（不作为）。

不是采用伪造、变造账簿或凭证，隐瞒收入，涂改发票等手段逃税，而是利用税法上的漏洞、模糊之处或税法所允许的手段（如资金转移、费用转移、成本转移、利润转移等）少缴或不缴税款的避税行为，不构成本罪。

有逃税行为的，对纳税人而言，只有逃税数额和比例同时达到数额较大并且占应纳税额 10％ 以上的程度的，才构成本罪。对扣缴义务人而言，只有不缴或者少缴已扣、已收税款，数额较大的，才构成本罪。至于其具体标准，《立案追诉标准（二）》第52条规定："逃避缴纳税款，涉嫌下列情形之一的，应予立案追诉：（一）纳税人采取欺骗、隐瞒手段进行虚假纳税申报或者不申报，逃避缴纳税款，数额在十万元以上并且占各税种应纳税总额百分之十以上，经税务机关依法下达追缴通知后，不补缴应纳税款、不缴纳滞纳金或者不接受行政处罚的；（二）纳税人五年内因逃避缴纳税款受过刑事处罚或者被税务机关给予二次以上行政处罚，又逃避缴纳税款，数额在十万元以上并且占各税种应纳税总额百分之十以上的；（三）扣缴义务人采取欺骗、隐瞒手段，不缴或者少缴已扣、已收税款，数额在十万元以上的。纳税人在公安机关立案后再补缴应纳税款、缴纳滞纳金或者接受行政处罚的，不影响刑事责任的追究。"

对多次逃税，未经处理的，按照累计数额计算。这里的"未经处理"，是指纳税人或者扣缴义务人在5年内多次实施逃税行为，但每次逃税数额均未达到入罪数额标准，且未受行政处罚的情形。

特别需要指出的是，《刑法》第201条第4款规定，纳税人有逃税行为，经税务机关依法下达追缴通知后，补缴应纳税款，缴纳滞纳金，已受行政处罚的，不予追究刑事责任。这是对逃税罪客观处罚条件的规定，也是关于"事实的处罚阻却事由"的规定，即补缴税款等事实不存在，才能进行处罚。这主要是考虑到打击逃税犯罪的目的是加强税收征管力度，保证国家税款收入，巩固税源，提高公民、企业的自觉纳税意识。

本罪的主体是特殊主体，即纳税人、扣缴义务人。根据《刑法》第211条的规定，单位犯本罪的，对单位判处罚金，并对其直接负责的主管人员和其他直接责任人员，依照个人犯本罪的规定处罚。

本罪的主观方面是故意。行为人由于过失而漏缴税款的，主观上欠缺逃税故意，不构成本罪。

（二）逃税罪的刑事责任

根据《刑法》第201条的规定，犯本罪，逃避缴纳税款数额较大并且占应纳税额10％以上的，处3年以下有期徒刑或者拘役，并处罚金；数额巨大并且占应纳税额30％以上的，处3年以上7年以下有期徒刑，并处罚金。扣缴义务人采取前款所列手段，不缴或者少缴已扣、已收税款，数额较大的，依照前款的规定处罚。对多次实施前两款行为，未经处理的，按照累计数额计算。有第1款行为，经税务机关依法下达追缴通知后，补缴应纳税款，缴纳滞纳金，已受行政处罚的，不予追究刑事责任；但是，5年内因逃避缴纳税款受过刑事处罚或者被税务机关给予2次以上行政处罚的除外。

根据《刑法》第204条第2款的规定，纳税人缴纳税款后，用骗取出口退税的方法骗取所缴纳的税款的，按逃税罪论处。

根据《刑法》第212条的规定，犯本罪，被判处罚金的，在执行前，应当先由税务机关追缴税款和所骗取的出口退税款。

二、抗税罪

（一）抗税罪的概念与构成

抗税罪，是指违反税收管理法规，以暴力、威胁方法拒不缴纳税款的行为。

本罪侵犯的客体是国家的税收管理秩序和执行税收职务的税务机关工作人员的人身权利。

本罪的客观方面表现为以暴力、威胁方法拒不缴纳税款的行为。暴力，是指对执行税收职务的税务机关工作人员人身实施袭击或者其他强暴手段，如殴打、伤害、捆绑、禁闭等足以危及他人人身安全的行为，或者冲击、打砸税务机关，严重破坏税务机关的正常秩序等。威胁，是指对执行税收职务的税务机关工作人员实行恐吓，达到精神上的强制，主要以杀害、伤害、毁坏财产、损害名誉等相威胁。《立案追诉标准（二）》第53条规定，以暴力、威胁方法拒不缴纳税款，涉嫌下列情形之一的，应予立案追诉：① 造成税务工作人员轻微伤以上的；② 以给税务工作人员及其亲友的生命、健康、财产等造成损害为威胁，抗拒缴纳税款的；③ 聚众抗拒缴纳税款的；④ 以其他暴力、威胁方法拒不缴纳税款的。

本罪的主体只能是纳税义务人和代扣、代缴义务人。单位不能构成本罪。不具备纳税身份或扣缴义务人身份的其他人员，唆使、煽动纳税人、扣缴义务人抗税，或者在抗税现场为犯罪者提供实际帮助的，都构成本罪共犯。

本罪的主观方面是故意，实施暴力或对税务机关工作人员进行威胁是为了达到不缴纳税款的目的。纳税人在依法缴纳税款后，为发泄对税务机关工作人员税收征收行为的不满而报复、殴打税务机关工作人员的，可以成立侵犯人身权利的相应犯罪，而不构成本罪。

（二）抗税罪的刑事责任

根据《刑法》第202条的规定，犯本罪的，处3年以下有期徒刑或者拘役，并处拒缴税款1倍以上5倍以下罚金；情节严重的，处3年以上7年以下有期徒刑，并处拒缴税款1倍以上5倍以下罚金。

根据《刑法》第212条的规定，犯本罪，被判处罚金的，在执行前，应当先由税务机关追缴税款。

三、虚开增值税专用发票、用于骗取出口退税、抵扣税款发票罪

（一）虚开增值税专用发票、用于骗取出口退税、抵扣税款发票罪的概念与构成

虚开增值税专用发票、用于骗取出口退税、抵扣税款发票罪，是指违反国家税收

征管法律法规，故意虚开增值税专用发票或者虚开用于骗取出口退税、抵扣税款的其他发票的行为。

本罪侵犯的客体是国家的税收征管秩序。

本罪的客观方面表现为行为人虚开增值税专用发票、用于骗取出口退税、抵扣税款的其他发票。所谓虚开发票，是指开具与经营活动不符的发票。虚开发票的形式具体包括如下四种：① 为他人虚开，指为没有实际经营活动的人开具发票，或者为有经营活动的人开具数量或金额不实的发票；② 为自己虚开，指本身没有实际的进项经营活动而利用非法取得的进项发票为自己虚开，以用于抵扣本身应缴纳的部分或全部销项税额，或者本身有实际的进、销项经营活动，却利用自己合法拥有的发票或非法取得他人的发票为自己开具数量或金额不实的发票；③ 让他人为自己虚开，指行为人没有实际的经营活动，让他人用他人的发票为自己虚开，或者行为人有实际的经营活动，让他人用他人的发票为自己开具数额不实的发票；④ 介绍他人虚开，指在发票的拥有人和有虚开需要的人之间斡旋、沟通的行为。

根据《立案追诉标准（二）》第56条的规定，虚开增值税专用发票或者虚开用于骗取出口退税、抵扣税款的其他发票，虚开的税款数额在10万元以上或者造成国家税款损失数额在5万元以上的，应予立案追诉。

本罪的主体是一般主体，既可以是自然人，也可以是单位。

本罪的主观方面是故意，即行为人明知没有实际经营活动而为他人虚开、为自己虚开、让他人为自己虚开、介绍他人虚开增值税专用发票或用于骗取出口退税、抵扣税款发票，或者故意开具与实际经营活动的数量或金额不符的增值税专用发票或用于骗取出口退税、抵扣税款发票。《刑法》第205条虽然没有规定构成本罪必须具备骗取国家税款或者造成国家税款损失的目的，但司法实务中以上述目的作为构成本罪的必备要素。最高人民检察院《关于充分发挥检察职能服务保障"六稳""六保"的意见》明确指出，要依法慎重处理企业涉税案件，注意把握一般涉税违法行为与以骗取国家税款为目的的涉税犯罪的界限，对于有实际生产经营活动的企业为虚增业绩、融资、贷款等非骗税目的且没有造成税款损失的虚开增值税专用发票行为，不以虚开增值税专用发票罪定性处理。

（二）虚开增值税专用发票、用于骗取出口退税、抵扣税款发票罪认定时应注意的问题

1. 本罪与非罪的界限

在本罪的认定中，是否存在实际的商品买卖和货物流转，行为人是否骗取、抵扣税款，对于犯罪成立与否具有极为重要的意义。构成本罪不仅要求存在形式上的虚开增值税专用发票或者用于骗取出口退税、抵扣税款的其他发票行为，还要求行为客观上

产生骗取国家税收的结果或者具有这种危险。因此，对于存在实际货物购销或流转，但开具发票的主体或者流程违反法律、法规的规定，以及虚开增值税专用发票或者用于骗取出口退税、抵扣税款的其他发票后并不进行抵扣，未使国家遭受税收损失的，不宜以本罪论处。对于依法作出不起诉决定或者判决无罪的，司法机关应当移送税务机关给予行政处罚。

2. 此罪与彼罪的界限

（1）本罪与逃税罪的界限。第一，犯罪客观方面的表现不同。前者客观上表现为虚开增值税专用发票或者用于骗取出口退税、抵扣税款的其他发票，在成立犯罪的情节上《刑法》未作特别的要求；后者客观上表现为采用欺骗、隐瞒手段不缴或者少缴应缴税款，在成立犯罪的情节上《刑法》有明确的限定。第二，犯罪主体不同。前者的主体是一般主体，后者的主体是特殊主体，即只能是纳税人和扣缴义务人。第三，犯罪主观目的不尽相同。前者的主观目的，在为他人虚开或者介绍他人虚开时多是为了获取非法利益，在为自己虚开或者让他人为自己虚开时是为了骗取出口退税或者抵扣税款；而后者的主观目的则是不缴、少缴应缴税款。

（2）本罪与骗取出口退税罪的界限。第一，侵犯的客体不同。前者侵犯的客体为国家的税收征管秩序；后者侵犯的客体为国家出口退税的管理秩序和国家的财产所有权。第二，犯罪的客观表现不同。前者客观上表现为虚开增值税专用发票或者用于骗取出口退税、抵扣税款的其他发票，而且在成立犯罪的情节上《刑法》未作特别的要求；后者客观上表现为采取假报出口或者其他欺骗手段，骗取了数额较大的国家出口退税款。

（三）虚开增值税专用发票、用于骗取出口退税、抵扣税款发票罪的刑事责任

根据《刑法》第205条的规定，犯本罪的，处3年以下有期徒刑或者拘役，并处2万元以上20万元以下罚金；虚开的税款数额较大或者有其他严重情节的，处3年以上10年以下有期徒刑，并处5万元以上50万元以下罚金；虚开的税款数额巨大或者有其他特别严重情节的，处10年以上有期徒刑或者无期徒刑，并处5万元以上50万元以下罚金或者没收财产。

单位犯本罪的，对单位判处罚金，并对其直接负责的主管人员和其他直接责任人员，处3年以下有期徒刑或者拘役；虚开的税款数额较大或者有其他严重情节的，处3年以上10年以下有期徒刑；虚开的税款数额巨大或者有其他特别严重情节的，处10年以上有期徒刑或者无期徒刑。

根据《刑法》第212条的规定，犯本罪，被判处罚金、没收财产的，在执行前，应当先由税务机关追缴税款和所骗取的出口退税款。

第八节　侵犯知识产权罪

一、假冒注册商标罪

（一）假冒注册商标罪的概念与构成

假冒注册商标罪，是指未经注册商标所有人许可，在同一种商品、服务上使用与其注册商标相同的商标，情节严重的行为。

本罪侵犯的客体是国家的商标管理秩序和他人注册商标的专用权。

本罪的犯罪对象是他人已经取得注册商标专用权的商标，且须为在我国商标局注册的在保护期内的商品商标。

本罪的客观方面表现为：第一，行为人未经注册商标所有人许可，在同一种商品、服务上使用与其注册商标相同的商标。同一种商品，是指名称相同的商品以及名称不同但指同一事物的商品。名称是指商标局在商标注册工作中对商品使用的名称。名称不同但指同一事物的商品是指在功能、用途、主要原料、消费对象、销售渠道等方面相同或者基本相同，相关公众一般认为是同一种事物的商品。根据最高人民法院、最高人民检察院《关于办理侵犯知识产权刑事案件适用法律若干问题的解释》第2条的规定，与被假冒的注册商标完全相同，或者与被假冒的注册商标基本无差别、足以对相关公众产生误导的商标，应当认定为《刑法》第213条规定的"与其注册商标相同的商标"。具有下列情形之一，即可以认定为"与被假冒的注册商标基本无差别、足以对相关公众产生误导的商标"：① 改变注册商标的字体、字母大小写或者文字横竖排列，与注册商标基本无差别的；② 改变注册商标的文字、字母、数字等之间的间距，与注册商标基本无差别的；③ 改变注册商标颜色，不影响体现注册商标显著特征的；④ 在注册商标上仅增加商品通用名称、型号等缺乏显著特征要素，不影响体现注册商标显著特征的；⑤ 与立体注册商标的三维标志及平面要素基本无差别的；⑥ 其他与注册商标基本无差别、足以对相关公众产生误导的。第二，行为的情节严重。根据前述司法解释第3条的规定，未经注册商标所有人许可，在同一种商品上使用与其注册商标相同的商标，具有下列情形之一的，应当认定为《刑法》第213条规定的"情节严重"：① 违法所得数额在3万元以上或者非法经营数额在5万元以上的；② 假冒两种以上注册商标，违法所得数额在2万元以上或者非法经营数额在3万元以上的；③ 二年内因实施《刑法》第213条至第215条规定的行为受过刑事处罚或者行政处罚后再次实施，违法所得数额在2万元以上或者非法经营数额在3万元以上的；④ 其他情节严重的情形。未经注册商标所有人许可，在同一种服务上使用与其注册商标相同的商标，具有下列情形之一的，应当认定为《刑法》第213条规定的"情节严重"：① 违法所得数额在 5 万元以上的；② 假冒两种以上注册商标，违法所得数额在 3 万元以上的；③ 二年内因实施《刑法》第 213 条至第 215 条规定的行为受过刑事处罚或者行政处罚后再次实施，违法所得数额在 3 万元以上的；④ 其他情节严重的情形。既假冒商品注册商标，又假冒服务注册商标，假冒商品注册商标的违法所得数额不足本条第 1 款规定标准，但与假冒服务注册商标的违法所得数额合计达到本条第 2 款规定标准的，应当认定为《刑法》第 213 条规定的"情节严重"。

此外，还应当注意，相同商标与近似商标不同。近似商标是指与注册商标在形状、颜色、读音、意义上接近（而基本上不相同），容易引起人们在视觉、听觉上相混淆的商标。构成本罪仅限于在相同商品上使用相同的商标。在同种商品上使用与他人注册商标近似的商标，或者在类似的商品上使用与他人注册商标相同的商标，都不构成本罪。在同一种服务上使用与其注册商标相同的商标中的"同一种服务"，是指服务行为所发生的领域相同。例如，行为人实施侵权行为，将他人已注册但用于运输业的服务商标，改用于五星级酒店经营的，不属于在同一种服务上使用与注册商标相同的商标，不构成本罪。

实施假冒注册商标犯罪，又销售该假冒注册商标的商品，构成犯罪的，应当以假冒注册商标罪定罪处罚。实施假冒注册商标犯罪，又销售明知是他人的假冒注册商标的商品，构成犯罪的，应当数罪并罚。利用他人已注册商标，生产、销售以假充真、完全虚假或者毫无价值的商品，以买卖为名巧设骗局的，构成假冒注册商标罪和诈骗罪的牵连犯，应从一重罪处断。

本罪的主体包括自然人和单位。

本罪的主观方面是故意，即行为人明知未经注册商标所有人的同意，在同一种商品、服务上使用与他人注册商标相同的商标，会侵犯他人注册商标专用权，而追求该结果的发生。犯罪目的一般是牟取非法利益，而动机可能是多样的，如非法牟取暴利、推销滞销产品等，但是动机如何，不影响本罪的构成。

（二）假冒注册商标罪的刑事责任

根据《刑法》第 213 条的规定，犯本罪的，处 3 年以下有期徒刑，并处或者单处罚金；情节特别严重的，处 3 年以上 10 年以下有期徒刑，并处罚金。

根据《刑法》第 220 条的规定，单位犯本罪的，对单位判处罚金，并对其直接负责的主管人员和其他直接责任人员，依照个人犯本罪的规定处罚。

二、侵犯著作权罪

（一）侵犯著作权罪的概念与构成

侵犯著作权罪，是指以营利为目的，违反著作权管理法规，未经著作权人许可，侵犯他人的著作权或者与著作权有关的权利，违法所得数额较大或者有其他严重情节的行为。

本罪侵犯的客体是他人的著作权或者与著作权有关的权利。

著作权，是指文学、艺术和科学作品的作者依法享有的权利，包括著作权人对其作品享有的著作权，以及图书、报刊出版者，录音录像制品制作者、艺术表演者等作品传播者（著作邻接权人），对其传播作品依法享有的权利。作品，是指在文学、艺术和科学领域内具有独创性并能以某种有形形式复制的智力创作成果。在我国，根据《著作权法》的规定，作品包括文字作品，口述作品，音乐、戏剧、曲艺、舞蹈、杂技艺术作品，美术、建筑作品，摄影作品，视听作品，工程设计图、产品设计图、地图、示意图等图形作品和模型作品，计算机软件，符合作品特征的其他智力成果。

本罪的客观方面表现为未经著作权人许可，侵犯他人著作权或者与著作权有关的权利的行为。最高人民法院、最高人民检察院《关于办理侵犯知识产权刑事案件适用法律若干问题的解释》第11条的规定："实施侵犯著作权或者与著作权有关的权利的行为，没有取得著作权人、录音录像制作者、表演者授权，或者伪造、涂改授权许可文件，或者超出授权许可范围，应当认定为刑法第二百一十七条规定的'未经著作权人许可'、'未经录音录像制作者许可'、'未经表演者许可'。在刑法第二百一十七条规定的作品、录音录像制品上以通常方式署名的自然人、法人或者非法人组织，应当推定为著作权人或者录音录像制作者，且该作品、录音录像制品上存在着相应权利，但有相反证据的除外。在涉案作品、录音录像制品种类众多且权利人分散的案件中，有证据证明涉案作品、录音录像制品系非法出版、复制发行、通过信息网络向公众传播，且出版者、复制发行者、信息网络传播者不能提供获得著作权人、录音录像制作者、表演者许可的相关证据材料的，可以认定为刑法第二百一十七条规定的'未经著作权人许可'、'未经录音录像制作者许可'、'未经表演者许可'。但是，有证据证明权利人放弃权利、涉案作品的著作权或者录音录像制品、表演者的有关权利不受我国著作权法保护、权利保护期限已经届满等情形除外。"

本罪的实行行为包括下述六种情形。

（1）未经著作权人许可，复制发行、通过信息网络向公众传播其文字作品、音乐、美术、视听作品、计算机软件及法律、行政法规规定的其他作品。

复制，包括狭义的复制和广义的复制。狭义的复制，是指以印刷、复印、拓印、录音、录像、翻录、翻拍等方式将作品制成一份或者多份，如将他人的文字作品进行手抄、印刷，对绘画、雕刻进行临摹，将录音、录像作品进行翻版录制等。广义的复制，包括对作品进行一定程度的改变，但保持其内在一致性的情形，例如，将他人的小说改编成剧本，将草图做成美术作品，将雕刻做成绘画，等等。无论是广义的还是狭义的复制，都是本罪的构成要件行为。发行，是指非法制作侵犯著作权的产品，通过出售、出租、散发、出借等方式提供复制作品的行为，包括总发行、批发、零售、通过信息网络传播以及出租、展销等活动。构成本罪不要求复制与发行行为同时具备，为发行而复制，即使发行行为尚未实施，也成立本罪既遂。复制发行行为必须未经著作权人许可才构成本罪，经著作权人许可的复制发行行为为合法行为。著作权人的许可包括著作权独占许可、著作权独家许可、著作权普通许可和著作权从属许可四种形式。通过信息网络向公众传播他人文字作品、音乐、美术、视听作品、计算机软件及其他作品的行为，其实是现代信息社会的发行行为，但鉴于其高发趋势，立法将其明确列举出来。

（2）出版他人享有专有出版权的图书。出版他人享有专有出版权的图书，无论是否经著作权人同意，都构成对出版者专有出版权的侵害。

（3）未经录音录像制作者许可，复制发行、通过信息网络向公众传播其制作的录音录像。

（4）未经表演者许可，复制发行录有其表演的录音录像制品，或者通过信息网络向公众传播其表演。这是关于侵犯表演者权的规定。表演者权是与著作权相关的权利。实践中，侵犯表演者权的民事案件日趋增多，本项规定是用刑法手段保护表演者的权利。

（5）制作、出售假冒他人署名的美术作品。美术作品，是指绘画、书法、雕塑、建筑作品等以线条、色彩或者其他方式构成的有审美意义的平面或者立体的造型艺术作品。这里的美术作品只限于假冒他人署名的作品，实行行为是制作、出售假冒他人署名的美术作品。复制发行他人真实创作的美术作品的，属于前述未经著作权人许可，复制发行其文字作品、音乐、美术、视听作品、计算机软件及法律、行政法规规定的其他作品的情形，故不能适用本项规定。

（6）未经著作权人或者与著作权有关的权利人许可，故意避开或者破坏权利人为其作品、录音录像制品等采取的保护著作权或者与著作权有关的权利的技术措施。近年来，有的犯罪人利用避开或者破坏保护作品技术措施的手段，或者采取其他网络技术手段侵犯著作权的案件不断增加。例如，使游戏开发者饱受困扰的网络游戏外挂行为，就是采取避开等网络技术手段侵犯著作权。通过破坏技术保护措施实现侵权，包括伪造授权，利用爬虫技术、视频解析、转码技术、深度链接等情形。故意避开或者破坏著作权人或者与著作权有关的权利人为保护其著作权而采取的技术措施的行为（"恶意规避技术措施"），属于一种独立类型的侵犯软件著作权的行为。这里的技术措施，是指用于限制他人未经权利人许可浏览、欣赏作品、表演、录音录像制品，或者通过信息网络向公众提供作品、表演、录音录像制品的有效技术、装置或者部件。该技术措施的核心作用在于保护著作权中的专有权利，防止他人未经权利人许可实施侵权行为。权利人仅仅为了实现捆绑销售、划分销售区域等目的所采取的技术措施，与著作权保护无关，不属于权利人为其作品、录音录像制品等采取的保护著作权或者与著作权有关的权利的技术措施，规避此类与特定商业模式有关的技术措施的，不构成本罪。

构成本罪，要求违法所得数额较大或者有其他严重情节。虽然实施了侵犯他人著作权的行为，但是，违法所得没有达到数额较大的标准，也不具有其他严重情节的，不构成侵犯著作权罪，应当按照民事侵权行为处理。根据最高人民法院、最高人民检察院《关于办理侵犯知识产权刑事案件适用法律若干问题的解释》第13条的规定，侵犯著作权或者与著作权有关的权利的行为，违法所得数额在3万元以上的，应当认定为《刑法》第217条规定的"违法所得数额较大"。具有下列情形之一的，应当认定为

《刑法》第 217 条规定的"其他严重情节"：① 非法经营数额在 5 万元以上的；② 二年内因实施《刑法》第 217 条、第 218 条规定的行为受过刑事处罚或者行政处罚后再次实施，违法所得数额在 2 万元以上或者非法经营数额在 3 万元以上的；③ 复制发行他人作品或者录音录像制品，复制件数量合计在 500 份（张）以上的；④ 通过信息网络向公众传播他人作品、录音录像制品或者表演，数量合计在 500 件（部）以上的，或者下载数量达到 1 万次以上的，或者被点击数量达到 10 万次以上的，或者以会员制方式传播，注册会员数量达到 1000 人以上的；⑤ 数额或者数量虽未达到前四项规定标准，但分别达到其中两项以上标准一半以上的。

本罪的主体包括自然人和单位。

本罪的主观方面是故意，行为人对于复制发行或者通过信息网络向公众传播、出版、制作、出售的是他人享有著作权的文字作品、音乐、美术、视听作品、计算机软件或享有专有出版权的图书，以及假冒他人署名的美术作品，有明确的认识。同时，行为人有营利目的。根据最高人民法院、最高人民检察院、公安部、司法部《关于办理侵犯知识产权刑事案件适用法律若干问题的意见》第 10 条的规定，除销售外，具有下列情形之一的，可以认定为"以营利为目的"：① 以在他人作品中刊登收费广告、捆绑第三方作品等方式直接或者间接收取费用的；② 通过信息网络传播他人作品，或者利用他人上传的侵权作品，在网站或者网页上提供刊登收费广告服务，直接或者间接收取费用的；③ 以会员制方式通过信息网络传播他人作品，收取会员注册费或者其他费用的；④ 其他利用他人作品牟利的情形。

（二）侵犯著作权罪的刑事责任

根据《刑法》第 217 条的规定，犯本罪，违法所得数额较大或者有其他严重情节的，处 3 年以下有期徒刑，并处或者单处罚金；违法所得数额巨大或者有其他特别严重情节的，处 3 年以上 10 年以下有期徒刑，并处罚金。

根据《刑法》第 220 条的规定，单位犯本罪的，对单位判处罚金，并对其直接负责的主管人员和其他直接责任人员，依照个人犯本罪的规定处罚。

三、侵犯商业秘密罪

（一）侵犯商业秘密罪的概念与构成

侵犯商业秘密罪，是指侵犯商业秘密权利人的商业秘密，情节严重的行为。

本罪侵犯的客体是他人的商业秘密权。商业秘密权是商业秘密的权利人对自己在特定的生产或经营过程中所形成、创造、整理和使用的特殊知识和信息享有的专有权利，包括商业秘密的所有权人所享有的专有权和商业秘密的许可使用人所享有的使用权。因商业秘密的使用可给权利人或使用人带来巨大的财产利益，因而商业秘密权是一种财产权，是权利人对之享有占有、使用、收益和处分的权利。

本罪的客观方面表现为侵犯商业秘密权利人的商业秘密，情节严重的行为。包括以下两个要素。第一，行为人实行了侵犯商业秘密权利人的商业秘密的行为。《刑法》规定的侵犯商业秘密的行为有以下几种：① 以盗窃、贿赂、欺诈、胁迫、电子侵入或者其他不正当手段获取权利人的商业秘密；② 披露、使用或者允许他人使用以前项手段获取的权利人的商业秘密；③ 违反保密义务或者违反权利人有关保守商业秘密的要求，披露、使用或者允许他人使用其所掌握的商业秘密的；④ 明知或者应知他人实施了前述三种行为的第三人，获取、使用或者披露他人商业秘密。第二，行为的情节严重。至于情节严重的标准，最高人民法院、最高人民检察院《关于办理侵犯知识产权刑事案件适用法律若干问题的解释》第 17 条规定："侵犯商业秘密，具有下列情形之一的，应当认定为刑法第二百一十九条规定的'情节严重'：（一）给商业秘密的权利人造成损失数额在三十万元以上的；（二）因侵犯商业秘密违法所得数额在三十万元以上的；（三）二年内因实施刑法第二百一十九条、第二百一十九条之一规定的行为受过刑事处罚或者行政处罚后再次实施，造成损失数额或者违法所得数额在十万元以上的；（四）其他情节严重的情形。侵犯商业秘密，直接导致商业秘密的权利人因重大经营困难而破产、倒闭的，或者数额达到本条前款相应规定标准十倍以上的，应当认定为刑法第二百一十九条规定的'情节特别严重'。"

本罪的犯罪对象是商业秘密。根据《反不正当竞争法》第 9 条的规定，商业秘密，是指不为公众所知悉、具有商业价值并经权利人采取相应保密措施的技术信息、经营信息等商业信息。这里的技术信息，是指在产品生产和制造过程中的技术诀窍或技术秘密、非专利技术成果、专有技术（如软件的源代码等），包括各种产品、化学制品、元件、食品、药品的生产方案，产品设计、工艺流程、配方、质量控制和管理方面的技术知识等。这里的经营信息，是指与生产经营、产品销售有关的保密资料、情报、计划、方法、经营决策等，包括未公开的产品摊销计划、顾客名单、进货渠道、销售网络、产品价格、供求状况、管理诀窍、招投标中的标底和标书内容等。《反不正当竞争法》第 9 条对商业秘密的外延予以拓展，使之包括技术信息、经营信息之外的其他商业信息，例如，在大数据时代具有重要商业价值的计算机信息数据，就属于这里的其他商业信息的范畴。

本罪的主体包括自然人和单位，主观方面是故意。

（二）侵犯商业秘密罪的刑事责任

根据《刑法》第 219 条的规定，犯本罪的，情节严重的，处 3 年以下有期徒刑，并处或者单处罚金；情节特别严重的，处 3 年以上 10 年以下有期徒刑，并处罚金。明知前款所列行为，获取、披露、使用或者允许他人使用该商业秘密的，以侵犯商业秘密论。

根据《刑法》第 220 条的规定，单位犯本罪的，对单位判处罚金，并对其直接负责的主管人员和其他直接责任人员，依照个人犯本罪的规定处罚。

四、为境外窃取、刺探、收买、非法提供商业秘密罪

（一）为境外窃取、刺探、收买、非法提供商业秘密罪的概念与构成

为境外窃取、刺探、收买、非法提供商业秘密罪，是指为境外的机构、组织、人员窃取、刺探、收买、非法提供商业秘密的行为。

本罪侵犯的客体是我国的经济安全利益和他人的商业秘密权。

本罪的实行行为与《刑法》第111条所规定的为境外窃取、刺探、收买、非法提供国家秘密、情报罪的实行行为完全相同，仅犯罪对象上有差异，实务中大多表现为通过电子侵入的方式为境外窃取、刺探、收买、非法提供商业秘密。对于本罪的商业秘密，要与侵犯商业秘密罪中的商业秘密作相同的理解。

本罪的主体包括自然人和单位。

本罪的主观方面是故意。行为人明确知道所窃取、刺探、收买、非法提供的属于商业秘密。至于其是否牟利，在所不问。

（二）为境外窃取、刺探、收买、非法提供商业秘密罪的刑事责任

根据《刑法》第219条之一的规定，犯本罪的，处5年以下有期徒刑，并处或者单处罚金；情节严重的，处5年以上有期徒刑，并处罚金。

根据《刑法》第220条的规定，单位犯本罪的，对单位判处罚金，并对其直接负责的主管人员和其他直接责任人员，依照个人犯本罪的规定处罚。

第九节　扰乱市场秩序罪

一、合同诈骗罪

（一）合同诈骗罪的概念与构成

合同诈骗罪，是指以非法占有为目的，在签订、履行合同过程中，以虚构事实或隐瞒事实真相的方法，骗取对方当事人较大数额财物的行为。

本罪侵犯的是复杂客体，即国家对经济合同的管理秩序和公私财产所有权。

本罪的客观方面表现为行为人在签订、履行合同中，实行了骗取对方当事人财物的行为，且所骗取财物数额较大。具体包括以下三个要素。

第一，诈骗行为发生在合同的签订或者履行过程中。对于本罪中"合同"的范围，

应当从是否发生在市场交易过程中、是否体现市场交易关系作为确定的标准，具体可从如下三个方面判定：一是合同是否发生在平等主体之间；二是合同是否规定财产流转的内容，反映市场交易关系；三是合同内容是否具有双务、有偿性。至于合同的形式，既可以是书面的，也可以是口头的。

第二，行为人实行了骗取合同对方当事人财物的行为。《刑法》第224条将本罪的合同诈骗行为规定为以下几种。① 以虚构的单位或者冒用他人名义签订合同，骗取对方的财物。以虚构的单位签订合同，是指行为人杜撰客观上根本不存在的单位，然后以该杜撰的单位的名义与他人签订合同。冒用他人名义签订合同，是指行为人打着客观存在的其他单位或者个人的旗号，与对方签订合同。② 以伪造、变造、作废的票据或者其他虚假的产权证明作担保，与对方签订合同，骗取对方财物。担保，是指用以督促债务人履行债务，保障债权实现的各种方法的总称。票据，是指《票据法》所规定的汇票、本票和支票。所谓其他虚假的产权证明，是指《票据法》所规定的汇票、本票和支票之外的不真实地证明行为人对某项动产或不动产具有所有权的证明文件。③ 没有实际履行能力，以先履行小额合同或者部分合同的方法，诱骗对方当事人继续签订合同和履行合同，骗取对方财物。所谓没有实际履行能力，是指没有履行大额合同或者全部合同的能力。在没有履行大额合同或者全部合同能力的情况下，先跟对方签订一个小额合同，并且予以履行，或者先履行某一合同的部分义务，以此骗取对方的信任，使得对方与其签订大额合同，或者继续履行全部合同，而当对方与行为人签订、履行了大额合同或者履行了全部合同后，行为人将对方财物非法占有。④ 收受对方当事人给付的货物、货款、预付款或者担保财产后逃匿的。⑤ 以其他方法骗取对方当事人财物的。实践中判断是否属于以其他方法骗取对方当事人财物的合同诈骗行为，关键是要考虑双方签订的是否是上述所说的本罪中的合同以及行为人采取的是否是上述四种方法之外的方法。

第三，骗取的财物数额较大。根据《立案追诉标准（二）》第69条的规定，以非法占有为目的，在签订、履行合同过程中，骗取对方当事人财物，数额在2万元以上的，应予立案追诉。

签订、履行经济合同后实际占有对方当事人交付的财物的，构成本罪的既遂。在书面合同的场合，合同的签订和履行是分步进行的，签订与履行的时间、地点都有所不同，对方当事人通过银行转账付款的，应以行为人取得对货款的支配权的时点作为既遂的时点。

本罪和其他发生在具体领域中的合同诈骗行为之间有法条竞合关系，本罪是普通法条。例如，在签订、履行保险合同过程中实施诈骗的，同时构成保险诈骗罪和合同诈骗罪，应以特别法条定罪处刑，不成立本罪；合同诈骗罪与诈骗罪之间也存在法条竞合的关系，行为人采用特定的手段，即利用签订、履行合同方式进行诈骗的，应以合同诈骗罪论处；行为人与他人签订合同，收到他人货款后，交付伪劣商品的，原则上应认定为生产、销售伪劣产品罪，而不成立合同诈骗罪。

在所签订的合同中，因急于推销产品而故意隐瞒某些真实情况，如产品的瑕疵、功效等，不是合同诈骗。在履行合同过程中，对合同的变更或解除产生分歧，但并不是不履行合同，也不具有非法占有对方财物的目的的，不属于合同诈骗。

本罪的主体包括已满 16 周岁、具有刑事责任能力的自然人和单位。

本罪的主观方面是直接故意，并具有非法占有他人财物的目的。通常而言，签订、履行合同有下列情形之一的，就可以认定行为人具有非法占有目的。① 根本没有履行合同的能力或者故意夸大自己履行合同的能力，骗取对方当事人的信任与自己签订合同，合同签订后又不积极努力设法创造履约条件履行合同以避免对方经济损失。实践中，有的行为人在无履行能力的情况下与他人签订合同，在履约期满后仍不为履约作任何努力，或者在有部分履约能力的条件下只是消极地等待机会履约，有的甚至为了敷衍对方当事人而假装努力履约。② 采取欺骗手段签约的初始只是为了解决一时资金困难，以暂时获取周转资金，但在有能力归还资金的情况下久拖不还。③ 合同签订后，以支付部分货款、开始履行合同为诱饵，骗取全部货款后，在合同规定的期限或者双方约定的付款期限内，无正当理由拒不支付其余货款。④ 通过签订合同获取对方当事人交付的货物、货款、预付款、定金或保证金后，挥霍浪费，致使上述款物无法返还。⑤ 在履行义务前将对方当事人的货物、货款、预付款、定金或保证金加以使用、处分，进行违法犯罪活动。⑥ 收到对方货款、预付款、定金或保证金后，不按合同约定内容履行合同，如组织约定货源、提供约定服务等，而是将前述款项用于炒股或者其他风险投资。⑦ 因违约给对方造成经济损失，被民事裁判确定继续履行合同义务或赔偿对方损失后，或者在人民法院强制执行其财产时，隐藏、转移财产或抽逃资金，以逃避债务。⑧ 为应付对方当事人索取债务，采用"拆东墙补西墙"的方法与他人签订合同筹措资金，以后来的合同诈骗所获得的货物、货款、预付款、定金或保证金归还前次货款。

（二）合同诈骗罪认定时应注意的问题

在认定合同诈骗罪的司法实践中，存在困难的是如何区分合同诈骗罪与经济合同纠纷。区分合同诈骗罪与合同纠纷的关键是行为人的主观目的，即行为人是为了非法占有他人财物，还是为了通过履行合同获得经济利益。而要判断行为人的主观目的，必须从是否具有履行合同的实际能力、是否采用欺骗手段、是否有履行合同的实际行为、对标的物的处置、违约后的表现等几方面进行判断。

第一，行为人有无履行合同的实际能力。符合下列条件的，应视为行为人有履行合同的实际能力：在签订合同时即已具备履行合同所需要的资金、物资或技术力量；在签订合同时虽不具备履约能力，但在合同履行期限内能够合法地筹集到履行合同所需的资金和物品；即使行为人不能按照合同规定实际履行义务，自己或他人能够提供足够的担保（包括代为履行和赔偿损失）。

第二，行为人是否采取了欺骗手段。利用合同进行诈骗的手段一般是：无中生有，编造虚伪的事实；有意隐瞒真相、以假充真；规避法律，利用对方的疏忽或不熟悉合同法的特点，以合同形式掩盖骗取对方财物的实质。

第三，行为人是否有履行合同的实际行为。利用合同进行诈骗的人，在合同签订后，根本不去履行合同，即使有履行合同的行为，也只是象征性的。签订合同后得到的财物一到手，即逃之夭夭，或大肆挥霍，或用作与合同毫不相干的其他用途，根本无力偿还。对于这种情况，不论其有无履行合同的实际条件，均应以合同诈骗罪论处。合同部分履行，但当事人有履行合同的积极努力，或者因特殊原因而丧失履行合同能力后仍然在为履行合同积极努力的，都不成立合同诈骗行为。

第四，对标的物的处置。合同诈骗犯由于具备非法占有他人财物的故意，因此，行为人一旦非法取得了他人财物的控制权，则通常将其全部或大部分任意挥霍，或用作与合同毫不相干的其他用途，甚至从事非法活动，有的则携款潜逃，根本不打算归还。

第五，违约后的表现。利用合同进行欺骗的人，由于明知自己根本不可能部分履行或全部履行，也根本没有部分履行或全部履行的诚意，在纠纷发生后，行为人往往会想方设法逃避承担责任，使对方无法挽回已遭受的损失。

（三）合同诈骗罪的刑事责任

根据《刑法》第 224 条的规定，犯本罪，数额较大的，处 3 年以下有期徒刑或者拘役，并处或者单处罚金；数额巨大或者有其他严重情节的，处 3 年以上 10 年以下有期徒刑，并处罚金；数额特别巨大或者有其他特别严重情节的，处 10 年以上有期徒刑或者无期徒刑，并处罚金或者没收财产。

根据《刑法》第 231 条的规定，单位犯本罪的，对单位判处罚金，并对其直接负责的主管人员和其他直接责任人员，依照个人犯本罪的规定处罚。

二、组织、领导传销活动罪

（一）组织、领导传销活动罪的概念与构成

组织、领导传销活动罪，是指组织、领导以推销商品、提供服务等经营活动为名，要求参加者以缴纳费用或者购买商品、服务等方式获得加入资格，并按照一定顺序组成层级，直接或者间接以发展人员的数量作为计酬或者返利依据，引诱、胁迫参加者继续发展他人参加，骗取财物，扰乱经济社会秩序的传销活动的行为。

本罪侵犯的客体是社会主义市场经济秩序。

本罪的客观方面表现为行为人实施了组织、领导传销活动的行为。根据《立案追诉标准（二）》第 70 条规定，涉嫌组织、领导的传销活动人员在 30 人以上且层级在 3 级以上的，对组织者、领导者，应予立案追诉。

本罪的主体是一般主体，但仅限于传销活动的组织者、领导者。根据《立案追诉标准（二）》第 70 条规定，下列人员可以认定为传销活动的组织者、领导者：① 在传销活动中起发起、策划、操纵作用的人员；② 在传销活动中承担管理、协调等职责的

人员；③ 在传销活动中承担宣传、培训等职责的人员；④ 因组织、领导传销活动受过刑事追究，或者一年内因组织、领导传销活动受过行政处罚，又直接或者间接发展参与传销活动人员在 15 人以上且层级在 3 级以上的人员；⑤ 其他对传销活动的实施和传销组织的建立、扩大等起关键作用的人员。

本罪的主观方面是故意，并且行为人具有通过传销活动非法获利的目的。

（二）组织、领导传销活动罪的刑事责任

根据《刑法》第 224 条之一的规定，犯本罪的，处 5 年以下有期徒刑或者拘役，并处罚金；情节严重的，处 5 年以上有期徒刑，并处罚金。

根据《刑法》第 231 条的规定，单位犯本罪的，对单位判处罚金，并对其直接负责的主管人员和其他直接责任人员，依照个人犯本罪的规定处罚。

三、非法经营罪

（一）非法经营罪的概念与构成

非法经营罪，是指违反国家规定从事经营活动，扰乱市场秩序，情节严重的行为。

本罪侵犯的客体是国家的市场交易管理秩序。

本罪的客观方面表现为违反国家规定从事经营活动，扰乱市场秩序，且情节严重。本罪的实行行为是违反国家规定的经营行为，具体包括下述四种情形。

一是未经许可经营法律、行政法规规定的专营、专卖物品或者其他限制买卖的物品。未经许可，是指未经国家有关主管部门的批准。专营、专卖物品，是指国家法律、行政法规明确规定必须由专门的机构经营、销售的物品，如食盐、烟草等。其他限制买卖的物品，是指国家根据经济发展和维护国家、社会、人民群众利益的需要，规定在一定时期实行限制性经营的物品，如化肥、农药等。这些物品的范围随着社会经济的发展而不断调整。

二是买卖进出口许可证、进出口原产地证明以及其他法律、行政法规规定的经营许可证或者批准文件。进出口许可证，是指国家外贸主管部门对企业颁布的可以从事进出口业务的证明文件。进出口原产地证明，是指在国际贸易活动中，进出口产品时必须附带的由原产地有关主管机关出具的确认文件。其他法律、行政法规规定的经营许可证或者批准文件，是指法律、行政法规规定从事某些生产经营活动必须具备的经营许可证或者批准文件，如烟草专卖、种子经营、森林采伐、矿产开采、野生动物狩猎等许可证。

三是未经国家有关主管部门批准，非法经营证券、期货、保险业务，或者非法从事资金支付结算业务。所谓非法从事资金支付结算业务，包括如下情形：① 使用受理终端或者网络支付接口等方法，以虚构交易、虚开价格、交易退款等非法方式向指定付款方支付货币资金；② 非法为他人提供单位银行结算账户套现或者单位银行结算账

户转个人账户服务；③ 非法为他人提供支票套现服务；④ 其他非法从事资金支付结算业务的情形。

四是其他严重扰乱市场秩序的非法经营行为。因为立法无法穷尽所有非法经营行为，因此作出一个兜底性规定。这种行为必须发生在生产经营中，主要是生产流通领域，行为必须违反法律、行政法规的规定，同时具有严重扰乱市场秩序的社会危害性。目前有关法律法规和司法解释已明确的其他严重扰乱市场秩序的非法经营行为有 10 余种。例如，恶意哄抬物价、压价倾销、牟取暴利；倒卖国家禁止或限制进出口的废弃物；非法从事彩票交易；倒卖汽油品、特定许可证、执照、有伤风化的物品；非法买卖珍稀植物及其制品、国家统一征收的矿产品；违反国家规定，实施倒买倒卖外汇或者变相买卖外汇等。

构成本罪，要求行为的情节严重。对于情节严重的具体标准，最高人民法院、最高人民检察院、公安部的多部司法解释有规定，其中，《立案追诉标准（二）》第 71 条作了比较全面的规定。

本罪的主体是一般主体，包括已满 16 周岁、具有刑事责任能力的自然人和单位。

本罪的主观方面是故意，行为人对行为违反国家规定，属于非法经营行为，会扰乱市场秩序有认识，却希望及放任结果的发生。

（二）非法经营罪认定时应注意的问题

关于本罪与他罪的关系，实务中主要涉及以下问题。

伪造、变造、买卖国家机关颁发的野生动物允许进出口证明书、特许猎捕证、狩猎证、驯养繁殖许可证等公文、证件构成犯罪的，原则上应以伪造、变造、买卖国家机关公文、证件罪定罪处罚。但实施上述行为构成犯罪，同时构成非法经营罪的，依照处罚较重的规定定罪处罚。

本罪与非法经营同类营业罪的区别是：本罪侵犯的客体是市场交易秩序；后罪则是公司、企业的管理制度。本罪的实行行为发生在市场经营过程中；后罪的实行行为也有非法经营的特点，但其经营方式限定为公司、企业的董事、经理利用职务上的便利，为自己或者他人经营与自己所任公司、企业同类的营业。

生产、销售伪劣产品，产品本身是法律、行政法规规定的专营、专卖物品或者其他限制买卖的物品的，构成生产、销售伪劣产品罪和非法经营罪的想象竞合犯，应从一重罪处断。

对地下工厂和利用非法途径生产、销售"瘦肉精"，或者药品生产经营单位违反有关规定非法生产、销售"瘦肉精"，情节严重的，应当以非法经营罪追究刑事责任。

未经国家批准擅自发行、销售彩票，构成犯罪的，应当以非法经营罪追究刑事责任。

违反国家规定，采取租用国际专线、私设转接设备或者其他方法，擅自经营国际电信业务或者涉港澳台电信业务进行营利活动，扰乱电信市场管理秩序，情节严重的，应以非法经营罪定罪处罚。

违反国家规定，出版、印刷、复制、发行危害国家安全、侮辱诽谤他人、煽动民族歧视、侵犯著作权、淫秽物品以外的其他严重扰乱市场秩序的非法出版物的，以非法经营罪定罪处罚。经营数额以非法出版物的定价数额乘以经营的非法出版物数量所得的数额确定。非法出版物没有定价或者以境外货币定价的，其单价数额应当按照实际出售的价格认定。

违反国家规定，使用销售点终端机具（POS机）等方法，以虚构交易、虚开价格、现金退货等方式向信用卡持卡人直接支付现金，情节严重的，应以非法经营罪追究刑事责任。

违反国家规定，以营利为目的，通过信息网络有偿提供删除信息服务，或者明知是虚假信息，通过信息网络有偿提供发布信息等服务，扰乱市场秩序的，以非法经营罪定罪处罚。

根据最高人民法院、最高人民检察院、公安部、司法部《关于办理非法放贷刑事案件若干问题的意见》第1条的规定，违反国家规定，未经监管部门批准，或者超越经营范围，以营利为目的，经常性地向社会不特定对象发放贷款，扰乱金融市场秩序，情节严重的，依照《刑法》第225条第4项的规定，以非法经营罪定罪处罚。这里的"经常性地向社会不特定对象发放贷款"，是指两年内向不特定多人（包括单位和个人）以借款或其他名义出借资金10次以上。

（三）非法经营罪的刑事责任

根据《刑法》第225条的规定，犯本罪，情节严重的，处5年以下有期徒刑或者拘役，并处或者单处违法所得1倍以上5倍以下罚金；情节特别严重的，处5年以上有期徒刑，并处违法所得1倍以上5倍以下罚金或者没收财产。

根据《刑法》第231条的规定，单位犯本罪的，对单位判处罚金，并对其直接负责的主管人员和其他直接责任人员，依照个人犯本罪的规定处罚。

四、强迫交易罪

（一）强迫交易罪的概念与构成

强迫交易罪，是指以暴力、威胁手段强迫他人交易，或者强迫他人参与或者退出投标、拍卖、特定的经营活动，情节严重的行为。

本罪侵犯的客体是自愿、平等、公正的市场交易秩序。

本罪的客观方面表现为以暴力、威胁手段强行和他人从事交易活动，情节严重的行为。本罪的手段是暴力、威胁。暴力，是指殴打、捆绑、强拉硬拽等损害他人人身健康安全的行为，暴力不限于直接针对人身实施；暴力致人伤残的，只能限于轻伤范围，不包括杀害、重伤行为在内，以杀害、重伤等方式强买强卖商品的，构成故意杀人、故意伤害或抢劫罪，不构成本罪。同时，暴力应当是最广义的暴力，其程度较为轻微，不需要达到抢劫罪中足以压制被害人反抗的程度。由于本罪是扰乱市场秩序犯罪，暴力行为使被害人反抗存在一定困难时，即为已足。威胁，是指以实施暴力侵害相胁迫或者以其他方式进行精神强制，使被害人处于恐惧、无奈而被迫出卖或购买商品。强买强卖包括强迫他人销售其经营的商品或者强迫他人购买行为人本人经营的商品，也包括行为人强迫他人购买第三者经营的商品。

本罪的行为方式包括五种情形：① 强买强卖商品的；② 强迫他人提供或者接受服务的；③ 强迫他人参与或者退出投标、拍卖的；④ 强迫他人转让或者收购公司、企业的股份、债券或者其他资产的；⑤ 强迫他人参与或者退出特定的经营活动的。

构成本罪，要求行为的情节严重。根据最高人民检察院、公安部《关于公安机关管辖的刑事案件立案追诉标准的规定（一）的补充规定》第 5 条的规定，以暴力、威胁手段强买强卖商品，强迫他人提供服务或者接受服务，涉嫌下列情形之一的，应予立案追诉：① 造成被害人轻微伤的；② 造成直接经济损失 2000 元以上的；③ 强迫交易 3 次以上或者强迫 3 人以上交易的；④ 强迫交易数额 1 万元以上，或者违法所得数额 2000 元以上的；⑤ 强迫他人购买伪劣商品数额 5000 元以上，或者违法所得数额 1000 元以上的；⑥ 其他情节严重的情形。以暴力、威胁手段强迫他人参与或者退出投标、拍卖，强迫他人转让或者收购公司、企业的股份、债券或者其他资产，强迫他人参与或者退出特定的经营活动，具有多次实施、手段恶劣、造成严重后果或者恶劣社会影响等情形之一的，应予立案追诉。

行为虽然含有部分从事交易的因素，但主要是以暴力、胁迫或其他方法强行劫取他人财物，客观上交易内容严重不真实，对市场秩序危害不大，但对特定被害人个人的人身、财产权利危害较大的，构成抢劫罪和本罪的想象竞合犯，应当从一重罪处断。

本罪的主体包括已满 16 周岁、具有刑事责任能力的自然人和单位。

本罪的主观方面是故意，行为人对强迫交易行为会破坏市场秩序有认识。

（二）强迫交易罪的刑事责任

根据《刑法》第 226 条的规定，犯本罪，情节严重的，处 3 年以下有期徒刑或者拘役，并处或者单处罚金；情节特别严重的，处 3 年以上 7 年以下有期徒刑，并处罚金。

根据《刑法》第 231 条的规定，单位犯本罪的，对单位判处罚金，并对其直接负责的主管人员和其他直接责任人员，依照个人犯本罪的规定处罚。

💡 每章一练

一、单项选择题

1. 甲根据民间传统配方调制出一味助眠药，疗效较好，便少量销售给邻居，治好了邻居的失眠症。甲的行为（　　　）。

A. 构成生产、销售伪劣产品罪

B. 构成生产、销售、提供假药罪

C. 构成非法行医罪

D. 不构成犯罪

2. 甲是药店老板，生产了一批假冒的口服避孕药，其成分为面粉和奶粉的混合物，货值金额达 20 万元，尚未销售即被查获。关于甲的行为，下列说法正确的是（　　）。

A. 销售金额未达 5 万元，不构成犯罪

B. 以生产、销售伪劣产品罪（未遂）定罪处罚

C. 以生产、销售伪劣产品罪（既遂）定罪处罚

D. 触犯生产、销售、提供假药罪与生产、销售伪劣产品罪（未遂），依照处罚较重的规定定罪处罚

3. 2014 年起，潘某在其租住的平房院内加工牛杂熟食出售。2016 年 11 月，他从某化学试剂商店购入工业双氧水（过氧化氢）用来浸泡牛肚，加工成熟食进行销售。潘某的行为构成（　　）。

A. 生产、销售伪劣产品罪

B. 生产、销售有毒、有害食品罪

C. 生产、销售不符合安全标准的食品罪

D. 生产、销售不符合安全标准的产品罪

4. 甲在化肥中掺入砾石，以假乱真，销售金额达 20 万元，但未对相关农业生产造成影响。对甲的行为（　　）。

A. 应以诈骗罪定罪处罚

B. 只能以生产、销售、提供假药罪定罪处罚

C. 只能以生产、销售伪劣产品罪定罪处罚

D. 因未造成严重后果，应认定为无罪

5. 赵某租赁废旧院落，投资 20 余万元购置胶囊装粉机、胶囊成形机、铝塑包装机等设备，利用石膏粉制造阿莫西林 300 余万粒进行销售，累计涉案金额 100 余万元。对赵某的行为（　　）。

A. 只能以生产、销售、提供假药罪定罪处罚

B. 只能以生产、销售伪劣产品罪定罪处罚

C. 应以生产、销售、提供假药罪与生产、销售伪劣产品罪择一重罪处断

D. 只能以生产、销售劣药罪定罪处罚

6. 甲与走私普通货物、物品罪的犯罪人事先通谋，为其提供账户以转移走私所得。对甲的行为应认定为（　　）。

A. 掩饰、隐瞒犯罪所得罪

B. 洗钱罪

C. 走私普通货物、物品罪

D. 包庇罪

7. 某医院的主治医师甲在开药方时，非法收取药品回扣，并向医药公司销售方代表索取新药推荐费共计 8 万余元，甲的行为构成（   ）。

A. 非法行医罪

B. 非国家工作人员受贿罪

C. 职务侵占罪

D. 受贿罪

8. 甲是某实验小学的数学老师，指定学生去某文具店购买文具店独家销售的《小学数学必刷 1200 题》等书籍材料。该文具店的价格比市价高很多，文具店每年因学生购买该书籍获利颇丰。甲每年收取文具店送来的谢礼。甲的行为（不考虑数额）（   ）。

A. 不构成犯罪

B. 构成贪污罪

C. 构成受贿罪

D. 构成非国家工作人员受贿罪

9. 关于货币犯罪，说法正确的是（   ）。

A. 伪造货币后，持有、使用、运输、出售该伪造的货币的，应当数罪并罚

B. 伪造面额为 30 元的假币，不成立伪造货币罪

C. 将假币赠与他人的，不成立使用假币罪

D. 伪造中国人民银行发行的千禧龙纪念钞，不成立伪造货币罪

10. 电脑维护人员甲利用对银行系统电脑维护、测试之机，私自将银行交易系统中的信用卡交易数据复制截留，进行解密，破译了多位客户的信用卡磁条信息和取款密码，给银行客户的利益造成了较大损失。甲的行为构成（   ）。

A. 妨害信用卡管理罪

B. 盗窃罪

C. 内幕交易、泄露内幕信息罪

D. 窃取信用卡信息罪

11. 下列行为不构成洗钱罪的是（   ）。

A. 协助将走私所得财产转换为现金的

B. 通过转账协助将金融诈骗资金转移的

C. 协助将贪污所得资金汇往境外的

D. 明知是盗窃所得及其产生的收益而予以掩饰、隐瞒的

12. 关于洗钱罪的认定，错误的是（   ）。

A. 非国家工作人员受贿罪是洗钱罪的上游犯罪

B. 职务侵占罪不是洗钱罪的上游犯罪

C. 黑社会性质组织实施的绑架罪是洗钱罪的上游犯罪

D. 单位贷款诈骗应以合同诈骗罪论处，合同诈骗罪不是洗钱罪的上游犯罪。为单位贷款诈骗所得实施洗钱行为的，不成立洗钱罪

13. 甲公司为了解决资金不足，以虚构的产权证明作担保，向银行申请获得贷款500万元，并将该款用于购置进口造酒设备和原料，后因研发新产品失败而破产，导致银行贷款不能归还，损失重大。甲公司获取贷款的行为构成（　　　）。

A. 诈骗罪

B. 非法经营罪

C. 合同诈骗罪

D. 骗取贷款罪

14. 甲公司利用购买的加工贸易登记手册、特定减免税批文等涉税单证进口货物，偷逃应缴税款总额达200万元。甲公司的行为构成（　　　）。

A. 逃税罪

B. 骗取出口退税罪

C. 骗取金融票证罪

D. 走私普通货物、物品罪

15. 甲公司利用假出口、假结转的方式骗取海关核销，致使保税货物、物品脱离海关监管，造成国家税款大量流失。甲公司的行为构成（　　　）。

A. 走私普通货物、物品罪

B. 逃税罪

C. 逃避追缴欠税罪

D. 骗取出口退税罪

二、多项选择题

1. 下列情形中，应认定为生产、销售伪劣产品罪的有（　　　）。

A. 农民甲将医用限制性用药"氯化琥珀胆碱注射液"冒充"硫酸小诺霉素注射液"和"硫酸卡那霉素注射液"销售，导致3名幼女死亡、1名幼女休克

B. 乙以残次、废旧汽车零部件非法拼装汽车，冒充正品，准备销售时被查获，货值总额达50万元

C. 丙企业生产的电热毯，质量不符合国家安全标准，销售额高达18万元，先后造成3名消费者触电死亡

D. 丁公司生产的药品销路不好，因长期积压导致药品超过有效期，但仍将其销售，销售额达15万元。经鉴定，这些药品尚不足以严重危害人体健康

2. 下列关于生产、销售有毒、有害食品罪的说法正确的是（　　　）。

A. 在食品加工、销售、运输、贮存等过程中，掺入有毒、有害的非食品原料，或者使用有毒、有害的非食品原料加工食品的，以生产、销售有毒、有害食品罪定罪处罚

B. 在食用农产品种植、养殖、销售、运输、贮存等过程中，使用禁用农药、兽药等禁用物质或者其他有毒、有害物质的，以生产、销售有毒、有害食品罪定罪处罚

C. 在保健食品或者其他食品中非法添加国家禁用药物等有毒、有害物质的，以生产、销售有毒、有害食品罪定罪处罚

D. 违反国家规定，私设生猪屠宰厂（场），从事生猪屠宰、销售等经营活动，情节严重，同时构成非法经营罪，生产、销售不符合安全标准的食品罪，生产、销售有毒、有害食品罪等犯罪的，依照处罚较重的规定定罪处罚

3. 下列关于非国家工作人员受贿罪的说法正确的是（　　）。

A. 本罪的主体可以包括村民委员会主任

B. 本罪的索取型的行为不需要具备为他人谋取利益的行为

C. 国家工作人员与非国家工作人员通谋，共同收受他人财物，分别利用各自的职务便利为他人谋取利益，不能区分主从犯的，可以受贿罪追究刑事责任

D. 不需要实际或者承诺为他人谋取利益

4. 下列行为（不考虑数量），应以走私普通货物、物品罪论处的有（　　）。

A. 将日本的黄金从境外走私进入中国境内

B. 将英国的珍贵文物从境外走私进入中国境内

C. 走私能够使用的弹头、弹壳

D. 给微信群群友分享走私的淫秽物品

5. 下列情形应认定为信用卡诈骗罪的有（　　）。

A. 甲使用已经作废的信用卡购物

B. 乙盗窃杨某的信用卡买车

C. 丙在使用信用卡时明知钱已不多仍透支使用

D. 丁拾得刘某的信用卡并以刘某的名义使用

第五章

侵犯公民人身权利、民主权利罪

◆ **知识目标**

1. 明确侵犯公民人身权利、民主权利罪的概念、构成和种类。

2. 掌握和理解重点及常见罪名的概念、构成以及认定时应注意的问题。

3. 了解非重点罪名的概念和有关特别规定。

◆ **能力目标**

1. 能够运用刑法理论区分相似的具体罪名。

2. 能够将本章法律条文运用到实际案例中，进行案例分析，处理实务问题。

◆ **重点罪名**

故意杀人罪，故意伤害罪，强奸罪，强制猥亵、侮辱罪，非法拘禁罪，绑架罪，拐卖妇女、儿童罪，虐待罪

案例导入

甲花 6 万元从人贩子处购买女子乙，想让她当自己的妻子。乙不肯，甲将乙锁在地窖里。一个月后乙仍旧不从，甲即放弃让她当自己妻子的念头，告诉乙让其家人给 6 万块钱就放她回去，否则杀了她。甲按照乙给的电话联系到乙的父亲，但乙父认为是诈骗电话，挂断了电话。甲十分恼火，提出让乙卖淫还债，乙不肯。甲便将乙强奸，使其丧失羞耻心，迫使其卖淫。在卖淫过程中，乙感染了艾滋病，于是故意不采取防范措施，多次主动和甲发生性关系，导致甲也感染上艾滋病。其后，乙投案自首。

问：（1）甲构成何罪？

（2）乙是否构成传播性病罪？

第一节　侵犯公民人身权利、民主权利罪概述

侵犯公民人身权利、民主权利罪，是指故意或者过失地侵犯他人人身权利或其他与人身权利直接有关的权利，以及非法剥夺、妨害公民自由行使管理国家事务和参与社会政治活动等各项权利的行为。

本类犯罪侵害的法益是个人的人身权利和民主权利，以及与人身直接相关的婚姻家庭权利。

法益的个人性表明：一方面，既然权利专属于个人，那么在很多时候个人可以自由决定放弃。但是，放弃权利的决定不是无限制的，如承诺他人杀害、伤害、拐卖自己的，该承诺一般无效，行为人仍然构成犯罪。另一方面，行为对生命、身体有威胁或者损害，同时侵犯不特定人或者多数人的利益的，如构成放火罪、投放危险物质罪、爆炸罪等，就成为对公共法益而不是个人法益的侵害。但是，在危害社会法益的过程中，由于社会利益中包含着个人利益，所以犯罪行为也可能侵犯个人利益，存在构成侵犯个人法益的犯罪的可能。

侵害生命、身体法益的犯罪对象是有生命的自然人。① 人的生命属于人自身，在一定程度上，个人可以处分自己的生命，自杀行为不具有违法性（放任行为说）。由于刑法不处罚自杀、自伤行为，这里的自然人必须是行为者以外的他人。但是，强迫他人一同自杀的，仍有成立故意杀人罪的可能。② 胎儿不是刑法上的人，即使其受到药物杀害，也不能成为故意杀人罪的对象。对母体中的胎儿实施伤害行为，导致其最终带伤出生的，是否构成故意伤害罪，需要特别讨论。③ 杀害、伤害法人的情况难以想象，所以，法人不是本章罪中的人，对法人加以侮辱，损害其商业信誉、商品声誉的，可能构成破坏社会主义市场经济秩序的犯罪。④ 死者不能成为本章罪的侵害对象，对尸体进行不法处置的，可以成立侮辱尸体罪。当然，误将尸体认作活人实施杀害的，

例如，行为人为尽早结束赡养义务，对准被赡养人射击，但在此之前被害人已经死亡的，原则上可以构成杀人未遂。

本章罪包括针对生命、身体的杀人、伤害等故意犯和过失犯，针对性自由、性羞耻心的强奸、强制猥亵等犯罪，针对身体、行动自由的非法拘禁、绑架、拐卖妇女、拐骗儿童等犯罪，侵犯公民私生活平稳的非法侵入住宅、侵犯通信自由等犯罪，妨害婚姻家庭权利的暴力干涉婚姻自由、重婚、破坏军婚等犯罪，以及针对公民个人政治、宗教自由和民主权利的若干犯罪。

第二节 侵犯公民人身权利的犯罪

一、故意杀人罪

（一）故意杀人罪的概念与构成

故意杀人罪，是指故意非法剥夺他人生命的行为。

本罪侵犯的客体是他人的生命权。他人的生命权，是指己身以外的自然人非经法律规定不得非法剥夺其生存的权利。自己剥夺自己生命的自杀行为，非特定情况，在我国不视为犯罪。人的生命权利始于出生，终于死亡。因此，本罪的犯罪对象只能是有生命的自然人。生命的起始标准，刑法理论上认识不一致，主要有"阵痛说""一部露出说""全部露出说""断带说""发声说""独立呼吸说"等。按照我国通说，人的生命，起始于胎儿脱离母体后开始独立呼吸，即采独立呼吸说。生命的终结，传统观点认为以心脏停止跳动为标志。任何人的生命权利在出生后和死亡前都受到刑法保护，不因对象的条件不同而有所区别。因母体中的胎儿与人死亡后的尸体都没有生命权的存在，故虽然侵犯其权利，也不能构成故意杀人罪，但非法堕胎伤害孕妇身体可构成故意伤害罪，毁坏尸体的行为可构成侮辱、故意毁坏尸体罪。合法堕胎行为不能构成任何犯罪。

本罪的客观方面表现为杀害。杀害，是指基于故意，在他人自然死亡以前非法断绝其生命的行为。至于具体的手段、方法和工具等，法律并未加以限制，例如，电脑黑客基于杀人的意图，非法侵入医院的计算机控制系统，将仇人借以维生的医疗器械关闭的，也是杀人。不过，实践中常见的杀人方法还是有形的、物理上直接作用于被害人的拳头打击、刺杀、毒杀、射杀等。利用工具、动物或者无责任能力者或无过错者的行为杀人（间接正犯）的，也属于以有形的方法杀人。杀人行为除使用有形的方法实施以外，还可以使用无形的、心理的方法，例如，施加精神折磨，给予被害人强度极大的精神刺激，使其休克而死的。杀人行为既包括作为，也包括不作为。以作为方法杀人的情况极其常见，通常也容易判断。以不作为方式杀人，例如被害人饥饿难忍时，有赡养、抚养义务者基于杀害的意图不供给食物，致其死亡。

杀害的实行行为已经着手实施，但是，被害人死亡的结果没有实际发生，就是本罪的未遂。此外，故意杀人罪既遂还要求杀人行为和被害人的死亡之间有刑法上的因果关系，欠缺这种关系的，也成立故意杀人罪未遂。

我国刑法学上的多数说认为，以放火、爆炸、投放危险物质等危害公共安全的方法故意杀人的，不再构成故意杀人罪，只能认定为放火罪、爆炸罪、投放危险物质罪等危害公共安全的犯罪。

本罪的主体是一般主体。根据《刑法》第 17 条的规定，已满 14 周岁不满 16 周岁的人，犯故意杀人罪的，应当负刑事责任。已满 12 周岁不满 14 周岁的人，犯故意杀人罪，致人死亡或者以特别残忍手段致人重伤造成严重残疾，情节恶劣，经最高人民检察院核准追诉的，应当负刑事责任。

本罪的主观方面要求行为人具有非法剥夺他人生命的故意，包括直接故意和间接故意。在间接故意情况下，须有放任的死亡结果发生。故意杀人的动机是多种多样的，但动机不影响本罪的成立，只是量刑的情节。

（二）故意杀人罪认定时应注意的问题

1. 致人自杀行为的定性

自杀是自己剥夺自己的生命，非特定情况，在我国自杀行为不为罪。但实践中自杀的情况颇为复杂，特别是因他人行为引起自杀，往往涉及是否构成故意杀人罪的问题，须认真分析。司法实践中的致人自杀主要有以下三种情况。第一，行为人的合法正当行为，如履行职责对他人批评或处分，即使处分过重、态度生硬、粗暴或因一般违法行为，如打骂引起他人自杀的。在这种情况下不追究其刑事责任。第二，行为人的犯罪行为，如强奸、暴力干涉他人婚姻自由等引起自杀。这种情况下，行为人主观上无杀人的故意，应以相应的罪论处，不能构成故意杀人罪。根据具体情况，一是可将引起自杀作为强奸、暴力干涉婚姻自由等罪的从重处罚情节；二是引起他人自杀这一事实可作为情节严重与否的判断因素之一，如侮辱、诽谤他人引起自杀的，引起自杀就成为判定情节严重与否的一个重要因素。第三，行为人具有致他人死亡的故意，并凭借权势或以暴力、胁迫、诱骗等手段促使他人自杀。由于行为人主观上具有杀人故意，客观上又实施了与死亡有一定因果关系的行为，实质上是一种"借刀杀人"的行为，应以故意杀人罪论处。

2. 帮助自杀、得承诺杀人行为的定性

帮助自杀，是指他人已有自杀意图，行为人对其在精神上加以支持，使其坚定自杀的意图，或者给予其物质上的帮助，使他人得以实现自杀的行为。由于非特定情况下的自杀行为在我国是非罪行为，所以，帮助者非共同犯罪的从犯。前一种情况下，行为人的精神支持行为对他人自杀死亡结果的原因力较小，危害也不大，可以不追究其故意杀人的刑事责任。后一种情况下，行为人的行为多是应请求在物质上为自杀者

提供了帮助，如将毒药递给自杀者，对于自杀者死亡结果的发生具有较大的原因力，原则上应构成故意杀人罪，但由于自杀与否是自杀者本人的意思决定，故可对帮助者从轻或减轻处罚。对于虽然是应自杀者要求实行帮助，却直接动手将对方杀死（得承诺杀人），应当认定为故意杀人罪，但可以考虑从轻处罚。然而，对于特定情况下的帮助自杀行为，应当按照一般故意杀人罪决定刑罚。如最高人民法院、最高人民检察院《关于办理组织、利用邪教组织破坏法律实施等刑事案件适用法律若干问题的解释》第11条规定，组织、利用邪教组织，制造、散布迷信邪说，组织、策划、煽动、胁迫、教唆、帮助其成员或者他人实施自杀、自伤的，依照《刑法》第232条、第234条的规定，以故意杀人罪或者故意伤害罪定罪处罚。

3. 教唆自杀行为的定性

教唆自杀，是指唆使没有自杀意图的人产生自杀决意，实施自杀行为。教唆自杀多数情况下都是为了帮助自杀者摆脱精神或者肉体的痛苦。是否自杀，有意志选择自由的是自杀者。由于非特定情况下的自杀行为在我国是非罪行为，所以，教唆者非共同犯罪的教唆犯。但对特定情况下的教唆自杀行为，应当按照一般故意杀人罪决定刑罚。对于教唆无责任能力人自杀的，由于被教唆者缺乏辨认和控制能力，对教唆者应以故意杀人罪的间接实行犯对待，依法追究其故意杀人罪的刑事责任。

4. 相约自杀行为的定性

第一，双方相约共同自杀，一方未对他方实施教唆、帮助或诱使行为。在这种情况下，虽然相约自杀而没有死亡一方的行为对自杀者有精神支持作用，但由于客观上没有教唆、帮助或诱使行为，因此，没有自杀成功的一方不应对他方的死亡负故意杀人的刑事责任。

第二，双方相约共同自杀，一方要求对方先杀死自己，后者应对方请求先将对方杀死，然后自杀未成功或又放弃自杀。这在本质上是一种得承诺杀人，行为人主观上有明知，客观行为与死亡结果之间具有因果关系，应按故意杀人罪论处，处理上可从轻考虑。

第三，双方相约共同自杀，一方为自杀提供条件，另一方利用此条件自杀身死，而提供条件者自杀未能成功的，从性质上讲是一种帮助自杀的行为，可依照帮助自杀的原则处理。

第四，诱使他人共同自杀，而自己自杀未能成功的，性质上是教唆自杀。

第五，一方诱骗对方相约共同自杀，而行为人根本没有自杀的意图和自杀行为的，对诱骗者应以故意杀人罪定性。应注意这种情况与诱使他人相约共同自杀而自己自杀未成功的情形有所区别。

5. 受嘱托杀人行为及"安乐死"问题

受嘱托杀人，也称为"得承诺杀人"，是指受已有自杀意图者的嘱托而直接将他人杀死的行为。从广义上来讲，这也是一种帮助自杀行为，但与帮助自杀不同在于，行为人是直接实施杀人行为，而不是对嘱托者本人的自杀行为给予帮助。这种受嘱托杀人行为构成故意杀人罪，但由于是应已有自杀意图者所求，在处罚时可考虑从轻。"安乐死"在本质上也是一种受嘱托杀人的行为。一般是指应身患绝症，精神、肉体处极度痛苦的病人的请求，实施促使其提前、迅速、无痛苦死亡的行为。已有个别国家承认"安乐死"的合法化，我国也有学者认为应以专门立法允许通过实行"安乐死"来减轻病人的痛苦，使"安乐死"合法化，但应有严格的条件。

6. 间接杀人行为的定性

间接杀人是指教唆未达到法定刑事责任年龄或不具有刑事责任能力的精神病人实施杀害他人的行为。该种情形，未达到法定刑事责任年龄或不具有刑事责任能力的精神病人事实上是教唆者的杀人"工具"，教唆者在理论上称为"间接正犯"，应视为是由他本人实行故意杀人行为，构成故意杀人罪。

（三）故意杀人罪的刑事责任

根据《刑法》第232条的规定，犯本罪的，处死刑、无期徒刑或者10年以上有期徒刑；情节较轻的，处3年以上10年以下有期徒刑。

二、过失致人死亡罪

（一）过失致人死亡罪的概念与构成

过失致人死亡罪，是指因过失致使他人死亡的行为。

本罪侵犯的客体是他人的生命权利。

本罪的客观方面表现为过失致人死亡的行为。这里过失致人死亡的行为主要是指在日常生活中，对他人的生命安全缺乏应有的关注，因作为或者不作为行为致使他人死亡。根据法律规定，构成本罪必须发生死亡结果，且过失行为必须对死亡结果的发生具有原因力，即二者之间必须具有刑法意义上的因果关系。至于被害人或其他人有无过错，不影响本罪的成立，但在决定刑事责任时应当予以考虑。

本罪的主体是年满16周岁、具有刑事责任能力的自然人。

本罪的主观方面是过失，包括疏忽大意和过于自信。这里的过失是对死亡结果而言，至于行为是有意还是无，不影响认定。

（二）过失致人死亡罪认定时应注意的问题

1. 过失致人死亡，刑法另有规定的处理

所谓"另有规定"，是指行为人实施了刑法分则条文规定的其他犯罪行为，虽然也由于过失造成他人死亡，符合过失致人死亡罪的构成特征，但因刑法分则另有规定，

就不再依照过失致人死亡罪定罪处罚，而依照分则有关条文的规定定罪处罚。如失火罪、交通肇事罪、重大责任事故罪等。

2. 过失致人死亡罪与其他犯罪的界限

（1）疏忽大意致人死亡与意外事件的界限。相同之处在于客观上都造成了他人死亡的结果，主观上都没能预见他人死亡的结果。区别在于行为人在当时的情况下是否应当预见自己的行为可能导致他人死亡的结果发生，应该预见即为疏忽大意致人死亡，否则为意外事件。

（2）过于自信致人死亡与间接故意杀人的界限。相同之处在于客观上都造成了他人死亡的结果，主观上都预见到自己的行为可能造成他人死亡的结果。区别在于行为人行为时的主观心理态度，是轻信这一结果可以避免还是放任这一结果的发生，即对结果的发生是排斥还是不在乎。此外，还要考虑行为人在当时究竟有无防止结果发生的措施、手段，其可靠性有多大。

（三）过失致人死亡罪的刑事责任

根据《刑法》第233条的规定，犯本罪的，处3年以上7年以下有期徒刑；情节较轻的，处3年以下有期徒刑。本法另有规定的，依照规定。

三、故意伤害罪

（一）故意伤害罪的概念与构成

故意伤害罪，是指故意非法损害他人身体健康的行为。

本罪侵犯的客体是他人的身体健康权。这里的身体健康权，是指己身以外的自然人对于保持其肢体器官、组织的完整性和正常机能的权利。本罪的犯罪对象必须是他人。自己对自己的身体健康造成损害的不构成本罪。但是，如果军人在作战时自伤身体逃避军事义务，可构成战时自伤罪。

本罪的客观方面表现为伤害他人，非法损害其生理机能的行为。伤害行为可能是暴力行为，也可能是其他非有形的方法。利用毒物、通过身体的接触传染疾病等都是伤害行为，伤害行为既可以是作为，也可以是不作为。在作为的情况下，伤害行为一般来讲是客观的、外在的物质性行为，精神胁迫难以造成生理机能丧失的后果，不能构成本罪。

以伤害造成的后果为标准，伤害分为轻伤、重伤、伤害致死三种情况。轻伤、重伤的区分应当以最高人民法院、最高人民检察院、公安部、国家安全部、司法部联合发布的《人体损伤程度鉴定标准》为统一标准，该规定明确了人体损伤程度鉴定的原则、方法、内容和等级划分。根据《刑法》第95条的规定，重伤是指使人肢体残废、毁人容貌、丧失听觉、丧失视觉、丧失其他器官机能或者其他对于人身健康有重大伤害的损伤。关于重伤分级，以及重伤致残的人体损伤致残程度鉴定，由司法鉴定机构和司法鉴定人根据最高人民法院、最高人民检察院、公安部、国家安全部、司法部《人体损伤致残程度分级》的规定确定。在结果加重犯的场合，暴力行为和加重结果具有直接因果关系，对因伤害导致身体虚弱最终死亡，脑血管硬化症患者因反抗伤害暴力而导致精神兴奋、肌肉鼓起、血压上升而脑出血发作死亡，伤者为缓解难以忍受的伤痛、阻止流血而跳入温度极低的水中导致体温骤然下降、心脏停止跳动死亡等情形，按照结果加重犯的直接性原理，都认为死亡结果可以归责于伤害行为。

本罪的主体是一般主体。根据《刑法》第17条的规定，已满14周岁不满16周岁的人，犯故意伤害致人重伤或者死亡的，应当负刑事责任；已满12周岁不满14周岁的人，犯故意伤害罪，致人死亡或者以特别残忍手段致人重伤造成严重残疾，情节恶劣，经最高人民检察院核准追诉的，应当负刑事责任。根据最高人民法院《关于审理未成年人刑事案件具体应用法律若干问题的解释》的规定，已满14周岁不满16周岁的人盗窃、诈骗、抢夺他人财物，为窝藏赃物、抗拒抓捕或者毁灭罪证，当场使用暴力，故意伤害致人重伤或者死亡的，应当分别以故意伤害罪或者故意杀人罪定罪处罚。

本罪的主观方面是故意，即故意非法伤害他人身体健康，包括直接故意和间接故意。需要注意的是，在间接故意伤害的情况下，只能是放任对他人身体健康损害结果的发生，而不能是放任死亡结果的发生，否则应构成故意杀人罪。伤害的动机是多种多样的，但动机不影响本罪的成立，只是量刑情节。

（二）故意伤害罪认定时应注意的问题

1. 造成他人身体伤害，刑法另有规定的处理

这里的"另有规定"，是指为实施其他犯罪致使他人身体健康受到损害，即刑法分则的其他条文中有关于致人重伤的规定，则应当按照该条文的特别规定定罪处罚，不再适用故意伤害罪的规定。如因抢劫致人重伤的，定为抢劫罪；强奸致人重伤的，定为强奸罪。

2. 故意伤害致死与过失致人死亡的界限

二者相同之处在于客观上都造成了他人死亡的结果，主观上都没有剥夺他人生命的故意。区别在于：故意伤害致人死亡的，行为人主观上具有伤害的故意，但对死亡的结果是过失，属于复杂罪过；而过失致人死亡的行为人主观上只对死亡结果有过失，主观上并无伤害的故意。因此，区分二者的关键在于主观上有无伤害的故意。

在司法实践中，对日常生活中的殴打和故意伤害罪中必须达到相当程度的伤害一直未作明确的区分，很容易出现的错误是：一旦有死亡结果发生，再反过去看被告人是否"有意"地实施促成他人死亡的行为，如果是有意地实施一定行为，就成立故意伤害致死，从而不当地扩大了故意伤害罪的适用范围，在一定程度上混淆了故意伤害

罪和过失致人死亡罪的界限，使过失致人死亡罪基本上没有适用的空间。其实，即便殴打、推搡是有意实施的，这种有意的行为和故意伤害罪中基于故意实施的、应当达到一定程度的伤害也不相同。行为人有通过殴打使被害人遭受皮肉之苦的意思，但是很难说其具有严重损害他人生理机能的故意。所以，对类似因殴打、推搡造成重伤或者死亡后果的，以定过失致人重伤、过失致人死亡罪为宜。

3. 故意伤害与故意杀人未遂的界限

二者相同之处在于客观上都造成伤害的结果，区别的关键在于行为人的故意内容不同。故意伤害的故意内容是非法损害他人的身体健康，并无剥夺他人生命的故意内容；而故意杀人未遂故意的内容，是非法剥夺他人的生命，虽然在客观上出现的是损害他人健康的结果，但这是由于行为人意志以外的原因而未造成死亡的结果，不能因此改变行为人非法剥夺他人生命的故意内容。因此，二者区别的关键在于主观上有无剥夺他人生命的故意内容。

4. 故意伤害致死与故意杀人的界限

二者相同之处在于主观上都是出于故意，在客观上都发生了死亡的结果。区分的关键也在于查清故意的内容。故意伤害致死只具有损害他人身体健康的故意，对死亡结果的发生主观上是过失；而故意杀人在主观上具有非法剥夺他人生命的故意内容。因此，有无剥夺他人生命的故意内容，是区别二者的关键。

（三）故意伤害罪的刑事责任

根据《刑法》第234条的规定，犯本罪的，处3年以下有期徒刑、拘役或者管制；致人重伤的，处3年以上10年以下有期徒刑；致人死亡或者以特别残忍手段致人重伤造成严重残疾的，处10年以上有期徒刑、无期徒刑或者死刑。本法另有规定的，依照规定。

四、组织出卖人体器官罪

（一）组织出卖人体器官罪的概念与构成

组织出卖人体器官罪，是指违反国家有关规定，组织他人出卖人体器官的行为。

本罪侵犯的客体是他人的身体健康权、生命权以及国家对人体（活体）器官捐献管理秩序和人体器官移植规范的正常秩序。本罪的犯罪对象，既包括年满18岁、具有完全民事行为能力、自愿出卖（捐献）自己人体器官的人，也包括不满18周岁的人，被强迫、被欺骗的人以及未经其本人生前同意或者去世后家属同意被摘取器官的已故者。

本罪的客观方面表现为组织他人出卖人体器官的行为。这里的人体器官，是指具有特定功能的心脏、肺脏、肝脏、肾脏或者胰腺等器官的全部或者部分，不包括人体细胞和角膜、骨髓等人体组织。组织，是指以领导、策划、招募、雇佣、引诱等方式组织他人实施出卖人体器官的行为。这里的组织不同于"有组织犯罪"中的组织，不要求存在出卖人体器官的犯罪组织，只要求行为人实施具体的组织行为。至于组织者、被组织者的人数多少，都在所不问。实践中，许多大量供养活供体的所谓"中介"，就是本罪中出卖他人人体器官的组织者。

组织他人出卖人体器官的，即便并未实施摘取、移植手术，也构成本罪；组织他人出卖人体器官情节严重的，法定刑升格。实务中，具有以下情形之一的，一般认定为情节严重：组织3人以上出卖人体器官的；组织出卖人体器官3次以上的；组织出卖人体3件以上的；交易金额巨大的；在移植所必然导致的损伤之外，还造成了死伤后果的；跨国或跨境组织出卖人体器官的；等等。

明知他人组织出卖人体器官，为其提供证明材料、场所、设备等条件或者帮助的，以及医疗机构工作人员明知他人组织出卖人体器官而参与实施手术的，均构成本罪共犯。

未经本人同意摘取其器官，或者摘取不满18周岁的人的器官，或者强迫、欺骗他人捐献器官的，依照故意伤害罪、故意杀人罪的规定定罪处罚。这主要是考虑到：未经本人同意摘取器官的，不存在被害人承诺这一违法排除事由，行为当然构成故意伤害罪。组织不能辨认或者不能控制自己行为的精神病人出卖人体器官的，由于这些人不可能作出真实的或法律上有意义的同意，组织者的行为也属于未经本人同意摘取其器官，故应当依照故意伤害罪、故意杀人罪的规定定罪处罚。不满18周岁的人，没有足够的辨认、控制能力，对承诺事项的内容、范围、结果等不具有相应的理解能力和意思能力，故其承诺无效。对此，《人体器官捐献和移植条例》也规定，捐献人体器官的公民应当具有完全民事行为能力，任何组织或者个人不得获取未满18周岁公民的活体器官用于移植。因被强迫或欺骗而作出的承诺，并不是本人的真实的意思表示，所以承诺无效。从危害后果上看，无论是未经本人同意摘取其器官还是强迫、欺骗或利诱他人捐献器官，或者摘取不满18周岁的人的器官的，都必然会使被害人在该器官缺失的情况下"丧失器官机能"，该后果完全符合《刑法》第95条规定的"重伤"标准；在有的情况下，摘取人体器官，造成他人人体正常机能的衰竭和丧失，可能造成死亡后果，故应当对行为人以故意伤害罪或者故意杀人罪论处，以符合罪刑均衡原则。在实践中，直接从事非法摘取人体器官业务的医生以及与其合谋从事上述行为者构成共犯。

违背本人生前意愿摘取其尸体器官，或者本人生前未表示同意，违反国家规定，违背其近亲属意愿摘取其尸体器官的，依照侮辱尸体罪的规定定罪处罚。这里的"违反国家规定，违背其近亲属意愿摘取其尸体器官"，是指违反了《人体器官捐献和移植条例》关于"公民生前未表示不同意捐献其遗体器官的，该公民死亡后，其配偶、成年子女、父母可以共同决定捐献，决定捐献应当采用书面形式"的规定。对没有在生前留下捐献器官遗愿的死者，在没有其近亲属以书面形式共同表示同意摘取其器官的情况下，如果摘取其器官，违背了死者的遗愿或者其近亲属的意愿，对死者尸体的完整性造成了破坏，这不仅是对死者的人格尊严的亵渎，也会给死者近亲属带来极大的痛苦和伤害，应当以侮辱尸体罪论处。

本罪的主体是一般主体，即年满 16 周岁、具有刑事责任能力的自然人。

本罪的主观方面是直接故意，以出卖人体器官为其内容。动机不影响认定。

（二）组织出卖人体器官罪的刑事责任

根据《刑法》第 234 条之一的规定，犯本罪的，处 5 年以下有期徒刑，并处罚金；情节严重的，处 5 年以上有期徒刑，并处罚金或者没收财产。

五、强奸罪

（一）强奸罪的概念与构成

强奸罪，是指以暴力、胁迫或者其他手段，违背妇女意志，强行与妇女性交，或者故意与不满 14 周岁的幼女发生性关系的行为。

本罪侵犯的客体是女性的性自由权利和幼女的身心健康权利。本罪的犯罪对象是妇女和幼女。妇女是指年满 14 周岁的女性，包括未成年妇女和成年妇女。根据《刑法》的规定，奸淫不满 14 周岁的幼女的，以强奸论，因此，强奸罪的对象，也包括不满 14 周岁的幼女。妇女性的自由权利，是妇女根据自己的意愿发生或不发生性行为的权利，即妇女对于性行为发生的时间、地点、形式与对象所拥有的自主决定的自由。幼女的身心健康权利，是指幼女的身体和精神正常发育和健康成长的权利。对既实施强奸妇女行为又实施了奸淫幼女行为的，是同种数罪，只能按照强奸罪一罪从重处罚，不实行数罪并罚。实践中奸淫妇女、幼女尸体的行为，不能构成强奸罪，可构成侮辱尸体罪。但如果行为人在妇女、幼女生前已着手实施强奸的暴力手段而致妇女、幼女死亡，又奸淫妇女、幼女尸体的，仍构成强奸罪，与侮辱尸体罪数罪并罚。

本罪的客观方面表现为以暴力、胁迫或其他手段，违背妇女意志，强行与之性交，或者与不满 14 岁的幼女发生性关系的行为。强奸行为以暴力、胁迫或者其他手段实施。

暴力，通常是指以殴打、伤害、捆绑、按倒、强拉硬拽等，对被害人人身实行强制的手段，意图使被害人不敢、不能反抗，至于现实是否得到该种效果，在所不问。胁迫，是指对妇女采取精神威慑，使妇女不敢抗拒，常见的有以对妇女及其亲属实施杀害、揭发隐私、损坏财产相威胁，或者利用封建迷信或编造谎言对妇女进行强度较大的心理威胁，或者利用偏僻地段、深夜等场所、时间所形成的特殊条件实施胁迫等。暴力、胁迫行为，只要足以压制被害人的反抗即可，不需要达到完全或者实际压制被害人反抗的程度。至于何为足以压制被害人反抗，应结合一般的社会观念，被害人的年龄、精神状态、健康状态，行为的场所、时间以及其他事项综合判断。

其他手段，是指暴力、胁迫手段以外，其他使被害人不知反抗或不能反抗的手段，如用酒灌醉，深夜冒充情夫实施奸淫的。其他手段是与暴力、胁迫联系在一起规定的，按照同类解释的原则，这里的"其他手段"一定带有强制性，使被害人难以作出性自主决定。例如，邪教组织的主犯以给被害人"发功"为名，与妇女发生性行为的，在很大程度上利用了其对被害人的优势地位，压制了被害人的自主意思，可以成立本罪。又如，虚构招聘名义，以发生性关系是"潜规则"为由进行"骗奸"的。行为人没有实施与暴力、胁迫相类似的使被害人陷入难以作出自主决定境地的实行行为的，不构成强奸罪。

本罪的主体是年满 14 周岁并具有刑事责任能力的男性。通说认为女性不能单独构成本罪的实行犯，但可以成为本罪的教唆犯和帮助犯。

本罪的主观方面是故意，明知自己以暴力、胁迫或其他手段与妇女性交的行为，会发生侵害妇女性的自主决定权的结果，并且希望或者放任这种结果的发生。

（二）强奸罪认定时应注意的问题

1. 强奸罪的加重情节

强奸罪的基本刑是 3 年以上 10 年以下有期徒刑，但有六种加重情节，可以处 10 年以上有期徒刑、无期徒刑或者死刑：① 强奸妇女、奸淫幼女情节恶劣的。情节恶劣，是指强奸手段残酷、对受害人多次强奸或者强奸孕妇等。② 强奸妇女、奸淫幼女多人的。多人，一般指 3 人以上。③ 在公共场所当众强奸妇女、奸淫幼女的。当众强奸，是指在公众场所，以使不特定人可以看到、听到的方式强奸妇女。根据最高人民法院、最高人民检察院、公安部、司法部《关于办理侵害未成年人刑事案件的意见》的规定，在校园、游泳馆、儿童游乐场、学生集体宿舍等公共场所对未成年人实施强奸、猥亵犯罪，只要有其他多人在场，不论在场人员是否实际看到，均应认定为在公共场所"当众"强奸、猥亵。可见，对这里的"当众"作了扩大解释和认定。④ 2 人以上轮奸的。轮奸必须有 2 人以上实施了强奸罪的奸淫行为。只要数人在客观上有轮奸行为，即便其中的参与人无刑事责任能力，也仍然属于轮奸，有刑事责任能力的人要承担轮奸的罪责。⑤ 奸淫不满 10 周岁的幼女或者造成幼女伤害的。⑥ 致使被害人重伤、死亡或者造成其他严重后果的。"致使被害人重伤、死亡"是指强奸、奸淫幼女的行为导致被害人性器官严重损伤或者造成其他严重伤害，甚至当场死亡或者经治疗无效死亡。对于行为人出于报复、灭口等动机，在实施强奸的过程中或者强奸后杀死或伤害被害人的，应分别认定为强奸罪、故意杀人罪或故意伤害罪，实行数罪并罚。"造成其他严重后果"包括因强奸引起被害人自杀或精神失常，或者造成未成年被害人怀孕分娩等其他严重危害被害人身心健康的严重后果。

2. 关于奸淫幼女行为的认定

奸淫幼女的行为，属于准强奸行为，其在客观方面表现为与不满 14 周岁的幼女发生性关系的行为。由于不满 14 周岁的幼女对性行为缺乏辨认和认识能力，所以，不论行为人采用什么手段，也不论幼女是否同意，只要行为人有与其发生性关系的行为，就构成犯罪。此外，奸淫幼女的行为还要求行为人在主观上知道或者应当知道对方是不满 14 周岁的幼女。在这里，幼女属于特定对象，是构成要件要素，行为人对此必须要有认识，或者明知女方一定是幼女，或者明知女方可能是幼女，或者不管女方是否是幼女而在此基础上决意实施奸淫行为的，就具备奸淫幼女的故意。

3. 已满 14 周岁不满 16 周岁的男性与幼女发生性行为的处理

最高人民法院《关于审理未成年人刑事案件具体应用法律若干问题的解释》第 6 条规定，已满 14 周岁不满 16 周岁的人偶尔与幼女发生性行为，情节轻微、未造成严重后果的，不认为是犯罪。因此，行为人若使用暴力、胁迫或其他强制手段与幼女发生性行为，无论情节是否严重，均应以强奸罪论处。如果是自愿发生性关系，而且情节轻微，尚未造成严重后果的，可不以强奸罪论处；如果情节恶劣，后果严重的，可认定为强奸罪，如奸淫多名幼女或者造成幼女性器官严重损害等。

4. 与精神病人或痴呆患者发生性行为的认定

明知对方是精神病人或痴呆患者，而与之发生性关系的，不管使用什么手段，也不管该妇女是否同意，都应以强奸罪论处；确实不知对方是精神病人或痴呆患者，也未采用暴力、胁迫等手段，经本人同意发生性关系的，不构成强奸罪；间歇性精神病妇女在精神正常期间，经本人同意与其发生性关系的，不构成强奸罪。

（三）强奸罪的刑事责任

根据《刑法》第 236 条的规定，犯本罪的，处 3 年以上 10 年以下有期徒刑。奸淫不满 14 周岁的幼女的，以强奸论，从重处罚。强奸妇女、奸淫幼女，有法定加重情节的，处 10 年以上有期徒刑、无期徒刑或者死刑。

六、负有照护职责人员性侵罪

（一）负有照护职责人员性侵罪的概念与构成

负有照护职责人员性侵罪，是指对已满 14 周岁不满 16 周岁的未成年女性负有监护、收养、看护、教育、医疗等特殊职责的人员，与该未成年女性发生性关系的行为。

本罪侵犯的客体是特定年龄段未成年女性的身心健康。本罪的犯罪对象为已满 14

周岁不满 16 周岁的未成年女性，主体是对该女性负有监护、收养、看护、教育、医疗等特殊职责的人员。此处立法上的主要考虑是：具有监护、收养、看护、教育、医疗等特殊职责的行为人容易针对被害人实施欺骗、利诱等行为，被害人虽非自愿，但也可能考虑到这种关系而忍气吞声、难以反抗或抵制，故其承诺真假难辨，行为人的犯罪很容易得手。这对于未成年人的健康成长不利。故立法上推定这种处于特定关系中的女性面对负有特殊职责的人员时，对其性行为难以真正自主地进行决定，因此，对该未成年女性予以特殊保护。

本罪的客观方面表现为负有特殊职责的人员与已满 14 周岁不满 16 周岁的未成年女性发生性关系，即实施性交行为。如果负有特殊职责的人员对已满 14 周岁不满 16 周岁的未成年女性仅有猥亵行为的，不构成本罪。如果负有特殊职责的人员采用暴力、胁迫等手段强行与该未成年女性发生性关系的，同时构成本罪和强奸罪，依照处罚较重的规定定罪处罚。

本罪的主体是负有监护、收养、看护、教育、医疗等特殊职责的人员。考虑到这些人员基于其优势地位、身份等容易对未成年女性形成身体和心理的控制，立法严格禁止负有特殊职责的人员与该未成年女性发生性关系。对于负有特殊职责的人的判断，要求有一定的依据，比如法律、法规规定的监护关系，法律上和事实上的收养关系，合同约定的看护、教育关系等。这些照护关系并不以合法为限，例如，未经批准开设的培训学校在教学过程中，或者非法开设的医疗机构在行医过程中，负有特殊职责的人员与未成年女性发生性行为的，其都可以成立本罪的主体。

本罪的主观方面是故意，对于被害人属于已满 14 周岁不满 16 周岁的未成年女性有认识。行为人是否对被害女性灌输过不健康性观念，又或是该年龄阶段女性对其性要求出于真实的意思表示，均不影响认定。

（二）负有照护职责人员性侵罪的刑事责任

根据《刑法》第 236 条之一的规定，犯本罪的，处 3 年以下有期徒刑；情节恶劣的，处 3 年以上 10 年以下有期徒刑。犯本罪，同时又构成强奸罪的，依照处罚较重的规定定罪处罚。

七、强制猥亵、侮辱罪

（一）强制猥亵、侮辱罪的概念与构成

强制猥亵、侮辱罪，是指以暴力、胁迫或者其他方法，强制猥亵他人或者侮辱妇女的行为。

本罪侵犯的客体是他人的人格尊严和人身自由权利。强制猥亵的对象包括男性和女性，但只限于年满 14 周岁的人；猥亵不满 14 周岁的男女儿童的，构成猥亵儿童罪。强制侮辱的对象只能是妇女。

本罪的客观方面表现为以暴力、胁迫或者其他方法，强制猥亵他人或者侮辱妇女的行为，其特点突出表现为强制性。

暴力，是指以殴打、捆绑、堵嘴等对他人人身实行强制，使其不敢、不能抗拒的手段。胁迫，是指以杀害、伤害、职权、地位、揭发隐私等相威胁、恫吓，使他人不敢反抗，从而对其进行精神强制的手段。本罪的暴力、胁迫的程度，不需要像抢劫罪中的相应行为一样达到足以压制被害人反抗的程度，只要使被害人反抗存在显著困难即可。在强制猥亵妇女、侮辱妇女的场合，由于本罪是比强奸罪危害更轻的犯罪，所以暴力、胁迫的程度可能稍微低于强奸罪中的暴力、胁迫。而在强制猥亵男性的情形下，此时的猥亵是一个广义的概念，包括类似于强奸妇女场合的奸淫行为，所以，其暴力、胁迫程度可以与强奸罪中的暴力、胁迫程度相当。其他方法，是指暴力、胁迫手段以外，其他使他人不知反抗或不能反抗的手段。其他方法也必须具有使被害人反抗显得比较困难的特性，例如，以灌醉酒、投催眠剂等方式故意使他人陷入心神丧失、抗拒不能的境地，然后实施猥亵、侮辱行为的情形。

强制猥亵、侮辱行为一般是在使用暴力、胁迫或者其他方法使被害人陷入反抗困难的境地之后再行实施，如果行为人只有猥亵行为，而未实施违反被害人意愿的强制行为，就不应当构成本罪。例如，突然在女性面前显露性器官后就跑走的，虽有猥亵行为，但不具有强制性，不构成本罪。暴力行为自身就是猥亵、侮辱行为，而且被害人对这一暴力本身无法即时反应并作出反抗举动，例如趁妇女不注意时将手伸进其上衣抚摸其胸部，自然构成本罪。

强制猥亵和强制侮辱妇女行为没有本质上的区别。强制猥亵是指为寻求性刺激而对他人实行的淫秽性的行为。猥亵行为的特点是行为人的身体与被害人的身体直接发生接触或作出具有性意义的侵害行为，以此来满足奸淫以外的性欲或者性刺激。强制侮辱，是指以各种淫秽下流、伤风败俗的动作、语言损害妇女的人格尊严，侵害妇女性羞耻心的行为，例如，使他人身体部分或全部裸露，逼迫他人做淫秽动作，用淫秽举动侮辱妇女等。侮辱妇女侵害其性羞耻心的行为，并不以与妇女发生身体接触为前提。有时强制猥亵和强制侮辱行为之间并没有明确界限，实务中也没有必要区分。以暴力、威胁方法公然侮辱妇女，对其名誉有侵害，而不是侵害其性羞耻心的，构成侮辱罪而非本罪。

本罪的主体是一般主体，即已满 16 周岁、具有刑事责任能力的自然人。

本罪的主观方面是故意，故意的内容依被害人的不同而有所区别。在强制猥亵男性的场合，行为人对包括强制性交在内的猥亵有认识；在强制猥亵、侮辱妇女的情形下，行为人对实施性交之外的行为可能侵害妇女的性自主决定权有追求。

（二）强制猥亵、侮辱罪的刑事责任

根据《刑法》第 237 条第 1 款、第 2 款的规定，犯本罪的，处 5 年以下有期徒刑或者拘役。聚众或者在公共场所当众犯本罪的，或者有其他恶劣情节的，处 5 年以上有期徒刑。

八、猥亵儿童罪

（一）猥亵儿童罪的概念与构成

猥亵儿童罪，是指猥亵不满 14 周岁的儿童的行为。

本罪侵犯的客体是儿童的身心健康。儿童处在身心发育的成长阶段，生理和心理的发育都不成熟，行为人以猥亵方法刺激、满足自己的性欲或挑逗儿童性欲的，对儿童未来的成长伤害很大，所以，必须对儿童的相应权利给予特殊保护。这里的儿童，包括不满 14 周岁的男性和女性儿童。

本罪的客观方面表现为猥亵不满 14 周岁的儿童的行为。儿童对猥亵行为的意义不能正确理解、没有抗拒他人猥亵行为的能力，所以，行为人没有实施暴力、胁迫行为，只要有猥亵行为就构成犯罪。行为人采用欺骗手段取得儿童同意后再实施猥亵行为的，儿童的同意在法律上无效，行为人的行为仍然构成犯罪。猥亵儿童的行为，未必一定要有身体的接触。实践中，行为人利用儿童辨别能力、抗拒能力低的特点，以满足性刺激为目的，以诱骗、强迫或者其他方法要求儿童拍摄裸体、敏感部位照片、视频等供其观看，严重侵害儿童的人格尊严和心理健康。这是利用被害人实施强制猥亵，侵害被害人身心健康的情形（间接正犯），符合本罪的客观构成要件。

本罪的主体是一般主体，为年满 16 周岁、具有刑事责任能力的自然人。

本罪的主观方面是故意。明知对方是不满 14 周岁的儿童而加以猥亵的，就具有刺激或者满足性欲的猥亵故意。这里的明知包括明确知道、可能知道对方是儿童的情形。误以为对方是已满 14 周岁者，在取得对方同意后加以猥亵的，属于事实认识错误，阻却本罪的故意。

（二）猥亵儿童罪的刑事责任

根据《刑法》第 237 条第 3 款的规定，犯本罪的，处 5 年以下有期徒刑；有下列情形之一的，处 5 年以上有期徒刑：① 猥亵儿童多人或者多次的；② 聚众猥亵儿童的，或者在公共场所当众猥亵儿童，情节恶劣的；③ 造成儿童伤害或者其他严重后果；④ 猥亵手段恶劣或者有其他恶劣情节的。

九、非法拘禁罪

（一）非法拘禁罪的概念与构成

非法拘禁罪，是指非法拘禁他人或者以其他方法非法剥夺他人人身自由的行为。

本罪侵犯的客体是他人的人身自由权利，即他人根据自己的意愿自由支配自己身体活动的权利。人身自由权利，是法律赋予人参与社会活动、行使权利的基本保证。

本罪的犯罪对象，是所有依法享有人身自由权利的他人。不论是成年的还是未成年的、健康的还是有病的，也不论其民族和国籍，只要是未被依法剥夺人身自由，对其实施非法剥夺人身自由的行为均可构成本罪。他人是否以有自主意思能力并支配自己身体活动自由的人为限，理论上有不同认识。一般认为，对没有自主意思能力的婴儿或者丧失自主意思能力的精神病患者、醉酒的人的管束行为，不能认为是对其人身自由的侵犯。

本罪的客观方面表现为行为人必须实行了以拘禁或者其他强制方法，非法剥夺他人人身自由的行为。剥夺他人人身自由的具体方法，可以是多种多样的，既可以表现为作为，也可以表现为不作为。但不论是何种方法，均要求对人身自由的剥夺必须是非法的，才能构成非法拘禁罪。在司法实践中，使用有形的方法拘禁他人的较为常见，如将他人锁在房间内并派人看守。但是，利用无形力，如利用人的羞耻心、恐惧感、错误认识等，也可以成立非法拘禁。如，驾驶汽车高速行驶，使被害人不敢跳车；用手枪对准他人，使之不敢离开一定场所；用麻醉药或催眠术使他人失去行动能力；使用诡计使他人陷入错误而长期停留于某一场所等。此外，拘禁行为还可能利用不知情的第三人实施，如欺骗不知情的警察，从而达到扣押他人的目的。这是非法拘禁罪的间接正犯。拘禁行为一般是作为，如使用暴力或者胁迫的方法将被害人强行押走，或者使用强力防止他人离去。但是，也有以不作为方式非法拘禁他人的情形。例如，仓库管理员因过失行为将正在取货的员工锁在库房，但在他人提醒后仍置之不理，扬长而去，致使该员工被长时间关押的，即属以不作为方式非法拘禁他人。

根据最高人民法院、最高人民检察院、公安部、司法部《关于办理黑恶势力犯罪案件若干问题的指导意见》的规定，黑恶势力有组织地多次短时间非法拘禁他人的，应当认定为《刑法》第238条规定的"以其他方法非法剥夺他人人身自由"；非法拘禁他人3次以上、每次持续时间在4小时以上，或者非法拘禁他人累计时间在12小时以上的，应以非法拘禁罪定罪处罚。

根据最高人民检察院《关于渎职侵权犯罪案件立案标准的规定》的规定，国家机关工作人员利用职权非法拘禁，涉嫌下列情形之一的，应予立案：① 非法剥夺他人人身自由24小时以上的；② 非法剥夺他人人身自由，并使用械具或者捆绑等恶劣手段，或者实施殴打、侮辱、虐待行为的；③ 非法拘禁，造成被拘禁人轻伤、重伤、死亡的；④ 非法拘禁，情节严重，导致被拘禁人自杀、自残造成重伤、死亡，或者精神失常的；⑤ 非法拘禁3人次以上的；⑥ 司法工作人员对明知是没有违法犯罪事实的人而非法拘禁的；⑦ 其他非法拘禁应予追究刑事责任的情形。

本罪的主体是一般主体，年满16周岁、具有刑事责任能力的自然人均可构成。

本罪的主观方面是故意，并且具有非法剥夺他人人身自由的目的。这种故意中的事实性认识包括两方面的内容：其一，认识到自己的行为足以剥夺他人的活动自由；其二，认识到他人逃离现场的意思决定随时能产生。如若被害人同意行为人剥夺其行动自由，行为人对这种同意有所认识的，则不具有本罪故意。行为人并无故意，而是因为过失将他人锁于特定场所的，不构成本罪，但可能构成其他罪。例如，因疏忽将他人反锁在冷库中，48 小时后再打开冷库门时，被害人已被冻死，行为人可构成过失致人死亡罪，但不能成立非法拘禁罪。

（二）非法拘禁罪认定时应注意的问题

1. 索债拘禁的认定

为索取债务（包括高利贷、赌债等法律不予保护的债务），非法扣押、拘禁他人的，以非法拘禁罪定罪处罚，而不构成抢劫罪或绑架罪。在行为人非法扣押、拘禁被害人，而向其近亲属等第三人提出索取债务要求的场合，就涉及以索取债务为目的的非法拘禁罪与以勒索财物为目的的绑架罪之间的界限。从表面上看，类似行为是符合勒索财物型绑架罪的构成要件的，但立法者考虑到毕竟双方之间客观上存在债权债务关系，事出有因，行为人提出索取债务的要求存在合理性，是债权人为了追还债务而采用了法律所不允许的办法，而且一般并不侵犯受害方的财产权利，而只侵犯人身自由这一单一法益，行为的违法性比绑架罪低，与无缘无故地扣押、绑架他人勒索财物的典型行为存在一定差异。因而刑法作出专门规定，对此种行为不宜以绑架罪论处。换言之，基于事实上的债务关系，要行为人不去讨债是"强人所难"。立法在这里就是将部分原本构成绑架但欠缺期待可能性的行为，类型化地拟制为绑架罪之外的轻罪，在犯罪构成要件上予以体现。

根据最高人民法院《关于对为索取法律不予保护的债务非法拘禁他人行为如何定罪问题的解释》的规定，行为人为索取高利贷、赌债等法律不予保护的债务，非法扣押、拘禁他人的，依照非法拘禁罪定罪处罚。按照该司法解释，区分绑架罪与非法拘禁罪的重要标志就是行为人是否为索取债务而非法扣押、绑架他人：债务关系真实、现实存在的，不论债务是否合法，均以非法拘禁罪定罪处罚。即使行为人为逼人还债，而非法关押债务人以外的第三人的，也只构成非法拘禁罪。此外，行为人因某种非经济上的纠纷（如索要"青春损失费"），非法控制他人，向其亲属提出经济补偿要求的，原则上也应当定非法拘禁罪。

2. 非法拘禁过程中致人重伤、死亡的定性

（1）结果加重犯。根据《刑法》第 238 条第 2 款前半段规定，非法拘禁过程中"拘禁行为本身"且过失致人重伤、死亡的，定非法拘禁罪，且作为该罪的结果加重犯处理。第一，拘禁行为与重伤、死亡结果之间有因果关系。致人重伤、死亡，是指在非法拘禁过程中，由于捆绑过紧、长期囚禁、进行虐待等致使被害人身体健康受到重大伤害、死亡；被害人在被非法拘禁期间不堪忍受，自伤自残、自杀；非法拘禁引起的警方的正常解救行为造成被害人伤亡等。这样具备直接性要件，应将伤亡结果归责于非法拘禁者，成立结果加重犯。第二，行为人对重伤、死亡结果是过失的心态。

（2）转化为故意杀人罪、故意伤害罪。《刑法》第 238 条第 2 款后半段规定，"使用暴力致人伤残、死亡的"，按照故意伤害罪、故意杀人罪定罪处罚。这是关于法律拟

制的规定。换言之，在拘禁的场合，实施与拘禁无关的行为导致死伤后果的，按照故意杀人罪或者故意伤害罪处理。例如，甲在拘禁乙的过程中，发现乙曾经向工商部门举报过甲销售假酒，甲便用木棍狠狠地揍了乙一顿，导致乙胳膊折断残疾。按照《刑法》第238条第2款后半段的规定，甲的行为构成故意伤害罪。

（三）非法拘禁罪的刑事责任

根据《刑法》第238条的规定，犯本罪的，处3年以下有期徒刑、拘役、管制或者剥夺政治权利，具有殴打、侮辱情节的，从重处罚；致人重伤的，处3年以上10年以下有期徒刑；致人死亡的，处10年以上有期徒刑。使用暴力致人伤残、死亡的，依照故意伤害罪、故意杀人罪定罪处罚。国家机关工作人员利用职权犯本罪的，从重处罚。

十、绑架罪

（一）绑架罪的概念与构成

绑架罪，是指利用被绑架人的亲属或其他人对被绑架人安危的忧虑，以勒索财物或满足其他不法要求为目的，使用暴力、胁迫或其他方法劫持或以实力控制他人的行为。

本罪保护的法益是被绑架者的人身安全和其亲权者的保护监督权，有的情况下还包括他人的财产权。我国刑法与外国的多数立法不同，没有将绑架罪列入侵犯财产罪当中，而将其列入侵犯人身权利的犯罪中，所以就实质而言本罪不是以恐吓方法取得财物的犯罪，而是侵犯被绑架者人身权利的犯罪。就法定刑来看，本罪被认为是性质极其严重的犯罪。

本罪的犯罪对象是人而不是财物。这里的人既包括被绑架者，也包括被勒索、被要挟的人。被绑架者有无身体移动能力、能否认识被拘束的事实，对于犯罪的成立没有影响。被绑架者对于被绑架的事实虽然没有认识，但是由于本罪的被害人还包括被勒索财物者或者其他相关人员，所以即使被绑架者不存在被害意识，犯罪分子仍然可以实施不法控制他人并向亲属或其他人提出要求的犯罪行为。

本罪的客观方面表现为利用被绑架人的亲属或其他人对被绑架人安危的考虑，使用暴力、胁迫或者其他手段劫持或控制他人的行为。以勒索财物为目的偷盗婴幼儿的，视为绑架的一种特殊形式，以绑架论处。根据《刑法》的规定，绑架的具体行为可以有两种情况：一是以勒索财物为目的绑架他人；二是逼迫他人满足自己的需求而绑架他人（不包括为索取债务绑架他人为人质的情况）。无论哪一种情况，绑架的本质在于非法控制他人人身，并将他人作为人质。

绑架罪的成立，从实际发生的案件看，其逻辑过程一般包括：控制人质（剥夺被绑架者的自由）→向其亲属或其他人提出勒索财物或者其他要求→相关人员内心产生恐惧→相关人员向绑架行为人交付财物或者满足其要求→犯罪人实现犯罪意图。但是，从构成要件的要求看，在这些环节中，本罪的实行行为只能是利用关心被绑架者人身安危的亲属或其他人的担忧，而扣押、绑架他人的行为。

绑架必须要将被绑架者置于自己的实力控制之下，这种控制应当以违背被绑架者的意愿为前提。行为人与"被绑架人"通谋，得到其承诺而将其移置在自己的控制之下，再向相关人员提出勒索的要求，使他人基于对被害人的担忧而被迫交付财物的，行为不具有本罪构成要件的定型性，只构成敲诈勒索罪。

扣押人质过程中，杀害、伤害被绑架人的，只构成本罪；强奸被绑架人的，应以本罪和强奸罪并罚。

本罪的主体是一般主体，为已满 16 周岁、具有刑事责任能力的自然人。已满 14 周岁不满 16 周岁的人绑架并杀害被绑架人的，以故意杀人罪追究其刑事责任。

本罪的主观方面是故意，即明知是在非法控制、劫持人质而故意为之。此外，还要求行为人具有勒索财物或满足其他不法要求的目的。行为人没有不法要求，即使非法扣押他人，也不能构成本罪，而只能构成非法拘禁罪。满足其他不法要求的目的，可以包括政治目的、恐怖活动目的、泄愤报复目的，以及逃避、抗拒追捕，或者要挟政府提供某种待遇或释放同伙罪犯等。

（二）绑架罪认定时应注意的问题

1. 本罪既遂与未遂的界限

本罪的既遂与未遂，应以绑架行为是否达到实际控制人质，将其置于自己实际支配之下为标准。绑架、扣押人质和利用其亲属或其他人的担忧提出要求之间有时间上的先后顺序性，即扣押人质是方法行为，利用其亲属或其他人的担忧，进而提出不法要求是该行为向前发展的当然结果。绑架罪的核心在于控制人质，并以此为手段向其亲属或其他人索要财物或者满足其他不法要求，因此，本罪的既遂标准是有效控制人质，使之脱离控制变得很困难。勒索财物或者提出其他不法要求，是本罪的主观要素。行为人是否实际提出勒索财物或者其他不法要求，以及其要求是否被满足，对既遂的成立都没有影响。如此界定本罪的既遂标准，并不是说本罪就不存在未遂。虽实施暴力、胁迫、麻醉等绑架行为，但由于被害人反抗而未得逞的，成立本罪未遂。

2. 本罪与抢劫罪的界限

绑架罪与抢劫罪在大多情况下是比较容易区分的，对于为获取财物，采用暴力等手段绑架控制他人，直接向被害人勒索的，应认定为抢劫罪；控制人质，然后向其亲属或其他人提出勒索要求的，是绑架罪。在司法实务中，抢劫罪表现为行为人劫取财物一般应在同一时间、同一地点，具有"当场性"；绑架罪表现为行为人以杀害、伤害等方式向被绑架人的亲属或其他人发出威胁，索取赎金或提出其他不法要求，劫取财物一般不具有"当场性"。

要准确区别两罪，需要特别注意绑架罪的犯罪对象。绑架罪的犯罪对象是人而不是财物。这里的人包括被绑架者，也包括被勒索、被要挟的人。这两种人不能是同一个人，被勒索、被要挟的人只能是被绑架者以外的第三人，如被绑架者的亲属、相关的政府机构及其成员。所以，绑架罪一定存在绑架罪犯、被绑架人、被提出要求的人"三方"之间的关系。绑架罪和其他犯罪（如非法拘禁、故意杀人、抢劫）的区别也往往在这里。如果直接以被绑架者为勒索对象，勒令其交出财物的，就不构成本罪，而成立抢劫罪。

此外，在被实施暴力胁迫的人和交付财物的人是不同的人，但空间距离很近的场合，应当认为行为人只有强取财物的意思，没有先控制人质然后再勒索财物的意思。在抢劫罪中，被实施暴力胁迫的人和交付财物的人可以是不同的人，例如，在商场持枪恐吓保安，并命令不在跟前的收银员交钱的，应当成立抢劫罪而非绑架罪。这是考虑到被实施暴力胁迫的人和交付财物的人空间距离很近，对暴力胁迫和财物的交付之间应当作整体评价，符合抢劫罪实施暴力胁迫然后"当场"强取财物的构成要件。最高人民法院《关于对在绑架过程中以暴力、胁迫等手段当场劫取被害人财物的行为如何适用法律问题的答复》中指出：行为人在绑架过程中，又以暴力、胁迫等手段当场劫取被害人财物，构成犯罪的，择一重罪处罚。

3. 本罪与非法拘禁罪的界限

两罪都属于侵犯人身自由的犯罪，绑架罪中包容着非法拘禁行为，非法拘禁罪也可以由控制被害人的方式构成。区别的关键点在于：绑架罪的构成不仅要求有非法剥夺人身自由的行为，而且要求有勒索财物或满足其他不法要求的目的以及与此相应的勒财或提出其他不法要求的行为。而非法拘禁罪仅要求行为人具有剥夺他人人身自由的目的，使被害人遭受拘禁之苦，并不提出财物或者其他不法利益的要求。

在实践中，涉及绑架罪与非法拘禁罪界限区分的问题主要是为索取债务而绑架、扣押人质的案件。《刑法》第 238 条第 3 款规定，为索取债务而非法扣押、拘禁他人的，以非法拘禁罪论处。不过，符合下列条件的，仍然可以考虑成立绑架罪。① 行为人明知不存在或不可能存在债权债务关系，以索债为借口，捏造债权债务事实，扣押、拘禁他人的。② 在债权债务关系已经了结的情况下，以索债为名，控制人质强行勒索财物的。不过需要注意，由于经济生活十分复杂，债务关系是否存在，有时难以查清。行为人主张债务并未了结，被害人认为早已了结，但被害人提供的证据并不充分的，属于案件事实有疑问的情形，根据存疑时有利于被告的原则，对行为人以非法拘禁罪论处比较妥当。③ 出于索取债务的目的扣押他人后，向其亲属或其他人索要与真实债务"过于悬殊"的财物，且没有合理根据，同时暴力程度又比较高（例如，以杀害、伤害相威胁）的。④ 客观上存在债权债务关系，行为人将债务人绑架后对债务人的亲属或其他人提出完全与此起债务无关且事实上缺乏根据的索要财物要求，或者提出其他与债务无关的其他不法要求，或者以杀害、伤害被害人为要挟等，客观上足以造成被害人亲属或其他人对被害人的安危感到担忧的，也应当认定为绑架罪。

（三）绑架罪的刑事责任

根据《刑法》第239条的规定，犯本罪的，处10年以上有期徒刑或者无期徒刑，并处罚金或者没收财产；情节较轻的，处5年以上10年以下有期徒刑，并处罚金；杀害被绑架人的，或者故意伤害被绑架人，致人重伤、死亡的，处无期徒刑或者死刑，并处没收财产。以勒索财物为目的偷盗婴幼儿的，依照绑架罪定罪处罚。

十一、拐卖妇女、儿童罪

（一）拐卖妇女、儿童罪的概念与构成

拐卖妇女、儿童罪，是指以出卖为目的，拐骗、绑架、收买、贩卖、接送、中转妇女、儿童的行为。

本罪侵犯的客体是人身权利中的人身不受买卖的权利。

本罪的犯罪对象，是妇女和儿童。在刑法领域，妇女是指已满14周岁的未成年妇女和成年妇女，儿童是指不满14周岁的男、女儿童。

本罪的客观方面表现为实施拐骗、绑架、收买、贩卖、接送、中转妇女、儿童之一的行为。拐骗，是指采用欺骗、利诱等非强制性手段，将妇女、儿童置于自己的控制之下的行为。绑架，是指采用暴力、胁迫、麻醉或其他强制性手段劫持妇女、儿童的行为。收买，是指以出卖为目的，用货币等从他人处先行买下妇女、儿童的行为。贩卖，是指将妇女、儿童作价卖给第三者换取钱财的行为。接送与中转，是指在拐卖妇女、儿童过程中，分工实施藏匿、移送、接转被拐卖的妇女、儿童的行为。最高人民法院、最高人民检察院、公安部、民政部、司法部、全国妇联《关于打击拐卖妇女儿童犯罪有关问题的通知》指出：凡是拐卖妇女、儿童的，不论是哪个环节，只要是以出卖为目的，有拐骗、绑架、收买、贩卖、接送、中转、窝藏妇女、儿童的行为之一的，不论拐卖人数多少，是否获利，均应以拐卖妇女、儿童罪追究刑事责任。

妇女甲与人贩子乙共谋，将自己"卖给"他人，得款后趁收买者不注意时逃走的，该妇女甲和人贩子乙共同构成诈骗罪。以介绍婚姻为名，利用妇女人地生疏、孤立无援等境况，或者采取非法扣押身份证件、限制人身自由等方式，迫使该妇女与他人结婚，索取钱财的，应当以拐卖妇女罪追究刑事责任。

拐卖妇女、儿童罪在行为人基于暴力、胁迫、欺骗、诱惑而开始实施拐骗、绑架、收买、贩卖、接送、中转妇女、儿童的行为之一时，就是着手。在被害人处于行为人的实力支配之下时，即应成立本罪既遂。因此，本罪既遂不以被拐卖的妇女、儿童最终被"卖出"作为标准。即便在犯罪由不同的人分担的场合，如有人实施手段行为（拐骗、绑架），有人实施中间行为（收买、中转、接送），有人实施结果行为（贩卖）的，从形式上看，行为方式不同，但既遂标准并无差别，无论实施哪一种手段行为，

只要将被害人置于行为人本人的实力控制之下，即达到既遂。例如，实施中间行为的，行为人将被害人送到指定地点交给其他接收者，即成立本罪既遂。

《刑法》第 240 条第 1 款规定了法定刑升格的 8 种情形：① 拐卖妇女、儿童集团的首要分子；② 拐卖妇女、儿童 3 人以上的；③ 奸淫被拐卖的妇女的；④ 诱骗、强迫被拐卖的妇女卖淫或者将被拐卖的妇女卖给他人迫使其卖淫的；⑤ 以出卖为目的，使用暴力、胁迫或者麻醉方法绑架妇女、儿童的；⑥ 以出卖为目的，偷盗婴幼儿的；⑦ 造成被拐卖妇女、儿童或者其亲属重伤、死亡或者其他严重后果的；⑧ 将妇女、儿童卖往境外的。其中，在拐卖过程中强迫被害人卖淫的，只构成本罪，不再定强迫卖淫罪。偷盗婴幼儿，通常是指趁婴幼儿熟睡将其抱走，此外，对婴幼儿采取欺骗、利诱等手段，使其脱离监护人或者看护人的，也属于偷盗婴幼儿。在拐卖过程中，奸淫被拐卖的妇女的，不论行为人是否使用了暴力或胁迫手段，也不论被害人是否有反抗行为，均应视为拐卖妇女情节严重，不再单独定强奸罪。在拐卖妇女、儿童过程中，造成被害人重伤、死亡或者其他严重后果的，应区别情况处理：在拐卖过程中行为人因遇被害人反抗而故意将被害人杀害、伤害的，应以故意杀人罪、故意伤害罪，与拐卖妇女、儿童罪数罪并罚；在拐卖、绑架过程中，为防止被害人逃跑而对其非法拘禁或实施殴打、捆绑、麻醉等方法时导致被害人重伤、死亡的，应视为拐卖妇女、儿童情节严重，不再单独定非法拘禁罪、过失致人重伤罪、过失致人死亡罪。

本罪的主体是一般主体，为年满 16 周岁、具备刑事责任能力的自然人。

本罪的主观方面是故意，并且必须具有出卖的目的。一方面，行为人要对被拐卖者是妇女、儿童且能够加以出卖有所认识；另一方面，行为人希望出卖妇女、儿童获得相应的财物，至于是否真正取得财物、取得财物数额的多寡，都对认定犯罪目的没有影响。

（二）拐卖妇女、儿童罪认定时应注意的问题

1. 本罪与拐骗儿童罪的界限

两罪都侵犯的是人身权利，都可以儿童为对象，也都能采用欺骗手段。区别的关键在于：本罪是以出卖为目的，而拐骗儿童罪不以出卖为目的，一般是为了供自己或他人收养、奴役。

2. 关于"亲卖亲"的案件处理

以非法获利为目的，出卖亲生子女的，应当以拐卖儿童罪论处。认定本罪时，要严格区分借送养之名出卖亲生子女与民间送养行为的界限，区分的关键在于行为人是否具有非法获利的目的。应当通过审查将子女"送"人的背景和原因、有无收取钱财及收取钱财的多少、对方是否具有抚养目的及有无抚养能力等事实，综合判断行为人是否具有非法获利的目的。对私自送养导致子女身心健康受到严重损害，或者具有其

他恶劣情节，符合遗弃罪特征的，可以遗弃罪论处；情节显著轻微危害不大的，可由公安机关依法予以行政处罚。

具有下列情形之一的，可以认定属于出卖亲生子女，应当以拐卖儿童罪论处：① 将生育作为非法获利手段，生育后即出卖子女的；② 明知对方不具有抚养目的，或者根本不考虑对方是否具有抚养目的，为收取钱财，将子女"送"给他人的；③ 为收取明显不属于"营养费""感谢费"的巨额钱财，将子女"送"给他人的；④ 其他足以反映行为人具有非法获利目的的"送养"行为的。

（三）拐卖妇女、儿童罪的刑事责任

根据《刑法》第 240 条的规定，犯本罪的，处 5 年以上 10 年以下有期徒刑，并处罚金；有法定加重情节的，处 10 年以上有期徒刑或者无期徒刑，并处罚金或者没收财产；情节特别严重的，处死刑，并处没收财产。

十二、收买被拐卖的妇女、儿童罪

（一）收买被拐卖的妇女、儿童罪的概念与构成

收买被拐卖的妇女、儿童罪，是指不以出卖为目的，明知是被拐卖的妇女、儿童而予以收买的行为。

本罪侵犯的客体是人身权利中的人身不受买卖的权利。

本罪的客观方面表现为收买被拐卖的妇女、儿童的行为。收买，是指行为人用金钱或其他有经济价值的物品换取被拐卖的妇女、儿童的行为。只要行为人使用实力将被害人加以控制，就成立本罪的既遂。至于价金是否已经实际支付，被害人是否逃跑、被解救、自杀等，都不影响既遂的成立。

与拐卖者商讨收买价格，就是本罪的着手；从拐卖者手中接收被拐卖的妇女、儿童，就是本罪的既遂。已交付价款，但在接收被拐卖的妇女、儿童以前，拐卖者隐瞒妇女、儿童已被出卖的事实，将其出卖给其他人的，第一次收买者构成本罪未遂。

由于本罪不是重罪，难以包容收买被拐卖的妇女、儿童以后实施的更为严重的犯罪，所以收买被拐卖的妇女、儿童，同时实施强奸、非法拘禁、伤害、侮辱等犯罪行为的，应数罪并罚。

在本章导入案例中，首先，甲不以出卖为目的，收买被拐卖的妇女，构成收买被拐卖的妇女罪。收买被拐卖的妇女，非法剥夺、限制其人身自由，构成非法拘禁罪的，应当与收买被拐卖的妇女罪数罪并罚。甲在无法达到让乙当自己妻子的目的后，又产生了以乙为人质向乙的家人勒索财物的故意，构成绑架罪，并且绑架罪的既遂不需要实际勒索到赎金，只需要将人质置于自己控制下，所以甲构成绑架罪既

遂。甲以强奸的手段迫使乙卖淫，根据《刑法》的规定，应当以强奸罪和强迫卖淫罪数罪并罚。因此，甲构成收买被拐卖的妇女罪、非法拘禁罪、绑架罪、强奸罪、强迫卖淫罪，应当数罪并罚。其次，乙不构成传播性病罪。传播性病罪是指明知自己身患严重性病，而进行卖淫或者嫖娼活动的行为。根据最高人民法院、最高人民检察院《关于办理组织、强迫、引诱、容留、介绍卖淫刑事案件适用法律若干问题的解释》第12条第2款的规定，明知自己感染艾滋病病毒而卖淫、嫖娼，或者明知自己感染艾滋病病毒，故意不采取防范措施而与他人发生性关系，致使他人感染艾滋病病毒的，认定为《刑法》第95条第3项"其他对于人身健康有重大伤害"所指的"重伤"，以故意伤害罪定罪处罚。因此，乙的行为不构成传播性病罪，而构成故意伤害罪。

收买被拐卖的儿童，对被买儿童没有虐待行为，不阻碍对其进行解救的，可以从轻处罚，但不能减轻或者免除处罚。在司法机关排查来历不明儿童或者进行解救时，将所收买的儿童藏匿、转移或者实施其他掩饰、隐瞒行为的，属于阻碍对其进行解救。收买被拐卖的妇女，按照被买妇女的意愿，不阻碍其返回原居住地的，可以从轻或者减轻处罚，但不能免除处罚。收买被拐卖的妇女，业已形成稳定的婚姻家庭关系，解救时被收买的妇女已成年，且自愿继续留在当地共同生活的，对收买人可以视为按照被买妇女的意愿，不阻碍其返回原居住地。

本罪的主体是一般主体。

本罪的主观方面是直接故意，并要求明知收买的对象是被拐卖的妇女、儿童，动机如何不影响认定。

（二）收买被拐卖的妇女、儿童罪的刑事责任

根据《刑法》第241条的规定，犯本罪的，处3年以下有期徒刑、拘役或者管制。

十三、诬告陷害罪

（一）诬告陷害罪的概念与构成

诬告陷害罪，是指捏造犯罪事实诬陷他人，意图使他人受刑事追究，情节严重的行为。

本罪侵犯的客体是他人的人身权利和司法机关的正常活动。

本罪的客观方面表现为捏造犯罪事实，进行告发，情节严重的行为。捏造犯罪事实和进行告发，是诬告陷害行为不可缺少的组成部分。首先，必须有捏造他人犯罪事实的行为。捏造，是指无中生有，虚构他人的犯罪事实。如果告发的是真实的犯罪事实，即使在情节上有所夸大，亦属检举失实，不能定罪。例如，发现他人猥亵妇女而向司法机关指控为强奸的，不是捏造事实。其次，捏造的必须是犯罪事实，如果捏造

他人生活隐私等事实，情节严重的，可构成诽谤罪。再次，还须有告发的行为。告发既可向司法机关告发，也可向被诬告者所在单位及其他有义务向司法机关转送告发内容的机关、机构告发。最后，必须有特定的诬告对象。特定的对象并不要求明确指出被诬告者的姓名，只要从诬告的内容中能推断出是谁，即为特定对象。

本罪属于具体危险犯，仅将告发材料转送、邮寄司法机关等单位，相关人员并未实际处理该材料时，是本罪预备。行为人将诬告陷害的材料送达司法机关或有关单位，后者因此而准备启动相应追究程序的，为本罪着手。事实上，有关机关根据告发材料启动追诉程序并限制了被害人的人身自由的，是本罪既遂。这主要是考虑到本罪是侵害公民人身权利的犯罪，将告发材料交给有关机关，相关人员实际阅读该材料后开展侦查等追诉活动，被害人被盘查、讯问、留置、拘留时，其人身权利才会受到现实侵害。如果有关机关根本不为所诬告的事实所动，或者启动的仅仅是内部审批程序的，被害人的人身权利仅仅有被侵害的危险，有的还停留在抽象危险层面，则诬告陷害行为不符合犯罪既遂的客观特征。

本罪的主体是一般主体，为年满 16 周岁、具有刑事责任能力的自然人。

本罪的主观方面是故意。行为人应当对被诬告陷害的事实是虚伪的事实有所认识，由于虚假的事实是行为人自己捏造的，所以对事实虚伪性的认识应当是确定性的认识。行为人主观上必须具有意图使他人受到错误的刑事追究的目的。

（二）诬告陷害罪认定时应注意的问题

1. 本罪与非罪的界限

首先，本罪与错告、检举失实的界限。《刑法》第 243 条第 3 款规定，不是有意诬陷，而是错告，或者检举失实的，不构成本罪。二者区别在于，后者主观上不具有陷害他人的目的，客观上不具有捏造犯罪事实的行为。

其次，本罪与一般诬告陷害行为的界限。二者的界限，主要是情节是否严重。对一般诬告陷害行为，应给予必要的批评教育或行政处分，但不构成犯罪。诬告陷害行为必须情节严重，才构成犯罪。情节严重，是指多次诬陷他人或诬陷多人的；故意捏造足以使他人受处罚较重的刑事追究的犯罪事实，并由本人或指使他人向国家机关告发；或虽不是直接向国家机关告发，但采取的方法足以引起司法机关追究。

2. 本罪与诽谤罪的界限

二者的相同之处在于都实施的是捏造事实的行为。区别在于：第一，侵害的法益不同。前者是他人的人身权利和司法机关的正常活动，后者是他人的人格和名誉权。第二，捏造的内容和行为的方式不同。前者表现为捏造犯罪事实并向有关机关进行告发，后者是捏造并散布足以损害他人人格和名誉的虚假事实。第三，犯罪目的不同。前者是为了使他人受刑事处分，后者则是为了损害他人的人格和名誉。

（三）诬告陷害罪的刑事责任

根据《刑法》第 243 条的规定，犯本罪的，处 3 年以下有期徒刑、拘役或者管制；造成严重后果的，处 3 年以上 10 年以下有期徒刑。国家机关工作人员犯本罪的，从重处罚。

十四、强迫劳动罪

（一）强迫劳动罪的概念与构成

强迫劳动罪，是指以暴力、威胁或者限制人身自由的方法强迫他人劳动的行为。

本罪侵犯的客体是劳动者的休息权、健康权和人身自由权利。

本罪的客观方面表现为以暴力、威胁或者限制人身自由的方法强迫他人劳动的行为。暴力，是指直接对被害人实施殴打、伤害等危及其人身安全的行为，使其不能反抗、逃跑。威胁，是指对被害人施以恫吓，进行精神强制，使其不敢反抗、逃跑。以限制人身自由的方法强迫他人劳动，是指将劳动者限制在一定的场所，设专人把守，不准劳动者外出，只能在限定的范围内劳动的情形。

强迫劳动行为和非法拘禁罪的实行行为是有区别的。强迫劳动罪是以限制自由的方法强迫他人劳动，侵犯的是他人的休息权、健康权和人身自由权利；非法拘禁罪可能是限制公民的人身自由，也可能是完全剥夺公民的人身自由，其侵害的法益是公民的人身自由权利。行为人以拘禁的方法强迫他人劳动，拘禁的时间较短，手段强度一般的，原则上应以强迫劳动罪论处。而非法拘禁行为则严重侵害了公民的人身自由。例如，私营企业主雇用打手监视工人的劳动并为工人戴上脚链以防止其逃跑的，构成强迫劳动罪和非法拘禁罪的想象竞合犯，应从一重罪处断。

如果在强迫劳动的过程中使用暴力，致使被害人伤残、死亡的，应当以本罪与故意伤害罪或故意杀人罪数罪并罚。

根据《刑法》第 244 条第 2 款的规定，明知他人实施强迫劳动行为，为其招募、运送人员或者有其他协助强迫他人劳动行为的，亦构成本罪。招募，是指面向特定或者不特定的群体征招、招聘、募集人员的行为。实践中犯罪分子往往利用被害人求职心切的心理，以合法就业岗位、优厚待遇等手段诱骗外出打工者上钩。运送，是指用各种交通工具使人员实现空间转移的行为。其他协助强迫他人劳动行为，是指除招募、运送人员外，为强迫劳动的实行行为人转移、窝藏或接收人员的行为等。

本罪的主体是一般主体，单位亦可构成本罪。

本罪的主观方面是故意。

（二）强迫劳动罪的刑事责任

根据《刑法》第 244 条的规定，犯本罪的，处 3 年以下有期徒刑或者拘役，并处罚金；情节严重的，处 3 年以上 10 年以下有期徒刑，并处罚金。单位犯本罪的，对单位判处罚金，并对其直接负责的主管人员和其他直接责任人员，依照个人犯本罪的规定处罚。

十五、侮辱罪

（一）侮辱罪的概念与构成

侮辱罪，是指以暴力或者其他方法公然贬低他人人格，破坏他人名誉，情节严重的行为。

本罪侵犯的客体是公民的人格尊严和名誉权。

本罪的犯罪对象是自然人，而不包括国家机关、企业、事业单位和人民团体等组织。被侮辱的自然人必须是具体的、特定的人，或者虽不指名道姓但可以推知的人。针对不特定的人或不可推知的人进行侮辱不构成本罪。

本罪的客观方面表现为使用暴力或者其他方法公然贬低、损害他人人格、名誉，情节严重的行为。首先，必须有侮辱他人的行为。侮辱，是指不编造、散布事实，只是单纯地以语言、动作对他人的人格给予抽象的蔑视，使他人的名誉情感和社会评价受到伤害的行为。其方式主要有暴力侮辱、言词侮辱、文字侮辱等。但这里的暴力不能理解为是能直接损害他人身体健康的暴力。这种暴力主要是对被害人施加不法的体力，毁损其人格和名誉，例如，命他人从自己胯下穿过、强行架着他人游街示众等。其次，侮辱他人必须是公然进行的。公然，是指当着不特定人或者多数人的面，或者采用能够使不特定人或者多数人感知的方式对他人进行公开侮辱。侮辱行为发生时，被害人是否在场，侮辱行为是否在被害人能够感知的场所实施，均在所不问。

本罪的主体是一般主体。

本罪的主观方面是故意，行为人对可能贬低他人人格、破坏他人名誉有认识。

本罪和强制侮辱罪的区别：第一，本罪必须公然进行，而强制侮辱罪无此限制。第二，本罪以贬低他人人格为目的，强制侮辱罪的行为人出于侵害妇女的性羞耻心、满足变态性欲、寻求精神刺激的动机，实施犯罪行为。

犯本罪的，告诉的才处理，但严重危害社会秩序和国家利益的除外；对于通过信息网络实施本罪的行为，被害人向人民法院告诉，但提供证据确有困难的，人民法院可以要求公安机关提供协助。严重危害社会秩序和国家利益，是指侮辱行为导致被害人自杀、精神失常，造成大范围的社会波动，给社会秩序的管理带来重大困难，或者侮辱行为直接降低国家领导人、外国元首、外交代表等特定对象的名誉，严重危害国家利益。为发泄对地方领导工作的不满，而实施侮辱行为的，原则上不属严重危害社会秩序和国家利益，不能由检察机关提起公诉。

（二）侮辱罪的刑事责任

根据《刑法》第 246 条的规定，犯本罪的，处 3 年以下有期徒刑、拘役、管制或者剥夺政治权利。犯本罪的，告诉的才处理，但严重危害社会秩序和国家利益的除外；对于通过信息网络实施本罪的行为，被害人向人民法院告诉，但提供证据确有困难的，人民法院可以要求公安机关提供协助。

十六、诽谤罪

（一）诽谤罪的概念与构成

诽谤罪，是指故意捏造并散布某种事实，损坏他人人格，破坏他人名誉，情节严重的行为。

本罪侵犯的客体是公民的人格尊严和名誉权。对象是特定的人。

本罪的客观方面表现为捏造并散布某种事实，损坏他人人格，破坏他人名誉的行为。捏造，是指无中生有，凭空虚构虚假事实。如果散布传播的是客观存在的或者略有夸张的事实，损坏他人人格，破坏他人名誉，不构成本罪，但可构成侮辱罪。散布，是指用语言或文字的方式扩散捏造的内容，使众人知道。最高人民法院、最高人民检察院《关于办理利用信息网络实施诽谤等刑事案件适用法律若干问题的解释》第 1 条第 2 款规定："明知是捏造的损害他人名誉的事实，在信息网络上散布，情节恶劣的，以'捏造事实诽谤他人'论。"

本罪的主体是一般主体。

本罪的主观方面是直接故意，并具有损坏他人人格、破坏他人名誉的目的。因过失误信谣言并加以散布或者批评失实而损坏他人人格、破坏他人名誉的，不构成犯罪。

诽谤罪与侮辱罪的区别在于：第一，侮辱可以用暴力方法，而诽谤不可用暴力方法。第二，侮辱是以公然实施的损害人格尊严、名誉的行为，但并不捏造有损他人名誉的事实；诽谤则必须是捏造并散布有损他人人格、名誉的事实，有观点认为"散布"本身就是"公然"之意。

（二）诽谤罪的刑事责任

根据《刑法》第 246 条的规定，犯本罪的，处 3 年以下有期徒刑、拘役、管制或者剥夺政治权利。犯本罪的，告诉的才处理，但严重危害社会秩序和国家利益的除外；对于通过信息网络实施本罪的行为，被害人向人民法院告诉，但提供证据确有困难的，人民法院可以要求公安机关提供协助。

十七、刑讯逼供罪

（一）刑讯逼供罪的概念与构成

刑讯逼供罪，是指司法工作人员对犯罪嫌疑人、被告人使用肉刑或者变相肉刑，逼取口供的行为。

本罪侵犯的是复杂客体，既包括公民的人身权利，也包括司法机关的正常活动。本罪的犯罪对象为犯罪嫌疑人和被告人。至于他们是否有罪，不影响本罪的成立。

本罪的客观方面表现为使用肉刑或变相肉刑逼取犯罪嫌疑人或被告人口供的行为。肉刑，是指直接施加于犯罪嫌疑人或被告人人身，可使其身体健康遭到损害或肉体、精神遭受痛苦的摧残手段。如捆绑，吊打，使用戒具、刑具等。变相肉刑，是指上述肉刑以外的其他使犯罪嫌疑人或被告人肉体、精神遭受痛苦折磨的各种手段和方法。如长时间冻饿、站立、罚跪、晒烤、使用强烈灯光照射不准睡眠、轮番不断审讯不准休息等。

根据最高人民检察院《关于渎职侵权犯罪案件立案标准的规定》，司法工作人员涉嫌下列情形之一的，应予立案：① 以殴打、捆绑、违法使用械具等恶劣手段逼取口供的；② 以较长时间冻、饿、晒、烤等手段逼取口供，严重损害犯罪嫌疑人、被告人身体健康的；③ 刑讯逼供造成犯罪嫌疑人、被告人轻伤、重伤、死亡的；④ 刑讯逼供，情节严重，导致犯罪嫌疑人、被告人自杀、自残造成重伤、死亡，或者精神失常的；⑤ 刑讯逼供，造成错案的；⑥ 刑讯逼供 3 人次以上的；⑦ 纵容、授意、指使、强迫他人刑讯逼供，具有上述情形之一的；⑧ 其他刑讯逼供应予追究刑事责任的情形。

本罪的主体是特殊主体，即司法工作人员，包括负有侦查、检察、审判、监管职责的国家工作人员。

本罪的主观方面是故意，即为了逼取口供，而故意对犯罪嫌疑人、被告人使用肉刑或者变相肉刑。动机如何，不影响犯罪成立。

（二）刑讯逼供罪的刑事责任

根据《刑法》第 247 条的规定，犯本罪的，处 3 年以下有期徒刑或者拘役。致人伤残、死亡的，依照故意伤害罪、故意杀人罪从重处罚。

十八、侵犯公民个人信息罪

（一）侵犯公民个人信息罪的概念与构成

侵犯公民个人信息罪，是指违反国家有关规定，向他人出售或者提供公民个人信息，窃取或者以其他方法非法获取公民个人信息，情节严重的行为。

本罪侵犯的客体是公民个人的信息自由和安全。本罪的犯罪对象是公民个人信息，即指以任何形式存在的、与公民个人存在关联并可以识别特定个人的信息，具体是指以电子或其他方式记录的能够单独或与其他信息结合识别特定自然人身份或者反映特定自然人活动情况的各种信息，包括姓名、身份证件号码、通信通讯联系方式、住址、账号密码、财产状况、行踪轨迹等。

本罪的客观方面表现为行为人实施了以下两类行为之一：第一，向他人出售或者非法提供公民个人信息。出售，是指以获得对价的商业目的进行出卖；非法提供，是指不以获得对价的商业目的，但违背国家规定、职业操守而提供。第二，窃取或者以其他方法非法获取公民个人信息。该两种行为构成本罪，均须具备情节严重的要素。

根据最高人民法院、最高人民检察院《关于办理侵犯公民个人信息刑事案件适用法律若干问题的解释》第 5 条的规定，非法获取、出售或者提供公民个人信息，具有下列情形之一的，应当认定为本罪的情节严重：① 出售或者提供行踪轨迹信息，被他人用于犯罪的；② 知道或者应当知道他人利用公民个人信息实施犯罪，向其出售或者提供的；③ 非法获取、出售或者提供行踪轨迹信息、通信内容、征信信息、财产信息 50 条以上的；④ 非法获取、出售或者提供住宿信息、通信记录、健康生理信息、交易信息等其他可能影响人身、财产安全的公民个人信息 500 条以上的；⑤ 非法获取、出售或者提供第 3 项、第 4 项规定以外的公民个人信息 5000 条以上的；⑥ 数量未达到第 3 项至第 5 项规定标准，但是按相应比例合计达到有关数量标准的；⑦ 违法所得 5000 元以上的；⑧ 将在履行职责或者提供服务过程中获得的公民个人信息出售或者提供给他人，数量或者数额达到第 3 项至第 7 项规定标准一半以上的；⑨ 曾因侵犯公民个人信息受过刑事处罚或者两年内受过行政处罚，又非法获取、出售或者提供公民个人信息的；⑩ 其他情节严重的情形。实施前述行为，具有下列情形之一的，应当认定为情节特别严重：① 造成被害人死亡、重伤、精神失常或者被绑架等严重后果的；② 造成重大经济损失或者恶劣社会影响的；③ 数量或者数额达到前述第 3 项至第 8 项规定标准 10 倍以上的；④ 其他情节特别严重的情形。

本罪的主体是一般主体，即任何已满 16 周岁、具有刑事责任能力的自然人，均可成为本罪的主体。享有社会管理职权，或者为公众提供公共服务，容易接触到大量公民个人信息的国家机关、金融、电信、交通、教育、医疗等单位的工作人员，违反国家有关规定，将在履行职责或者提供服务过程中获得的公民个人信息，出售或者提供给他人的，从重处罚。

本罪的主观方面是故意。行为人明知自己的行为违反国家有关规定，仍然将公民个人信息出售或提供给他人，以及窃取或者以其他方法非法获取公民个人信息。过失泄露公民个人信息的，不构成犯罪。

（二）侵犯公民个人信息罪的刑事责任

根据《刑法》第 253 条之一的规定，犯本罪的，情节严重的，处 3 年以下有期徒刑或者拘役，并处或者单处罚金；情节特别严重的，处3年以上7年以下有期徒刑，并处罚金。违反国家有关规定，将在履行职责或者提供服务过程中获得的公民个人信息，出售或者提供给他人的，从重处罚。单位犯本罪的，对单位判处罚金，并对其直接负责的主管人员和其他直接责任人员，依照个人犯本罪的规定处罚。

十九、暴力干涉婚姻自由罪

（一）暴力干涉婚姻自由罪的概念与构成

暴力干涉婚姻自由罪，是指以暴力方法干涉他人婚姻自由的行为。

本罪侵犯的客体是他人的婚姻自由权利及人身权利。婚姻自由权利，包括结婚自由权利和离婚自由权利。干涉他人婚姻自由，即是指强制他人与某人结婚或者离婚，阻止他人与某人结婚或者离婚。

本罪的客观方面表现为以暴力方法干涉他人婚姻自由的行为。这里的"暴力"应该是广义的，即便是程度较轻的暴力行为，也是本罪的暴力。暴力通常直接针对被害人实施，但不以直接对人的身体实施为必要，对人的身体间接实施暴力（例如关押、软硬兼施的纠缠），从而干涉婚姻自由的，也属于本罪的实行行为。但这里的"暴力"不包括故意杀害、故意伤害、强奸在内。暴力干涉婚姻自由过程中故意追求或者放任他人死伤的，应分别构成故意杀人罪、故意伤害罪。暴力干涉婚姻自由引起被害人死亡的，属于本罪的结果加重犯。引起被害人死亡，包括两种情况：一是被害人在婚姻自由受到干涉后愤然自杀，二是在实施捆绑、吊打、毛巾堵嘴等过程中过失导致被害人死亡。

由于本罪保护的法益首先是他人的婚姻自由权利，所以暴力干涉行为一旦着手实施并对他人的婚姻自由有抽象危险的，即构成本罪既遂，即使其暴力行为没有对被害人的身体健康和行动自由造成实际的伤害。以暴力相威胁的，不是本罪的实行行为；以非暴力的手段进行干涉的，例如，以断绝关系、中断物质上的援助相威胁干涉他人的婚姻自由的，更没有成立本罪的可能。

本罪的主体是一般主体，实践中多为被害人的家长或其他亲属。

本罪的主观方面是故意，并具有干涉他人婚姻自由的目的。动机如何，不影响本罪的成立。

犯本罪，告诉的才处理，但致使被害人死亡的除外。

（二）暴力干涉婚姻自由罪的刑事责任

根据《刑法》第257条的规定，犯本罪的，处2年以下有期徒刑或者拘役；致使被害人死亡的，处2年以上7年以下有期徒刑。

二十、重婚罪

（一）重婚罪的概念与构成

重婚罪，是指有配偶而与他人结婚或者明知他人有配偶而与之结婚的行为。

本罪侵犯的客体是婚姻法中的一夫一妻制度。在外国刑法中，重婚罪被普遍认为是侵害社会法益或善良风俗的犯罪；在我国刑法中，重婚罪被认为是对婚姻家庭关系的破坏，其侵犯的是合法配偶的婚姻权利和人身权利。

本罪的客观方面表现为有配偶而与他人结婚或者明知他人有配偶而与之结婚的行为。重婚罪的成立以存在一个合法婚姻为前提，只有合法的婚姻关系遭到后来非法婚姻关系的破坏时，才有成立本罪的可能。本罪包括两种情况：第一，有配偶者又与他人登记结婚，相婚者明知他人有配偶而与之登记结婚；第二，有配偶者又与他人建立事实婚姻关系，相婚者明知他人有配偶而与之建立事实婚姻关系。事实婚姻，即以夫妻名义同居共同生活的关系。在民法上，事实婚姻不受法律保护。民法上的不保护事实婚姻当事人，和刑法上的承认事实婚姻可以成立重婚罪，表面上差异很大，但是本质上都是一致的：对事实婚姻持谴责、否定态度。在刑法上把事实婚姻视为重婚行为，不是为了保护事实婚姻，而是为了惩治对合法婚姻关系加以破坏的事实重婚行为，从而最终保护原合法婚姻关系中的被害人的合法权益。不过，由于事实婚姻的成立与否难以判断，所以，在司法实务中应当严格掌握事实婚姻成立重婚罪的标准。

因遭受自然灾害外流谋生而重婚的，因配偶外出期下落不明，造成家庭生活困难又与他人结婚的，被拐卖后再婚的，因强迫、包办婚姻或者婚后受虐待外逃而又与他人结婚的等，由于受客观条件所迫，且主观恶性较小，不以重婚罪论。

本罪的主体是特殊主体，即有配偶而重婚者和明知他人有配偶而与之结婚者。具体来说，本罪的主体包括两种人：一是重婚者，是指有配偶而在其婚姻关系存续期间又与他人结婚的人；二是相婚者，是指本人无配偶，但明知他人有配偶而与之结婚的人。但被对方蒙蔽或因为其他特殊原因绝对不可能知道对方是有配偶者时，相婚人因为没有重婚故意而不构成本罪。

本罪的主观方面是故意，即明知自己有配偶而重婚，或者明知他人有配偶而与之结婚。对他人是否有配偶并不知情的，欠缺本罪故意。

（二）重婚罪的刑事责任

根据《刑法》第 258 条的规定，犯本罪的，处 2 年以下有期徒刑或者拘役。

二十一、虐待罪

（一）虐待罪的概念与构成

虐待罪，是指经常以打骂、冻饿、捆绑、禁闭、限制自由、有病不给予治疗、强迫过度劳动或限制人身自由、凌辱人格等方法，对共同生活的家庭成员进行肉体上、精神上的摧残和折磨，情节恶劣的行为。

本罪侵犯的客体既包括公民在家庭中依法享有的平等权利，又包括被害人的人身权利。本罪的犯罪对象是共同生活的家庭成员。通说将其理解为按照婚姻家庭法的规定，在同一家庭中生活，有血缘或者姻亲关系，有相互扶养、相互帮助义务的人，例如，夫妻、父母、子女、同胞兄弟姐妹等。但是，是否可以对共同生活的家庭成员作扩大解释，例如，与行为人多年生活在一起的保姆是否可以视为"共同生活的家庭成员"，值得研究。

本罪的客观方面表现为经常以打骂、冻饿、捆绑、禁闭、限制自由、有病不给予治疗、强迫过度劳动或限制人身自由、凌辱人格等方法进行摧残迫害，情节恶劣的行为。

虐待的方法多种多样，肉体上的摧残通常有殴打、不提供饮食、令其忍受严寒或者酷暑、有病不给治疗、强制劳动、随意禁闭等，精神上的折磨主要有侮辱、谩骂、讥讽等。虐待行为是一种持续性的精神肉体或者二者交替的持续性犯罪，是在较长时期内反复多次对被害人实施虐待行为。所以，虐待行为具有残酷性和经常性。

虐待行为必须情节恶劣，才构成犯罪。这里的情节是否恶劣，应当结合虐待行为持续的时间长短、虐待的频繁程度、虐待动机、虐待手段、虐待对象、虐待后果综合判断。实践中，虐待持续时间较长、次数较多，虐待手段残忍，虐待造成被害人轻微伤或者患较严重疾病，对未成年人、老年人、残疾人、孕妇、哺乳期妇女、重病患者实施较为严重的虐待行为等情形，属于虐待"情节恶劣"。长期虐待导致被害人不正常死亡的，或者引起被害人自杀的，属于虐待罪的结果加重犯的情况，但是，只有在加重结果和虐待行为之间有因果关系时，才能对行为人进行归责。

伤害行为和虐待行为之间不是排斥关系，客观上的区分有时候很微妙，可以认为，虐待包含轻伤害，二者的法定刑有重叠，基于虐待故意在日常生活中造成轻伤的，形成想象竞合关系。使用暴力程度较高的虐待行为，致人重伤、死亡的，完全可以将虐待行为评价为伤害行为，成立故意伤害罪，根据结果加重犯的直接性原理，按照故意伤害致人重伤、死亡定罪处罚。长期实施虐待行为，实施某次虐待行为时故意伤害或杀害被害人的，应以虐待罪和故意伤害罪或故意杀人罪数罪并罚。

配偶一方为迫使另一方与自己离婚，而对对方进行肉体和精神摧残的，同时构成虐待罪和暴力干涉婚姻自由罪，二者之间存在想象竞合关系，应从一重罪处断。

本罪的主体是特殊主体，必须与被虐待人共同生活在一个家庭之中。

本罪的主观方面是故意，即行为人对自己的行为可能造成被害人肉体和精神上的痛苦有所认识，然后实施虐待行为。

犯本罪，告诉的才处理，但被害人没有能力告诉，或者因受到强制、威吓无法告诉的除外。

（二）虐待罪的刑事责任

根据《刑法》第 260 条的规定，犯本罪的，处 2 年以下有期徒刑、拘役或者管制；致使被害人重伤、死亡的，处 2 年以上 7 年以下有期徒刑。

二十二、虐待被监护、看护人罪

（一）虐待被监护、看护人罪的概念与构成

虐待被监护、看护人罪，是指对未成年人、老年人、患病的人、残疾人等负有监护、看护职责的人虐待被监护、看护的人，情节恶劣的行为。

本罪侵犯的客体是被监护、看护人的人身权利。

本罪的客观方面表现为行为人采用各种手段对被其监护或者看护的未成年人、老年人、患病的人、残疾人等人员实行虐待。由于虐待行为不同程度地含有暴力成分，因而构成本罪时，也可能同时构成其他暴力性犯罪（如故意伤害罪、不作为的故意杀人罪等），此时应当从一重罪处罚。行为人实施虐待行为，在此之外另行实施并不属于虐待的暴力内容的强奸、猥亵行为，应当以本罪和强奸罪、强制猥亵罪数罪并罚。

根据最高人民法院《关于审理走私、非法经营、非法使用兴奋剂刑事案件适用法律若干问题的解释》第 3 条的规定，对未成年人、残疾人负有监护、看护职责的人组织未成年人、残疾人在体育运动中非法使用兴奋剂，具有强迫未成年人、残疾人使用，引诱、欺骗未成年人、残疾人长期使用，以及其他严重损害未成年人、残疾人身心健康的情形之一的，应当认定为情节恶劣，可以成立本罪。

本罪的主体是特殊主体，即对未成年人、老年人、患病的人、残疾人等负有监护、看护职责的人，单位也可成为本罪主体。

本罪的主观方面是故意，行为人对虐待行为可能损害缺乏独立生存或自救能力者的身心健康的结果持希望或者放任的态度。

（二）虐待被监护、看护人罪的刑事责任

根据《刑法》第 260 条之一的规定，犯本罪的，处 3 年以下有期徒刑或者拘役。单位犯本罪的，对单位判处罚金，并对其直接负责的主管人员和其他直接责任人员，依照个人犯本罪的规定处罚。

二十三、遗弃罪

（一）遗弃罪的概念与构成

遗弃罪，是指对于年老、年幼、患病或者其他没有独立生活能力的人，负有扶养义务而拒绝扶养，情节恶劣的行为。

本罪侵犯的客体是被遗弃人生命、身体的安全。本罪不是家庭成员之间的犯罪，被遗弃的对象并不限于家庭成员之间，还可能根据行为人对一定场所的支配、事务管理等产生。例如，敬老院、救助站工作人员对被收留的年老、年幼、患病或者其他没有独立生活能力的人也具有扶养义务，为逃避这种扶养、监护义务而将其带到火车站、农贸市场等公共场所抛弃的，可以构成遗弃罪。

本罪的客观方面表现为违背扶养义务，使他人生命、身体产生危险，以及在他人生命、身体处于危险状态时不予救助，情节恶劣的行为。

遗弃行为，具体表现为拒绝扶养，其具体方式包括：① 移置。将无自救力者移置于无法获得救助、养育或保护处所。② 造成场所隔离。不移动被害人所处场所，但切断其与外界沟通的渠道，致其生命、身体陷于危险状态。③ 消极离去。有扶助、供养义务者离开被扶养人生活的场所，从而使被扶养人处于危险境地。

遗弃行为，必须情节恶劣的，才构成犯罪。根据司法实践，具体包括：对被害人长期不予照顾、不提供生活来源；驱赶、逼迫被害人离家，致使被害人流离失所或者生存困难；遗弃患严重疾病或者生活不能自理的被害人；遗弃致使被害人身体严重损害或者造成其他严重后果等情形。

将遗弃罪作为侵害生命、身体的犯罪，就需要厘清该罪和故意杀人罪的界限。在遗弃致人死亡的情形下，行为人是成立遗弃罪还是故意杀人罪，在司法上是一个难题。故意杀人罪和遗弃罪的区别取决于两方面。第一，客观上针对生命的具体危险是否存在。危险的不同决定了作为义务本身在轻重程度上的区别。例如，行为人携双腿严重残疾的人外出时，将其丢弃在冰天雪地里，然后径直离去的，被害人死亡的危险程度极高，行为人有成立不作为故意杀人罪的可能。如果在具体案件中，行为人履行救助义务后，被害人也几乎可能死亡的，属于欠缺结果避免可能性的情形，对行为人认定为遗弃罪的可能性就比较大。第二，主观上杀害的意思是否存在。例如，不给半岁大小的婴儿提供食物致其活活饿死的，其杀人故意可以被肯定；父母把患有多种先天疾病的婴儿用被包好放在马路边的，被害人的生命只有抽象危险，原则上只能认定行为人的遗弃故意，其行为难以成立故意杀人罪。

本罪的主体是特殊主体，即对被遗弃人负有法律上的扶养义务、具有扶养能力的自然人。扶养义务是广义的，包括扶养义务、赡养义务和抚养义务。

本罪的主观方面是故意，即明知自己负有扶养义务，不履行该义务会使他人处于危险境地，而拒绝履行其义务。

（二）遗弃罪的刑事责任

根据《刑法》第261条的规定，犯本罪的，处5年以下有期徒刑、拘役或者管制。

二十四、拐骗儿童罪

（一）拐骗儿童罪的概念与构成

拐骗儿童罪，是指拐骗不满14周岁的儿童，使其脱离家庭或者其监护人的行为。

本罪侵犯的客体是家长对未成年子女的保护权和儿童的行动自由权。拐骗行为使儿童脱离原来的生活状态而置于行为人或者第三者的控制之下，这一方面使儿童的监护者对儿童的生命、身体或者生存状态有担忧，另一方面也使儿童的行动自由在客观上受到限制或者被剥夺。可见，监护者和被拐骗的儿童都是本罪的侵害对象。

本罪的客观方面表现为拐骗不满14周岁的儿童，使其脱离家庭或者监护人的行为。拐骗行为具体表现为挟持、威胁、欺骗、利诱或者其他方法，这种手段可以直接对儿童实施，也可以对儿童的父母实施。拐骗一般以非暴力的方法实施，将被害人置于自己的实力控制之下即为既遂。由于拐骗行为往往以限制被害人人身自由的方式实施，所以在此过程中的非法拘禁行为是拐骗儿童罪的实行行为。拐骗行为得逞后，为限制有身体移动可能性的儿童逃跑，而以暴力非法限制被拐骗儿童的人身自由的，属于拐骗儿童罪继续状态中的情形，一般也不再单独定非法拘禁罪。在被拐骗的儿童恢复自由以前，其他人参与看管、控制儿童的，成立本罪共犯。

如以出卖或勒索财物为目的而偷盗婴幼儿的，以拐卖儿童罪或绑架罪论处。以收养为目的，偷盗、抢夺、抢劫他人婴幼儿的，司法实践中对此一般按照拐骗儿童罪处理。

本罪的主体是一般主体。

本罪的主观方面是直接故意，即行为人认识到自己的行为可能使儿童脱离家长的保护监督，而仍然追求这种结果的发生。构成本罪，行为人一般具有供自己或他人收养、奴役被拐骗儿童的目的。

（二）拐骗儿童罪的刑事责任

根据《刑法》第262条的规定，犯本罪的，处5年以下有期徒刑或者拘役。

二十五、组织残疾人、儿童乞讨罪

（一）组织残疾人、儿童乞讨罪的概念与构成

组织残疾人、儿童乞讨罪，是指以暴力、胁迫手段组织残疾人或者不满 14 周岁的未成年人乞讨的行为。

本罪侵犯的客体是残疾人、未成年人的人身自由和人格尊严。

本罪的客观方面表现为以暴力、胁迫手段组织残疾人或者不满 14 周岁的未成年人乞讨的行为。暴力，既包括对人身实行的强烈打击或者强制，也包括对财物进行的强烈打击。本罪中主要是指行为人对残疾人、不满 14 周岁的未成年人的人身进行强烈打击或者强制。胁迫，是指对被害人的人身或者财物以将要实行暴力打击或者强制相威胁。

暴力、胁迫是组织乞讨行为时的手段行为，在使残疾人、儿童脱离监护人时使用诱骗、收买的方法，但在组织、利用其乞讨时实施暴力、胁迫的，仍然成立本罪。不是使用暴力、胁迫手段组织残疾人或者儿童乞讨，而是在残疾人、儿童自愿乞讨的场合，诱骗、利用其乞讨的，以及使用暴力、胁迫手段组织已满 14 周岁且没有生理残疾的人乞讨的，都应当依法给予治安管理处罚，而不成立本罪。

本罪的主体是一般主体，是组织者，而非乞讨人员。

本罪的主观方面是故意，行为人对被组织者是残疾人或者不满 14 周岁的未成年人有认识。组织者是否有牟利目的，在所不问。

（二）组织残疾人、儿童乞讨罪的刑事责任

根据《刑法》第 262 条之一的规定，犯本罪的，处 3 年以下有期徒刑或者拘役，并处罚金；情节严重的，处 3 年以上 7 年以下有期徒刑，并处罚金。

第三节　侵犯公民民主权利的犯罪

一、报复陷害罪

（一）报复陷害罪的概念与构成

报复陷害罪，是指国家机关工作人员滥用职权、假公济私，对控告人、申诉人、批评人、举报人实行报复陷害的行为。

本罪侵犯的客体是公民的控告权、申诉权、批评权、举报权等民主权利和国家机关的正常活动。本罪的犯罪对象仅限于控告人、申诉人、批评人和举报人。其是普通公民还是国家机关工作人员，控告、申诉、批评和举报的行为是否直接指向实施打击报复的国家工作人员，都在所不问。国家工作人员利用职权打击、报复上述四种人以外的其他人的，不构成本罪，例如，利用职权打击报复证人的，构成打击报复证人罪。

本罪的客观方面表现为国家机关工作人员滥用职权、假公济私，对控告人、申诉人、批评人、举报人实行报复陷害的行为。报复陷害行为必须滥用职权、假公济私实施，报复陷害行为如果与职权无关，不是为了徇私情或者达到个人目的的，相关行为可能构成非法拘禁、伤害、侮辱等罪，而不构成本罪。滥用职权报复陷害，试图使控告人、申诉人、批评人、举报人受到刑事追究的，原则上以其中较重的罪定罪处罚，而不实行数罪并罚。

根据最高人民检察院《关于渎职侵权犯罪案件立案标准的规定》，报复陷害涉嫌下列情形之一的，应予立案：① 报复陷害，情节严重，导致控告人、申诉人、批评人、举报人或者其近亲属自杀、自残造成重伤、死亡，或者精神失常的；② 致使控告人、申诉人、批评人、举报人或者其近亲属的其他合法权利受到严重损害的；③ 其他报复陷害应予追究刑事责任的情形。

本罪的主体是特殊主体，限定为国家机关工作人员。

本罪的主观方面是故意，即明知自己是在对控告人、申诉人、批评人、举报人实行打击报复，而有意为之。至于犯罪动机如何，对成立本罪没有影响。

（二）报复陷害罪的刑事责任

根据《刑法》第 254 条的规定，犯本罪的，处 2 年以下有期徒刑或者拘役；情节严重的，处 2 年以上 7 年以下有期徒刑。

二、破坏选举罪

（一）破坏选举罪的概念与构成

破坏选举罪，是指以暴力、威胁、欺骗、贿赂、伪造选举文件、虚报选举票数等手段破坏选举或者妨害选民和代表自由行使选举权和被选举权，情节严重的行为。

本罪侵犯的客体是公民的选举权、被选举权以及国家的选举制度。这里的选举权与被选举权，是指选举和被选举为各级人民代表大会代表和国家机关领导人员的权利。国家选举制度是指各级国家权力机关代表和国家机关领导人员的选举制度。

本罪的客观方面表现为以非法手段破坏选举的行为。第一，破坏选举必须发生在特定时间，即选举各级人民代表大会代表和国家机关领导人员时。在其他选举场合实施破坏行为，例如，在选举村民委员会或者居民委员会组成人员、企事业单位领导人、工会主席等过程中实施破坏的，不构成本罪。第二，破坏行为违反了选举法规即《全国人民代表大会和地方各级人民代表大会选举法》《全国人民代表大会组织法》《全国人民代表大会常务委员会关于县级以下人民代表大会代表直接选举的若干规定》等。第三，破坏行为必须以暴力、威胁、欺骗、贿赂、伪造选举文件、虚报选举票数等手段实施。在破坏选举过程中，行为人附带实施行贿、杀害、伤害、非法拘禁被选举人或选举机构的工作人员时，应当以破坏选举罪和其他罪行数罪并罚。为破坏选举而故意杀害、伤害选民或者选举工作人员的，砸毁选举现场设备的，为收买选民而使用贿赂手段的，属于想象竞合犯，应从一重罪处断。第四，破坏选举的行为，必须情节严重的，才构成本罪。

根据最高人民检察院《关于渎职侵权犯罪案件立案标准的规定》，国家机关工作人员利用职权破坏选举，涉嫌下列情形之一的，应予立案：① 以暴力、威胁、欺骗、贿赂等手段，妨害选民、各级人民代表大会代表自由行使选举权和被选举权，致使选举无法正常进行，或者选举无效，或者选举结果不真实的；② 以暴力破坏选举场所或者选举设备，致使选举无法正常进行的；③ 伪造选民证、选票等选举文件，虚报选举票数，产生不真实的选举结果或者强行宣布合法选举无效、非法选举有效的；④ 聚众冲击选举场所或者故意扰乱选举场所秩序，使选举工作无法进行的；⑤ 其他情节严重的情形。

本罪的主体多数情况是一般主体，可以是一般公民，也可以是选举工作人员；既可以是有选举权的公民，也可以是无选举权的公民。少数情况下，某些破坏选举的行为，如虚报选举票数等，只能由选举工作人员构成。

本罪的主观方面是故意，即对于行为发生在选举各级人民代表大会代表和国家机关领导人员时有明确认识，并且希望破坏选举的结果发生。如因工作上的过失而造成妨害选举的结果，如误计选举票数，误将被剥夺选举权的人列入选举名单等，不构成本罪。动机如何不影响本罪的成立。

（二）破坏选举罪的刑事责任

根据《刑法》第256条的规定，犯本罪的，处3年以下有期徒刑、拘役或者剥夺政治权利。

每章一练

一、单项选择题

1. 下列选项中，以故意杀人罪定罪处罚的是（　　　）。

A. 甲将乙绑架后因勒索未成将被绑架人杀死泄愤

B. 乙为了劫财将被害人砍死

C. 丙在机场候机室引爆一枚炸弹，炸死3人，炸伤8人

D. 丁在与李某争吵时突然拔出刀子将李某捅死

2. 甲女认为其一生被丈夫乙耽误，吃饭时备下毒酒，与乙一同喝下。乙当场死亡，而甲因身体素质较好，在地上痛苦挣扎。此时隔壁邻居老王突然进入，甲请求老王帮助自己结束生命。老王拿起客厅中的"镇宅宝剑"刺向甲。此时，甲儿子出现，阻止了老王。他们将甲送往医院，甲因流血过多死亡。关于本案，下列说法正确的是（　　）。

A. 甲构成投放危险物质罪

B. 甲构成故意杀人罪

C. 老王的行为得到甲的承诺，故不构成犯罪

D. 老王构成故意杀人罪（预备）

3. 下列选项中，不应以故意伤害罪论处的是（　　）。

A. 监狱监管人员吊打被监管人，致其残疾

B. 非法拘禁被害人，大力反扭被害人胳膊，致其胳膊折断

C. 经本人同意，摘取17周岁少年的1个肾脏，支付少年8万元补偿费

D. 黑社会成员因违反帮规，在其同意之下，被截断一截小指头

4. 张某劫持了甲与乙，命令甲杀死乙，否则将杀死甲。甲被逼无奈，用绳子勒死了乙。根据刑法规定，甲的行为属于（　　）。

A. 正当防卫

B. 紧急避险

C. 故意杀人罪

D. 过失致人死亡罪

5. 关于故意伤害罪与组织出卖人体器官罪，下列说法正确的是（　　）。

A. 非法经营尸体器官买卖的，成立组织出卖人体器官罪

B. 医生明知是未成年人，征得其同意而摘取其器官的，成立故意伤害罪

C. 组织他人出卖人体器官但并未从中牟利的，不成立组织出卖人体器官罪

D. 组织者出卖一个肾脏获取15万元，欺骗提供者仅取得了5万元的，应认定为故意伤害罪

6. 乙的丈夫是海员，甲对乙垂涎已久。某夜，甲潜入乙家欲迷奸乙。乙在挣扎中打开了灯，甲害怕法律的惩罚便打算离开。乙发现甲长得很帅，对甲说："你为什么不早点来?"于是两人多次发生性关系。甲的行为属于（　　）。

A. 强奸罪（既遂）

B. 强奸罪（未遂）

C. 强奸罪（中止）

D. 不构成犯罪

7. 下列表述正确的是（　　）。

A. 甲取得患有绝症病人的同意而对其实施安乐死，甲对病人的死亡不负刑事责任

B. 乙以出卖为目的偷盗婴儿，对乙的行为应以绑架罪定罪处罚

C. 看护人丙征得被看护的 15 周岁少女同意而与之发生性行为，因没有违背其意思，对丙不能以犯罪论处

D. 丁、戊因琐事发生争吵，丁突然拿起身边的铁棍打了戊三棍，将戊打死，丁杀死戊的心理态度应当是间接故意

8. 下列行为中，不构成强奸罪的是（　　）。

A. 甲采用提供棒棒糖哄骗的方式同邻居一患有精神病的妇女发生性关系，未遭到该妇女的任何反抗

B. 某公司董事长乙利用职务上的从属关系以胁迫手段奸淫现役军人的妻子

C. 丙利用妇女极度疲劳昏睡之际，冒充其丈夫与其发生性关系

D. 丁谎称自己身体素质过硬，御女无数，某中年妇女心动便与之发生关系，后才知丁纯属吹牛

9. 下列关于强奸罪及其相关犯罪的表述，正确的是（　　）。

A. 甲欲强奸卖淫女遭到激烈反抗，一怒之下卡住该女喉咙，致其死亡后实施奸淫行为。甲对尸体实施的奸淫行为构成强奸罪的结果加重犯

B. 乙在拐卖某妇女时将该妇女奸淫的，应当对乙以拐卖妇女罪和强奸罪实行数罪并罚

C. 丙组织他人实施卖淫活动，并将其中某少女强奸后迫使其卖淫的，仅定组织卖淫罪

D. 强奸某妇女后又强迫该妇女卖淫的，以强奸罪和强迫卖淫罪实行数罪并罚

10. 甲非法拘禁他人，因拘禁行为导致他人重伤，甲的行为（　　）。

A. 构成非法拘禁罪

B. 构成故意伤害罪

C. 构成非法拘禁罪与故意伤害罪，实行数罪并罚

D. 转化为故意伤害罪

11. 甲看到卖淫女乙（11 周岁）打扮成熟，但身材娇小，觉得乙可能不满 14 周岁，便问其年龄，乙说自己今年 15 周岁。甲心存怀疑，但仍然与乙发生了性关系，并多给 500 元小费。关于甲的行为，说法正确的是（　　）。

A. 甲的行为构成嫖宿幼女罪

B. 甲的行为构成强奸罪

C. 甲仅是嫖娼行为，不构成犯罪

D. 甲构成猥亵儿童罪

12. 甲在多次向乙催要 2 万元赌债无果的情况下，纠集好友把乙挟持至甲家，并给乙家打电话，声称如果再不还 3 万元钱，就砍掉乙的一只手。经查，甲为了向异地的乙催要赌债，共计支出车费、居住费 5000 元。欠款到期至今，累计利息达 4000 余元。甲的行为构成（　　）。

A. 非法拘禁罪

B. 抢劫罪

C. 敲诈勒索罪

D. 绑架罪

13. 从绑架罪法定刑的角度来看，为谋财绑架他人的，下列情形中不可能被判处死刑的是（　　）。

A. 甲绑架并伤害被绑架人致其残疾的

B. 乙杀死人质后隐瞒事实真相向人质亲友勒索赎金 10 万元的

C. 丙绑架人质后害怕罪行败露杀人灭口的

D. 丁控制人质时因捆绑太紧过失致被害人死亡的

14. 甲拐骗了 5 名儿童，偷盗了 2 名婴儿，准备全部卖往外地。在运送过程中甲因害怕他们哭闹，给他们注射了麻醉药。但是麻醉药剂过量，致使 2 名婴儿死亡，5 名儿童处于严重昏迷状态，后经救治康复。甲的行为构成（　　）。

A. 拐卖儿童罪

B. 绑架罪

C. 过失致人死亡罪

D. 拐骗儿童罪

15. 甲从人贩子乙手中购买妇女丙做"妻子"，购买了一名男婴丁做"儿子"。由于丙不同意做甲的"妻子"，甲不强求，任由其返回原居住地。后丙报警，公安机关前往解救丁时，甲也没有阻碍解救。甲的行为（　　）。

A. 构成收买被拐卖的妇女罪和收买被拐卖的儿童罪，数罪并罚

B. 构成收买被拐卖的妇女、儿童罪，可以减轻或免除处罚

C. 构成收买被拐卖的妇女、儿童罪，可以从轻或减轻处罚

D. 构成收买被拐卖的妇女、儿童罪，应当从轻处罚

二、多项选择题

1. 甲欲开枪杀乙，射击的结果却是过失导致乙身边的丙重伤。关于本案，下列说法正确的是（　　）。

A. 甲的行为同时构成故意杀人罪和过失致人重伤罪

B. 甲的行为应认定为故意杀人罪的未遂

C. 甲的行为属于想象竞合犯，应择一重罪处断

D. 对甲的行为应当数罪并罚

2. 下列行为应认定为故意杀人罪的是（　　）。

A. 非法拘禁过程中殴打被害人，致使被害人死亡的

B. 刑讯逼供造成犯罪嫌疑人死亡的

C. 聚众打砸抢致人死亡的

D. 杀害被绑架人的

3. 根据我国刑法的规定，偷盗婴儿的行为可因主观目的的不同而构成（　　）。

A. 非法拘禁罪

B. 绑架罪

C. 拐卖儿童罪

D. 盗窃罪

4. 下列行为只定拐卖妇女罪而不实行数罪并罚的情形是（　　　）。

A. 奸淫被拐卖的妇女的

B. 诱骗、强迫被拐卖的妇女卖淫或者将被拐卖的妇女卖给他人迫使其卖淫的

C. 以出卖为目的，使用暴力、胁迫或者麻醉方法绑架妇女的

D. 造成被拐卖的妇女重伤、死亡或者有其他严重后果的

5. 下列选项中，不应认定为过失致人死亡罪的有（　　　）。

A. 甲正遭受乙的强奸，在防卫过程中一棒将乙打倒，致乙脑部跌在一块石头上而死亡。法院认为甲的防卫行为明显超过必要限度造成了重大损害，应以防卫过当追究刑事责任

B. 甲对乙进行非法拘禁，在拘禁过程中，因长时间捆绑，致乙呼吸不畅窒息死亡

C. 甲因对女儿乙的男朋友丙不满，阻止乙丙正常交往。乙对此十分不满，并偷偷与丙登记结婚。甲获知后对乙进行打骂，逼其离婚，乙、丙不从，相约自杀身亡

D. 甲结婚以后，对丈夫与前妻所生之子乙十分不满，采取冻饿等方式进行虐待，后又发展到打骂，致乙多处伤口腐烂，乙因未能及时救治而不幸身亡

第六章

侵犯财产罪

◆ **知识目标**

1. 明确侵犯财产罪的概念、构成和种类。

2. 掌握和理解重点及常见罪名的概念、构成以及认定时应注意的问题。

3. 了解非重点罪名的概念和有关特别规定。

◆ **能力目标**

1. 能够运用刑法理论区分相似的具体罪名。

2. 能够将本章法律条文运用到实际案例中，进行案例分析，处理实务问题。

◆ **重点罪名**

抢劫罪，抢夺罪，敲诈勒索罪，盗窃罪，诈骗罪，侵占罪，职务侵占罪，挪用资金罪，拒不支付劳动报酬罪

案例导入

1. 某日，被告人甲雇用他人汽车一辆，由司机乙驾驶，为货主丙向 A 市运输皮鞋等货物。第二天，汽车行至途中 B 镇，甲借口要吃饭，将随车押运的货主丙骗下车，将其引到距停车地点约 100 米的饭摊前。甲谎称去叫乙来一同吃饭，离开丙回到车上，又对乙谎称货主在旅社休息，要乙和他一起将车开走卸货。汽车被开走时，丙发现了，当即一边追赶，一边大呼停车，但车并未停下。甲让乙将车开至 C 镇甲一亲戚家，然后把车上的货物全部卸下，据为己有，货物价值共计 20 万元。

问：对甲的行为应如何定性？

2. 被告人王某（男，20 岁）通过其朋友认识了被害人申某。在交往过程中，王某产生了向申某要钱的念头。他以借款、办急事为名多次向申某要钱，申某背着父母把父母放在家中的 2500 元拿给王某。某日，王某再一次到申某家中向他要钱，申某不同意，王某从身上取出准备好的水果刀，说："给不给你自己看着办，红刀子见过没有？"申某心中害怕，被迫拿出了 800 元给王某。后申某的父母发现钱有缺少，遂案发。

问：王某构成什么罪？

3. 甲对乙的一块名贵手表垂涎已久。一日，甲骗乙说要给其介绍对象，让乙请自己喝酒，趁机将乙灌醉，然后将乙搀扶到一僻静胡同内，将其手表捋下拿走。

问：甲的行为构成什么罪？

4. 甲到乙的办公室送文件，乙不在。甲看见乙办公桌下的地上有一活期存折（该存折未设密码），便将存折捡走。乙回办公室后找不着存折，但看见桌上的文件，便找到甲问是否看见其存折，甲说没看到。甲下班后去银行将该存折中的 5000 元取走。

问：甲的行为构成什么罪？

5.2015 年 8 月至 2017 年 8 月，黄某受聘某印刷包装公司，负责印刷电脑设计及制作工作。刚进企业的时候，有关负责人承诺：工作满一年之后每月提升其 15％ 工资。但一年后企业并没有兑现加薪的承诺。2017 年 8 月，企业老板找黄某谈继续签约的事，黄某再次提出当初加薪的承诺，仍然遭到了拒绝。于是黄某对电脑中的 80 多份制版文件进行"修改"，并将她认为属于"自己的工作方式"的单版文件的"啤线"（即模切丝，包括成品规格线和压痕线）删除了。随后黄某离开了该企业。不久，该企业需要调出文件印刷包装盒，打开电脑发现颜色有些不对。再核对，发现 80 多处有删改，要恢复的话需要多次输出胶片并重新制作"啤版"，企业因此损失 5000 余元。该企业报了案。

问：对黄某的行为应当如何处理？

第一节　侵犯财产罪概述

一、侵犯财产罪的概念

侵犯财产罪，是指以非法占有为目的，攫取公私财物，或者故意破坏生产经营，毁坏公私财物的行为。

二、侵犯财产罪的构成

侵犯财产罪的客体，是公共财产和公民私人财产的所有权。这是侵犯财产罪社会危害性的本质特征。财产所有权，是指所有人依法对自己的财产享有占有、使用、收益和处分的权利。占有权、使用权、收益权和处分权是财产所有权的四项基本权能。侵犯财产罪的对象包括公共财产和公民私人所有的财产。根据《刑法》第91条的规定，公共财产是指国有财产、劳动群众集体所有的财产，以及用于扶贫和其他公益事业的社会捐助或者专项基金的财产。在国家机关、国有公司、企业、集体企业和人民团体管理、使用或者运输中的私人财产，以公共财产论。根据《刑法》第92条的规定，公民私人所有的财产是指公民的合法收入、储蓄、房屋和其他生活资料，依法归个人、家庭所有的生产资料，个体户和私营企业的合法财产，以及依法归个人所有的股份、股票、债券和其他财产。公私财产，既有生产资料，也有生活资料；有的是动产，有的是不动产；有的是有形物，有的是无形物，如电、煤气等。依照我国宪法和《民法典》等相关规定，属于国家和集体所有的各种自然资源，属于国家所有的地下、地上的文物及所有权不明的埋藏物、隐藏物不得任意侵占。但是，占有无主物或已被原所有人自动放弃所有权的物品，不构成侵犯财产罪。另外需要指出，遗忘物不是无主物，遗忘物只是因为某种原因暂时脱离了所有者的控制与管理，其所有权仍然存在并受法律保护。因此，遗忘物可以成为侵犯财产罪的对象。根据最高人民法院《关于审理掩饰、隐瞒犯罪所得、犯罪所得收益刑事案件适用法律若干问题的解释》的规定，对犯罪所得及其产生的收益实施盗窃、抢劫、诈骗、抢夺等行为，构成犯罪的，分别以盗窃罪、抢劫罪、诈骗罪、抢夺罪等定罪处罚。据此，犯罪所得及其产生的收益，可以成为侵犯财产罪的对象。

侵犯财产罪的客观方面表现为非法占有、挪用或者毁坏公私财物的行为。根据行为的具体表现形式，侵犯财产罪可以分为四种情况：一是以暴力、胁迫的手段，非法占有公私财物的行为，如抢劫、抢夺、敲诈勒索、聚众哄抢的行为；二是以秘密窃取或者虚构事实、隐瞒真相的方法窃取或骗取数额较大公私财物的行为；三是用非法手段侵占、挪用资金或者某些特定款物的行为；四是出于各种动机实施的故意毁灭或者损坏公私财物的行为，如故意毁坏他人财物和破坏生产经营。与侵犯财产罪的本质特征相联系，攫取财物的数额大小和损毁财物的价值大小，在侵犯财产罪中是决定行为的社会危害性大小的重要因素。根据《刑法》的规定，除抢劫罪和破坏生产经营罪之外，侵犯财物的数额是构成犯罪的重要条件或者重要构成要件之一。如果侵犯财产的数额较小，情节显著轻微，危害不大的，一般不构成犯罪。

侵犯财产罪的犯罪主体多数是一般主体，只有职务侵占罪和挪用资金罪的主体是特殊主体。

侵犯财产罪的主观方面都是故意。多数犯罪以非法占有公私财物为目的，有的犯罪以挪用为目的，有的则以非法损毁公私财物或破坏生产经营为目的。侵犯财产罪的动机多种多样，但犯罪动机如何，不影响犯罪的成立。

三、侵犯财产罪的种类

《刑法》分则第五章共计 13 个罪名，这类犯罪具体可以分为：

（1）暴力、胁迫型财产犯罪。包括抢劫罪、抢夺罪、聚众哄抢罪、敲诈勒索罪。

（2）窃取、骗取型财产犯罪。包括盗窃罪、诈骗罪。

（3）侵占、挪用型财产犯罪。包括侵占罪、职务侵占罪、挪用资金罪、挪用特定款物罪。

（4）毁坏、破坏型财产犯罪。包括故意毁坏财物罪、破坏生产经营罪、拒不支付劳动报酬罪。

第二节　暴力、胁迫型财产犯罪

一、抢劫罪

（一）抢劫罪的概念与构成

抢劫罪，是指以非法占有为目的，以暴力、胁迫或者其他方法，强行劫取公私财物的行为。

本罪侵犯的客体是复杂客体，一方面侵犯了他人的财产所有权，另一方面也侵犯了被害人的生命、身体和自由的权利。行为对人身法益具有高度危险性和客体的双重性是本罪区别于其他侵犯财产罪的主要标志。抢劫罪侵犯的对象，是各种公私财物和他人的人身。财物的范围，一般只限于动产，不动产一般不能成为本罪的犯罪对象，如果使用暴力胁迫对不动产所有人进行压制，转移不动产登记，取得不动产处分的，也可以认定为抢劫罪。根据最高人民法院《关于审理掩饰、隐瞒犯罪所得、犯罪所得收益刑事案件适用法律若干问题的解释》的规定，犯罪所得及其产生的收益也可以成为本罪的犯罪对象。

本罪的客观方面表现为对财物的所有人、保管人或者守护人当场使用暴力、胁迫或其他方法，迫使其当场交出财物的行为。这种犯罪行为与犯罪手段，是抢劫罪不同于其他侵犯财产罪的本质特征。

抢劫罪的"暴力方法"，是指对被害人身体实行打击或者其他强制，使其处于不能反抗或不敢反抗的状态，例如，以杀害、伤害、捆绑、殴打、禁闭等暴力手段制伏被害人的反抗以劫取财物。理解时注意以下几点。第一，暴力行为必须现实存在，必须是在取得财物的当场实施。如果不是在夺取财物的当场实施暴力，而是以将要对之实施暴力相威胁，迫使对方限期交出财物，不构成抢劫罪。第二，暴力行为必须是针对被害人的人身。暴力不必达到危及人身健康、生命或使被害人无法抗拒的程度，只要达到使被害人恐惧、反抗能力受到一定程度的抑制即可。第三，暴力是行为人为了排除、制伏被害人的反抗而实施的。如果行为人针对被害人的财物施加外力，在夺取财物的过程中无意侵害了被害人的身体，不能视为使用了暴力，不构成抢劫罪，可以抢夺罪论处。

抢劫罪的"胁迫方法"，是指以立即实施暴力相威胁，对被害人进行精神强制，使被害人产生恐惧而不敢反抗，被迫当场交出财物或者不敢阻止犯罪人的行为而只能任财物被劫走的手段。胁迫具有以下特点。第一，胁迫的方式必须当着被害人的面作出。如果不是面对被害者实施，比如通过书信、他人转告的方式或者打电话威胁被害人并要求其交出钱财，不构成本罪。第二，胁迫的内容必须是以立即实施暴力相威胁。胁迫一般是针对财物所有人、保管人本人，有时也可以针对在场的被害人亲属或者其他有关人员。如果对被害人以揭露其隐私等非暴力内容相威胁，不构成本罪。第三，胁迫内容的暴力是现实的、迫切的，如果被害人不答应要求，就会立即转为暴力手段，当场劫取财物。第四，胁迫方式可以是语言，也可以是某种动作或示意，甚至可以是利用某种特定的危险环境使被害人产生恐惧心理。

抢劫罪的"其他方法"，是指犯罪分子使用暴力或胁迫方法之外的、使被害人不知反抗或丧失反抗能力的方法。司法实践中，其他方法有很多，如用酒灌醉、用药物麻醉、使用催眠术等。需要注意的是，如果被害人是由于自己的原因而处于不能或不知反抗的状态，行为人没有对被害人的身体施加某种影响，而是借用被害人患病、熟睡、醉酒、昏迷等不能反抗的状态趁机将其财物拿走，则只能构成盗窃罪。

本罪的主体是一般主体。根据《刑法》第17条第2款的规定，已满14周岁未满16周岁的人，可以构成本罪。

本罪的主观方面是故意，并且具有非法占有公私财物的目的。故意内容表现为明知是他人财物，而有意使用暴力、胁迫或者其他方法非法转归自己或第三人占有。如果主观上没有非法占有公私财物的目的，不构成本罪。

（二）抢劫罪认定时应注意的问题

1. 本罪与非罪的界限

抢劫罪是十分严重的侵犯财产犯罪。因此，本罪的成立在立法上没有数额和情节上的限制性规定。一般情况下，只要行为人实行了以暴力、胁迫或其他方法劫取公私财物的行为，就可以认定为犯罪。但是这并不意味认定抢劫罪就无须考虑抢劫数额和情节等因素。如果抢劫行为情节轻微，抢劫数额又非常小，可以根据《刑法》第13条但书的规定，认定为情节显著轻微危害不大，不认为是犯罪。

根据最高人民法院《关于审理未成年人刑事案件具体应用法律若干问题的解释》的规定，已满14周岁不满16周岁的人使用轻微暴力或者威胁，强行索要其他未成年人随身携带的生活、学习用品或者钱财数量不大，且未造成被害人轻微伤以上或者不敢正常到校学习、生活等危害后果的，不认为是犯罪。已满16周岁不满18周岁的人具有前述规定情形的，一般也不认为是犯罪。

根据最高人民检察院《关于强迫借贷行为适用法律问题的批复》的规定，以非法占有为目的，以借贷为名采用暴力、胁迫手段获取他人财物，符合《刑法》第263条规定的，以抢劫罪追究刑事责任。

2. 本罪既遂与未遂的界限

根据最高人民法院《关于审理抢劫、抢夺刑事案件适用法律若干问题的意见》的规定，抢劫罪侵犯的是复杂客体，既侵犯财产权利又侵犯人身权利，具备抢劫财物或者造成他人轻伤以上后果二者之一的，均属于抢劫既遂；既未劫取财物，又未造成他人人身伤害后果的，属抢劫未遂。据此，《刑法》第263条规定的八种处罚情节中除"抢劫致人重伤、死亡的"这一结果加重情节之外，其余七种处罚情节同样存在既遂、未遂问题，其中属抢劫未遂的，应当根据刑法关于加重情节的法定刑规定，结合未遂犯的处理原则量刑。

3. 本罪与其他罪名的认定

（1）本罪与故意伤害罪、故意杀人罪的界限。抢劫致人重伤死亡是指在抢劫过程中使用暴力或者其他方法所引起的加重结果，无论是否抢劫到财物，都应认定为抢劫罪。根据最高人民法院《关于抢劫过程中故意杀人案件如何定罪问题的批复》，行为人为劫取财物而预谋故意杀人，或者在劫取财物过程中，为制伏被害人反抗而故意杀人的，以抢劫罪定罪处罚；行为人实施抢劫后，为灭口而故意杀人的，以抢劫罪和故意杀人罪定罪，实行数罪并罚。

（2）本罪与绑架罪的认定。绑架罪与抢劫罪都以取得财物为目的，在客观上都可以表现为暴力、胁迫等强制手段，在侵犯合法权益方面都同时侵犯了公民的人身权利和财产权利，因而二者是十分近似的犯罪。区别二者的关键有两个。

第一，绑架罪是以非法剥夺人身自由的方法，并以被绑架人的安危为要挟，勒索财物行为的指向对象为被绑架人以外的第三人，即被绑架人的近亲属或其他人，而不可能是被绑架人。抢劫罪的方法则一般不表现为非法剥夺人身自由，而且其要挟的人及劫财行为指向的对象一般具有同一性。

第二，绑架罪由于是将被绑架人作为人质向第三人索取财物，因此获取财物的时间不可能是绑架行为实施的当时，也一般不可能是当场获取财物。而抢劫罪只能是当场及在暴力、胁迫等行为实施的当时劫取财物。

根据最高人民法院《关于对在绑架过程中以暴力、胁迫等手段当场劫取被害人财物的行为如何适用法律问题的答复》的规定，行为人在绑架过程中，又以暴力、胁迫等手段当场劫取被害人财物，构成犯罪的，择一重罪处罚。

（3）本罪与故意伤害罪、强奸罪的认定。根据最高人民法院《关于审理抢劫、抢夺刑事案件适用法律若干问题的意见》的规定，行为人实施伤害、强奸等犯罪行为，在被害人未失去知觉时，利用被害人不能反抗、不敢反抗的处境，临时起意劫取他人财物的，应以此前所实施的具体犯罪与抢劫罪实行数罪并罚；在被害人失去知觉或没有发觉的情况下，以及实施故意杀人犯罪行为之后，临时起意拿走他人财物的，应以此前所实施的具体犯罪与盗窃罪实行数罪并罚。

4. 转化型抢劫罪的理解和适用

《刑法》第269条规定："犯盗窃、诈骗、抢夺罪，为窝藏赃物、抗拒抓捕或者毁灭罪证而当场使用暴力或者以暴力相威胁的，依照本法第二百六十三条的规定定罪处罚。"该条是关于盗窃、诈骗、抢夺犯罪转化为抢劫犯罪的规定。这种抢劫与第263条规定的典型的抢劫罪有所不同，因而在理论界又被称为"转化型抢劫罪"或者"准抢劫罪"。适用《刑法》第269条，应具备以下三个条件：

（1）行为人必须首先实施了盗窃、诈骗或抢夺行为。根据最高人民法院《关于审理抢劫、抢夺刑事案件适用法律若干问题的意见》的规定，行为人实施盗窃、诈骗、抢夺行为，未达到"数额较大"，为窝藏赃物、抗拒抓捕或者毁灭罪证当场使用暴力或者以暴力相威胁，情节较轻、危害不大的，一般不以犯罪论处。但具有下列情节之一的，可依照《刑法》第269条的规定，以抢劫罪定罪处罚：① 盗窃、诈骗、抢夺接近"数额较大"标准的；② 入户或在公共交通工具上盗窃、诈骗、抢夺后在户外或交通工具外实施上述行为的；③ 使用暴力致人轻微伤以上后果的；④ 使用凶器或以凶器相威胁的；⑤ 具有其他严重情节的。

（2）行为人必须是当场使用暴力或者以暴力相威胁。所谓当场，是指犯罪分子实施盗窃、诈骗、抢夺罪的现场或者虽然离开了现场，但还处在被追捕的过程中。如果在作案后，在其他时间和地点实施了暴力或以暴力相威胁，则不应按《刑法》第269条处理。所谓使用暴力或以暴力相威胁，是指犯罪分子对被害人实施打击或强制，或者以将要立即实施这种行为相威胁。一般来说，这里的暴力应达到一定的强度。

（3）实施暴力和威胁的目的，是为了窝藏赃物、抗拒抓捕或者毁灭罪证。窝藏赃物，是指为保护已经到手的赃物不被追回；抗拒抓捕，是指抗拒公安机关的逮捕或任何公民的扭送；毁灭罪证，是指消灭自己遗留在作案现场的痕迹、物品以及其他证据。如果不是出于以上目的实施暴力或威胁，不能按《刑法》第 263 条处理。如果行为人在着手盗窃、诈骗、抢夺过程中，尚未取得财物即被发觉，而改用暴力、威胁方法强行取财的，则直接适用《刑法》第 263 条。如果盗窃、诈骗、抢夺后又出于报复、灭口等动机伤害、杀害被害人的，应对伤害、杀人行为单独定罪判刑，然后实行并罚。

同时具备以上三个条件后，即可以适用《刑法》第 269 条，按抢劫罪定罪并量刑。

（三）抢劫罪的刑事责任

根据《刑法》第 263 条的规定，犯本罪的，处 3 年以上 10 年以下有期徒刑，并处罚金。有下列情形之一的，处 10 年以上有期徒刑、无期徒刑或者死刑，并处罚金或者没收财产：① 入户抢劫的；② 在公共交通工具上抢劫的；③ 抢劫银行或者其他金融机构的；④ 多次抢劫或者抢劫数额巨大的；⑤ 抢劫致人重伤、死亡的；⑥ 冒充军警人员抢劫的；⑦ 持枪抢劫的；⑧ 抢劫军用物资或者抢险、救灾、救济物资的。

最高人民法院《关于审理抢劫案件具体应用法律若干问题的解释》以及《关于审理抢劫、抢夺刑事案件适用法律若干问题的意见》有如下规定。

"入户抢劫"，是指为实施抢劫行为而进入他人生活的与外界相对隔离的住所，包括封闭的院落、牧民的帐篷、渔民作为家庭生活场所的渔船、为生活租用的房屋等进行抢劫的行为。进入机关、团体、企业、事业单位的办公场所以及公共娱乐场所抢劫的，不属于"入户抢劫"。对于入户盗窃，因被发现而当场使用暴力或者以暴力相威胁的行为，应当认定为入户抢劫。此外，认定"入户抢劫"时应注意以下三个问题。一是关于"户"的范围。"户"在这里是指住所，其特征表现为供他人家庭生活和与外界相对隔离两个方面，前者为功能特征，后者为场所特征。一般情况下，集体宿舍、旅店宾馆、临时搭建工棚等不应认定为"户"，但在特定情况下，如果确实具有上述两个特征的，也可以认定为"户"。二是"入户"目的的非法性。进入他人住所须以实施抢劫等犯罪为目的。抢劫行为虽然发生在户内，但行为人不以实施抢劫等犯罪为目的进入他人住所，而是在户内临时起意实施抢劫的，不属于"入户抢劫"。三是暴力或者暴力胁迫行为必须发生在户内。入户实施盗窃被发现，行为人为窝藏赃物、抗拒抓捕或者毁灭罪证而当场使用暴力或者以暴力相威胁的，如果暴力或者暴力胁迫行为发生在户内，可以认定为"入户抢劫"；如果发生在户外，不能认定为"入户抢劫"。

"在公共交通工具上抢劫"，既包括在从事旅客运输的各种公共汽车、大中型出租车、火车、船只、飞机等正在运营中的机动公共交通工具上对旅客、司售、乘务人员实施的抢劫，也包括对运行途中的机动公共交通工具加以拦截后，对公共交通工具上的人员实施的抢劫。在未运营中的大中型公共交通工具上针对司售、乘务人员抢劫的，或者在小型出租车上抢劫的，不属于"在公共交通工具上抢劫"。

"抢劫银行或者其他金融机构"，是指抢劫银行或者其他金融机构的经营资金、有价证券和客户资金等；抢劫正在使用中的银行或者其他金融机构的运钞车的，视为"抢劫银行或者其他金融机构"。

"多次抢劫"，是指抢劫3次以上。对于"多次"的认定，应以行为人实施的每一次抢劫行为均已构成犯罪为前提，综合考虑犯罪故意的产生、犯罪行为实施的时间和地点等因素，客观分析、认定。以下情形一般应认定为一次犯罪：行为人基于一个犯意实施犯罪，如在同一地点同时对在场的多人实施抢劫；基于同一犯意在同一地点实施连续抢劫犯罪，如在同一地点连续地对途经此地的多人进行抢劫；在一次犯罪中对一栋居民楼房中的几户居民连续实施入户抢劫。"抢劫数额巨大"的认定标准，参照各地确定的盗窃数额巨大的认定标准执行。

"持枪抢劫"，是指行为人使用枪支或者向被害人显示持有、佩带的枪支进行抢劫的行为。换言之，持枪抢劫并不要求行为人事实上使用枪支。但是如果行为人并未实际持有枪支，只是口头宣称有枪支或者虽然随身携带枪支，但并未使用，也没有向被害人显示的，均不是刑法规定的"持枪抢劫"的情形。至于枪支的概念和范围，适用《枪支管理法》的规定。

二、抢夺罪

（一）抢夺罪的概念与构成

抢夺罪，是指以非法占有为目的，公然夺取数额较大的公私财物，或者多次抢夺的行为。

本罪侵犯的客体是公私财物所有权。根据最高人民法院《关于审理掩饰、隐瞒犯罪所得、犯罪所得收益刑事案件适用法律若干问题的解释》的规定，犯罪所得及其产生的收益也可以成为本罪的犯罪对象。

本罪的客观方面表现为公然夺取数额较大的公私财物，或者多次抢夺的行为。是否乘人不备，不影响本罪的成立。

犯罪主体是一般主体。

本罪的主观方面是故意，并且具有非法占有公私财物的目的。

（二）抢夺罪认定时应注意的问题

抢夺罪与抢劫罪主观上都出自直接故意，都是以非法占有为目的；都是当着被害人的面公然实施取得财物的行为；主体都是一般主体。两罪的区别主要有：第一，两罪的客体性质有所不同。抢劫罪的客体是复杂客体，即既侵犯公私财产所有权，又侵犯公民的人身权利；抢夺罪的客体是简单客体，即只侵犯公私财产所有权。因此，抢劫罪的社会危害性大于抢夺罪。第二，两罪在客观方面的表现不同。抢劫罪是采用暴力、胁迫或者其他手段迫使被害人交出财物或者直接将财物抢走；抢夺罪是公然夺取在他人控制下的财物，但不采取强制手段。第三，两罪主体不同。已满 14 周岁不满 16 周岁的人可以成为抢劫罪的主体，但不能构成抢夺罪。

在区分抢夺罪与抢劫罪的界限时，实践中常常发生两类情形。一是用力抢夺他人财物造成他人伤害、轻微伤的情况，比如夺取他人耳环时将耳垂拉伤，用力夺取他人手中财物而意外导致被害人受伤等。此时认定抢劫罪还是抢夺罪，关键是要把握行为人使用的强力是针对财物还是针对被害人。抢夺罪中的抢夺财物虽也使用一定的强力，但这种强力不是暴力，它直接作用于被抢夺的财物，目的是将财物夺到手中。而抢劫罪中使用的暴力，是直接指向被害人人身，具有排除被害人反抗的性质和目的。如果行为人原来没有打算使用暴力取财，但在夺取财物时遭到抗拒，转而使用暴力、威胁方法强行劫财，致使被害人受到伤害的，应以抢劫罪论处。二是驾驶机动车、非机动车夺取他人财物的情况，根据最高人民法院、最高人民检察院《关于办理抢夺刑事案件适用法律若干问题的解释》的规定，驾驶机动车、非机动车夺取他人财物，具有下列情形之一的，应当以抢劫罪定罪处罚：① 夺取他人财物时因被害人不放手而强行夺取的；② 驾驶车辆逼挤、撞击或者强行逼倒他人夺取财物的；③ 明知会致人伤亡仍然强行夺取并放任造成财物持有人轻伤以上后果的。

根据《刑法》第 267 条第 2 款的规定，携带凶器抢夺的，也应依照《刑法》第 263 条的规定以抢劫罪定罪处罚。根据最高人民法院《关于审理抢劫案件具体应用法律若干问题的解释》的规定，这里的"携带凶器抢夺"，是指行为人随身携带枪支、爆炸物、管制刀具等国家禁止个人携带的器械进行抢夺或者为了实施犯罪而携带其他器械进行抢夺的行为。最高人民法院《关于审理抢劫、抢夺刑事案件适用法律若干问题的意见》又进一步规定，行为人随身携带国家禁止个人携带的器械以外的其他器械抢夺，但有证据证明该器械确实不是为了实施犯罪准备的，不以抢劫罪定罪；行为人将随身携带的凶器有意加以显示、能为被害人察觉到的，直接适用《刑法》第 263 条规定以抢劫罪定罪处罚；行为人携带凶器抢夺后，在逃跑过程中为窝藏赃物、抗拒抓捕或者毁灭罪证而当场使用暴力或者以暴力相威胁的，适用《刑法》第 267 条第 2 款的规定以抢劫罪定罪处罚。

（三）抢夺罪的刑事责任

根据《刑法》第 267 条的规定，犯本罪，数额较大的，或者多次抢夺的，处 3 年以下有期徒刑、拘役或者管制，并处或者单处罚金；数额巨大或者有其他严重情节的，处 3 年以上 10 年以下有期徒刑，并处罚金；数额特别巨大或者有其他特别严重情节的，处 10 年以上有期徒刑或者无期徒刑，并处罚金或者没收财产。

除多次抢夺外，抢夺罪的处罚依据主要包括两个方面：一是犯罪数额，即数额较大、数额巨大、数额特别巨大；二是犯罪情节，即其他严重情节、其他特别严重情节。

1. 犯罪数额

根据最高人民法院、最高人民检察院《关于办理抢夺刑事案件适用法律若干问题的解释》第 1 条的规定，抢夺公私财物价值 1000 元至 3000 元以上、3 万元至 8 万元以上、20 万元至 40 万元以上的，应当分别认定为《刑法》第 267 条规定的"数额较大""数额巨大""数额特别巨大"。各省、自治区、直辖市高级人民法院、人民检察院可以根据本地区经济发展状况，并考虑社会治安状况，在上述规定的数额幅度内，确定本地区执行的具体数额标准，报最高人民法院、最高人民检察院批准。

根据该解释第 2 条的规定，抢夺公私财物，具有下列情形之一的，"数额较大"的标准按照前述标准的 50% 确定：① 曾因抢劫、抢夺或者聚众哄抢受过刑事处罚的；② 一年内曾因抢夺或者哄抢受过行政处罚的；③ 一年内抢夺 3 次以上的；④ 驾驶机动车、非机动车抢夺的；⑤ 组织、控制未成年人抢夺的；⑥ 抢夺老年人、未成年人、孕妇、携带婴幼儿的人、残疾人、丧失劳动能力人的财物的；⑦ 在医院抢夺病人或者其亲友财物的；⑧ 抢夺救灾、抢险、防汛、优抚、扶贫、移民、救济款物的；⑨ 自然灾害、事故灾害、社会安全事件等突发事件期间，在事件发生地抢夺的；⑩ 导致他人轻伤或者精神失常等严重后果的。

2. 犯罪情节

根据最高人民法院、最高人民检察院《关于办理抢夺刑事案件适用法律若干问题的解释》第 3 条的规定，抢夺公私财物，具有下列情形之一的，应当认定为《刑法》第 267 条规定的"其他严重情节"：① 导致他人重伤的；② 导致他人自杀的；③ 具有该解释第 2 条第 3 项至第 10 项规定的情形之一，数额达到该解释第 1 条规定的"数额巨大"50% 的。

根据该解释第 4 条的规定，抢夺公私财物，具有下列情形之一的，应当认定为《刑法》第 267 条规定的"其他特别严重情节"：① 导致他人死亡的；② 具有该解释第 2 条第 3 项至第 10 项规定的情形之一，数额达到该解释第 1 条规定的"数额特别巨大"50% 的。

在对抢劫罪的处罚上，还需注意，该解释第 5 条规定，抢夺公私财物数额较大，但未造成他人轻伤以上伤害，行为人系初犯，认罪、悔罪，退赃、退赔，且具有下列情形之一的，可以认定为犯罪情节轻微，不起诉或者免予刑事处罚；必要时，由有关部门依法予以行政处罚：① 具有法定从宽处罚情节的；② 没有参与分赃或者获赃较少，且不是主犯的；③ 被害人谅解的；④ 其他情节轻微、危害不大的。

三、聚众哄抢罪

（一）聚众哄抢罪的概念与构成

聚众哄抢罪，是指聚集多人，非法哄抢公私财物，数额较大或情节严重的行为。

本罪侵犯的客体是公私财物的所有权。

本罪的客观方面表现为聚集多人哄抢财物的行为，必须同时具备聚众和哄抢两个方面的特征。聚众是指组织、策划、纠集多人。哄抢是指在首要分子的鼓动指挥下，趁被害人对财物管理的松懈之时，一哄而上公然抢夺财产的行为。

本罪的主体是一般主体，本法只处罚聚众哄抢财物的首要分子和积极参加者，对其他参加者不以犯罪论处。首要分子是指在聚众哄抢中起到组织、策划、指挥等主要作用的人。积极参加者是指积极参加聚众哄抢活动并在活动中起主要作用的人。

本罪的主观方面是故意，并且具有非法占有公私财物的目的，故意的意图是纠集多人一哄而上抢取公私财物，从而改变财产的占有。如果不具有聚众的意思，只是偶然地与多人同时抢夺财物，不构成本罪，构成抢夺罪的可以按抢夺罪定罪处罚。

（二）聚众哄抢罪的刑事责任

根据《刑法》第 268 条的规定，犯本罪的，对首要分子和积极参加的，处 3 年以下有期徒刑、拘役或者管制，并处罚金；数额巨大或者有其他特别严重情节的，处 3 年以上 10 年以下有期徒刑，并处罚金。

四、敲诈勒索罪

（一）敲诈勒索罪的概念与构成

敲诈勒索罪，是指以非法占有为目的，对被害人实施威胁或者要挟的方法，强行索取公私财物，数额较大，或者多次敲诈勒索的行为。

本罪侵犯的客体为公私财产所有权。

本罪的客观方面表现为使用恐吓或者要挟的方法，迫使财产所有人、保管人就范，当场或者限期交付财物，数额较大或多次实施的行为。

恐吓和要挟，是指通过对被害人及其亲属精神上的强制，使其在心理上产生恐惧和压力。根据最高人民法院、最高人民检察院《关于办理敲诈勒索刑事案件适用法律若干问题的解释》的规定，敲诈勒索公私财物价值 2000 元至 5000 元以上、3 万元至 10 万元以上、30 万元至 50 万元以上的，应当认定为《刑法》第 274 条规定的"数额较大""数额巨大""数额特别巨大"。各省、自治区、直辖市高级人民法院、人民检察院可以根据本地区经济发展状况和社会治安状况，在上述规定的数额幅度内，共同研究确定本地区执行的具体数额标准，报最高人民法院、最高人民检察院批准。

根据上述解释的规定，敲诈勒索公私财物，具有下列情形之一的，"数额较大"的标准可以按照前述标准的 50％ 确定：① 曾因敲诈勒索受过刑事处罚的；② 一年内曾因敲诈勒索受过行政处罚的；③ 对未成年人、残疾人、老年人或者丧失劳动能力人敲诈勒索的；④ 以将要实施放火、爆炸等危害公共安全犯罪或者故意杀人、绑架等严重侵犯公民人身权利犯罪相威胁敲诈勒索的；⑤ 以黑恶势力名义敲诈勒索的；⑥ 利用或者冒充国家机关工作人员、军人、新闻工作者等特殊身份敲诈勒索的；⑦ 造成其他严重后果的。所谓"多次敲诈勒索"，是指两年内敲诈勒索 3 次以上，没有数额限制。

敲诈勒索公私财物，具有以下情节之一的，数额达到上述"数额巨大""数额特别巨大"标准的 80％，可以分别认定为"其他严重情节""其他特别严重情节"：① 以将要实施放火、爆炸等危害公共安全犯罪或者故意杀人、绑架等严重侵犯公民人身权利犯罪相威胁敲诈勒索的；② 以黑恶势力名义敲诈勒索的；③ 利用或者冒充国家机关工作人员、军人、新闻工作者等特殊身份敲诈勒索的；④ 造成其他严重后果的。

根据最高人民法院、最高人民检察院《关于办理利用信息网络实施诽谤等刑事案件适用法律若干问题的解释》的规定，以在信息网络上发布、删除等方式处理网络信息为由，威胁、要挟他人，索取公私财物，数额较大，或者多次实施上述行为的，依照《刑法》第 274 条的规定，以敲诈勒索罪定罪处罚。根据最高人民检察院《关于强迫借贷行为适用法律问题的批复》的规定，以非法占有为目的，以借贷为名，采用暴力、胁迫手段获取他人财物，符合《刑法》第 274 条规定的，以敲诈勒索罪追究刑事责任。根据最高人民法院、最高人民检察院、公安部、司法部《关于办理实施"软暴力"的刑事案件若干问题的意见》的规定，以非法占有为目的，采用"软暴力"手段强行索取公私财物，同时符合《刑法》第 274 条规定的其他犯罪构成要件的，应当以敲诈勒索罪定罪处罚。根据最高人民法院、最高人民检察院、公安部《关于依法办理"碰瓷"违法犯罪案件的指导意见》的规定，实施"碰瓷"，具有下列行为之一，敲诈勒索他人财物，符合《刑法》第 274 条规定的，以敲诈勒索罪定罪处罚：① 实施撕扯、推搡等轻微暴力或者围困、阻拦、跟踪、贴靠、滋扰、纠缠、哄闹、聚众造势、扣留财物等软暴力行为的；② 故意制造交通事故，进而利用被害人违反道路通行规定或者其他违法违规行为相要挟的；③ 以揭露现场掌握的当事人隐私相要挟的；④ 扬言对被害人及其近亲属人身、财产实施侵害的。

本罪的主体是一般主体。

本罪的主观方面只能是直接故意，并以非法占有公私财物为目的。

（二）敲诈勒索罪认定时应注意的问题

1. 本罪与非罪的界限

《刑法》规定，只有敲诈勒索数额较大或者多次敲诈勒索的，才能构成敲诈勒索罪。所以，区分敲诈勒索罪与非罪的界限有两条标准：一是敲诈勒索的数额，二是敲诈勒索的次数。根据最高人民法院、最高人民检察院《关于办理敲诈勒索刑事案件适用法律若干问题的解释》的规定，认定敲诈勒索罪应当注意以下几点。

（1）敲诈勒索近亲属的财物，获得谅解的，一般不认为是犯罪；认定为犯罪的，应当酌情从宽处理。

（2）被害人对敲诈勒索的发生存在过错的，根据被害人过错程度和案件其他情况，可以对行为人酌情从宽处理；情节显著轻微危害不大的，不认为是犯罪。

2. 本罪的共同犯罪

根据最高人民法院、最高人民检察院《关于办理敲诈勒索刑事案件适用法律若干问题的解释》的规定，明知他人实施敲诈勒索犯罪，为其提供信用卡、手机卡、通讯工具、通讯传输通道、网络技术支持等帮助的，以共同犯罪论处。

3. 本罪与抢劫罪的界限

抢劫罪的暴力威胁与敲诈勒索罪的以暴力相威胁的方法有相似之处，但两罪主要有如下不同之处。

（1）抢劫罪与敲诈勒索罪对被害人使用以暴力相威胁的时间和要求交出财物的时间不同。以暴力相威胁的方法进行抢劫，犯罪人对被害人实施暴力的时间和要求交出财物的时间均为当场，被害人如不交出财物，就会立即受到暴力的侵害。但敲诈勒索罪的犯罪人，声称实施以暴力相威胁的时间和要求交出财物的时间都不在当场，或者至少其中之一不在当场。

（2）两罪所威胁的对象不同。抢劫罪的犯罪人为了当场劫取财物，所威胁的对象只能是在场的财物所有者、管理者，而敲诈勒索罪的犯罪人威胁的对象，不限于在场者。

（3）两罪威胁的方式方法不同。抢劫罪暴力威胁的对象是在场者，犯罪人只能是当场向被害人直接表示或表明，敲诈勒索罪的犯罪人以暴力威胁的对象不限于在场者，也可以是不在场的人，因而实施暴力威胁的方式亦不限于当场对被害人直接实施。

（4）两罪所威胁的内容不同。抢劫罪当场暴力威胁的内容包括杀害、伤害、殴打等，而敲诈勒索罪的犯罪人所威胁的内容，可以是当场的直接杀害、伤害、殴打等，也可以当场不实现的行为（如揭发隐私、历史问题或违法犯罪问题等）相威胁。

（三）敲诈勒索罪的刑事责任

根据《刑法》第 274 条的规定，犯本罪的，处 3 年以下有期徒刑、拘役或者管制，并处或者单处罚金；数额巨大或者有其他严重情节的，处 3 年以上 10 年以下有期徒刑，并处罚金；数额特别巨大或者有其他特别严重情节的，处 10 年以上有期徒刑，并处罚金。

根据最高人民法院、最高人民检察院《关于办理敲诈勒索刑事案件适用法律若干问题的解释》，敲诈勒索数额较大，行为人认罪、悔罪，退赃、退赔，并具有下列情形之一的，可以认定为犯罪情节轻微，不起诉或者免予刑事处罚，由有关部门依法予以行政处罚：① 具有法定从宽处罚情节的；② 没有参与分赃或者获赃较少且不是主犯的；③ 被害人谅解的；④ 其他情节轻微、危害不大的。

根据上述解释，对犯敲诈勒索罪的被告人，应当在 2000 元以上、敲诈勒索数额的 2 倍以下判处罚金；被告人没有获得财物的，应当在 2000 元以上 10 万元以下判处罚金。

第三节　窃取、骗取型财产犯罪

一、盗窃罪

（一）盗窃罪的概念与构成

盗窃罪，是指以非法占有为目的，秘密窃取数额较大的公私财物或者多次盗窃、入户盗窃、携带凶器盗窃、扒窃公私财物的行为。

本罪侵犯的客体是公私财产所有权，犯罪对象是公私财物。根据最高人民法院、最高人民检察院《关于办理盗窃刑事案件适用法律若干问题的解释》的规定，公私财物既包括有体物，也包括如电力、煤气、天然气等无体物；既包括合法财物，也包括毒品等违禁品。根据最高人民法院《关于审理掩饰、隐瞒犯罪所得、犯罪所得收益刑事案件适用法律若干问题的解释》的规定，犯罪所得及其产生的收益也可以成为本罪的犯罪对象。

本罪的客观方面表现为秘密窃取数额较大的公私财物或者多次盗窃、入户盗窃、携带凶器盗窃、扒窃公私财物的行为。

所谓秘密窃取，是指行为人采取自以为不使财物所有者、保管者发觉的方法，暗中将财物取走。这里对"秘密"的理解要把握三个要点。第一，秘密是指取得财物为暗中进行。如果取得财物是暗中进行，财物到手后被发觉而公开携财逃跑，或者使用欺骗的方法吸引被害人的注意力，趁其不注意时取走财物，仍属秘密窃取，构成盗窃罪。第二，秘密是相对财物的所有者、保管者而言的。所以，即使窃取财物时已经被他人发现或暗中注视，也不影响盗窃罪的成立，行为人只要是以平和而非暴力的手段，违反占有人的意思而取得财物的，就是盗窃罪中的窃取。第三，秘密是指行为人自认为没有被所有者、保管者发觉。如果行为人已经明知被被害人发觉，公然将财物取走，不构成本罪，而应认定为抢夺罪。秘密窃取的方式方法多种多样。根据《刑法》第287条的规定，以计算机为犯罪工具，窃取钱财的，也构成盗窃罪。

根据最高人民法院、最高人民检察院《关于办理盗窃刑事案件适用法律若干问题的解释》的规定，所谓盗窃"数额较大""数额巨大""数额特别巨大"，分别是指盗窃公私财物价值1000元至3000元、3万元至10万元以上、30万元至50万元以上。各省、自治区、直辖市高级人民法院、人民检察院可以根据本地区经济发展状况，并考虑社会治安状况，在上述数额幅度内，确定本地区执行的具体数额标准，报最高人民法院、最高人民检察院批准。在跨地区运行的公共交通工具上盗窃，盗窃地点无法查证的，盗窃数额是否达到"数额较大""数额巨大""数额特别巨大"，应当根据受理案件所在地省、自治区、直辖市高级人民法院、人民检察院确定的有关数额标准认定。

盗窃公私财物，具有下列情形之一的，"数额较大"的标准可以按照前述规定标准的50%确定：① 曾因盗窃受过刑事处罚的；② 一年内曾因盗窃受过行政处罚的；③ 组织、控制未成年人盗窃的；④ 自然灾害、事故灾害、社会安全事件等突发事件期间，在事件发生地盗窃的；⑤ 盗窃残疾人、孤寡老人、丧失劳动能力人的财物的；⑥ 在医院盗窃病人或者其亲友财物的；⑦ 盗窃救灾、抢险、防汛、优抚、扶贫、移民、救济款物的；⑧ 因盗窃造成严重后果的。

盗窃公私财物，具有下列情形之一的，可以分别认定为《刑法》第264条规定的"其他严重情节"或者"其他特别严重情节"：① 组织、控制未成年人盗窃的；② 自然灾害、事故灾害、社会安全事件等突发事件期间，在事件发生地盗窃的；③ 盗窃残疾人、孤寡老人、丧失劳动能力人的财物的；④ 在医院盗窃病人或者其亲友财物的；⑤ 盗窃救灾、抢险、防汛、优抚、扶贫、移民、救济款物的；⑥ 因盗窃造成严重后果的；⑦ 入户盗窃、携带凶器盗窃，数额达到上述解释规定"数额巨大"或者"数额特别巨大"50%的。

根据最高人民法院、最高人民检察院《关于办理盗窃刑事案件适用法律若干问题的解释》的规定，多次盗窃，是指两年内盗窃3次以上的；入户盗窃，是指非法进入供他人家庭生活，与外界相对隔离的住所盗窃；携带凶器盗窃，是指携带枪支、爆炸物、管制刀具等国家禁止个人携带的器械盗窃，或者为了实施违法犯罪携带其他足以危害他人人身安全的器械盗窃；扒窃，是指在公共场所或者公共交通工具上盗窃他人随身携带的财物。

本罪的主体是一般主体，即已满16周岁、具有刑事责任能力的自然人。根据最高人民法院、最高人民检察院《关于办理盗窃刑事案件适用法律若干问题的解释》的规定，单位组织、指使盗窃，符合《刑法》第264条及本解释有关规定的，以盗窃罪追究组织者、指使者、直接实施者的刑事责任。

本罪的主观方面是直接故意，以非法占有公私财物为目的。如果是行为人误把公私财物当作自己的财物而拿走，或者未经物主同意而临时擅自借用其物，用完即归还的，或者私自挪用代人保存的钱物，用后偿还的，因不具有非法占有的目的，不构成盗窃罪。至于行为人非法占有公私财物后如何处置，是据为己有，还是赠送给他人，均不影响盗窃罪的成立。

另外，应特别注意对《刑法》第196条第3款和第265条的理解。《刑法》第196条第3款规定："盗窃信用卡并使用的，依照本法第二百六十四条的规定定罪处罚。"这种盗窃犯罪，在客观上具有盗窃信用卡并使用的行为。对于这种情况，注意不能以诈骗罪论处。《刑法》第265条规定："以牟利为目的，盗接他人通信线路、复制他人电信码号或者明知是盗接、复制的电信设备、设施而使用的，依照本法第二百六十四条的规定定罪处罚。"构成该条规定的盗窃罪须具备两个条件：主观上必须以牟利为目的，在客观上表现为盗接他人通信线路、复制他人电信码号或者明知是盗接、复制的电信设备、设施而使用的行为。盗接他人通信线路，是指未经权利人许可，采取秘密的方法连接他人的通信线路无偿使用或者转给他人使用，从而给权利人造成损失；

所谓复制他人电信码号，是指取得他人的电信码号后，非法加以翻制并无偿使用或者非法出租、出借、转让。

（二）盗窃罪认定时应注意的问题

1. 本罪与非罪的界限

根据《刑法》的规定，除入户盗窃、携带凶器盗窃、扒窃之外，只有盗窃数额较大或者多次盗窃的，才能构成盗窃罪。因此，划分盗窃罪与非罪的界限，需要依据两个标准：盗窃的数额和盗窃的次数。根据最高人民法院、最高人民检察院《关于办理盗窃刑事案件适用法律若干问题的解释》的规定，认定盗窃罪应当注意以下几点。

（1）偷拿家庭成员或者近亲属的财物，获得谅解的，一般可以不认为是犯罪；追究刑事责任的，应当酌情从宽。

（2）盗窃未遂，具有下列情形之一的，应当依法追究刑事责任：① 以数额巨大的财物为盗窃目标的；② 以珍贵文物为盗窃目标的；③ 其他情节严重的情形。

（3）盗窃行为给失主造成的损失大于盗窃数额的，损失数额可以作为量刑情节考虑。

根据上述司法解释的规定，盗窃的数额，直接关系到行为是否构成犯罪及准确量刑，因此需要注意以下问题。

（1）盗窃的数额，按照下列方法认定。

被盗财物有有效价格证明的，根据有效价格证明认定；无有效价格证明，或者根据价格证明认定盗窃数额明显不合理的，应当按照有关规定委托估价机构估价。

盗窃外币的，按照盗窃时中国外汇交易中心或者中国人民银行授权机构公布的人民币对该货币的中间价折合成人民币计算；中国外汇交易中心或者中国人民银行授权机构未公布汇率中间价的外币，按照盗窃时境内银行人民币对该货币的中间价折算成人民币，或者该货币在境内银行、国际外汇市场对美元汇率，与人民币对美元汇率中间价进行套算。

盗窃电力、燃气、自来水等财物，盗窃数量能够查实的，按照查实的数量计算盗窃数额；盗窃数量无法查实的，以盗窃前6个月月均正常用量减去盗窃后计量仪表显示的月均用量推算盗窃数额；盗窃前正常使用不足6个月的，按照正常使用期间的月均用量减去盗窃后计量仪表显示的月均用量推算盗窃数额。

明知是盗接他人通信线路、复制他人电信码号的电信设备、设施而使用的，按照合法用户为其支付的费用认定盗窃数额；无法直接确认的，以合法用户的电信设备、设施被盗接、复制后的月缴费额减去被盗接、复制前6个月的月均电话费推算盗窃数额；合法用户使用电信设备、设施不足6个月的，按照实际使用的月均电话费推算盗窃数额。

盗接他人通信线路、复制他人电信码号出售的，按照销赃数额认定盗窃数额。

（2）盗窃有价支付凭证、有价证券、有价票证的，按照下列方法认定盗窃数额：

盗窃不记名、不挂失的有价支付凭证、有价证券、有价票证的，应当按票面数额和盗窃时应得的孳息、奖金或者奖品等可得收益一并计算盗窃数额。

盗窃记名的有价支付凭证、有价证券、有价票证，已经兑现的，按照兑现部分的财物价值计算盗窃数额；没有兑现，但失主无法通过挂失、补领、补办手续等方式避免损失的，按照给失主造成的实际损失计算盗窃数额。

（3）盗窃文物的，按照下列方法认定盗窃数额。

盗窃国有馆藏一般文物、三级文物、二级以上文物的，应当分别认定为《刑法》第264条规定的"数额较大""数额巨大""数额特别巨大"。盗窃多件不同等级国有馆藏文物的，3件同级文物可以视为1件高一级文物。盗窃民间收藏的文物的，有效价格证明的，根据有效价格证明认定；无有效价格证明，或者根据价格证明认定盗窃数额明显不合理的，应当按照有关规定委托估价机构估价。

2. 本罪与部分危害公共安全罪的界限

在司法实践中，有些盗窃行为的对象是枪支、弹药、爆炸物，电力或通讯设施等，有些盗窃行为则以危害公共安全如爆炸、投毒等为手段来完成，应具体情况具体分析。

（1）如果盗窃的对象是法律明确规定的危害公共安全犯罪的物品，如盗窃枪支、弹药、爆炸物，或者是偷窃正在使用中的电力设备，足以危害公共安全的，应构成危害公共安全罪中的相应犯罪。如果是在盗窃他人财物时，在窃得的提包里意外发现放有枪支、弹药，应按盗窃罪处罚。但如果行为人窃得枪支、弹药后予以非法持有、私藏的，对其应另行认定非法持有、私藏枪支、弹药罪，与先前的盗窃罪数罪并罚。

（2）如果以非法占有为目的，毒死或炸死数量较大的鱼，将其偷走，未引起其他严重后果的，应定为盗窃罪。如果不顾人畜安危，向供饮用的水源投放大量剧毒物，或者向堤坝等其他公共设施附近的水库投掷大量炸药，严重危害公共安全，致人重伤、死亡或者使公私财产遭受重大损失的，应当定为投放危险物质罪或爆炸罪。

（3）盗窃通讯设施价值数额不大，但危害公共安全已构成破坏广播电视设施、公用电信设施罪的，或者盗窃通讯设施，造成严重后果的，应认定为破坏广播电视设施、公用电信设施罪。

3. 一罪与数罪的界限

根据最高人民法院、最高人民检察院《关于办理盗窃刑事案件适用法律若干问题的解释》，应当注意以下几个问题。

（1）采用破坏性手段盗窃公私财物，造成其他财物损毁的，以盗窃罪从重处罚；同时构成盗窃罪和其他犯罪的，择一重罪从重处罚；实施盗窃犯罪后，为掩盖罪行或者报复等，故意毁坏其他财物构成犯罪的，以盗窃罪和构成的其他犯罪数罪并罚；盗窃行为未构成犯罪，但损毁财物构成其他犯罪的，以其他犯罪定罪处罚。

（2）偷开他人机动车的，按照下列规定处理。偷开机动车，导致车辆丢失的，以盗窃罪定罪处罚；为盗窃其他财物，偷开机动车作为犯罪工具使用后非法占有车辆，或者将车辆遗弃导致丢失的，被盗车辆的价值计入盗窃数额；为实施其他犯罪，偷开机动车作为犯罪工具使用后非法占有车辆，或者将车辆遗弃导致丢失的，以盗窃罪和其他犯罪数罪并罚；将车辆送回未造成丢失的，按照其所实施的其他犯罪从重处罚。

（3）盗窃既有既遂，又有未遂，分别达到不同量刑幅度的，依照处罚较重的规定处罚；达到同一量刑幅度的，以盗窃罪既遂处罚。

此外，根据最高人民法院《关于审理破坏广播电视设施等刑事案件具体应用法律若干问题的解释》的规定，盗窃正在使用的广播电视设施，尚未构成盗窃罪，但具有下列情形之一的，依照《刑法》第124条第1款的规定，以破坏广播电视设施罪定罪处罚：造成救灾、抢险、防汛和灾害预警等重大公共信息无法发布的；造成县级、地市（设区的市）级广播电视台中直接关系节目播出的设施无法使用，信号无法播出的；造成省级以上广播电视传输网内的设施无法使用，地市（设区的市）级广播电视传输网内的设施无法使用3小时以上，县级广播电视传输网内的设施无法使用12小时以上，信号无法传输的；其他危害公共安全的情形。盗窃正在使用的广播电视设施，尚未构成盗窃罪，但具有下列情形之一的，应当认定为《刑法》第124条第1款规定的"造成严重后果"，以破坏广播电视设施罪定罪处罚：造成救灾、抢险、防汛和灾害预警等重大公共信息无法发布，因此贻误排除险情或者疏导群众，致使1人以上死亡、3人以上重伤或者财产损失50万元以上，或者引起严重社会恐慌、社会秩序混乱的；造成省级以上广播电视台中直接关系节目播出的设施无法使用，信号无法播出的；造成省级以上广播电视传输网内的设施无法使用3小时以上，地市（设区的市）级广播电视传输网内的设施无法使用12小时以上，县级广播电视传输网内的设施无法使用48小时以上，信号无法传输的；造成其他严重后果的。同时构成盗窃罪和破坏广播电视设施罪的，依照处罚较重的规定定罪处罚。

根据最高人民法院、最高人民检察院《关于办理妨害文物管理等刑事案件适用法律若干问题的解释》第8条的规定，采用破坏性手段盗窃古文化遗址、古墓葬以外的古建筑、石窟寺、石刻、壁画、近代现代重要史迹和代表性建筑等其他不可移动文物的，以盗窃罪追究刑事责任。

（三）盗窃罪的刑事责任

根据《刑法》第264条的规定，犯本罪的，处3年以下有期徒刑、拘役或者管制，并处或者单处罚金；数额巨大或者有其他严重情节的，处3年以上10年以下有期徒刑，并处罚金；数额特别巨大或者有其他特别严重情节的，处10年以上有期徒刑或者无期徒刑，并处罚金或者没收财产。

根据最高人民法院、最高人民检察院《关于办理盗窃刑事案件适用法律若干问题的解释》的规定，盗窃公私财物数额较大，行为人认罪、悔罪，退赃、退赔，且具有下列情形之一，情节轻微的，可以不起诉或者免予刑事处罚；必要时，由有关部门予以行政处罚：① 具有法定从宽处罚情节的；② 没有参与分赃或者获赃较少且不是主犯的；③ 被害人谅解的；④ 其他情节轻微、危害不大的。

二、诈骗罪

（一）诈骗罪的概念与构成

诈骗罪，是指以非法占有为目的，用虚构事实或者隐瞒真相的方法，骗取数额较大的公私财物的行为。

本罪侵犯的客体是公私财产所有权，侵犯的对象限于公私财物。如果骗取的是其他非法利益，不构成本罪。根据最高人民法院《关于审理掩饰、隐瞒犯罪所得、犯罪所得收益刑事案件适用法律若干问题的解释》的规定，犯罪所得及其产生的收益也可以成为本罪的犯罪对象。

本罪的客观方面表现为用各种虚构事实或隐瞒真相的方法蒙蔽被害人，使其产生错觉，从而仿佛"自愿"地将数额较大的财物交给行为人。所谓虚构事实，是指无中生有，捏造不存在的事实，骗取被害人的信任。虚构事实，可以是虚构全部事实，也可以是在部分事实基础上夸大渲染，扩大事实以行骗。所谓隐瞒真相，是指掩盖客观存在的事实。用欺骗方法使得被害人仿佛"自愿"地交出财物，是诈骗罪区别于其他侵犯财产罪的主要特征。根据全国人民代表大会常务委员会《关于〈中华人民共和国刑法〉第二百六十六条的解释》，以欺诈、伪造证明材料或者其他手段骗取养老、医疗、工伤、失业、生育等社会保险金或者其他社会保障待遇的，属于《刑法》第 266 条规定的诈骗公私财物的行为。最高人民法院、最高人民检察院、公安部《关于依法办理"碰瓷"违法犯罪案件的指导意见》指出，实施"碰瓷"，虚构事实、隐瞒真相，骗取赔偿，符合《刑法》第 266 条规定的，以诈骗罪定罪处罚。

本罪的主体是一般主体，即已满 16 周岁、具有刑事责任能力的自然人，均可以构成本罪。

本罪的主观方面只能是直接故意，并且具有非法占有公私财物的目的。没有这种目的，不能构成本罪。例如，在经济往来中，为了扭亏为盈而通过欺骗方法获取他人资金，主观上想日后归还的，属于经济纠纷，不能以本罪论处。

（二）诈骗罪认定时应注意的问题

1. 本罪与非罪的界限

（1）本罪与一般诈骗行为的界限。根据《刑法》第 266 条的规定，只有诈骗公私财物达到"数额较大"标准的，才能以犯罪论处。对一般诈骗行为，只能依照《治安管理处罚法》等行政法律法规予以处罚。根据最高人民法院、最高人民检察院《关于办理诈骗刑事案件具体应用法律若干问题的解释》第 1 条的规定，诈骗公私财物 3000

元至 10000 元以上的，应该认定为"数额较大"。根据该解释第 3 条的规定，诈骗公私财物虽已达到本解释第 1 条规定的"数额较大"的标准，但具有下列情形之一，且行为人认罪、悔罪的，可以根据《刑法》第 37 条、《刑事诉讼法》第 142 条（现为第 177 条）的规定不起诉或者免予刑事处罚：① 具有法定从宽处罚情节的；② 一审宣判前全部退赃、退赔的；③ 没有参与分赃或者获赃较少且不是主犯的；④ 被害人谅解的；⑤ 其他情节轻微、危害不大的。根据该解释第 4 条的规定，诈骗近亲属的财物，近亲属谅解的，一般可不按犯罪处理。诈骗近亲属的财物，确有追究刑事责任必要的，具体处理也应酌情从宽。

（2）本罪与借贷等经济纠纷的界限。在司法实践中，许多借贷等经济纠纷与诈骗行为难以区别。一方面，有的人编造谎言骗借财物，到期不能偿还，有的借贷后由于某种原因拖欠不还，这些行为，特别是其中一些含有行为人欺诈对方内容的行为，容易与诈骗罪相混淆。而另一方面，有的人以借款之名，行诈骗之实，特别是有的行为人在"借款"之时还与对方签有"协议"，这种行为与借款纠纷也难以区别开来。区分经济纠纷与诈骗罪的关键，在于行为人主观上有无非法占有公私财物的目的。如果行为人以非法占有为目的，即使使用"借"的形式作掩护，也应按诈骗罪定罪处罚；如果行为人并无非法占有目的，即使借款时使用了一些欺骗方法，甚至丧失还款能力的，也不能定为诈骗罪。判断行为人有无非法占有目的，应从双方关系、事情的起因、未能还款有无正当原因、有无赖账、有无逃避行为等方面综合分析。实践中切不能简单地认为，凡是在借款当时没有偿还能力的就是诈骗，不能从未能还款的结果就推定行为人起初就具有非法占有财物的目的。

2. 本罪与盗窃罪的界限

诈骗罪与盗窃罪在犯罪客体、犯罪主体及犯罪主观方面基本相同，但在犯罪客观方面区别较为明显，因而一般情况下区分两罪并不困难。但是，当盗窃行为与欺骗行为联结在一起时，判断行为究竟是构成盗窃罪还是构成诈骗罪，存在一定困难。区分二者，关键在于把握非法占有财物的主要方式是骗取还是窃取。例如，盗窃空白发货票或没有盖章的空白支票，用自填金额和伪造公章的方法骗取财物的，或者盗窃公章、伪造证明，骗领财物的，其非法取得财物的主要方式是蒙蔽他人，盗窃行为并不直接获得所要非法占有的财物，而只是为实现诈骗创造条件，故这类情况认定为诈骗罪。反之，盗窃能立即兑现的有价证券或票证，如印鉴齐全的支票，不留储户印鉴的活期储蓄存折，然后冒名骗领、骗购财物的，则应定为盗窃罪，因为行为人窃取了这些有价证券或有价票证，就取得了支配财物的充分能力，欺骗在占有财物过程中不起主要作用。

3. 本罪与法定的特殊诈骗犯罪的界限

《刑法》除规定了本罪即普通诈骗罪外，还在破坏社会主义经济秩序罪中规定了若干特殊诈骗犯罪。具体而言，包括集资诈骗罪（第 192 条）、贷款诈骗罪（第 193 条）、票据诈骗罪（第 194 条第 1 款）、金融凭证诈骗罪（第 194 条第 2 款）、信用证诈骗罪（第 195 条）、信用卡诈骗罪（第 196 条第 1 款）、有价证券诈骗罪（第 197 条）、保险诈骗罪（第 198 条）、骗取出口退税罪（第 204 条第 1 款）和合同诈骗罪（第 224 条）。这些特殊诈骗犯罪，在诈骗方法和对象上有其特定性，虽然和普通诈骗罪一样也侵犯了他人的财产权，但主要破坏了金融秩序和社会主义市场经济秩序。本罪与这些特殊诈骗犯罪，在构成上是一般与特殊的关系。当行为人的诈骗行为符合这些特殊诈骗犯罪的构成时，不应以本罪定罪处罚，而应根据其诈骗方法和对象依照特殊诈骗犯罪定罪处罚。

根据最高人民法院、最高人民检察院《关于办理诈骗刑事案件具体应用法律若干问题的解释》第 8 条的规定，冒充国家机关工作人员进行诈骗，同时构成诈骗罪和招摇撞骗罪的，依照处罚较重的规定定罪处罚。

4. 本罪未遂的认定

根据最高人民法院、最高人民检察院《关于办理诈骗刑事案件具体应用法律若干问题的解释》第 5 条的规定，诈骗未遂，以数额巨大的财物为诈骗目标的，或者具有其他严重情节的，应当定罪处罚。利用发送短信、拨打电话、互联网等电信技术手段对不特定多数人实施诈骗，诈骗数额难以查证，但具有下列情形之一的，应当认定为《刑法》第 266 条规定的"其他严重情节"，以诈骗罪（未遂）定罪处罚：① 发送诈骗信息 5000 条以上的；② 拨打诈骗电话 500 人次以上的；③ 诈骗手段恶劣，危害严重的。实施上述规定行为，数量达到上述前两项规定标准 10 倍以上的，或者诈骗手段特别恶劣、危害特别严重的，应当认定为《刑法》第 266 条规定的"其他特别严重情节"，以诈骗罪（未遂）定罪处罚。

根据上述司法解释第 6 条的规定，诈骗既有既遂，又有未遂，分别达到不同量刑幅度的，依照处罚较重的规定处罚；达到同一量刑幅度的，以诈骗罪既遂处罚。

5. 本罪的共同犯罪

根据最高人民法院、最高人民检察院《关于办理诈骗刑事案件具体应用法律若干问题的解释》第 7 条的规定，明知他人实施诈骗犯罪，为其提供信用卡、手机卡、通讯工具、通讯传输通道、网络技术支持、费用结算等帮助的，以共同犯罪论处。

（三）诈骗罪的刑事责任

《刑法》第 266 条对诈骗罪规定了三个档次的法定刑。① 诈骗公私财物，数额较大的，处 3 年以下有期徒刑、拘役或者管制，并处或者单处罚金。② 诈骗数额巨大或者有其他严重情节的，处 3 年以上 10 年以下有期徒刑，并处罚金。③ 诈骗数额特别巨大或者有其他特别严重情节的，处 10 年以上有期徒刑或者无期徒刑，并处罚金或者没收财产。

根据最高人民法院、最高人民检察院《关于办理诈骗刑事案件具体应用法律若干问题的解释》第 1 条的规定，诈骗公私财物 3000 元至 1 万元以上、3 万元至 10 万元以上、50 万元以上的，应该分别认定为《刑法》第 266 条规定的"数额较大""数额巨大""数额特别巨大"。各省、自治区、直辖市高级人民法院、人民检察院可以结合本地区经济社会发展状况，在上述规定的数额幅度内，共同研究确定本地区执行的具体数额标准，报最高人民法院、最高人民检察院备案。根据该解释第 2 条的规定，诈骗公私财物达到该解释第 1 条规定的数额标准，具有下列情形之一的，可以依照《刑法》第 266 条的规定酌情从严惩处：① 通过发送短信、拨打电话或者利用互联网、广播电视、报纸杂志等发布虚假信息，对不特定多数人实施诈骗的；② 诈骗救灾、抢险、防汛、优抚、扶贫、移民、救济、医疗款物的；③ 以赈灾募捐名义实施诈骗的；④ 诈骗残疾人、老年人或者丧失劳动能力人的财物的；⑤ 造成被害人自杀、精神失常或者其他严重后果的。诈骗数额接近该解释第 1 条规定的"数额巨大""数额特别巨大"的标准，并具有前述规定的情形之一或者属于诈骗集团首要分子的，应当分别认定为《刑法》第 266 条规定的"其他严重情节""其他特别严重情节"。

第四节　侵占、挪用型财产犯罪

一、侵占罪

（一）侵占罪的概念与构成

侵占罪，是指以非法占有为目的，将代为保管的他人财物或者他人的遗忘物、埋藏物非法占为己有，数额较大，拒不退还或者拒不交出的行为。

本罪侵犯的客体是公私财产所有权。

本罪的客观方面可以表现为以下两种情形。

一是将代为保管的他人财物非法占为己有，数额较大，拒不退还的行为。代为保管，是指接受他人委托或者根据事实上的管理而成立的对他人财物的持有、管理。他人财物，既可以是他人个人的财物，也可以是其他单位的财物。行为人基于委托关系或事实上的管理而拥有的对他人财物的持有和管理权，是构成本罪的前提条件。如果不是将代为保管的他人财物占为己有，而是用盗窃、抢夺、诈骗等方法占有他人财物，不构成本罪。

二是将他人的遗忘物、埋藏物非法占为己有，数额较大，拒不交出的行为。遗忘物，是指由于财物所有人、持有人的疏忽而遗忘在特定地点并失去占有、控制的财物。埋藏物，是指埋藏于地下或私人地方的财物。无论是侵占代为保管的他人财物，还是侵占遗忘物、埋藏物，都必须达到数额较大才能构成犯罪。非法占有他人财物后，还必须有拒不退还或拒不交出的行为，才能构成本罪。拒不退还或拒不交出，是指行为人非法侵占他人财物，被人发现，所有人要求其退还或交出时，仍不予退还或交出。如果行为人虽然有非法侵占的行为，但经权利人要求退还，退还或者交出了所侵占的财物，则不构成犯罪。

本罪的主体是一般主体，即已满16周岁、具有刑事责任能力的自然人，均可以构成本罪。

本罪的主观方面是故意，并且具有非法占有他人财物的目的。

（二）侵占罪认定时应注意的问题

1. 本罪与不当得利的界限

不当得利是指没有法律根据，使他人的利益受到损害而获得的一种不正当利益。

不当得利的受益人与侵占罪的行为人都具有非法占有他人财物的行为，但二者有重要区别。

（1）二者非法占有他人财物的故意形成时间不同。侵占罪的行为人在实施侵占行为之前，就产生了明知是他人财物而将其非法占有的故意；而不当得利的受益人在取得不当利益之前，根本没有非法占有他人财物的故意。

（2）二者的行为方式不同。侵占罪的行为人获得财物的方式既可以表现为作为，也可以表现为不作为，但非法占有他人财物这一事实是行为人积极促成的；而不当得利法律事实的出现，是由于受害人的疏忽、过错造成的，受益人获得不当得利是被动的。

2. 本罪与盗窃罪的界限

本罪与盗窃罪均以非法占有为目的，但二者在以下几个方面存在明显的区别。

（1）犯意的内容和形成的时间不同。侵占罪的行为人认识到自己是以非暴力手段非法占有自己业已持有的他人财物，且犯罪故意只能产生于持有他人财物之后；而盗窃罪的行为人认识到自己是以不为财物所有人或持有人知道的秘密方法非法获取他人财物，且犯罪故意只能产生于非法获取他人财物之前。

（2）客观方面的表现不同。在侵占罪中，行为人在实施侵占行为时，他人财物已在行为人的实际控制之下，行为人进而对自己持有的他人财物占有，是以种种理由或者手段拒不退还或者拒不交予财物的所有人、管理人之方法实现的。如果行为人将财物退还或交出，则不构成犯罪。而盗窃罪在客观方面则表现为行为人通过秘密窃取的方法将不在自己控制下的他人财物非法占为己有，其犯罪手段只能是秘密窃取。即使窃取他人财物之后又主动退还，也构成盗窃罪。

（3）犯罪对象不同。侵占罪的犯罪对象只能是行为人在犯罪前已经代为保管的他人财物或者他人的遗忘物或埋藏物；而盗窃罪的犯罪对象，只能是行为人在犯罪前并不持有的他人财物。

（三）侵占罪的刑事责任

根据《刑法》第 270 条的规定，犯本罪的，处 2 年以下有期徒刑、拘役或者罚金；数额巨大或者有其他严重情节的，处 2 年以上 5 年以下有期徒刑，并处罚金。本罪是属于告诉才处理的犯罪。

二、职务侵占罪

（一）职务侵占罪的概念与构成

职务侵占罪，是指公司、企业或者其他单位的工作人员，利用职务上的便利，将本单位数额较大的财物非法占为己有的行为。

本罪侵犯的客体是公司、企业或者其他单位的财产所有权。

本罪的犯罪对象是行为人所在单位的合法财产。公司，是指依《公司法》成立的有限责任公司和股份有限公司；企业，是指公司以外的从事生产、经营的经济组织；其他单位，是指公司、企业以外的合法机构，包括事业性机构、社会团体等。

本罪的客观方面表现为行为人利用职务上的便利，将本单位数额较大的财物非法占为己有。这一特征有三个要点。

一是行为人必须利用职务上的便利。利用职务上的便利，是指行为人利用自己在职务上所具有的主管、管理、经手本单位财物的方便条件。如果行为人未利用自己在职务上的便利，而是利用工作上的便利条件，如因工作关系而熟悉周围环境等便利条件，侵占本单位财产的行为，不能认定为本罪。

二是实施了非法占有本单位财物的行为。非法占有的方法，主要是侵吞、窃取和骗取。非法占有的财物必须是本单位的，不是本单位的，不构成本罪。

三是侵占的财物数额较大。根据《立案追诉标准（二）》第 76 条的规定，公司、企业或者其他单位的人员，利用职务上的便利，将本单位财物非法占为己有，数额在 3 万元以上的，应予立案追诉。是否达到数额较大的标准，是本罪与非罪的重要界限。

本罪的主体是特殊主体，即只能是在本公司、本企业或本单位担任一定职务或者因工作需要而主管、经手财物的不具有国家工作人员身份的人。依照《刑法》第 271 条第 2 款的规定，国有公司、企业或者其他国有单位中从事公务的人员和国有公司、企业或者其他国有单位委派到非国有公司、企业或其他单位从事公务的人员实施侵占行为的，应当以贪污罪论处。根据最高人民法院《关于村民小组组长利用职务便利非法占有公共财物行为如何定性问题的批复》，对村民小组组长利用职务便利，将村民小组集体财产非法占为己有，数额较大的行为，应当以本罪定罪处罚。根据最高人民法院《关于在国有资本控股、参股的股份有限公司中从事管理工作的人员利用职务便利非法占有本公司财物如何定罪问题的批复》的规定，在国有资本控股、参股的股份有限公司中从事管理工作的人员，除受国家机关、国有公司、企业、事业单位委派从事公务的以外，不属于国家工作人员；对其利用职务上的便利，将本单位财物非法占为己有，数额较大的，应当以本罪定罪处罚。

本罪的主观方面是故意，并具有将本单位财物占为己有的目的。

（二）职务侵占罪认定时应注意的问题

1. 本罪与侵占罪的界限

两罪主观上都是以非法占有公私财物为目的，客体都是公私财产所有权。两罪的主要区别是：① 主体不同。前罪主体是公司、企业或者其他单位中不具有国家工作人员身份的人；后罪主体是财物的代为保管人。② 客观表现不同。前罪表现为利用职务上的便利，将本单位财物非法占为己有；后罪则表现为将代为保管的他人财物或者他人的遗忘物、埋藏物非法占为己有，拒不退还或拒不交出。③ 犯罪对象不同。前罪的对象为行为人所在单位的财物；后罪的对象则是代为保管的他人财物或他人的遗忘物、埋藏物。

2. 本罪与盗窃罪、诈骗罪的界限

职务侵占罪与盗窃罪、诈骗罪，都具有非法占有的目的，都侵犯公私财产权利。它们的主要区别在于：其一，职务侵占罪侵犯的对象只能是公司、企业或其他单位的财物；而盗窃罪、诈骗罪侵犯的可以是任何公私财物。其二，职务侵占罪只能是利用职务上的便利实施，行为方式包括窃取、骗取、侵吞等多种；而盗窃、诈骗罪的实施与职务无关，行为方式分别只能是窃取或骗取。其三，职务侵占罪的主体是特殊主体；而盗窃罪、诈骗罪是一般主体。

3. 职务侵占罪的共同犯罪

根据最高人民法院《关于审理贪污、职务侵占案件如何认定共同犯罪几个问题的解释》的规定，行为人与公司、企业或者其他单位的人员勾结，利用公司、企业或者其他单位人员的职务便利，共同将该单位财物非法占为己有，数额较大的，以职务侵占罪共犯论处。公司、企业或者其他单位中，不具有国家工作人员身份的人与国家工作人员勾结，分别利用各自的职务便利，共同将本单位财物非法占为己有的，按照主犯的犯罪性质定罪。

（三）职务侵占罪的刑事责任

根据《刑法》第 271 条第 1 款的规定，犯本罪的，处 3 年以下有期徒刑或者拘役，并处罚金；数额巨大的，处 3 年以上 10 年以下有期徒刑，并处罚金；数额特别巨大的，处 10 年以上有期徒刑或者无期徒刑，并处罚金。

根据最高人民法院、最高人民检察院《关于办理贪污贿赂刑事案件适用法律若干问题的解释》的规定，"数额巨大"的标准为 100 万元。

三、挪用资金罪

（一）挪用资金罪的概念与构成

挪用资金罪，是指公司、企业或者其他单位的工作人员，利用职务上的便利，挪用本单位的资金归个人使用或者借贷给他人，数额较大、超过 3 个月未还的，或者虽未超过 3 个月但数额较大、进行营利活动的，或者进行非法活动的行为。

本罪侵犯的客体是复杂客体，其中主要是公司、企业或者其他单位的财产使用权，另外还侵犯了公司、企业或者其他单位的财经管理制度。

本罪的客观方面表现为行为人利用职务上的便利，挪用本单位资金归个人使用或者借贷给他人使用。具体而言，包括三种情况：一是数额较大，超过 3 个月未还；二是虽未超过 3 个月，但数额较大、进行营利活动；三是进行非法活动。

根据最高人民法院《关于如何理解刑法第二百七十二条规定的"挪用本单位资金归个人使用或者借贷给他人"问题的批复》，公司、企业或者其他单位的非国家工作人员，利用职务上的便利，挪用本单位资金归本人或者其他自然人使用，或者挪用人以个人名义将所挪用的资金借给其他自然人和单位，构成犯罪的，以本罪定罪处罚。根据《立案追诉标准（二）》第 77 条第 2 款的规定，具有下列情形之一的，属于本条规定的"归个人使用"：① 将本单位资金供本人、亲友或者其他自然人使用的；② 以个人名义将本单位资金供其他单位使用的；③ 个人决定以单位名义将本单位资金供其他单位使用，谋取个人利益的。根据《立案追诉标准（二）》第 77 条第 1 款的规定，公司、企业或者其他单位的工作人员，利用职务上的便利，挪用本单位资金归个人使用或者借贷给他人，涉嫌下列情形之一的，应予立案追诉：① 挪用本单位资金数额在 5 万元以上，超过 3 个月未还的；② 挪用本单位资金数额在 5 万元以上，进行营利活动的；③ 挪用本单位资金数额在 3 万元以上，进行非法活动的。

本罪的主体是特殊主体，即只能是公司、企业或者其他单位中的非国家工作人员。根据最高人民法院《关于对受委托管理、经营国有财产人员挪用国有资金行为如何定罪问题的批复》，对于受国家机关、国有公司、企业、事业单位、人民团体委托，管理、经营国有财产的非国家工作人员，利用职务上的便利，挪用国有资金归个人使用构成犯罪的，应当以本罪定罪处罚。根据最高人民检察院《关于挪用尚未注册成立公司资金的行为如何适用法律问题的批复》，筹建公司的工作人员在公司登记注册前，利用职务上的便利，挪用准备设立的公司在银行开设的临时账户上的资金，归个人使用或者借贷给他人，数额较大、超过 3 个月不还的，或者虽未超过 3 个月，但数额较大、进行营利活动的，或者进行非法活动的，应当以本罪定罪处罚。

本罪的主观方面是直接故意，目的是非法暂时取得本单位资金的使用权，准备以后归还。

（二）挪用资金罪认定时应注意的问题

挪用资金罪的认定主要应注意本罪与职务侵占罪的界限。两罪的区别在于：① 犯罪对象的范围不同。前罪只限于本单位的资金，后罪包括本单位的资金和其他财物。② 犯罪的手段、方式不同。前罪不采用改变所有权的方法，后罪则以侵吞、窃取、骗取等手段改变财产的所有权。③ 犯罪的故意内容不同。前罪以暂时使用为故意，后罪则以非法占有为目的。

（三）挪用资金罪的刑事责任

根据《刑法》第 272 条的规定，犯本罪的，处 3 年以下有期徒刑或者拘役；挪用资金数额巨大的，处 3 年以上 7 年以下有期徒刑；数额特别巨大的，处 7 年以上有期徒刑。在提起公诉前将挪用的资金退还的，可以从轻或者减轻处罚。其中，犯罪较轻的，可以减轻或者免除处罚。

根据最高人民法院、最高人民检察院《关于办理贪污贿赂刑事案件适用法律若干问题的解释》的规定，挪用资金归个人使用，进行非法活动，数额在 200 万元以上的；进行营利活动或者超过 3 个月未还，数额在 400 万元以上的，应当认定为"数额巨大"。

第五节　毁坏、破坏型财产犯罪

一、故意毁坏财物罪

（一）故意毁坏财物罪的概念与构成

故意毁坏财物罪，是指故意毁坏公私财物，数额较大或者有其他严重情节的行为。本罪侵犯的客体是公私财物所有权。

本罪的客观方面表现为故意毁灭或损坏公私财物，数额较大或者情节严重的行为。毁灭，是指公私财物完全毁坏，或者其价值或使用价值丧失。损害，是指使公私财物的价值或使用价值部分丧失。值得注意的是，如果采取放火、爆炸等危险方式破坏公私财物，危害公共安全的，应以相关的危害公共安全罪论处。

本罪的主体是一般主体，主观方面是故意。

（二）故意毁坏财物罪的刑事责任

根据《刑法》第 275 条的规定，犯本罪的，处 3 年以下有期徒刑、拘役或者罚金；数额巨大或者有其他特别严重情节的，处 3 年以上 7 年以下有期徒刑。

二、拒不支付劳动报酬罪

（一）拒不支付劳动报酬罪的概念与构成

拒不支付劳动报酬罪，是指以转移财产、逃匿等方法逃避支付劳动者的劳动报酬或者有能力支付而不支付劳动者的劳动报酬，数额较大，经政府有关部门责令支付仍不支付的行为。

本罪侵犯的是复杂客体，包括劳动者取得劳动报酬的权利和市场经济秩序。根据最高人民法院《关于审理拒不支付劳动报酬刑事案件适用法律若干问题的解释》的规定，劳动者依照《劳动法》和《劳动合同法》等法律的规定应得的劳动报酬，包括工资、奖金、津贴、补贴、延长工作时间的工资报酬及特殊情况下支付的工资等，应当认定为《刑法》第 276 条之一第 1 款规定的"劳动者的劳动报酬"。

本罪的客观方面表现为行为人以转移财产、逃匿等方法逃避支付劳动者的劳动报酬或者有能力支付而不支付劳动者的劳动报酬，数额较大，经政府有关部门责令支付仍不支付。

根据上述司法解释的规定，以逃避支付劳动者的劳动报酬为目的，具有下列情形之一的，应当认定为《刑法》第 276 条之一第 1 款规定的"以转移财产、逃匿等方法逃避支付劳动者的劳动报酬"：① 隐匿财产、恶意清偿、虚构债务、虚假破产、虚假倒闭或者以其他方法转移、处分财产的；② 逃跑、藏匿的；③ 隐匿、销毁或者篡改账目、职工名册、工资支付记录、考勤记录等与劳动报酬相关的材料的；④ 以其他方法逃避支付劳动报酬的。具有下列情形之一的，应当认定为《刑法》第 276 条之一第 1 款规定的"数额较大"：① 拒不支付 1 名劳动者 3 个月以上的劳动报酬且数额在 5000 至 2 万元以上的；② 拒不支付 10 名以上劳动者的劳动报酬且数额累计在 3 万至 10 万元以上的。各省、自治区、直辖市高级人民法院可以根据本地区经济社会发展状况，在上述规定的数额幅度内，研究确定本地区执行的具体数额标准，报最高人民法院备案。经人力资源社会保障部门或者政府其他有关部门依法以限期整改指令书、行政处理决定书等文书责令支付劳动者的劳动报酬后，在指定的期限内仍不支付的，应当认定为《刑法》第 276 条之一第 1 款规定的"经政府有关部门责令支付仍不支付"，但有证据证明行为人有正当理由未知悉责令支付或者未及时支付劳动报酬的除外。行为人逃匿，无法将责令支付文书送交其本人、同住成年家属或者所在单位负责收件的人的，如果有关部门已通过在行为人的住所地、生产经营场所等地张贴责令支付文书等方式责令支付，并采用拍照、录像等方式记录的，应当视为"经政府有关部门责令支付"。

应该注意的是，《刑法》第 276 条之一规定的"数额较大，经政府有关部门责令支付仍不支付"是构成本罪的必备要件。也就是说，行为人仅是以转移财产、逃匿等方法逃避支付劳动者的劳动报酬或者有能力支付而不支付劳动者的劳动报酬，数额较大，但政府有关部门尚未责令支付的情况下，并不能直接构成本罪。

本罪的主体是负有劳动报酬支付义务的自然人和单位。根据上述司法解释的规定，不具备用工主体资格的单位或者个人，违法用工且拒不支付劳动者的劳动报酬，数额较大，经政府有关部门责令支付仍不支付的，应当依照《刑法》第276条之一的规定，以拒不支付劳动报酬罪追究刑事责任。用人单位的实际控制人实施拒不支付劳动报酬行为，构成犯罪的，应当依照《刑法》第276条之一的规定追究刑事责任。

本罪的主观方面是故意，要求具备逃避支付劳动者的劳动报酬或者有能力支付而不支付劳动者的劳动报酬的目的。

（二）拒不支付劳动报酬罪认定时应注意的问题

1. 本罪与非罪的界限

根据上述司法解释的规定，拒不支付劳动者的劳动报酬，尚未造成严重后果，在刑事立案前支付劳动者的劳动报酬，并依法承担相应赔偿责任的，可以认定为情节显著轻微危害不大，不认为是犯罪。

2. 本罪的结果加重犯的认定

根据上述司法解释的规定，拒不支付劳动者的劳动报酬，符合该解释关于"数额较大"的规定，并具有下列情形之一的，应当认定为《刑法》第276条之一第1款规定的"造成严重后果"：① 造成劳动者或者其被赡养人、被扶养人、被抚养人的基本生活受到严重影响、重大疾病无法及时医治或者失学的；② 对要求支付劳动报酬的劳动者使用暴力或者进行暴力威胁的；③ 造成其他严重后果的。

3. 本罪的单位犯罪的认定

根据《刑法》第276条之一第2款的规定，单位犯本罪的，施行双罚制。这里的单位，是指《劳动法》和《劳动合同法》所规定的用人单位，包括具备合法经营资格的用人单位、不具备合法经营资格的用人单位以及劳务派遣单位。对个人承包经营者犯罪的，应当以个人犯罪追究其刑事责任。

（三）拒不支付劳动报酬罪的刑事责任

根据《刑法》第276条之一的规定，犯本罪的，处3年以下有期徒刑或者拘役，并处或者单处罚金；造成严重后果的，处3年以上7年以下有期徒刑，并处罚金。单位犯本罪的，对单位判处罚金，并对其直接负责的主管人员和其他直接责任人员，依照个人犯本罪的规定处罚。犯本罪，尚未造成严重后果，在提起公诉前支付劳动者的劳动报酬，并依法承担相应赔偿责任的，可以减轻或者免除处罚。

根据最高人民法院《关于审理拒不支付劳动报酬刑事案件适用法律若干问题的解释》的规定，拒不支付劳动者的劳动报酬，尚未造成严重后果，在提起公诉前支付劳动者的劳动报酬，并依法承担相应赔偿责任的，可以减轻或者免除刑事处罚；在一审宣判前支付劳动者的劳动报酬，并依法承担相应赔偿责任的，可以从轻处罚。对于免除刑事处罚的，可以根据案件的不同情况，予以训诫、责令具结悔过或者赔礼道歉。拒不支付劳动者的劳动报酬，造成严重后果，但在宣判前支付劳动者的劳动报酬，并依法承担相应赔偿责任的，可以酌情从宽处罚。单位拒不支付劳动报酬，构成犯罪的，依照该解释规定的相应个人犯罪的定罪量刑标准，对直接负责的主管人员和其他直接责任人员定罪处罚，并对单位判处罚金。

每章一练

一、名词解释

抢劫罪　侵占罪　职务侵占罪　挪用资金罪　敲诈勒索罪

二、单项选择题

1. 甲、乙为劫取财物将在河边散步的丙杀死，当场取得丙随身携带的现金 2000 余元。甲、乙随后从丙携带的名片上得知丙是某公司总经理。两人经谋划后，按名片上的电话给丙的妻子丁打电话，声称丙已被绑架，丁必须于次日中午 12 点将 10 万元现金放在某处，否则杀害丙。丁立即报警，甲、乙被抓获。关于本案的处理，下列说法正确的是（　　）。（司考）

A. 以抢劫罪和绑架罪并罚

B. 以故意杀人罪、盗窃罪和绑架罪并罚

C. 以抢劫罪和敲诈勒索罪并罚

D. 以故意杀人罪、侵占罪和敲诈勒索罪并罚

2. 乙与丙因某事发生口角，甲知此事后，找到乙，谎称自己受丙所托带口信给乙，如果乙不拿出 2000 元给丙，丙将派人来打乙。乙害怕被打，就托甲将 2000 元带给丙。甲将钱占为己有。对甲的行为应当（　　）。（司考）

A. 按诈骗罪处理

B. 按敲诈勒索罪处理

C. 按侵占罪处理

D. 按抢劫罪处理

3. 甲、乙二人身着联防队员制服，潜伏在某卖淫窝点旁边。见有嫖客进入，二人便冒充联防队员执行公务，进屋搜查，将正在进行性交易的嫖客和卖淫女"抓住"，对他们说要么拘留，要么罚款 3000 元。嫖客和卖淫女没有办法，只能各缴 3000 元给甲、乙二人。甲、乙二人的行为构成（　　）。

A. 诈骗罪

B. 抢劫罪

C. 招摇撞骗罪

D. 敲诈勒索罪

4. 强某于 2013 年 10 月 15 口早 8：10 左右，骑着摩托车行驶在 312 国道的瓜市桥上。同向的一辆绿色混凝土搅拌卡车突然将他撞倒，并把他甩出约 10 米远。肇事司机见状立即加快油门逃逸。强某放在摩托车后箱的 4.8 万元现金因后箱破损而洒了一地。张某与朋友李某驾驶一辆载满乘客的中巴车经过，李某发现倒在地上的强某和满地的钱，便叫张某停了下来，鼓动乘客纷纷下车"捡"钱，一些过路群众也加入进来。5 分钟后地上已经分文未剩。捡完钱后，乘客上车，张某驾车逃走。张某与李某构成（   ）。

A. 聚众哄抢罪

B. 抢劫罪

C. 抢夺罪

D. 盗窃罪

5. 某民政局工作人员冯某利用职务便利挪用救济金 5 万元进行营利活动。冯某的行为构成（   ）。

A. 挪用特定款物罪

B. 挪用公款罪

C. 挪用资金罪

D. 职务侵占罪

三、多项选择题

1. 某晚，甲潜入乙家中行窃，被发现后携所窃赃物（价值 900 余元）逃跑，乙紧追不舍。甲见杂货店旁有一辆未熄火的摩托车，车主丙正站在车旁吸烟，便骑上摩托车继续逃跑。次日，丙在街上发现自己的摩托车和甲，欲将甲扭送公安局，甲一拳将丙打伤，后经法医鉴定为轻伤。应当以下列（   ）追究甲的刑事责任。（司考）

A. 抢劫罪

B. 抢夺罪

C. 盗窃罪

D. 故意伤害罪

2. 某晚，崔某身穿警服，冒充交通民警，骗租到女个体司机何某的出租车。当车行至市郊时，崔某持假枪抢走何某 1000 元，并将何某一脚踹出车外，使何某身受重伤，崔某趁机将出租车开走。本案中属于抢劫罪法定加重情节的有（   ）。

A. 持枪抢劫

B. 冒充军警人员抢劫

C. 抢劫致人重伤

D. 在公共交通工具上抢劫

3. 甲某日晚到洗浴中心洗浴。甲进入该中心后，根据服务员乙的指引，将衣服、手机、手提包等财物锁入 8 号柜中，然后进入沐浴区。半小时后，乙为交班而准备打开自己一直存放衣物的 7 号柜，忙乱中将钥匙插入 8 号柜的锁孔，但居然能将 8 号柜打开。乙发现柜中有手提包，便将其中的 3 万元现金拿走。为迅速逃离现场，乙没有来得及将 8 号柜门锁上。稍后另一客人丙见 8 号柜半开半掩，就将柜中的手机（价值3000 元）以及信用卡拿走。由于信用卡的背后写有密码，丙持该信用卡到商场购买价值 2 万元的手表。关于本案，下列说法错误的是（　　　　）。（司考）

  A. 乙的行为构成侵占罪，丙的行为构成盗窃罪

  B. 乙的行为构成盗窃罪，丙的行为构成侵占罪

  C. 乙的行为构成盗窃罪，丙的行为构成盗窃罪与信用卡诈骗罪

  D. 乙的行为构成职务侵占罪，丙的行为构成侵占罪与信用卡诈骗罪

  4. 某事业单位负责人甲决定以单位名义将本单位资金 150 余万元贷给另一公司，所得高利息归本单位所有。甲虽未谋取个人利益，但最终使本金无法收回。关于该行为的定性，（　　　　）是可以排除的。

  A. 挪用公款罪

  B. 挪用资金罪

  C. 违法发放贷款罪

  D. 高利转贷罪

  5. 关于敲诈勒索罪的判断，下列说法正确的是（　　　　）。

  A. 甲将王某杀害后，又以王某被绑架为由向其亲属索要钱财。甲除构成故意杀人罪外，还构成敲诈勒索罪与诈骗罪想象竞合犯

  B. 饭店老板乙以可乐兑水冒充洋酒销售，向实际消费数十元的李某索要数千元。李某不从，乙召集店员对其进行殴打，致其被迫将钱交给乙。乙的行为构成抢劫罪而非敲诈勒索罪

  C. 职员丙被公司辞退，要求公司支付 10 万元补偿费，否则会将所掌握的公司商业秘密出卖给其他公司使用。丙的行为构成敲诈勒索罪

  D. 丁为谋取不正当利益送给国家工作人员刘某 10 万元。获取不正当利益后，丁以告发相要挟，要求刘某返还 10 万元。刘某担心被告发，便还给丁 10 万元。对丁的行为应以行贿罪与敲诈勒索罪实行并罚

四、案例分析题

  甲乘坐公共汽车，站在有座位的乙旁边。甲见乙的钱包快要掉出裤子口袋，便有意贴近乙的身边，同时亦为了挡住车上其他乘客的视线。当乙要在某站下车时，乙的钱包已经掉落在座位上，乙未觉察即离开下车，甲随即占了空座位，并急忙将乙丢失的钱包揣进自己的口袋。后乙回想自己可能将钱包丢失在汽车上，即向公安机关报案，公安机关经侦查认为乙的钱包可能为甲所占有，但甲予以否认。后公安机关在甲的住处查获了赃物，在事实和证据面前，甲不得不如实供述。

  问：甲的行为构成什么犯罪？

第七章

妨害社会管理秩序罪

◆ **知识目标**

1. 明确妨害社会管理秩序罪的概念、构成与种类。

2. 掌握和理解重点及常见罪名的概念、构成以及认定时应注意的问题。

3. 了解非重点罪名的概念和有关特别规定。

◆ **能力目标**

1. 能够运用刑法理论区分相似的具体罪名。

2. 能够将本章法律条文运用到实际案例中，进行案例分析，处理实务问题。

◆ **重点罪名**

妨害公务罪，袭警罪，招摇撞骗罪，寻衅滋事罪，高空抛物罪，组织、领导、参加黑社会性质组织罪，帮助信息网络犯罪活动罪，窝藏、包庇罪，走私、贩卖、运输、制造毒品罪，非法持有毒品罪，组织卖淫罪、强迫卖淫罪

💡 **案例导入**

1. 甲与乙等四人承包了一家饭店。为了招徕顾客，甲等人于2009年4月组织了17名妇女在该饭店卖淫，对不愿意卖淫的丙等3人在强奸后迫使其卖淫。另外，甲还引诱丁等4名卖淫女吸食毒品。2009年7月8日，嫖客朱某因费用问题发生争执，甲指使他人将朱某打成轻伤，并当场将朱某身上的3000元现金抢走。朱某报案后，甲以降温费的名义向办案警察送去现金1万余元，得以逃脱制裁。2010年2月13日，某区公安分局突击检查该饭店，甲指使饭店工作人员围攻警察，将其中1名警察打成重伤。后甲被抓获。

问：甲的行为构成哪些犯罪？

2. 万某，某村农民，小学文化。万某嫌在外打工太累且赚不到钱，就谎称自己是国家安全机关的工作人员，在执行秘密任务。他以谈恋爱为名，先后骗取10名女性自愿与其发生关系，并分别骗取数额不等的财物，共计60万余元。

问：万某的行为构成什么罪？

3. 曹某系个体商贩，某日曾与其一起服过刑的高某找到他，拿出3万元现金让曹某为其保管。当曹问"是什么钱"时，高某做了一个"偷"的手势，让他不要多问。半月后，高某取走2万元，数日后交给曹某一个塑料包，说是"白面"（毒品），找到买主就取走。后高某被公安机关查获。按其交代，公安人员从曹某处起获毒品和剩余的1万元。

问：曹某的行为触犯什么罪名？

第一节　妨害社会管理秩序罪概述

一、妨害社会管理秩序罪的概念

妨害社会管理秩序罪，是指妨害国家机关或其他有关机构对社会日常生活的管理活动，破坏社会正常秩序，情节严重，依法应当受到刑罚处罚的行为。

二、妨害社会管理秩序罪的构成

本类犯罪的客体是社会管理秩序。社会管理秩序内容庞杂，包括社会生活各个方面的秩序。我国刑法分则已对危害国家安全、社会公共安全、社会主义市场经济秩序、公民财产与人身权利、国防与军事利益等社会秩序的行为专门分章作了规定。因此，本章犯罪所侵犯的同类客体是狭义的社会管理秩序，指国家对社会日常生活进行管理而形成的秩序，涉及公共生活管理、国（边）境管理、公共卫生管理、公共文化管理、自然资源环境保护等方面。

本类犯罪的客观方面表现为行为人实施了妨害国家对社会的管理活动、破坏社会管理秩序的行为。这类犯罪的行为内容与表现形式多种多样，我国刑法分则将其区分为九类行为：一是扰乱公共秩序；二是妨害司法；三是妨害国（边）境管理；四是妨害文物管理；五是危害公共卫生；六是破坏环境资源保护；七是走私、贩卖、运输、制造毒品；八是组织、强迫、引诱、容留、介绍卖淫；九是制作、贩卖、传播淫秽物品。妨害的行为多种多样，一般以作为的方式实施，但少数犯罪以不作为的方式实施，比如拒不执行判决、裁定罪，拒绝提供间谍犯罪证据罪等。

本类犯罪的主体，多数是一般主体，也有少数是特殊主体，如破坏监管秩序罪的主体只能是依法被关押的罪犯；多数犯罪的主体限于自然人，也有少数犯罪既可以由自然人实施，也可以由单位实施，如破坏环境资源保护罪中的所有犯罪；还有个别犯罪的主体只能是单位，如采集、供应血液、制作、供应血液制品事故罪。

本类犯罪的主观方面，绝大多数是故意，也有少数犯罪表现为过失，例如医疗事故罪。在故意犯罪中，有少数犯罪还要求行为人具有特定的犯罪目的，如赌博罪必须具有营利目的。

第二节　扰乱公共秩序罪

一、妨害公务罪

（一）妨害公务罪的概念与构成

妨害公务罪，是指以暴力、威胁方法阻碍国家机关工作人员、人大代表、红十字会工作人员依法履行职责，或者故意阻碍国家安全机关、公安机关依法执行国家安全工作任务，虽未使用暴力、威胁方法，但造成严重后果的行为。

本罪侵犯的客体是公务活动，即国家机关、人民代表大会、红十字会的公务。公务，是指公共管理事务，即国家立法、行政机关以及红十字会的事务。

本罪侵犯的对象是正在依法执行职务、履行职责的国家机关工作人员、人大代表、红十字会工作人员等，不包括在部队中从事公务的人员。阻碍军人执行职务的，构成《刑法》第368条的阻碍军人执行职务罪，而不成立本罪。此外，根据最高人民检察院《关于以暴力威胁方法阻碍事业编制人员依法执行行政执法职务是否可对侵害人以妨害公务罪论处的批复》，对于以暴力、威胁方法阻碍国有事业单位人员依照法律、行政法规的规定执行行政执法职务的，或者以暴力、威胁方法阻碍国家机关中受委托从事行政执法活动的事业编制人员执行行政执法职务的，可以对侵害人以妨害公务罪追究刑事责任。

本罪的客观方面表现为行为人以暴力、威胁的方法阻碍国家机关工作人员、人大代表依法执行职务，或者在自然灾害和突发事件中以暴力、威胁方法阻碍红十字会工作人员依法履行职责，或者虽未使用暴力、威胁的方法，但故意阻碍国家安全机关与公安机关工作人员依法执行国家安全工作任务，且造成了严重后果的行为。

所谓暴力，是指对上述人员实施殴打、捆绑或者其他人身强制行为，致使其不能正常履行职务或者职责。所谓威胁，是指行为人以杀害、伤害、毁坏财产、破坏名誉等相恐吓，对上述人员进行精神强制，以迫使其放弃或者不正确履行职务或职责。至于故意阻碍国家安全机关、公安机关依法执行国家安全工作任务，则不以行为人使用暴力或威胁方法为必要，但要求行为人的行为造成了严重的后果。

本罪的主体是一般主体，凡是已满16周岁、具有刑事责任能力的自然人都可以成为本罪的主体。

本罪的主观方面是故意，即行为人明知对方是正在依法执行职务或履行职责的国家机关工作人员、人大代表、红十字会工作人员而有意以暴力、威胁方法加以阻碍，或者明知对方是正在依法执行国家安全工作任务的国家安全机关与公安机关工作人员，而有意进行阻碍，希望或放任使之无法正常执行职务或者履行职责的结果发生。

（二）妨害公务罪认定时应注意的问题

1. 本罪与非罪的界限

妨害公务罪与非罪的界限主要从行为方式和危害后果上来把握。对于《刑法》第277条第1、2、3款规定的妨害公务的行为来说，使用暴力、威胁方法是必要条件，如果行为人未使用暴力、威胁方法，而只是采用言语顶撞、争执的方法的，或者只使用了轻微暴力、胁迫手段，客观上不足以阻碍国家机关工作人员、人大代表、红十字会工作人员依法执行职务的，一般不认为是妨害公务罪。对于第4款规定的妨害公务行为来说，造成严重后果是必要条件，即使没有采用暴力、威胁方法，但是造成严重后果的，也成立本罪。

2. 正确区分一罪与数罪

妨害公务的行为可能成为其他犯罪的手段，在这种情况下，原则上应从一重罪论处，但《刑法》有特别规定的，应当依照特别规定处理。例如，《刑法》第157条第2款规定，以暴力、胁迫方法抗拒缉私的，应以走私罪和本罪实行数罪并罚。再如，《刑法》第318条规定，在运送他人偷越国（边）境中以暴力、胁迫方法抗拒检查的，应适用《刑法》规定的较重法定刑。

3. 本罪与近似犯罪的界限

本罪由于通常表现为行为人以暴力或威胁的方法实施犯罪，因此易与侮辱罪、故意伤害罪、故意毁坏财物罪相混淆。其区别在于：本罪行为人的暴力、威胁行为必须发生在国家机关工作人员、人大代表、红十字会工作人员依法执行职务或履行职责期间，而上述三种犯罪在这方面则无时间性限制。如果行为人以暴力妨害公务的行为造成了国家机关工作人员、人大代表、红十字会工作人员重伤或死亡，属于妨害公务罪与故意伤害罪或故意杀人罪的想象竞合犯，按照从一重罪处断的原则，以故意伤害罪或故意杀人罪论处。

4. 本罪与聚众阻碍解救被收买的妇女、儿童罪的界限

根据《刑法》第 242 条的规定，只有首要分子才能构成聚众阻碍解救被收买的妇女、儿童罪；非首要分子以外的其他参与者，如果使用暴力、威胁方法阻碍国家机关工作人员解救被收买的妇女、儿童的，按照妨害公务罪定罪处罚。

（三）妨害公务罪的刑事责任

根据《刑法》第 277 条的规定，犯本罪的，处 3 年以下有期徒刑、拘役、管制或者罚金。

二、袭警罪

（一）袭警罪的概念与构成

袭警罪，是指暴力袭击正在依法执行职务的人民警察的行为。

本罪侵犯的客体是复杂客体，包括人民警察执行公务的活动和人民警察的人身权益。

本罪的客观方面表现为暴力袭击正在依法执行职务的人民警察的行为，具体需要具备以下两个条件。

第一，必须实施了暴力袭击行为。本罪的暴力，是广义的暴力，即使用有形力对警察实施人身侵害，通常的表现是拳打脚踢。其不要求达到压制警察反抗的程度，更不要求造成轻伤后果。同时，"暴力袭击"只能表现为积极地攻击警察的人身，而不包括消极抵抗。例如，多名警察为了拘留行为人，分别抓住行为人手脚将行为人抬上警车，行为人为了挣脱而甩手蹬脚。此时，即使对警察的身体形成了直接暴力，也不能将这种单纯的消极"抵抗"认定为袭警罪。未使用暴力，仅使用威胁方法阻碍警察依法执行职务的，按照妨害公务罪论处，不构成本罪。

第二，暴力袭击的对象，即本罪的侵害对象必须是正在依法执行职务的人民警察。这里的"人民警察"应与作为前置法的《人民警察法》保持一致，即包括公安机关、国家安全机关、监狱、劳动教养管理机关的人民警察和人民法院、人民检察院的司法警察。另外，警务辅助人员是面向社会招聘，为公安机关日常运转和警务活动提供辅助支持的非警察身份人员，不具有独立从事执法执勤工作的资格。对于警务辅助人员

单独工作时遭受暴力袭击的，不构成袭警罪。但是警务辅助人员与警察一同执法时，无论是单独遭受侵害，还是共同遭受侵害，均构成袭警罪。警务辅助人员在警察的管理和监督下开展辅助性工作，是警察执法行为的依附，应当以"执法共同体"的概念进行实质性判断，不应机械地将警务辅助人员排除在外。在人民警察不在场的情况下，辅警不具有执法主体资格，也不属于妨害公务罪的犯罪对象，辅警被袭击造成伤害结果的，可以适用《刑法》第234条的规定，认定为故意伤害罪。这里的"正在依法执行职务"，由于人民警察属于特殊的执法主体，正在依法执行职务的活动，既可能是在工作时间、工作场所内，也可能是在非工作时间。根据《人民警察法》第19条"人民警察在非工作时间，遇有其职责范围内的紧急情况，应当履行职责"的规定，人民警察在下班后遇有紧急情况，只要是履行警察职责，就可以视为是在执行职务。

本罪的主体是一般主体，属于自然人犯罪。

本罪的主观方面是故意，并且只能是直接故意，间接故意和过失不构成本罪。行为人必须明知对方是正在依法执行职务的人民警察，如果不知，则有可能属于假想防卫。

（二）袭警罪认定时应注意的问题

1. 本罪与非罪的界限

根据《治安管理处罚法》第61条的规定，阻碍人民警察依法执行职务的，从重处罚。所以，轻微的袭警行为或其他阻碍人民警察依法执行职务的行为，仅属于违法，不构成袭警罪。例如，一般的肢体冲突，属于情节轻微的袭警行为，尚不构成犯罪，构成违反治安管理行为的，应当依法给予治安管理处罚。在司法实务中，不能将袭警行为理解为无门槛的犯罪行为，认为对袭警行为一律按照犯罪处理的观点，是不符合《治安管理处罚法》和《刑法》规定的。应当综合袭警行为的具体手段、情节等进行判断，严格区分袭警违法行为与袭警犯罪行为。

2. 本罪与他罪的界限

行为人暴力袭击的不是正在执行职务的人民警察，而是为了报复人民警察执法行为而对人民警察实施暴力袭击、拦截、恐吓等行为，符合《刑法》第232条、第234条、第293条等规定的，应当以故意伤害罪、故意杀人罪、寻衅滋事罪等定罪处罚。

暴力袭击正在依法执行职务的人民警察致其轻伤的，应以袭警罪定罪处罚。主要原因是，故意伤害致人轻伤的法定刑与袭警罪的法定刑相同，以袭警罪定罪，更能体现国家维护公共秩序的立法目的。但暴力袭击行为如果造成警察重伤、死亡的，则应当以故意伤害罪、故意杀人罪定罪处罚，不实行数罪并罚。以高速驾驶机动车撞击等手段，严重危及人民警察及周围其他人的人身安全的，构成本罪和以危险方法危害公共安全罪的想象竞合犯。

（三）袭警罪的刑事责任

根据《刑法》第 277 条的规定，犯本罪的，处 3 年以下有期徒刑、拘役或者管制；使用枪支、管制刀具，或者以驾驶机动车撞击等手段，严重危及其人身安全的，处 3 年以上 7 年以下有期徒刑。

三、招摇撞骗罪

（一）招摇撞骗罪的概念与构成

招摇撞骗罪，是指为了谋取非法利益，冒充国家机关工作人员进行招摇撞骗的行为。

本罪侵犯的客体是国家机关的威信及其正常活动。国家机关工作人员的言行举止、行为规范直接影响国家机关的形象与声誉，因而法律对国家机关工作人员的任命或录用规定了严格的程序。如果不具有国家机关工作人员身份的人冒充国家机关工作人员，势必扰乱国家机关的正常管理活动，损害国家机关的威信。

本罪的客观方面表现为行为人实施了冒充国家机关工作人员进行招摇撞骗的行为。首先，行为人必须冒充国家机关工作人员。所谓冒充，是指不具备国家机关工作人员身份或职务的人，假冒成具有国家机关工作人员身份或职务的人。具体包括两种情况：一是非国家机关工作人员冒充国家机关工作人员；二是此种国家机关工作人员冒充彼种国家机关工作人员。冒充高干子弟、影视明星、富豪大款、大学教授、归国华侨等非国家机关工作人员进行招摇撞骗的，不构成本罪。冒充军人招摇撞骗的，成立《刑法》规定的冒充军人招摇撞骗罪。其次，行为人必须实施招摇撞骗的行为。所谓招摇撞骗，是指行为人利用人们对国家机关工作人员的信任，假冒其身份或职务骗取非法利益。

本罪的主体是一般主体，即已满 16 周岁、具有刑事责任能力的自然人。

本罪的主观方面是故意，并具有骗取非法利益的目的，如骗取钱财、地位、荣誉、待遇等。

（二）招摇撞骗罪认定时应注意的问题

1. 本罪与非罪的界限

本罪的客观方面包括冒充国家机关工作人员与招摇撞骗两个行为，如果行为人只是冒充国家机关工作人员而未招摇撞骗，或者虽然招摇撞骗但冒充的不是国家机关工作人员，都不构成本罪。此外，对于情节显著轻微、危害不大的冒充国家机关工作人员进行招摇撞骗的行为，也不应认定为犯罪。例如，为了达到与对方保持恋爱关系或结婚的目的而仅向对方声称自己是国家机关工作人员的，不宜认定为犯罪。

2. 本罪与诈骗罪的界限

招摇撞骗罪与诈骗罪的犯罪手段都是"骗"，但二者有明显的区别。第一，侵犯的客体不同。本罪侵犯的客体是国家机关的威信及其正常活动，诈骗罪侵犯的客体则是公私财产所有权。第二，犯罪手段不同。本罪的行为方式只能是冒充国家机关工作人员的身份或职务行骗；而诈骗罪的行为手段则不限于此。第三，犯罪目的不同。本罪的目的是骗取某种非法利益，既包括财物，也包括非财产性利益；而诈骗罪的目的是非法占有公私财物。第四，成立犯罪的标准不同。本罪只要行为人实施了冒充国家机关工作人员招摇撞骗的行为，原则上便构成犯罪；而诈骗罪的成立，必须是行为人诈骗所得的财物数额较大。

需要指出的是，当行为人冒充国家机关工作人员骗取数额较大的财物时，属于本罪与诈骗罪的想象竞合犯。对此，应按刑法理论上处理想象竞合犯的原则来解决行为人的定罪与量刑问题。

3. 本罪与抢劫罪、敲诈勒索罪的界限

行为人冒充正在执行公务的人民警察"抓赌""抓嫖"、没收赌资或者罚款的行为，构成犯罪的，以招摇撞骗罪从重处罚；在实施上述行为中使用暴力或者暴力威胁的，以抢劫罪定罪处罚。行为人冒充治安联防队员"抓赌""抓嫖"、没收赌资或者罚款的行为，构成犯罪的，以敲诈勒索罪定罪处罚；在实施上述行为中使用暴力或者暴力威胁的，以抢劫罪定罪处罚。

（三）招摇撞骗罪的刑事责任

根据《刑法》第 279 条的规定，犯本罪的，处 3 年以下有期徒刑、拘役、管制或者剥夺政治权利。情节严重的，处 3 年以上 10 年以下有期徒刑。冒充人民警察招摇撞骗的，从重处罚。

本章导入案例 2 中，万某冒充国家机关工作人员的身份，骗取他人感情和财物，其行为构成招摇撞骗罪。由于万某所骗取的财物多达 60 余万元，属于数额特别巨大，侵犯了被害人的财产权，同时符合诈骗罪的犯罪构成。当行为人冒充国家机关工作人员骗取数额较大的财物时，属于招摇撞骗罪与诈骗罪的想象竞合犯，应以诈骗罪定罪处罚。

四、冒名顶替罪

（一）冒名顶替罪的概念与构成

冒名顶替罪，是指盗用、冒用他人身份，顶替他人取得的高等学历教育入学资格、公务员录用资格、就业安置待遇的行为。

本罪侵犯的客体是社会信用制度。客观方面表现为盗用、冒用他人身份，顶替他人取得的高等学历教育入学资格、公务员录用资格、就业安置待遇的行为。盗用他人身份，是指暗中使用他人的姓名、身份证号、住址等身份信息。冒用他人身份，是指以他人名义开展活动。盗用行为必须违背被害人的意思。若取得他人同意之后，以他人身份接受高等教育、参加公务员考试、取得就业安置待遇等，是否属于冒用？考虑到冒用是指假冒他人的名义，且本罪要保护的客体主要是社会管理秩序而非被冒用者的人身权利，得到被冒用者同意的行为仍然属于这里的冒用，可以构成本罪。

行为人只有通过盗用、冒用身份的行为，顶替他人取得的高等学历教育入学资格、公务员录用资格、就业安置待遇的，才构成本罪。冒名顶替他人取得的优质高中入学资格、事业单位人员录用资格、特殊抚恤优待的，不构成本罪。

（二）冒名顶替罪的刑事责任

根据《刑法》第 280 条之二的规定，犯本罪的，处 3 年以下有期徒刑、拘役或者管制，并处罚金。组织、指使他人冒名顶替的，从重处罚。

行为人伪造国家机关公文、证件、印章实施冒名顶替行为的，不数罪并罚，从一重罪处断。盗用、冒用他人身份，顶替他人取得的公务员录用资格、就业安置待遇取得财物的，构成本罪和诈骗罪的想象竞合犯，从一重罪处断。国家工作人员参与实施冒名顶替行为，又有受贿等犯罪的，数罪并罚。

五、非法生产、买卖警用装备罪

（一）非法生产、买卖警用装备罪的概念与构成

非法生产、买卖警用装备罪，是指非法生产、买卖人民警察制式服装、车辆号牌等专用标志、警械，情节严重的行为。

本罪侵犯的客体是国家对警用装备的管理制度，犯罪对象是人民警察制式服装、车辆号牌等专用标志、警械。

本罪的客观方面表现为行为人实施了非法生产、买卖人民警察制式服装、车辆号牌等专用标志、警械的行为。这里的非法生产，既包括无生产资格者擅自生产，也包括有生产资格者不按规定的品种、规格、数量等进行生产。非法买卖，既包括不具有买卖资格者擅自购买、销售，也包括有买卖资格者违反有关规定购买、销售。本罪的犯罪对象仅限于人民警察的制式服装、车辆牌号等专用标志、警械。制式服装，是指统一设计、制作并有别于其他服装的专用服装。车辆号牌，即为便于管理而制作的用以标明汽车归属、类型、排列顺等的牌照。专用标志，主要是指警衔标志。警械，是指人民警察按照规定装备的警棍、催泪弹、高压水枪、特种防暴手枪、手铐、脚镣、警绳等警用器械。

本罪的主体是一般主体，单位可以构成本罪。

本罪的主观方面是故意。

（二）非法生产、买卖警用装备罪的刑事责任

根据《刑法》第281条的规定，犯本罪的，处3年以下有期徒刑、拘役或者管制，并处或者单处罚金。单位犯本罪的，对单位判处罚金，并对其直接负责的主管人员和其他直接责任人员，依照个人犯本罪的规定处罚。

六、非法利用信息网络罪

（一）非法利用信息网络罪的概念与构成

非法利用信息网络罪，是指设立用于实施违法犯罪的网站、通讯群组，或者利用信息网络发布违法犯罪信息，情节严重的行为。

本罪侵犯的客体是信息网络安全的管理秩序。

本罪的客观方面表现为利用信息网络实施下列行为之一：① 设立用于实施诈骗、传授犯罪方法、制作或者销售违禁物品、管制物品等违法犯罪活动的网站、通讯群组的；② 发布有关制作或者销售毒品、枪支、淫秽物品等违禁物品、管制物品或者其他违法犯罪信息的；③ 为实施诈骗等违法犯罪活动发布信息的。构成本罪，须具备情节严重的要素。

本罪的主体是一般主体，包括自然人和单位。

本罪的主观方面是故意。

（二）非法利用信息网络罪的刑事责任

根据《刑法》第287条之一的规定，犯本罪的，处3年以下有期徒刑或者拘役，并处或者单处罚金。单位犯本罪的，对单位判处罚金，并对其直接负责的主管人员和其他直接责任人员，依照个人犯本罪的规定处罚。在犯本罪的同时又构成其他犯罪的，依照处罚较重的规定定罪处罚。

七、帮助信息网络犯罪活动罪

（一）帮助信息网络犯罪活动罪的概念与构成

帮助信息网络犯罪活动罪，是指明知他人利用信息网络实施犯罪，为其犯罪提供互联网接入等帮助，情节严重的行为。

本罪侵犯的客体是信息网络安全管理秩序。

本罪的客观方面表现为为利用信息网络犯罪提供互联网接入、服务器托管、网络存储、通讯传输等技术支持，或者提供广告推广、支付结算等帮助的行为。① 互联网接入，是指利用接入服务器和相应的软硬件资源建立业务节点，并利用公用电信基础设施将业务节点与因特网骨干网相连接，为各类用户提供接入因特网的服务。② 服务器托管，是指将服务器及相关设备托管到具有专门数据中心的机房。所托管的服务器一般由客户通过远程方式自行维护，而由机房负责提供稳定的电源、宽带、温湿度等物理环境。③ 网络存储，是指将存储设备连接在计算机网络，并配以辅助软件和硬件，实现数据存储、数据传输和数据共享，从而提高存储设备的利用率，降低数据存储成本。④ 通讯传输，是指提供信息网络，实现数据传输和远程连接。其他网络技术支持，大致有销售赌博网站代码，为病毒、木马程序提供免杀毒服务，为网络盗窃、视频诈骗制作专用木马程序，为设立钓鱼网站等提供技术支持等。⑤ 广告推广，是指制作或者投放广告，进行广告宣传，对产品或者服务进行营销，从而推广产品或者服务。⑥ 支付结算，包括提供互联网结算工具、借用银行卡给诈骗或非法经营的罪犯使用等。构成本罪，须具备情节严重的要素。

本罪的主体是一般主体，包括自然人和单位。

本罪的主观方面是故意，且明知他人利用信息网络犯罪。根据最高人民法院、最高人民检察院《关于办理非法利用信息网络、帮助信息网络犯罪活动等刑事案件适用法律若干问题的解释》第 11 条的规定，为他人实施犯罪提供技术支持或者帮助，具有下列情形之一的，可以认定行为人明知他人利用信息网络实施犯罪，但是有相反证据的除外：① 经监管部门告知后仍然实施有关行为；② 接到举报后不履行法定管理职责；③ 交易价格或者方式明显异常；④ 提供专门用于违法犯罪的程序、工具或者其他技术支持、帮助；⑤ 频繁采用隐蔽上网、加密通信、销毁数据等措施或者使用虚假身份，逃避监管或者规避调查；⑥ 为他人逃避监管或者规避调查提供技术支持、帮助；⑦ 其他足以认定行为人明知的情形。

（二）帮助信息网络犯罪活动罪的刑事责任

根据《刑法》第 287 条之二的规定，犯本罪的，处 3 年以下有期徒刑或者拘役，并处或者单处罚金。单位犯本罪的，对单位判处罚金，并对其直接负责的主管人员和其他直接责任人员，依照个人犯本罪的规定处罚。在犯本罪的同时又构成其他犯罪的，依照处罚较重的规定定罪处罚。

八、聚众扰乱社会秩序罪

（一）聚众扰乱社会秩序罪的概念与构成

聚众扰乱社会秩序罪，是指聚众扰乱社会秩序，情节严重，致使工作、生产、营业或教学、科研、医疗无法进行，造成严重损失的行为。

本罪侵犯的客体是社会秩序。由于刑法已将聚众冲击国家机关的行为单独规定为聚众冲击国家机关罪，因此这里的社会秩序，是指狭义的社会秩序，即企业、事业单位、人民团体正常的工作、生产、营业或教学、科研、医疗秩序，而不再包括党政机关的工作秩序。

本罪的客观方面表现为聚众扰乱社会秩序，情节严重，致使工作、生产、营业或教学、科研、医疗无法进行，造成严重损失的行为。首先，行为人必须实施了聚众扰乱社会秩序的行为。聚众，是指首要分子通过组织、策划、指挥，纠集特定或不特定的三人以上的多数人同一时间聚集于同一地点。扰乱社会秩序，是指对正常的社会秩序进行干扰、破坏，既包括暴力性扰乱，如强行闯入企业、事业单位、人民团体的工作场所，殴打、威胁有关工作人员，打砸、毁坏公私财物等，也包括非暴力性扰乱，如在上述工作场所哄闹、纠缠、辱骂等。其次，上述行为必须达到情节严重，致使工作、生产、营业或教学、科研、医疗无法进行。所谓情节严重，是指扰乱时间长、聚集人数多、造成的影响恶劣等情形。最后，上述行为还必须造成了严重损失。这里的严重损失，一般是指因行为人聚众扰乱社会秩序的行为导致被扰乱单位停工、停产、停课、停业，造成严重的经济损失，或者导致科研实验失败，或者有关单位社会声誉受到严重影响，等等。

本罪的主体是一般主体，且仅限于聚众扰乱社会秩序的首要分子和积极参加者。对于一般参与人员，不能以犯罪论处。

本罪的主观方面是故意。行为人实施犯罪活动，通常是为了满足自己的某种要求，或者是为了宣泄对社会的不满情绪。但行为人动机如何，不影响本罪的成立。

（二）聚众扰乱社会秩序罪认定时应注意的问题

1. 本罪与非罪的界限

第一，本罪与扰乱社会秩序的一般违法行为的界限。刑法对本罪的成立规定了严格的限制条件。如果行为人聚众扰乱社会秩序的行为尚未造成严重损失的，属于扰乱社会秩序的一般违法行为，不能以犯罪论处。第二，要严格区分聚众扰乱社会秩序的首要分子、积极参加者和一般参加者。对煽动、引诱、蒙骗、组织、领导群众扰乱社会秩序的首要分子以及参加闹事活动的积极参加者，应依法追究刑事责任。对于一般的参与人员，则应当用批评教育、行政处罚等方法，使他们认识到错误，而不能追究他们的刑事责任。

2. 本罪与破坏生产经营罪的区别

本罪在有的情况下也表现为干扰或破坏正常的生产经营活动，造成一定的经济损失，从而表现出类似于破坏生产经营罪的特征。但本罪与破坏生产经营罪仍有显著不同。第一，侵犯的客体不同。本罪侵犯的客体是社会秩序；而破坏生产经营罪侵犯的客体是公私财产权。第二，客观方面表现不同。本罪表现为聚众扰乱工作、生产、营业或教学、科研、医疗等社会秩序的行为，不限于扰乱生产经营秩序；而破坏生产经营罪则表现为毁坏机器设备、残害耕畜或者以其他方法破坏生产经营的行为。第三，主观方面内容不同。两罪都是故意犯罪，但本罪对目的、动机没有特别要求；而破坏生产经营罪的成立，要求行为人必须是出于泄愤报复或者其他个人目的。第四，犯罪主体不同。本罪是聚众型犯罪，刑法规定只处罚首要分子和积极参加者；而破坏生产经营罪既可以由单个人实施，也可以二人以上共同实施。第五，犯罪成立的标准不同。本罪属结果犯，即必须是行为人之行为情节严重，造成了严重损失，才构成犯罪；而破坏生产经营罪属于行为犯，只要行为人实施了破坏生产经营的行为，原则上便构成犯罪。

（三）聚众扰乱社会秩序罪的刑事责任

根据《刑法》第 290 条第 1 款的规定，对犯本罪的首要分子，处 3 年以上 7 年以下有期徒刑；对其他积极参加实施本罪行为的，处 3 年以下有期徒刑、拘役、管制或者剥夺政治权利。

九、高空抛物罪

（一）高空抛物罪的概念与构成

高空抛物罪，是指从建筑物或者其他高空抛掷物品，情节严重的行为。

本罪侵犯的客体是社会生活秩序，即依据法律和社会公德确定的公共生活规则所维系的社会生活秩序。

本罪的客观方面表现为从建筑物或者其他高空抛掷物品，情节严重的行为。具体需要具备以下两个条件。

第一，必须实施从建筑物或者其他高空抛掷物品的行为。这一构成要素包含以下意思。① 物品必须从建筑物或者其他高空被抛掷。建筑物，是指人工建筑而成的设施，包括居住建筑（如住宅楼房）、公共建筑（如办公楼）、构筑物（如水塔）。其他高空，是指距离地面有一定高度的空间，如施工电梯、吊装机械等。落差大、角度陡的斜坡，也可视为其他高空。② 必须实施抛掷物品的行为。抛掷物品，通常是指向外扔出、丢弃、倒出、泼洒物品等行为。此外，从落差大、角度陡的斜坡上推动或扔出物品，使物品从高处滚落到低处，逻辑上也属于抛掷物品。

第二，必须情节严重。情节严重，是高空抛物入罪的基本标准。情节一般、危害不大的高空抛物为，仅违反《治安管理处罚法》规定的，应当予以治安处罚；需要承担民事责任的，应当依照《民法典》的规定处理。

本罪的主体是一般主体。

本罪的主观方面是故意。对于过失抛掷物品的，要么作为民事侵权行为处理，要么视其具体情况以过失致人重伤罪、过失致人死亡罪论处，但不以本罪论处。

（二）高空抛物罪认定时应注意的问题

1. 本罪与非罪的界限

区分本罪与非罪的界限，需要注意：不属于情节严重的高空抛物行为，不构成本罪，但符合《治安管理处罚法》有关规定的，属于违法行为，依法予以治安处罚；需要承担民事责任的，按照《民法典》的规定处理。判断情节是否严重，应当结合抛掷物品的种类、抛掷物品的数量、抛掷物品的次数、抛掷物品的场所。

2. 本罪与以危险方法危害公共安全罪的关系

区分高空抛物罪与以危险方法危害公共安全罪最重要的是，高空抛物行为是否具有"危险的不特定扩大"的性质。如果不具有导致不特定或者多数人伤亡的具体危险，就不能将其认定为以危险方法危害公共安全罪。也正是为了避免将高空抛物行为人为地"拔高"认定为重罪，《刑法修正案（十一）》第33条才对高空抛掷物品规定独立的罪名和法定刑。根据这一规定，高空抛物行为原则上就不再具有危害公共安全罪的性质，其属于最高刑为1年有期徒刑的轻罪，如果其行为造成死伤的，根据具体情形分别认定为故意杀人、过失致人死亡、故意伤害、过失致人重伤、重大责任事故、故意毁坏财物等罪，不成立以危险方法危害公共安全罪。

但是，实践中有的情况比较复杂，高空抛物行为在不同的情形下，也可能发生危及不特定多数人生命、身体的危险，其与以危险方法危害公共安全罪就可能产生竞合。例如，直接抛掷汽油桶、煤气罐甚至爆炸装置的，行为与爆炸行为相当；虽然行为人从高空抛弃的不是爆炸性物质，但是，该物体从高空抛下与地面碰撞以后温度升高，可能发生燃烧或爆炸危险的，此时的高空抛物行为也与爆炸行为相当，认定该行为构成以危险方法危害公共安全罪并无障碍；从二三十层抛掷物品，该物品在空中分裂，形成锐器状的凶器"刺"向路人，致使危险无限扩散，对不特定或者多数人的生命、身体形成严重威胁的，也属于以危险方法危害公共安全罪；行为人抛下的某些球形物质，在有斜坡的地面等特殊空间加速滚动后可能冲撞人群，从而导致危险无限扩大的，该行为也与爆炸、放火行为大致相当，定以危险方法危害公共安全罪也是合适的。因此，实施高空抛物行为，如果同时构成其他犯罪，依照处罚较重的规定定罪处罚。

（三）高空抛物罪的刑事责任

根据《刑法》第291条之二的规定，犯本罪的，处1年以下有期徒刑、拘役或者管制，并处或者单处罚金。有高空抛物行为，同时构成其他犯罪的，依照处罚较重的规定定罪处罚。

十、聚众斗殴罪

（一）聚众斗殴罪的概念与构成

聚众斗殴罪，是指聚集多人进行斗殴的行为。

本罪侵犯的客体是社会公共秩序。所谓社会公共秩序，是指通过法律法规、道德规范、风俗习惯来建立和维持的社会生活有条不紊的状态。

本罪的客观方面表现为行为人实施了聚众斗殴的行为。所谓聚众，是指纠集3人以上在同一时间聚集于同一地点。所谓斗殴，是指多人攻击对方身体或者相互攻击对方身体。聚众斗殴不以使用器械为必要，徒手斗殴的，也可以构成本罪。

本罪的主体是一般主体，即凡已满16周岁、具有刑事责任能力的自然人均可成为本罪的主体。但一般参与聚众斗殴的人排除在本罪的主体之外，只有聚众斗殴的首要分子和其他积极参加斗殴的人员才能成为本罪主体。

本罪的主观方面是故意。至于行为人的犯罪目的与动机如何，不影响本罪成立。

（二）聚众斗殴罪认定时应注意的问题

1. 本罪与聚众扰乱社会秩序罪的区别

两罪都是聚众型犯罪，都扰乱公共秩序，犯罪主体都是聚众犯罪的首要分子和其他积极参加者，但存在如下区别。第一，直接客体的范围不同。本罪侵犯的客体是社会公共秩序，而后者侵犯的只限于企业、事业单位、人民团体正常的工作、生产、营业或教学、科研、医疗秩序。第二，犯罪对象不同。本罪的犯罪对象是相互斗殴的对方或普通群众，而后者的对象则是企业、事业单位、人民团体等。第三，客观方面表现不同。本罪表现为行为人实施了聚众斗殴的行为，而后者则表现为行为人实施了聚众扰乱社会秩序的行为。第四，犯罪形态不同。本罪是行为犯，原则上只要行为人实施了聚众斗殴的行为，就成立犯罪；而后者是结果犯，必须行为人的行为情节严重，致使工作、生产、营业或教学、科研无法进行，造成严重损失，才构成犯罪。

2. 本罪与故意伤害罪、故意杀人罪的区别

聚众斗殴行为常常会造成人身伤亡的严重后果，但其中能为聚众斗殴罪所涵盖的最多只能是致人轻伤的后果。如果聚众斗殴致人重伤、死亡的，《刑法》规定应分别以故意伤害罪、故意杀人罪定罪处罚。这里值得注意的是，在聚众斗殴出现致人重伤、死亡的情况时，不应将所有参与斗殴的人都认定为故意伤害罪或故意杀人罪，而只能将直接造成重伤、死亡结果的斗殴者和首要分子认定为上述犯罪。如果现有证据无法证明谁的行为是直接致重伤、死亡的原因，则仅对首要分子以故意伤害罪、故意杀人罪定罪处罚。

（三）聚众斗殴罪的刑事责任

根据《刑法》第 292 条的规定，犯本罪的，处 3 年以下有期徒刑、拘役或者管制；有下列情形之一的，处 3 年以上 10 年以下有期徒刑：① 多次聚众斗殴的；② 聚众斗殴人数多，规模大，社会影响恶劣的；③ 在公共场所或者交通要道聚众斗殴，造成社会秩序严重混乱的；④ 持械聚众斗殴的。聚众斗殴，致人重伤、死亡的，依照《刑法》第 234 条、第 232 条定罪处罚，即应根据具体情况对行为人分别以故意伤害罪、故意杀人罪论处。

十一、寻衅滋事罪

（一）寻衅滋事罪的概念与构成

寻衅滋事罪，是指寻衅滋事、破坏社会秩序的行为。

本罪侵犯的客体是社会公共秩序，即人们遵守共同生活规则所形成的正常秩序。

本罪的客观方面表现为行为人实施了寻衅滋事、破坏社会秩序的行为。所谓寻衅滋事，根据最高人民法院、最高人民检察院《关于办理寻衅滋事刑事案件适用法律若干问题的解释》第 1 条的规定，是指行为人为寻求刺激、发泄情绪、逞强耍横等，无事生非，实施《刑法》第 293 条规定的行为的情况。该条同时规定，行为人因日常生活中的偶发矛盾纠纷，借故生非，实施《刑法》第 293 条规定的行为的，应当认定为"寻衅滋事"。行为人因日常生活中的偶发矛盾纠纷，借故生非，实施《刑法》第 293 条规定的行为的，应当认定为"寻衅滋事"，但矛盾系由被害人故意引发或者被害人对矛盾激化负有主要责任的除外；行为人因婚恋、家庭、邻里、债务等纠纷，实施殴打、辱骂、恐吓他人或者损毁、占用他人财物等行为的，一般不认定为"寻衅滋事"，但经有关部门批评制止或者处理处罚后，继续实施前列行为，破坏社会秩序的除外。

《刑法》第 293 条规定了本罪的四种表现形式。第一，随意殴打他人，情节恶劣的。这里的殴打，不以造成被害人轻伤为必要。对于情节恶劣，《关于办理寻衅滋事刑事案件适用法律若干问题的解释》第 2 条规定为如下七种情形：① 致一人以上轻伤或者二人以上轻微伤的；② 引起他人精神失常、自杀等严重后果的；③ 多次随意殴打他人的；④ 持凶器随意殴打他人的；⑤ 随意殴打精神病人、残疾人、流浪乞讨人员、老年人、孕妇、未成年人，造成恶劣社会影响的；⑥ 在公共场所随意殴打他人，造成公共场所秩序严重混乱的；⑦ 其他情节恶劣的情形。第二，追逐、拦截、辱骂、恐吓他人，情节恶劣的。这里的恐吓，是指以威胁、吓唬等方式使他人产生恐惧心理。对于情节恶劣，《关于办理寻衅滋事刑事案件适用法律若干问题的解释》第 3 条规定为如下六种情形：① 多次追逐、拦截、辱骂、恐吓他人，造成恶劣社会影响的；② 持凶器追逐、拦截、辱骂、恐吓他人的；③ 追逐、拦截、辱骂、恐吓精神病人、残疾人、流浪乞讨人员、老年人、孕妇、未成年人，造成恶劣社会影响的；④ 引起他人精神失常、自杀等严重后果的；⑤ 严重影响他人的工作、生活、生产、经营的；⑥ 其他情节恶劣的情形。第三，强拿硬要或者任意毁损、占用公私财物，情节严重的。对于情节严重，《关于办理寻衅滋事刑事案件适用法律若干问题的解释》第 4 条规定为如下六种情形：① 强拿硬要公私财物价值 1000 元以上，或者任意损毁、占用公私财物价值 2000 元以上的；② 多次强拿硬要或者任意损毁、占用公私财物，造成恶劣社会影响的；③ 强拿硬要或者任意损毁、占用精神病人、残疾人、流浪乞讨人员、老年人、孕妇、未成年人的财物，造成恶劣社会影响的；④ 引起他人精神失常、自杀等严重后果的；⑤ 严重影响他人的工作、生活、生产、经营的；⑥ 其他情节严重的情形。第四，在公共场所起哄闹事，造成公共场所秩序严重混乱的。《关于办理寻衅滋事刑事案件适用法律若干问题的解释》第 5 条规定，在车站、码头、机场、医院、商场、公园、影剧院、展览会、运动场或者其他公共场所起哄闹事，应当根据公共场所的性质、公共活动的重要程度、公共场所的人数、起哄闹事的时间、公共场所受影响的范围与程度等因素，综合判断是否"造成公共场所秩序严重混乱"。行为人只要实行上述四种行为之一即可构成本罪。值得注意的是，最高人民法院、最高人民检察院《关于办理利用信息网络实施诽谤等刑事案件适用法律若干问题的解释》第 5 条针对利用网络实施的寻衅滋事犯罪行为明确规定，利用信息网络辱骂、恐吓他人，情节恶劣，破坏社会秩序的，依照《刑法》第 293 条第 1 款第 2 项的规定，以寻衅滋事罪定罪处罚。编造虚假信息，或者明知是编造的虚假信息，在信息网络上散布，或者组织、指使人员在信息网络上散布，起哄闹事，造成公共秩序严重混乱的，依照《刑法》第 293 条第 1 款第 4 项的规定，以寻衅滋事罪定罪处罚。

本罪的主体是一般主体。即凡已满 16 周岁、具有刑事责任能力的自然人均可成为本罪主体。

本罪的主观方面是故意，即行为人明知道自己的行为会发生破坏公共秩序的后果。

（二）寻衅滋事罪认定时应注意的问题

1. 本罪与非罪的界限

寻衅滋事罪与非罪的关键是看行为人的行为是否"情节恶劣""情节严重"或者是否"造成公共场所秩序严重混乱"。行为人虽然实施了寻衅滋事的行为，但如果尚未达到情节恶劣、情节严重的程度或者尚未造成公共场所秩序严重混乱，则不能以犯罪论处，而应当按照《治安管理处罚法》的有关规定，给予行政处罚。此外，根据《关于办理寻衅滋事刑事案件适用法律若干问题的解释》第 8 条的规定，行为人的寻衅滋事行为虽已构成犯罪，但如果行为人认罪、悔罪，积极赔偿被害人损失或者取得被害人谅解，且犯罪情节轻微的，可以不起诉或者免予刑事处罚。

2. 本罪与抢劫罪的界限

寻衅滋事罪是严重扰乱社会秩序的犯罪，行为人实施寻衅滋事的行为时，客观上也可能表现为强拿硬要公私财物的特征。这种强拿硬要的行为与抢劫罪的区别在于：前者行为人主观上还具有逞强好胜和通过强拿硬要来填补其精神空虚等目的，后者行为人一般只具有非法占有他人财物的目的；前者行为人客观上一般不以严重侵犯他人人身权利的方法强拿硬要财物，而后者行为人则以暴力、胁迫等方式作为劫取他人财物的手段。根据《关于办理寻衅滋事刑事案件适用法律若干问题的解释》第7条的规定，如果行为人实施寻衅滋事行为，同时符合寻衅滋事罪和抢劫罪的构成要件的，依照处罚较重的犯罪定罪处罚。根据最高人民法院《关于审理抢劫、抢夺刑事案件适用法律若干问题的意见》的规定，对于未成年人使用或威胁使用轻微暴力强抢少量财物的行为，一般不宜以抢劫罪定罪处罚。其行为符合寻衅滋事罪特征的，可以寻衅滋事罪定罪处罚。

3. 本罪与故意毁坏财物罪的界限

寻衅滋事罪也可能表现为"任意损毁"公私财物，这使本罪与故意毁坏财物罪具有相似之处。但两罪仍有显著区别。第一，犯罪客体不同。本罪侵犯的客体是社会公共秩序，而故意毁坏财物罪侵犯的是公私财产所有权。第二，犯罪的主观方面不同。本罪的行为人常常是出于寻求刺激、哗众取宠、争强逞能等心理而"任意损毁"公私财物，而故意毁坏财物罪的行为人具有明确的毁坏特定公私财物的目的。第三，犯罪成立标准不同。本罪中任意损毁公私财物的情形，"情节严重的"才构成犯罪。这里的"情节严重"是以行为人的行为对公共秩序的破坏程度作为判断标准，而不是以毁坏的财物价值大小作为判断标准。因此，即使行为人的行为只毁坏了价值较小的公私财物，但只要造成了严重的不良社会影响，也足以成立本罪。而故意毁坏财物的行为是否构成犯罪，很重要的一个因素就是看行为人故意毁坏的公私财物是否属于"数额较大"。当然，两罪也可能会发生竞合关系。如果行为人以任意损毁公私财物的方式实施寻衅滋事的犯罪，其毁坏的公私财物价值巨大，就属于想象竞合犯，应按处理想象竞合犯的原则从一重罪处断。

4. 本罪与聚众哄抢罪的界限

寻衅滋事罪的表现形式之一是"强要硬拿或者任意损毁、占用公私财物"，这就使本罪与聚众哄抢罪有相似之处。两罪的区别是：第一，犯罪客体不同。本罪侵犯的客体是社会公共秩序；而聚众哄抢罪侵犯的是公私财产所有权。第二，犯罪客观方面不完全相同。本罪中的"强拿硬要或者任意损毁、占用公私财物"只是本罪的表现之一，此外本罪还有其他表现形式；而聚众哄抢罪只有"聚众哄抢"一种形式。第三，对犯罪主体要求不同。本罪的主体是一般主体，凡参与寻衅滋事者，均可成为犯罪主体；而聚众哄抢罪的主体则限于实施聚众哄抢行为的首要分子和积极参加者。第四，犯罪的主观方面不同。本罪行为人常常是出于寻求刺激、哗众取宠等心态而实施犯罪，而聚众哄抢罪的行为人通常是出于非法占有公私财物的目的而实施犯罪。如果行为人实施寻衅滋事行为，同时符合寻衅滋事罪和聚众哄抢罪的构成要件的，就属于想象竞合犯，依照处罚较重的犯罪定罪处罚。

（三）寻衅滋事罪的刑事责任

根据《刑法》第 293 条的规定，犯本罪的，处 5 年以下有期徒刑、拘役或者管制。纠集他人多次实施寻衅滋事行为，严重破坏社会秩序的，处 5 年以上 10 年以下有期徒刑，可以并处罚金。

十二、催收非法债务罪

（一）催收非法债务罪的概念与构成

催收非法债务罪，是指使用暴力、胁迫等方法，催收高利放贷等产生的非法债务，情节严重的行为。

本罪侵犯的是复杂客体，不仅侵犯被害人的财产权，而且还侵犯被害人及他人的人身权利，干扰相关社会成员的正常生活、工作秩序，严重扰乱社会秩序。

本罪的客观方面表现为使用暴力、胁迫等方法，催收高利放贷等产生的非法债务，情节严重的行为。具体包括以下几方面。

第一，必须实施特定的手段行为。具体表现为以下手段催收高利贷等产生的非法债务：① 使用暴力、胁迫方法。这是最广义的暴力、胁迫，只要使被害人由此产生恐惧感即为已足，不要求压制被害人的反抗。② 限制他人人身自由或者侵入他人住宅。这里的限制他人人身自由，不要求达到《刑法》第 238 条非法拘禁罪中的非法剥夺他人的人身自由的程度。③ 恐吓、跟踪、骚扰他人。恐吓的具体方式、手段多种多样，只要使被害人产生心里恐惧或者对被害人形成心理强制，就属于恐吓。跟踪，是对被害人实施尾随、守候、贴靠、盯梢等行为，使被害人内心形成恐惧或受到心理强制。骚扰，与恐吓一样，具体方式、手段多种多样，只要使被害人内心形成恐惧或受到心理强制，客观上影响并限制他人的人身自由，危及人身财产安全，影响正常生活、生产，就可以认定属于骚扰。

第二，行为目的是催收高利放贷等产生的非法债务。这一客观构成要素必须符合两个条件：① 实施催收行为。行为人实施催收行为的目的，是将高利放贷等产生的非法债务明确化、固定化、收讫化。② 催收的必须是高利放贷等产生的非法债务，包括高利贷债务、赌债、毒债等。凡基于违法犯罪行为产生的债务，均属于本罪规定的非法债务。

本罪的主体是一般主体。

本罪的主观方面是故意，并且必须具有催收非法债务的目的。

（二）催收非法债务罪认定时应注意的问题

1. 本罪与非罪的界限

催收非法债务的行为，只有情节严重的，才构成本罪。判断情节是否严重，应着重考察采用《刑法》第293条之一第1项、第2项、第3项的手段行为，是否符合情节严重的入罪标准。例如，对于暴力行为致人轻微伤的，多次实施暴力、胁迫的，长时间非法限制人身自由或者非法侵入住宅行为的，以及严重恐吓、长期跟踪、严重骚扰多人或者多次的，可以认定为情节严重。对于情节一般的，应按照《治安管理处罚法》的规定来处理。

2. 本罪与他罪的界限

（1）本罪与寻衅滋事罪的区别。在民间，存在大量由高利借贷纠纷引发的出借人使用暴力或"软暴力"讨债的情形，进而被以寻衅滋事罪论处。但是，这些滋扰行为都是由借款纠纷所引起，被告人的催收行为带有私力救济性质。最高人民法院、最高人民检察院《关于办理寻衅滋事刑事案件适用法律若干问题的解释》第1条第3款规定，行为人因婚恋、家庭、邻里、债务等纠纷，实施殴打、辱骂、恐吓他人或者损毁、占用他人财物等行为的，一般不认定为"寻衅滋事"，但经有关部门批评制止或者处理、处罚后，继续实施前列行为，破坏社会秩序的除外。这也说明，行为人基于债务纠纷而实施了恐吓、辱骂等不当讨债行为的，本身就不可能符合寻衅滋事罪的构成要件。因此，为了催收非法债务而使用暴力、胁迫方法的，或者限制他人人身自由或侵入他人住宅的，或者恐吓、跟踪、骚扰他人的，属于事出有因，而不是为了寻求刺激、发泄情绪、起哄捣乱、逞强耍横等，不属于无事生非、破坏社会秩序，因而不能构成寻衅滋事罪，只能以本罪论处。

（2）与侵犯人身权利犯罪的界限。催收合法债务的行为，虽然不符合寻衅滋事罪的构成要件，更不符合催收非法债务罪的成立条件，但行为人使用的手段行为有可能构成侵犯人身权利的具体犯罪。例如，根据《刑法》第238条第3款的规定，为索取债务非法扣押、拘禁他人的，依照非法拘禁罪的规定处罚。这里的"为索取债务非法扣押、拘禁他人"，就是为了胁迫他人履行合法债务，而将他人非法拘禁、剥夺其人身自由的行为，构成非法拘禁罪。相应地，如果行为人为催收合法债务伤害他人身体，致人重伤或死亡的，应以故意杀人罪或故意伤害罪定罪处罚。

（三）催收非法债务罪的刑事责任

根据《刑法》第293条之一的规定，犯本罪的，处3年以下有期徒刑、拘役或者管制，并处或者单处罚金。

十三、组织、领导、参加黑社会性质组织罪

（一）组织、领导、参加黑社会性质组织罪的概念与构成

组织、领导、参加黑社会性质组织罪，是指组织、领导或者参加黑社会性质组织的行为。

本罪侵犯的客体是复杂客体，既侵犯了经济秩序、社会生活秩序，同时又侵犯了公民的人身财产权利。黑社会性质组织的存在，使法律秩序遭到破坏，公众生活丧失安全感，对社会治安造成严重威胁，必须依法予以刑事制裁。根据《刑法》第294条第5款的规定，黑社会性质组织应当同时具备以下特征：第一，形成较稳定的犯罪组织，人数较多，有明确的组织者、领导者，骨干成员基本固定；第二，有组织地通过违法犯罪活动或者其他手段获取经济利益，具有一定的经济实力，以支持该组织的活动；第三，以暴力、威胁或者其他手段，有组织地多次进行违法犯罪活动，为非作恶，欺压、残害群众；第四，通过实施违法犯罪活动，或者利用国家工作人员的包庇或者纵容，称霸一方，在一定区域或者行业内，形成非法控制或者重大影响，严重破坏经济、社会生活秩序。

本罪的客观方面表现为行为人实施了组织、领导或者参加黑社会性质组织的行为。所谓组织，是指倡导、发起、策划、安排、建立黑社会性质组织的行为。所谓领导，是指在黑社会性质组织中处于领导地位，对该组织的活动进行策划、决策、指挥、协调的行为。所谓参加，是指虽然没有组织、领导，但主动地参加到他人组织的黑社会性质组织中去，并积极参与谋划、实施违法犯罪活动的行为，既包括积极参加，也包括一般参加。本罪是行为犯，属选择性罪名，只要行为人实施了组织、领导、参加黑社会性质组织的行为之一，便成立本罪。

本罪的主体是一般主体，任何已满16周岁、具有刑事责任能力的自然人，均可成为本罪的主体。国家机关工作人员组织、领导、参加黑社会性质组织的，应从重处罚。

本罪的主观方面是直接故意，即明知是黑社会性质组织而决意组织、领导、参加。根据最高人民法院《全国部分法院审理黑社会性质组织犯罪案件工作座谈会纪要》的规定，以下人员不属于黑社会性质组织的成员：① 主观上没有加入黑社会性质组织的意愿，受雇到黑社会性质组织开办的公司、企业、社团工作，未参与或者仅参与少量黑社会性质组织的违法犯罪活动的人员；② 因临时被纠集、雇用或受蒙蔽，为黑社会性质组织实施违法犯罪活动或者提供帮助、支持、服务的人员；③ 为维护或扩大自身利益而临时雇用、收买、利用黑社会性质组织实施违法犯罪活动的人员。上述人员构成其他犯罪的，按照具体犯罪处理。之所以认定上述人员不成立黑社会性质组织的犯罪，其实主要还是因为这些人欠缺本罪故意。

（二）组织、领导、参加黑社会性质组织罪认定时应注意的问题

1. 本罪与非罪的界限

本罪是故意犯罪，如果行为人在不知是黑社会性质组织或被欺骗的情况下而加入其中的，不构成犯罪。但行为人如果后来发现自己加入了黑社会性质组织而不退出，并参与犯罪活动的，仍可构成本罪。此外，根据最高人民法院《关于审理黑社会性质组织犯罪的案件具体应用法律若干问题的解释》第 3 条的规定，对于参加黑社会性质组织，没有实施其他违法犯罪活动的，或者受蒙蔽、胁迫参加黑社会性质组织，情节轻微的，可以不作为犯罪处理。

2. 本罪与一般犯罪集团的界限

黑社会性质组织是处于一般犯罪集团与黑社会组织之间的一种过渡形态，它与一般犯罪集团的区别在于：第一，犯罪组织的严密性。黑社会性质组织具有一般犯罪集团的组织特征，但其组织规模更大，人数更多，分工更为明确，组织纪律更为严格。第二，经济实力的必须性。黑社会性质组织必须是有组织地通过违法犯罪活动或者其他手段获取经济利益，具有一定的经济实力，以支持该组织的活动。一般犯罪集团的成立则没有经济实力上的要求。第三，犯罪活动的区域性。黑社会性质组织称霸一方，在一定区域或者行业内形成非法控制或者重大影响，严重破坏经济、社会生活秩序，这是一般犯罪集团难以达到的。第四，社会危害的严重性。黑社会性质组织具有强烈的反社会意识，为了壮大势力、逃避打击，他们往往披着某种合法的外衣，通过暴力、威胁、物质利诱、美色勾引等手段拉拢国家工作人员，建立其强大的保护网，普通刑事犯罪集团一般做不到这一点。第五，罪名确定的差异性。组织、领导、参加黑社会性质的组织，构成《刑法》第 294 条第 1 款规定的组织、领导、参加黑社会性质组织罪；而组织、领导一般犯罪集团则成立共同犯罪，其具体罪名根据行为人具体实施的行为内容来确定，作为组织、领导者的行为人，应作为共同犯罪的主犯来处罚。

3. 本罪的罪数问题

组织、领导、参加黑社会性质组织又有其他犯罪行为的，根据《刑法》第 294 条第 4 款的规定，依照数罪并罚的规定处罚。

（三）组织、领导、参加黑社会性质组织罪的刑事责任

根据《刑法》第 294 条第 1 款、第 4 款的规定，犯本罪的，处 7 年以上有期徒刑，并处没收财产；积极参加的，处 3 年以上 7 年以下有期徒刑，可以并处罚金或者没收财产；其他参加的，处 3 年以下有期徒刑、拘役、管制或者剥夺政治权利，可以并处罚金。犯本罪又有其他犯罪行为的，依照数罪并罚的规定处罚。

十四、非法集会、游行、示威罪

（一）非法集会、游行、示威罪的概念与构成

非法集会、游行、示威罪，是指举行集会、游行、示威，未依照法律规定申请或者申请未获许可，或者未按照主管机关许可的起止时间、地点、路线进行，又拒不服从解散命令，严重破坏社会秩序的行为。

本罪侵犯的客体是国家对集会、游行、示威的管理制度。

本罪的客观方面表现为行为人实施了举行集会、游行、示威活动，未依照法律规定申请或者申请未获许可，或者未按照主管机关许可的起止时间、地点、路线进行，并且拒不服从解散命令，严重破坏社会秩序的行为。

本罪的主体是一般主体，但只有集会、游行、示威的负责人和直接责任人员才承担刑事责任。

本罪的主观方面是故意。

（二）非法集会、游行、示威罪认定时应注意的问题

根据最高人民法院、最高人民检察院《关于办理组织、利用邪教组织破坏法律实施等刑事案件适用法律若干问题的解释》第 2 条的规定，组织和利用邪教组织非法举行集会、游行、示威，组织、煽动、蒙骗成员或者其他人聚众包围、冲击、强占、哄闹国家机关、企业事业单位或者公共场所及宗教活动场所，扰乱社会秩序的，依照《刑法》第 300 条第 1 款的规定，以组织、利用邪教组织破坏法律实施罪定罪处罚。

（三）非法集会、游行、示威罪的刑事责任

根据《刑法》第 296 条的规定，犯本罪的，处 5 年以下有期徒刑、拘役、管制或者剥夺政治权利。

十五、侮辱国旗、国徽、国歌罪

（一）侮辱国旗、国徽、国歌罪的概念与构成

侮辱国旗、国徽、国歌罪，是指在公共场合，故意以焚烧、毁损、涂划、玷污、践踏等方式侮辱中华人民共和国国旗、国徽，或者在公共场合，故意篡改中华人民共和国国歌歌词、曲谱，以歪曲、贬损方式奏唱国歌，或以其他方式侮辱国歌，情节严重的行为。

本罪侵犯的客体是国家尊严，对象是国旗、国徽、国歌。

本罪的客观方面表现为行为人在公共场合实施了侮辱国旗、国徽、国歌的行为，即行为人明知是国旗、国徽而在公共场合加以焚烧、毁损、涂画、玷污、践踏等，或者故意篡改国歌歌词、曲谱，以歪曲、贬损方式奏唱国歌，或以其他方式侮辱国歌，情节严重的行为。如果行为人在非公共场合侮辱国旗、国徽、国歌，不构成本罪。

本罪的主体是一般主体，主观方面是故意。

（二）侮辱国旗、国徽、国歌罪的刑事责任

根据《刑法》第 299 条的规定，犯本罪的，处 3 年以下有期徒刑、拘役、管制或者剥夺政治权利。

十六、侵害英雄烈士名誉、荣誉罪

（一）侵害英雄烈士名誉、荣誉罪的概念与构成

侵害英雄烈士名誉、荣誉罪，是指侮辱、诽谤或者以其他方式侵害英雄烈士的名誉、荣誉，损害社会公共利益，情节严重的行为。

本罪侵犯的客体是社会公共利益，也就是英雄烈士带给社会的精神与价值利益。

本罪的客观方面表现为侮辱、诽谤或者以其他方式侵害英雄烈士的名誉、荣誉，损害社会公共利益，情节严重的行为。侮辱，是指公然毁损英雄烈士的荣誉、名誉。目前，实务中办理了许多通过互联网侮辱、诋毁英雄烈士荣誉、名誉的案件。诽谤，是指捏造事实侵害英雄烈士的荣誉、名誉。其他方式，包括损害烈士陵园、毁损纪念设施等侵害英雄烈士的名誉、荣誉，损害社会公共利益的行为。成立本罪，要求情节严重。如果某种侵害英雄烈士名誉、荣誉，损害社会公共利益的行为，通过侵权损害赔偿或者公益诉讼等就能够妥善解决，则难以将其认定为情节严重，不宜将其作为犯罪处理。本罪的犯罪对象是英雄烈士。《英雄烈士保护法》第 2 条第 2 款规定，英雄烈士是指近代以来，为了争取民族独立和人民解放，实现国家富强和人民幸福，促进世界和平和人类进步而毕生奋斗、英勇献身的英雄烈士。

本罪的主体是一般主体，主观方面是故意。

（二）侵害英雄烈士名誉、荣誉罪的刑事责任

根据《刑法》第 299 条之一的规定，犯本罪的，处 3 年以下有期徒刑、拘役、管制或者剥夺政治权利。

十七、组织、利用会道门、邪教组织、利用迷信破坏法律实施罪

（一）组织、利用会道门、邪教组织、利用迷信破坏法律实施罪的概念与构成

组织、利用会道门、邪教组织、利用迷信破坏法律实施罪，是指组织和利用会道门、邪教组织或者利用迷信破坏国家法律、行政法规实施的行为。

本罪侵犯的客体是国家实施法律、行政法规的正常秩序。

本罪的客观方面表现为行为人实施了组织、利用会道门、邪教组织或利用迷信破坏国家法律、行政法规实施的行为。所谓会道门，是封建迷信活动组织的总称，诸如一贯道、九宫道、先天道、后天道等封建迷信组织。所谓邪教组织，是指冒用宗教、气功或者以其他名义建立，神化、鼓吹首要分子，利用制造、散布迷信邪说等手段蛊惑、蒙骗他人，发展、控制成员，危害社会的非法组织。本罪是行为犯，且是选择性罪名，只要行为人实施了前述行为之一，情节严重的，便足以成立本罪。司法实践中具体确定罪名时，应根据实际案情来确定。

本罪的主体是一般主体，主观方面是故意。

（二）组织、利用会道门、邪教组织、利用迷信破坏法律实施罪认定时应注意的问题

《刑法》规定，犯本罪，又实施强奸、诈骗等犯罪行为的，应当依照数罪并罚的规定处罚。最高人民法院、最高人民检察院《关于办理组织、利用邪教组织破坏法律实施等刑事案件适用法律若干问题的解释》规定，组织、利用邪教组织破坏国家法律、行政法规实施过程中，又有煽动分裂国家、煽动颠覆国家政权或者侮辱、诽谤他人等犯罪行为的，依照数罪并罚的规定定罪处罚；组织、利用邪教组织，制造、散布迷信邪说，组织、策划、煽动、胁迫、教唆、帮助其成员或者他人实施自杀、自伤的，以故意杀人罪或者故意伤害罪定罪处罚；邪教组织人员以自焚、自爆或者其他危险方法危害公共安全的，以放火罪、爆炸罪、以危险方法危害公共安全罪等定罪处罚。

（三）组织、利用会道门、邪教组织、利用迷信破坏法律实施罪的刑事责任

根据《刑法》第 300 条第 1 款的规定，犯本罪的，处 3 年以上 7 年以下有期徒刑，并处罚金；情节特别严重的，处 7 年以上有期徒刑或者无期徒刑，并处罚金或者没收财产；情节较轻的，处 3 年以下有期徒刑、拘役、管制或者剥夺政治权利，并处或者单处罚金。

十八、聚众淫乱罪

（一）聚众淫乱罪的概念与构成

聚众淫乱罪，是指聚集多人进行淫乱活动或者多次参加多人进行的淫乱活动的行为。

本罪侵犯的客体是国家对社会风尚的管理秩序。

本罪的客观方面表现为行为人实施了聚众淫乱的行为，即纠集三人以上群奸群宿或进行其他淫乱活动。这里的聚众有公然性的特征，只有公然性、聚众实施的行为才属于挑战公共秩序、违背公序良俗，扰乱社会管理秩序。所谓淫乱，是指不符合道德准则的性行为，除了自然性交之外，还包括猥亵、兽奸等刺激和满足性欲的行为。在聚众淫乱罪中，聚众淫乱活动的参与者都是自愿的，而不是被强迫的。如果以暴力、胁迫、麻醉或者其他方法强迫他人参与聚众淫乱活动，应视其具体情况分别成立强奸罪、强制猥亵罪等犯罪或者实行数罪并罚。

本罪的主体是一般主体，但本罪仅处罚聚众淫乱的首要分子和多次参加聚众淫乱的人员。

本罪的主观方面是故意。

（二）聚众淫乱罪的刑事责任

根据《刑法》第301条的规定，犯本罪的，处5年以下有期徒刑、拘役或者管制。

第三节　妨害司法罪

一、伪证罪

（一）伪证罪的概念与构成

伪证罪，是指在刑事诉讼中，证人、鉴定人、记录人、翻译人对与案件有重要关系的情节，故意作虚假证明、鉴定、记录、翻译，意图陷害他人或者隐匿罪证的行为。

本罪侵犯的客体是司法机关正常的刑事诉讼司法活动。作伪证的行为必然妨害司法机关查明案件事实，从而严重干扰司法机关正常的刑事诉讼司法活动。

本罪的客观方面表现为行为人在刑事诉讼中，对与案件有重要关系的情节，故意作虚假证明、鉴定、记录、翻译的行为。刑事诉讼司法活动，是指刑事案件的侦查、起诉、审判的整个过程。与案件有重要关系的情节，是指直接影响定罪量刑的情节，即对犯罪嫌疑人、被告人是否构成犯罪，构成何种犯罪、应当如何量刑有重要影响的情节。作虚假的证明、鉴定、记录、翻译，是指以虚构、隐瞒、篡改等各种形式作违背事实真相的证明、鉴定、记录、翻译。如何理解"虚假"，刑法理论围绕证人作虚假证明的认定有不同的观点。主观说（即通说）认为，"虚假"是指证人所陈述的事实是违反其主观记忆的事实。证人应该按照其记忆陈述自己所经历的事实，如果其故意违反记忆加以陈述，就伴随有误导司法的抽象危险。因此，只要行为人陈述违反自己记忆的事实，即使偶然符合客观事实，也成立伪证罪；反之，只要没有违反行为人的记忆，即使与客观事实不相符合，也不成立伪证罪。客观说认为，"虚假"是指所陈述的事实内容违反了客观的真实性。行为人违背记忆的陈述，只要与客观事实相符合，就不存在妨害审判公正的危险，因而不成立伪证罪。而当行为人按照自己的记忆所作的陈述违背客观真实时，因为没有伪证罪的故意，不成立伪证罪。

本罪的主体是特殊主体，即只有刑事诉讼中的证人、鉴定人、记录人、翻译人才能成为本罪主体。证人，是指知道刑事案件的全部或部分真实情况，以自己的证言作为刑事证据的人；鉴定人，是指在刑事诉讼中，受公安机关、检察机关、人民法院的指派或聘请，运用自己的专门知识或技能，对案件中的专门性问题进行分析判断并提出科学意见的人；记录人，是指为案件的调查取证，询问证人、被害人或审问犯罪嫌疑人、被告人而作文图声像记录的人；翻译人，是指受公安机关、检察机关或人民法院的指派或聘请，为案件中的外国人、少数民族人员或聋哑人等诉讼参与人充当翻译的人，以及为案件中的法律文书或证据材料等有关资料作翻译的人。非上述四种诉讼参与人，不构成本罪。

本罪的主观方面是故意，且行为人具有陷害他人或者隐匿罪证的意图。因此，如果行为人不是出于故意，而是因为记忆错误而导致证词失实，或者因为业务水平不强、工作粗心大意而导致鉴定、记录、翻译出现差错，就不能认定为犯罪。

（二）伪证罪认定时应注意的问题

本罪与诬告陷害罪是有区别的。由于诬告陷害罪的行为人为了达到陷害他人的目的，常常虚构事实、伪造证据，因此就有可能在表现形式上与本罪相同。但二者的显著区别在于：第一，犯罪客体不同。本罪侵犯的客体是司法机关正常的刑事诉讼司法活动，他人的人身权利只是随意客体；诬告陷害罪侵犯的主要客体是他人的人身权利，司法机关的正常活动只是次要客体。第二，行为所针对的对象不同。本罪行为针对的对象是进入诉讼程序的犯罪嫌疑人、被告人；诬告陷害罪所针对的对象则是未必进入刑事诉讼程序的人。第三，犯罪发生的时间不同。本罪只能发生在刑事诉讼过程中，诬告陷害罪则发生在刑事诉讼活动开始之前。第四，犯罪方式不同。本罪只是在与案件有重要关系的个别情节上作伪证；诬告陷害罪是捏造整个犯罪事实。第五，犯罪主体不同。本罪是特殊主体，即只能是参加刑事诉讼的证人、鉴定人、记录人或翻译人；诬告陷害罪则是一般主体。第六，犯罪的主观意图不同。

本罪的主观意图是陷害他人或为他人开脱罪责；诬告陷害罪的主观意图只能是陷害他人。

（三）伪证罪的刑事责任

根据《刑法》第 305 条的规定，犯本罪的，处 3 年以下有期徒刑或者拘役；情节严重的，处 3 年以上 7 年以下有期徒刑。

二、窝藏、包庇罪

（一）窝藏、包庇罪的概念与构成

窝藏、包庇罪，是指明知是犯罪的人，而为其提供隐藏处所、财物，帮助其逃匿或者作假证明包庇的行为。

本罪侵犯的客体是司法机关的正常活动。

本罪的犯罪对象是犯罪的人，指在客观上被合理地认为有强烈犯罪嫌疑的人，既包括真正犯了罪的人，也包括因犯罪的嫌疑而受到司法机关侦查或起诉的人，还包括暂时未被列为犯罪嫌疑人，但确实实施了犯罪行为的人，以及虽不具有刑事责任能力，但实施了危害社会的行为，在客观上有强烈犯罪嫌疑的人。

本罪的客观方面表现为行为人实施了窝藏或包庇犯罪的人的行为。所谓窝藏，包括以下三种情形。一是为犯罪的人提供隐藏处所。例如，将其藏匿在自己或亲友家中或者其他难以被发现的场所。二是为犯罪的人提供财物。例如，为其提供金钱、衣物、食品或其他生活用品，使其能够继续隐藏。三是以其他方法帮助犯罪的人逃匿。例如，为犯罪的人通报侦查机关的动向、指示逃匿方向和路线、提供交通便利等。所谓包庇，是指为犯罪的人作假证明以掩盖其犯罪事实。本罪是选择性罪名，只要行为人实施了窝藏与包庇犯罪的人的行为之一，便足以成立本罪。另外，根据《刑法》第 362 条的规定，旅馆业、饮食服务业、文化娱乐业、出租汽车业等单位的人员，在公安机关查处卖淫、嫖娼活动时，为违法犯罪分子通风报信，情节严重的，以窝藏、包庇罪定罪处罚。

本罪的主体是一般主体。

本罪的主观方面是故意。因此，行为人不知道对方是犯罪分子而为其提供隐藏处所、财物，或者不了解事实而讲了客观上有利于犯罪人的证词的，不能以犯罪论处。

（二）窝藏、包庇罪认定时应注意的问题

1. 本罪与非罪的界限

明知犯罪事实的发生或者明知犯罪人的情况，而不主动地向司法机关举报的行为，属于"知情不报"。知情不报的行为虽然在客观上有利于犯罪分子逃匿，但行为人只是

消极地不提供有关犯罪事实和犯罪分子的信息，而不是积极地窝藏、包庇犯罪分子，因而属于单纯的不作为。由于我国《刑法》没有关于知晓一般犯罪事实或犯罪人情况的人必须举报的强制性规定，因此对于知情不报的行为不能以犯罪论处。同理，在公安、司法机关调查取证时，单纯不提供证言的行为，虽然违背了《刑事诉讼法》"凡是知道案件情况的人，都有作证的义务"等规定，但由于《刑法》并未对此作出专门的一般性规定，因而也不成立犯罪。但是，如果明知他人有间谍犯罪行为，在国家安全机关向其调查有关情况、收集有关证据时，拒绝提供，情节严重的，则可构成《刑法》第311条规定的拒绝提供间谍犯罪证据罪。

2. 包庇罪与伪证罪的界限

二罪都可以通过提供虚假证明的方式实施，其显著区别在于：第一，犯罪对象不同。包庇罪的对象包括已决犯和未决犯，伪证罪的对象只能是未决犯。第二，实施犯罪的时间不同。包庇罪可以发生在刑事诉讼开始之前、之中和之后，伪证罪只能发生在刑事诉讼的过程中。第三，行为方式不同。包庇罪是为犯罪的人作假证明，伪证罪则是行为人对案件有重要关系的情节作虚假的证明、鉴定、记录或者翻译。第四，主体不同。包庇罪的主体是一般主体，伪证罪的主体是特殊主体，仅限于证人、鉴定人、记录人、翻译人。第五，行为人故意内容不同。包庇罪的故意内容只是意图使犯罪分子逃避法律制裁；而伪证罪的故意内容既可以是包庇犯罪的人使其逃避法律制裁的意图，也可以是陷害他人使其受到刑事追究的意图。

3. 本罪与事前有通谋的共同犯罪的区别

本罪是在被窝藏、包庇者犯罪后实施的，其犯罪故意也是在他人实施犯罪之后产生的。如果行为人在他人犯罪之前就与之约定事后为其提供隐藏处所、财物，帮助其逃匿或者作假证明予以包庇，则不成立本罪，而应认定为他人犯罪的共同犯罪。《刑法》第310条第2款对此也作了明文规定。

（三）窝藏、包庇罪的刑事责任

根据《刑法》第310条第1款的规定，犯本罪的，处3年以下有期徒刑、拘役或者管制；情节严重的，处3年以上10年以下有期徒刑。

三、破坏监管秩序罪

（一）破坏监管秩序罪的概念与构成

破坏监管秩序罪，是指依法被关押的罪犯，故意破坏监管秩序，情节严重的行为。

本罪侵犯的客体是国家监管机关的监押管理秩序，即监狱、拘役所、看守所、少年犯管教所等关押已决犯的场所的管理秩序。

本罪的客观方面表现为行为人实施了破坏监管秩序，情节严重的行为。首先，破坏监管秩序的行为具体表现为以下形式：① 殴打监管人员；② 组织其他被监管人破坏监管秩序；③ 聚众闹事，扰乱正常监管秩序；④ 殴打、体罚或者指使他人殴打、体罚其他被监管人。行为人只要实施了前述四种行为之一，便足以成立本罪。其次，上述危害行为必须发生在行为人被关押期间。如果行为人被解除关押后对曾经监管他的人员实施殴打，则不构成本罪。至于行为实施的地点，既可以是监管场所，也可以是其他劳动作业场所，还可以是被押解途中。最后，上述危害行为必须达到情节严重。

本罪的主体是特殊主体，即只有依法被关押的罪犯才能成为本罪主体。

本罪的主观方面是故意。

（二）破坏监管秩序罪的刑事责任

根据《刑法》第 315 条的规定，犯本罪的，处 3 年以下有期徒刑。

四、脱逃罪

（一）脱逃罪的概念与构成

脱逃罪，是指依法被关押的罪犯、被告人、犯罪嫌疑人从被关押的处所逃逸的行为。

本罪侵犯的客体是国家司法机关对罪犯、被告人、犯罪嫌疑人的正常监管秩序。国家法律规定司法机关可依法对罪犯、被告人、犯罪嫌疑人进行关押，以保证对罪犯执行刑罚，对被告人、犯罪嫌疑人正常进行刑事诉讼。被关押的罪犯、被告人、犯罪嫌疑人非法逃脱司法机关的羁押和监管，无疑会扰乱正常的监管秩序。

本罪的客观方面表现为行为人实施了脱逃行为。所谓脱逃，是指行为人实施了逃离羁押场所（如从看守所、监狱逃跑）或摆脱监押人员控制（如在押解途中逃跑）的逃逸行为。脱逃的方法多种多样，包括秘密脱逃或公开逃跑，使用暴力破坏监管设施或未使用暴力而利用监管漏洞，等等。行为人在脱逃时，如果对监管人员使用了暴力，其暴力程度应以轻伤为限。如果其暴力手段造成了监管人员重伤甚至死亡，是本罪与故意伤害罪、故意杀人罪的牵连犯，从一重罪处断。

本罪的主体是特殊主体，即被关押的罪犯、被告人、犯罪嫌疑人。罪犯，是指经人民法院的生效判决宣告有罪的人。被告人，是指受到有罪的指控，正在由人民法院审理的人。犯罪嫌疑人，是指公安机关（包括国家安全机关）、人民检察院立案侦查、审查起诉期间认为实施了犯罪行为的人。罪犯、被告人、犯罪嫌疑人构成本罪，必须处于依法被关押的状态。未被关押的罪犯、被告人、犯罪嫌疑人，不是本罪的主体。

本罪的主观方面是故意。

（二）脱逃罪的刑事责任

根据《刑法》第 316 条第 1 款的规定，犯本罪的，处 5 年以下有期徒刑或者拘役。

五、劫夺被押解人员罪

（一）劫夺被押解人员罪的概念与构成

劫夺被押解人员罪，是指劫夺押解途中的罪犯、被告人、犯罪嫌疑人的行为。

本罪侵犯的客体是国家对被押解人员的监管秩序。

本罪的客观方面表现为行为人实施了劫夺押解途中的罪犯、被告人、犯罪嫌疑人的行为。首先，劫夺的对象是被押解的罪犯、被告人、犯罪嫌疑人。如果劫夺的是一般违法分子，则不构成本罪。其次，劫夺行为必须发生在押解途中。押解途中，是指从甲地押往乙地之间的全过程，不仅包括交通途中，也包括临时住宿、停留等场所。最后，在押解途中实施劫夺行为。劫夺，是指从司法工作人员的押解控制中强行将被押解人员夺走，使司法机关失去对被押解人员的人身控制。劫夺的手段通常是使用暴力，但也不排除采取麻醉等其他使押解人员不能还击或不知还击的手段。

本罪的主体是一般主体，主观方面是故意。

（二）劫夺被押解人员罪的刑事责任

根据《刑法》第 316 条第 2 款的规定，犯本罪的，处 3 年以上 7 年以下有期徒刑；情节严重的，处 7 年以上有期徒刑。

六、组织越狱罪

（一）组织越狱罪的概念与构成

组织越狱罪，是指依法被关押的罪犯、犯罪嫌疑人、被告人有组织地集体越狱的行为。

本罪侵犯的客体是国家对在押人员的监管秩序。

本罪的客观方面表现为行为人实施了组织越狱的行为。其具体表现有两种形式：一是组织越狱；二是积极参加有组织的越狱。行为人只要实施此两种行为之一，即可成立本罪。这里越狱中的"狱"，泛指一切关押罪犯、犯罪嫌疑人、被告人的场所，包括监狱、看守所以及其他临时关押前述三类人员的场所和押解交通工具。

本罪的主体是特殊主体，即依法被关押的罪犯、犯罪嫌疑人、被告人。

本罪的主观方面是故意。

（二）组织越狱罪的刑事责任

根据《刑法》第317条第1款的规定，犯本罪的，对首要分子和积极参加的，处5年以上有期徒刑；对其他参加的，处5年以下有期徒刑或者拘役。

七、暴动越狱罪

（一）暴动越狱罪的概念与构成

暴动越狱罪，是指在押的罪犯、犯罪嫌疑人、被告人相互勾结，使用暴力手段集体越狱逃跑的行为。

本罪侵犯的客体是国家对在押人员的监管秩序。

本罪的客观方面表现为行为人实施了暴动越狱的行为。暴动，是指在押的罪犯、犯罪嫌疑人、被告人组织起来，对监管人员和监管场所施以暴力，如杀死杀伤监管人员、砸烂监所门窗、撞倒监所墙壁，从而逃逸。

本罪的主体是特殊主体，即在押的罪犯、犯罪嫌疑人、被告人。

本罪的主观方面是故意。

（二）暴动越狱罪的刑事责任

根据《刑法》第317条第2款的规定，犯本罪的，对首要分子和积极参加的，处10年以上有期徒刑或者无期徒刑；情节特别严重的，处死刑。对其他参加的，处3年以上10年以下有期徒刑。

八、聚众持械劫狱罪

（一）聚众持械劫狱罪的概念与构成

聚众持械劫狱罪，是指聚集多人持械劫夺狱中在押人犯的行为。

本罪侵犯的客体是国家对在押人员的监管秩序。

本罪的客观方面表现为行为人实施了聚集多人持械劫夺狱中在押人犯的行为。持械，是指行为人手拿刀、枪、棍棒等凶器实施劫狱行为。

本罪的主体是一般主体，主观方面是故意。

（二）聚众持械劫狱罪的刑事责任

根据《刑法》第317条第2款的规定，犯本罪的，对首要分子和积极参加的，处

10 年以上有期徒刑或者无期徒刑；情节特别严重的，处死刑。对其他参加的，处 3 年以上 10 年以下有期徒刑。

第四节　妨害国（边）境管理罪

一、组织他人偷越国（边）境罪

（一）组织他人偷越国（边）境罪的概念与构成

组织他人偷越国（边）境罪，是指违反国家出入境管理法规，非法组织他人偷越国（边）境的行为。

本罪侵犯的客体是国家对国（边）境的正常管理秩序。这里的国（边）境，既指国境，即我国与外国的疆界，又指边境，即我国大陆与台、港、澳地区在行政区划上的交界。

本罪的客观方面表现为行为人实施了非法组织他人出入国（边）境的行为。首先，行为人的行为违反了国家有关出入境管理法规。我国《公民出境入境管理法》和《外国人入境出境管理法》以及这两部法律的实施细则明确规定，任何人出入我国国（边）境，必须履行必要的申请手续，经有关部门签发出入境证件，然后才能在规定的时间、地点入境或出境。违反上述管理法规，是构成本罪的前提。其次，行为人实施了组织他人偷越国（边）境的行为。偷越国（边）境，是指不具备合法出入国（边）境条件而擅自出入国（边）境，包括使用伪造、变造的出入境证件在国（边）口岸越境，也包括在不设边防检查站的陆地、海上秘密越境。根据最高人民法院、最高人民检察院《关于办理妨害国（边）境管理刑事案件应用法律若干问题的解释》第 6 条的规定，具有下列情形之一的，应当认定为"偷越国（边）境"行为：① 没有出入境证件出入国（边）境或者逃避接受边防检查的；② 使用伪造、变造、无效的出入境证件出入国（边）境的；③ 使用他人出入境证件出入国（边）境的；④ 使用以虚假的出入境事由、隐瞒真实身份、冒用他人身份证件等方式骗取的出入境证件出入国（边）境的；⑤ 采用其他方式非法出入国（边）境的。

本罪的主体是一般主体。即已满 16 周岁、具有刑事责任能力的自然人。单位不构成本罪。

本罪的主观方面是故意，行为人出于何种动机、目的，不影响本罪的成立。

（二）组织他人偷越国（边）境罪认定时应注意的问题

在认定本罪时，应注意区分一罪与数罪的界限。根据刑法的有关规定，在犯本罪的过程中，过失造成被组织人重伤、死亡，剥夺或者限制被组织人人身自由，以暴力、威胁方法抗拒检查的，都只成立本罪一罪。但是，行为人在犯本罪的过程中，对被组织人有杀害、伤害、强奸、拐卖等犯罪行为，或者对检查人员有杀害、伤害等犯罪行为的，应以数罪论，依照数罪并罚的规定处罚。

（三）组织他人偷越国（边）境罪的刑事责任

根据《刑法》第318条的规定，犯本罪的，处2年以上7年以下有期徒刑，并处罚金；有下列情形之一的，处7年以上有期徒刑或者无期徒刑，并处罚金或者没收财产：① 组织他人偷越国（边）境集团的首要分子；② 多次组织他人偷越国（边）境或者组织他人偷越国（边）境人数众多的；③ 造成被组织人重伤、死亡的；④ 剥夺或者限制被组织人人身自由的；⑤ 以暴力、威胁方法抗拒检查的；⑥ 违法所得数额巨大的；⑦ 有其他特别严重情节的。根据最高人民法院《关于审理组织、运送他人偷越国（边）境等刑事案件适用法律若干问题的解释》第2条的规定，《刑法》第318条第2项规定的"人数众多"，一般是指组织、运送他人偷越国（边）境人数在10人以上。犯本罪并对被组织人有杀害、伤害、强奸、拐卖等犯罪行为，或者对检查人员有杀害、伤害等犯罪行为的，依照数罪并罚的规定处罚。

二、偷越国（边）境罪

（一）偷越国（边）境罪的概念与构成

偷越国（边）境罪，是指违反国（边）境管理法规，偷越国（边）境，情节严重的行为。

本罪侵犯的客体是国家对出入国（边）境的管理制度。

本罪的客观方面表现为行为人实施了违反国（边）境管理法规，偷越国（边）境的行为。所谓偷越国（边）境，是指行为人在没有依法获得国家出入境管理部门批准的情况下，擅自出入国（边）境。其具体表现可能多种多样。如不在指定地点出入国（边）境，或虽在指定地点但藏身于船只、车辆之中偷渡出境，或冒用他人的出入境证蒙混出境，等等。偷越国（边）境行为，情节严重的才构成犯罪，对一般情节轻微的偷越国（边）境行为，不能以犯罪论处。根据最高人民法院、最高人民检察院《关于办理妨害国（边）境管理刑事案件适用法律若干问题的解释》第5条的规定，偷越国（边）境，具有下列情形之一的，应当认定为《刑法》第322条规定的"情节严重"：① 在境外实施损害国家利益行为的；② 偷越国（边）境3次以上或者3人以上结伙偷越国（边）境的；③ 拉拢、引诱他人一起偷越国（边）境的；④ 勾结境外组织、人员偷越国（边）境的；⑤ 因偷越国（边）境被行政处罚后一年内又偷越国（边）境的；⑥ 其他情节严重的情形。

本罪的主体是一般主体，主观方面是故意。

（二）偷越国（边）境罪的刑事责任

根据《刑法》第 322 条的规定，犯本罪的，处 1 年以下有期徒刑、拘役或管制，并处罚金；为参加恐怖活动组织、接受恐怖活动培训或者实施恐怖活动，偷越国（边）境的，处 1 年以上 3 年以下有期徒刑，并处罚金。

第五节　妨害文物管理罪

一、故意损毁文物罪

（一）故意损毁文物罪的概念与构成

故意损毁文物罪，是指故意损毁国家保护的珍贵文物或者被确定为全国重点文物保护单位、省级文物保护单位的文物的行为。

本罪侵犯的客体是国家的文物管理制度。

本罪的犯罪对象是国家保护的珍贵文物或者被确定为全国重点文物保护单位、省级文物保护单位的文物。根据《文物保护法》的规定，文物是指人类创造的或者与人类活动有关的，具有历史、艺术、科学价值的下列物质遗存：① 古文化遗址、古墓葬、古建筑、石窟寺和古石刻、古壁画；② 与重大历史事件、革命运动或者著名人物有关的以及具有重要纪念意义、教育意义或者史料价值的近代现代重要史迹、实物、代表性建筑；③ 历史上各时代珍贵的艺术品、工艺美术品；④ 历史上各时代重要的文献资料、手稿和图书资料等；⑤ 反映历史上各时代、各民族社会制度、社会生产、社会生活的代表性实物。古文化遗址、古墓葬、古建筑、石窟寺、古石刻、古壁画、近代现代重要史迹和代表性建筑等不可移动文物，分为文物保护单位（具体分为全国重点文物保护单位，省级文物保护单位，设区的市级、县级文物保护单位）和未核定公布为文物保护单位的不可移动文物。历史上各时代重要实物、艺术品、工艺美术品、文献资料、手稿、图书资料、代表性实物等可移动文物，分为珍贵文物（具体分为一级文物、二级文物、三级文物）和一般文物。本罪的犯罪对象只限于上述文物中国家保护的珍贵文物或者被确定为全国重点文物保护单位、省级文物保护单位的文物。根据全国人大常委会《关于〈中华人民共和国刑法〉有关文物的规定适用于具有科学价值的古脊椎动物化石、古人类化石的解释》的规定，具有科学价值的古脊椎动物化石、古人类化石也可以成为本罪侵犯的对象。

本罪的客观方面表现为行为人实施了故意损毁珍贵文物的行为。损毁，包括损坏和毁灭。其具体表现形式多种多样，如拆卸、污损、刻画、焚烧、爆炸、砸烂、捣毁等。

本罪的主体是一般主体，主观方面是故意。

（二）故意损毁文物罪的刑事责任

根据《刑法》第 324 条第 1 款的规定，犯本罪的，处 3 年以下有期徒刑或者拘役，并处或者单处罚金；情节严重的，处 3 年以上 10 年以下有期徒刑，并处罚金。

二、故意损毁名胜古迹罪

（一）故意损毁名胜古迹罪的概念与构成

故意损毁名胜古迹罪，是指故意损毁国家保护的名胜古迹，情节严重的行为。

本罪侵犯的客体是国家名胜古迹的管理制度。本罪的犯罪对象是名胜古迹，即是指具有重大历史、艺术、科学价值，并被核定为国家或者地方重点文物保护单位的风景区或与名人事迹、历史事件有关而值得后人登临凭吊的胜地和建筑物。

本罪的客观方面表现为行为人实施了故意损毁国家保护的名胜古迹，情节严重的行为。损毁，是指行为人明知是名胜古迹而加以毁坏，其表现形式多种多样，如炸毁、污损、刻画、砸烂、拆卸、挖掘、焚烧等。毁损的行为只有情节严重的，才构成本罪。至于情节严重的标准，根据最高人民法院、最高人民检察院《关于办理妨害文物管理等刑事案件适用法律若干问题的解释》第 4 条第 2 款的规定，具有下列情形之一的，属于情节严重：① 致使名胜古迹严重损毁或者灭失的；② 多次损毁或者损毁多处名胜古迹的；③ 其他情节严重的情形。

本罪的主体是一般主体，主观方面是故意。

（二）故意损毁名胜古迹罪的刑事责任

根据《刑法》第 324 条第 2 款的规定，犯本罪的，处 5 年以下有期徒刑或者拘役，并处或者单处罚金。

第六节 危害公共卫生罪

一、妨害传染病防治罪

（一）妨害传染病防治罪的概念与构成

妨害传染病防治罪，是指违反传染病防治法的规定，引起甲类传染病以及依法确定采取甲类传染病预防、控制措施的传染病传播或者有传播严重危险的行为。

本罪侵犯的客体是国家关于传染病防治的管理制度。

本罪的客观方面表现为违反传染病防治法的规定，实施特定行为，引起甲类传染病以及依法确定采取甲类传染病预防、控制措施的传染病传播或者有传播严重危险的行为。引起甲类传染病以及依法确定采取甲类传染病预防、控制措施的传染病传播或者有传播严重危险的行为包括：① 供水单位供应的饮用水不符合国家规定的卫生标准的；② 拒绝按照疾病预防控制机构提出的卫生要求，对传染病病原体污染的污水、污物、场所和物品进行消毒处理的；③ 准许或者纵容传染病病人、病原携带者和疑似传染病病人从事国务院卫生行政部门规定禁止从事的易使该传染病扩散的工作的；④ 出售、运输疫区中被传染病病原体污染或者可能被传染病病原体污染的物品，未进行消毒处理的；⑤ 拒绝执行县级以上人民政府、疾病预防控制机构依照传染病防治法提出的预防、控制措施的。本罪既处罚结果犯，也处罚危险犯，即引起甲类传染病或者依法确定采取甲类传染病预防、控制措施的传染病传播或者有传播的严重危险的，都可能构成本罪。

本罪的主体是一般主体，单位也可成为本罪主体。

本罪的主观方面是过失。故意实施本罪中列举的客观行为，可能构成投放危险物质罪、故意伤害罪等，而不构成本罪。

（二）妨害传染病防治罪的刑事责任

根据《刑法》第 330 条的规定，犯本罪的，处 3 年以下有期徒刑或者拘役；后果特别严重的，处 3 年以上 7 年以下有期徒刑。单位犯本罪的，对单位判处罚金，并对其直接负责的主管人员和其他直接责任人员，依照个人犯本罪的规定处罚。

二、非法组织卖血罪

（一）非法组织卖血罪的概念与构成

非法组织卖血罪，是指违反国家有关规定，组织他人出卖血液的行为。

本罪侵犯的客体是国家血液采集、供应的管理秩序和公民的身体健康与生命安全。

本罪的客观方面表现为行为人实施了非法组织卖血的行为。非法，是指违反《献血法》《采供血机构和血液管理办法》等，擅自组织他人出卖血液。组织，是指采取引诱、雇佣、招募、纠集、串联、欺骗等手段，组织、指挥、领导并安排他人或者控制他人进行出卖血液的活动。对于公民自愿出卖自己血液的行为，不能以犯罪论。

本罪的主体是一般主体。

本罪的主观方面是故意，行为人多具有牟利的目的，但法律并未规定必须以牟利为目的。

（二）非法组织卖血罪的刑事责任

根据《刑法》第 333 条的规定，犯本罪的，处 5 年以下有期徒刑，并处罚金。实施本罪行为而对他人造成重伤或者死亡的，依照《刑法》第 234 条规定的故意伤害罪定罪处罚。

三、非法采集人类遗传资源、走私人类遗传资源材料罪

（一）非法采集人类遗传资源、走私人类遗传资源材料罪的概念与构成

非法采集人类遗传资源、走私人类遗传资源材料罪，是指违反国家有关规定，非法采集我国人类遗传资源或者非法运送、邮寄、携带我国人类遗传资源材料出境，危害公众健康或者社会公共利益，情节严重的行为。

本罪侵犯的客体是我国人类遗传资源的管理制度。人类遗传资源是关于人类整体的生物特征，关系到健康、疾病等信息，关系到社会公众的健康权益。为此，《生物安全法》作了相应的管理规定，国家对我国人类遗传资源和生物资源享有主权，对其利用应符合法律规定。

本罪的客观方面表现为非法采集我国人类遗传资源，或者非法运送、邮寄、携带我国人类遗传资源材料出境。首先，成立本罪，以违反国家有关规定为前提。这里的"违反国家有关规定"，主要是指违反《生物安全法》的有关规定。该法第 56 条明确规定，从事下列活动，应当经国务院卫生健康主管部门批准：① 采集我国重要遗传家系、特定地区人类遗传资源或者采集国务院卫生健康主管部门规定的种类、数量的人类遗传资源；② 保藏我国人类遗传资源；③ 利用我国人类遗传资源开展国际科学研究合作；④ 将我国人类遗传资源材料运送、邮寄、携带出境。这里的人类遗传资源，按照《生物安全法》第 85 条第 8 项的规定，包括人类遗传资源材料和人类遗传资源信息。其中，人类遗传资源材料，是指含有人体基因组、基因等遗传物质的器官、组织、细胞等遗传材料；人类遗传资源信息，是指利用人类遗传资源材料产生的数据等信息资料。其次，在行为的社会危害性上，必须危害公众健康或者社会公共利益，情节严重的，才构成犯罪。

本罪的主体是一般主体，主观方面是故意。

（二）非法采集人类遗传资源、走私人类遗传资源材料罪认定时应注意的问题

本罪入罪条件上要求必须达到危害公众健康或者社会公共利益，情节严重。因此，区分行政违法和刑事违法之间的界限，需要综合考虑以下因素，认定是否属于情节严重：犯罪对象人类遗传资源包括人类遗传资源材料和人类遗传资源信息的种类、数量

以及重要性程度；是否多次从事相关行为；人类遗传资源被使用的用途去向，是否被用于正当的科学、医疗、卫生领域；违法所得的数额；造成被采集信息的人员身体健康受损、隐私受到侵害；等等。

（三）非法采集人类遗传资源、走私人类遗传资源材料罪的刑事责任

根据《刑法》第 334 条之一的规定，犯本罪的，处 3 年以下有期徒刑、拘役或者管制，并处或者单处罚金；情节特别严重的，处 3 年以上 7 年以下有期徒刑，并处罚金。

四、医疗事故罪

（一）医疗事故罪的概念与构成

医疗事故罪，是指医务人员由于严重不负责任，造成就诊人死亡或者严重损害就诊人身体健康的行为。

本罪侵犯的客体是国家对医务工作的管理秩序和就诊人的生命、健康权利。医务工作人员应当具备良好的职业道德和执业水平，对于严重不负责任，造成医疗事故的人员，应当依法负刑事责任。

本罪的客观方面表现为行为人实施了由于严重不负责任，造成就诊人死亡或者严重损害就诊人身体健康的行为。首先，这里的严重不负责任，是指医务人员在医疗的各个环节中违反医疗规章制度，不履行或者不正确履行医疗护理等职责。严重不负责任与违反医疗规章制度是紧密联系的。违反医疗规章制度是造成重大医疗事故的原因，也是行为人承担刑事责任的前提条件。医疗规章制度，是指国家或卫生行政部门、医疗单位制定的有关诊断、处方、用药、麻醉、手术、输血、护理、化验、消毒、查房等各个医务环节的规章制度和技术操作常规。根据最高人民检察院、公安部《关于公安机关管辖的刑事案件立案追诉标准的规定（一）》第 56 条的规定，具有下列情形之一的，属于"严重不负责任"：① 擅离职守的；② 无正当理由拒绝对危急就诊人实行必要的医疗救治的；③ 未经批准擅自开展试验性医疗的；④ 严重违反查对、复核制度的；⑤ 使用未经批准使用的药品、消毒药剂、医疗器械的；⑥ 严重违反国家法律法规及有明确规定的诊疗技术规范、常规的；⑦ 其他严重不负责任的情形。其次，行为必须造成了就诊人死亡或者严重损害就诊人身体健康的危害后果。严重损害就诊人身体健康，根据前述司法解释的规定，是指造成就诊人严重残疾、重伤、感染艾滋病、病毒性肝炎等难以治愈的疾病或者其他严重损害就诊人身体健康的后果。最后，行为人严重不负责任的行为与上述特定危害结果之间必须存在因果关系。如果病人死亡或身体严重受损的后果不是由医务人员的严重不负责任行为所导致的，不能认为是犯罪。

本罪的主体是特殊主体，即医务人员。医务人员，是指经过医药院校教育，或经

各级机构培养训练后，经考核合格，并经过卫生行政机关批准，取得行医资格，从事医疗实践工作的各类医务人员。具体包括医疗防疫人员、药剂人员、护理人员和其他专业技术人员。

本罪的主观方面是过失。行为人对造成就诊人死亡或者严重损害就诊人身体健康的后果，在主观上持排斥和否定的态度。如果行为人在医疗护理工作中故意杀害就诊人或故意严重损害就诊人身体健康，应以故意杀人罪或故意伤害罪论处。

（二）医疗事故罪认定时应注意的问题

在认定医疗事故罪时，应注意区分本罪与医疗意外事故的界限。所谓医疗意外事故，是指在诊疗护理过程中，由于就诊人的病情或体质特殊而发生了医务人员难以预料和难以抗拒的现象，使病员残废、死亡或功能障碍。根据《医疗事故处理条例》的规定，有下列情形之一的，不属于医疗事故：① 在紧急情况下为抢救垂危患者生命而采取紧急医学措施造成不良后果的；② 在医疗活动中由于患者病情异常或者患者体质特殊而发生医疗意外的；③ 在现有医学科学技术条件下，发生无法预料或者不能防范的不良后果的；④ 无过错输血感染造成不良后果的；⑤ 因患方原因延误诊疗导致不良后果的；⑥ 因不可抗力造成不良后果的。医疗意外虽有严重后果，但医务人员客观上无违章行为，主观上无过失，所以不构成犯罪。

（三）医疗事故罪的刑事责任

根据《刑法》第335条的规定，犯本罪的，处3年以下有期徒刑或者拘役。

五、非法植入基因编辑、克隆胚胎罪

（一）非法植入基因编辑、克隆胚胎罪的概念与构成

非法植入基因编辑、克隆胚胎罪，是指将基因编辑、克隆的人类胚胎植入人体或者动物体内，或者将基因编辑、克隆的动物胚胎植入人体内，情节严重的行为。

本罪侵犯的客体是关于基因编辑和克隆技术的管理秩序。

本罪的客观方面表现为将基因编辑、克隆的人类胚胎植入人体或者动物体内，或者将基因编辑、克隆的动物胚胎植入人体内，情节严重的行为。具体有两类行为：一是将基因编辑、克隆的人类胚胎植入人体或者动物体内；二是将基因编辑、克隆的动物胚胎植入人体内。两类行为要求必须是已经"植入"，如果是前期的准备工作未植入的，不作为犯罪处理。随着科学技术发展，模拟的人体子宫、动物子宫等体外培育的技术已经成为可能，本罪的客观方面仅规定了植入人体或者动物体内情形，生物体外培育的不构成本罪。两类行为要求必须情节严重的，才构成犯罪。

本罪的主体是一般主体，即年满16周岁、具有刑事责任能力的自然人，一般需要具备一定的专业知识和技能。这里的主体可能是直接从事基因编辑、克隆移植的科学

研究技术人员、医务人员等，也可能是对非法基因编辑、克隆胚胎移植的出资赞助人、积极组织的科研机构直接负责人等。

本罪的主观方面是故意，且只能是直接故意。

（二）非法植入基因编辑、克隆胚胎罪的刑事责任

根据《刑法》第 336 条之一的规定，犯本罪，情节严重的，处 3 年以下有期徒刑或者拘役，并处罚金；情节特别严重的，处 3 年以上 7 年以下有期徒刑，并处罚金。

第七节　破坏环境资源保护罪

一、污染环境罪

（一）污染环境罪的概念与构成

污染环境罪，是指违反国家规定，排放、倾倒或者处置有放射性的废物、含传染病病原体的废物、有毒物质或者其他有害物质，严重污染环境的行为。

本罪侵犯的客体是国家环境保护制度。所谓环境保护制度，是指我国《环境保护法》《水污染防治法》《大气污染防治法》《海洋环境保护法》《固体废物污染环境防治法》等一系列法律、法规中所确立的环境保护制度。

本罪的客观方面表现为行为人违反国家规定，排放、倾倒或者处置有放射性的废物、含传染病病原体的废物、有毒物质或者其他有害物质，严重污染环境的行为。具体而言包括三个方面的内容。

第一，必须违反了国家环境保护的规定，即国家为保护环境所制定的各项法律、法规。

第二，必须实施了排放、倾倒或者处置有放射性的废物、含传染病病原体的废物、有毒物质或者其他有害物质的行为。排放，通常是指将有放射性的废物、含传染病病原体的废物、有毒物质或者其他有害物质排入环境中，包括泵出、溢出、泄出、喷出和倒出等行为；倾倒，是指通过船舶、航空器、平台或者其他运载工具，将有放射性的废物、含传染病病原体的废物、有毒物质或者其他有害物质弃置于环境中；处置，是指以环境保护法律、法规禁止的方式来处理有放射性的废物、含传染病病原体的废物、有毒物质或者其他有害物质。放射性的废物，是指放射性核素含量超过国家规定限值的固体、液体和气体废弃物。含传染病病原体的废物，是指含有传染病病菌的污水、粪便等废弃物。有毒物质，根据最高人民法院、最高人民检察院《关于办理环境污染刑事案件适用法律若干问题的解释》第 17 条的规定，包括下列物质：① 危险废物，是指列入国家危险废物名录，或者根据国家规定的危险废物鉴别标准和鉴别方法

认定的，具有危险特性的固体废物；②《关于持久性有机污染物的斯德哥尔摩公约》附件所列物质；③ 重金属含量超过国家或者地方污染物排放标准的污染物；④ 其他具有毒性，可能污染环境的物质。其他有害物质，是指除有放射性的废物、含传染病病原体的废物、有毒物质以外的对环境、人的身体有害的物质，包括其他列入国家危险废物名录或者根据国家规定的危险废物鉴别标准和鉴别方法认定的具有危险特性的废物。目前，我国尚未颁布国家危险废物名录，实践中主要参考《控制危险废物越境转移及其处置巴塞尔公约》所列的危险废物名录。同时，其他有害物质也包括了除上述危险废物以外的其他普通污染物。

第三，必须造成了严重污染环境的后果。严重污染环境，根据前述解释第 1 条的规定，包括下列情形：① 饮用水水源保护区、自然保护地核心保护区等依法确定的重点保护区域排放、倾倒、处置有放射性的废物、含传染病病原体的废物、有毒物质的；② 非法排放、倾倒、处置危险废物 3 吨以上的；③ 排放、倾倒、处置含铅、汞、镉、铬、砷、铊、锑的污染物，超过国家或者地方污染物排放标准 3 倍以上的；④ 排放、倾倒、处置含镍、铜、锌、银、钒、锰、钴的污染物，超过国家或者地方污染物排放标准 10 倍以上的；⑤ 通过暗管、渗井、渗坑、裂隙、溶洞、灌注、非紧急情况下开启大气应急排放通道等逃避监管的方式排放、倾倒、处置有放射性的废物、含传染病病原体的废物、有毒物质的；⑥ 两年内曾因在重污染天气预警期间，违反国家规定，超标排放二氧化硫、氮氧化物等实行排放总量控制的大气污染物受过 2 次以上行政处罚，又实施此类行为的；⑦ 重点排污单位、实行排污许可重点管理的单位篡改、伪造自动监测数据或者干扰自动监测设施，排放化学需氧量、氨氮、二氧化硫、氮氧化物等污染物的；⑧ 两年内曾因违反国家规定，排放、倾倒、处置有放射性的废物、含传染病病原体的废物、有毒物质受过 2 次以上行政处罚，又实施此类行为的；⑨ 违法所得或者致使公私财产损失 30 万元以上的；⑩ 致使乡镇集中式饮用水水源取水中断 12 小时以上的；⑪ 其他严重污染环境的情形。

本罪的主体是一般主体，包括已满 16 周岁、具有刑事责任能力的自然人和单位。

本罪的主观方面是故意。

（二）污染环境罪的刑事责任

根据《刑法》第 338 条、第 346 条的规定，犯本罪的，处 3 年以下有期徒刑或者拘役，并处或者单处罚金；后果特别严重的，处 3 年以上 7 年以下有期徒刑，并处罚金。有下列情形之一的，处 7 年以上有期徒刑，并处罚金：① 在饮用水水源保护区、自然保护地核心保护区等依法确定的重点保护区域排放、倾倒、处置有放射性的废物、含传染病病原体的废物、有毒物质，情节特别严重的；② 向国家确定的重要江河、湖泊水域排放、倾倒、处置有放射性的废物、含传染病病原体的废物、有毒物质，情节特别严重的；③ 致使大量永久基本农田基本功能丧失或者遭受永久性破坏的；④ 致使多人重伤、严重疾病，或者致人严重残疾、死亡的。

单位犯本罪的，对单位判处罚金，并对其直接负责的主管人员和其他直接责任人员，依照个人犯本罪的规定处罚。

二、非法猎捕、收购、运输、出售陆生野生动物罪

（一）非法猎捕、收购、运输、出售陆生野生动物罪的概念与构成

非法猎捕、收购、运输、出售陆生野生动物罪，是指违反野生动物保护管理法规，以食用为目的非法猎捕、收购、运输、出售国家重点保护的珍贵、濒危野生动物以外的在野外环境自然生长繁殖的陆生野生动物，情节严重的行为。

本罪侵犯的客体是国家重点保护的珍贵、濒危野生动物以外的在野外环境自然生长繁殖的陆生野生动物。全国人大常委会《关于全面禁止非法野生动物交易、革除滥食野生动物陋习、切实保障人民群众生命健康安全的决定》明确规定，凡《野生动物保护法》和其他有关法律禁止猎捕、交易、运输、食用野生动物的，必须严格禁止。全面禁止食用国家保护的"有重要生态、科学、社会价值的陆生野生动物"以及其他陆生野生动物，包括人工繁育、人工饲养的陆生野生动物。全面禁止以食用为目的猎捕、交易、运输在野外环境自然生长繁殖的陆生野生动物。

本罪的客观方面表现为违反野生动物保护管理法规，以食用为目的非法猎捕、收购、运输、出售国家重点保护的珍贵，濒危野生动物以外的在野外环境自然生长繁殖的陆生野生动物，情节严重的行为。本罪的犯罪对象并非一切野生动物，对此的限定是：① 必须是陆生野生动物。水生的野生动物不在本罪保护范围内。② 必须是国家重点保护的珍贵、濒危野生动物以外的陆生野生动物，对于非法猎捕、收购、运输、出售国家重点保护的珍贵、濒危野生动物的，以危害珍贵、濒危野生动物罪论处。③ 必须是在野外环境下自然生长繁殖的陆生野生动物，人工繁殖的被排除在外。

本罪的主体是一般主体，既可以是自然人，也可以是单位。

本罪的主观方面是故意，行为人对于非法猎捕、收购、运输、出售的是国家重点保护的珍贵、濒危野生动物以外的在野外环境自然生长繁殖的陆生野生动物有认识，同时要求行为人以食用为目的。不是为了食用，而是为了长期豢养、观赏等目的，不构成本罪。

（二）非法猎捕、收购、运输、出售陆生野生动物罪的刑事责任

根据《刑法》第341条第3款的规定，违反野生动物保护管理法规，以食用为目的非法猎捕、收购、运输、出售第1款规定（珍贵、濒危野生动物）以外的在野外环境自然生长繁殖的陆生野生动物，情节严重的，依照本条第1款的规定处罚。

三、破坏自然保护地罪

（一）破坏自然保护地罪的概念与构成

破坏自然保护地罪，是指违反自然保护地管理法规，在国家公园、国家级自然保护区进行开垦、开发活动或者修建建筑物，造成严重后果或者有其他恶劣情节的行为。

本罪侵犯的客体是国家对自然保护地的管理制度以及国家公园、国家级自然保护区的生态安全。

本罪的客观方面是在国家公园、国家级自然保护区进行开垦、开发活动或者修建建筑物。国家公园，是指国家为了保护生态系统的完整性，为生态旅游、科学研究和环境教育提供场所而划定的需要特殊保护、管理和利用的自然区域。自然保护区，是指国家对于有代表性的自然生态系统、珍稀或濒危野生动植物物种的天然集中分布区、有特殊意义的自然遗迹等保护对象所在的陆地、陆地水体或者海域，依法划出一定面积予以特殊保护和管理的区域，包括国家级自然保护区和地方各级自然保护区。

本罪的主体是一般主体，自然人和单位均可构成。

本罪的主观方面是故意。

（二）破坏自然保护地罪的刑事责任

根据《刑法》第342条之一、第346条的规定，犯本罪的，处5年以下有期徒刑或者拘役，并处或者单处罚金。单位犯本罪的，对单位判处罚金，并对其直接负责的主管人员和其他直接责任人，依照个人犯本罪的规定处罚。

四、非法引进、释放、丢弃外来入侵物种罪

（一）非法引进、释放、丢弃外来入侵物种罪的概念与构成

非法引进、释放、丢弃外来入侵物种罪，是指违反国家规定，非法引进、释放或者丢弃外来入侵物种，情节严重的行为。

本罪侵犯的客体是生物多样性和生态安全。

本罪的客观方面表现为违反国家规定，非法引进、释放或者丢弃外来入侵物种，情节严重的行为。这里的"违反国家规定"，主要是指违反《生物安全法》的有关规定。该法第60条规定，国家加强对外来物种入侵的防范和应对，保护生物多样性。任

何单位和个人未经批准，不得擅自引进、释放或者丢弃外来物种。引进，是指将外来物种通过运输、携带、邮寄等方式引入我国。释放，是指使外来物种得以扩散。丢弃，是指抛弃、毁弃外来入侵物种。构成本罪，以情节严重为前提。

　　本罪的主体是一般主体，自然人和单位均可构成。

　　本罪的主观方面是故意。

（二）非法引进、释放、丢弃外来入侵物种罪的刑事责任

　　根据《刑法》第344条之一、第346条的规定，犯本罪的，处3年以下有期徒刑或者拘役，并处或者单处罚金。单位犯本罪的，对单位判处罚金，并对其直接负责的主管人员和其他直接责任人员，依照个人犯罪的规定处罚。

第八节　走私、贩卖、运输、制造毒品罪

一、走私、贩卖、运输、制造毒品罪

（一）走私、贩卖、运输、制造毒品罪的概念与构成

　　走私、贩卖、运输、制造毒品罪，是指违反国家毒品管理法规，走私、贩卖、运输、制造毒品的行为。

　　本罪侵犯的客体是国家对毒品的管理制度。本罪的犯罪对象是毒品。根据《刑法》第357条的规定，毒品，是指鸦片、海洛因、甲基苯丙胺（冰毒）、吗啡、大麻、可卡因以及国家规定管制的其他能够使人形成瘾癖的麻醉药品和精神药品。

　　本罪的客观方面表现为违反国家毒品管理法规，走私、贩卖、运输、制造毒品的行为。

　　走私毒品，是指违反海关法规，逃避海关监管，非法运输、携带、邮寄毒品进出国（边）境或者在领海、内海运输、收购、贩卖毒品以及直接向走私毒品的犯罪分子购买毒品等行为；贩卖毒品，是指有偿转让毒品或者以卖出为目的而非法收购毒品的行为。运输毒品，是指以携带、邮寄、利用他人或者使用交通工具等方法在我国领域内运送毒品的行为，运输毒品应限于我国领域内，否则属于走私毒品；制造毒品，通常是指对毒品的原材料进行配制、提炼、加工而制作成毒品的行为。制造毒品不仅包括非法用毒品原植物直接提炼和用化学方法加工、配制毒品的行为，也包括以改变毒品成分和效用为目的，用混合等物理方法加工、配制毒品的行为，如将甲基苯丙胺或者其他苯丙胺类毒品与其他毒品混合成麻古或者摇头丸。为便于隐蔽运输、销售、使用、欺骗购买者，或者为了增重，对毒品掺杂使假，添加或者去除其他非毒品物质，

不属于制造毒品的行为。本罪是选择性罪名，上述四种并列选择行为，实施其中一种或者几种，即可构成本罪。

本罪的主体既可以是自然人，也可以是单位。根据《刑法》第 17 条第 2 款的规定，已满 14 周岁不满 16 周岁的具有刑事责任能力的人实施贩卖毒品的行为，以贩卖毒品罪论处，走私、运输、制造毒品罪的主体是已满 16 周岁的具有刑事责任能力的人。

本罪的主观方面是故意。行为人明知是毒品，而故意走私、贩卖、运输和制造。具有下列情形之一，被告人不能作出合理解释的，可以认定其"明知"是毒品，但有证据证明确属被蒙骗的除外：① 执法人员在口岸、机场、车站、港口和其他检查站点检查时，要求行为人申报为他人携带的物品和其他疑似毒品物，并告知其法律责任，而行为人未如实申报，在其携带的物品中查获毒品的；② 以伪报、藏匿、伪装等蒙蔽手段，逃避海关、边防等检查，在其携带、运输、邮寄的物品中查获毒品的；③ 执法人员检查时，有逃跑、丢弃携带物品或者逃避、抗拒检查等行为，在其携带或者丢弃的物品中查获毒品的；④ 体内或者贴身隐秘处藏匿毒品的；⑤ 为获取不同寻常的高额、不等值报酬为他人携带、运输物品，从中查获毒品的；⑥ 采用高度隐蔽的方式携带、运输物品，从中查获毒品的；⑦ 采用高度隐蔽的方式交接物品，明显违背合法物品惯常交接方式，从中查获毒品的；⑧ 行程路线故意绕开检查站点，在其携带、运输的物品中查获毒品的；⑨ 以虚假身份或者地址办理托运手续，在其托运的物品中查获毒品的；⑩ 有其他证据足以认定行为人应当知道的。

（二）走私、贩卖、运输、制造毒品罪的刑事责任

根据《刑法》第 347 条的规定，走私、贩卖、运输、制造毒品，无论数量多少，都应当追究刑事责任，予以刑事处罚。走私、贩卖、运输、制造毒品，有下列情形之一的，处 15 年有期徒刑、无期徒刑或者死刑，并处没收财产：① 走私、贩卖、运输、制造鸦片 1000 克以上、海洛因或者甲基苯丙胺 50 克以上或者其他毒品数量大的；② 走私、贩卖、运输、制造毒品集团的首要分子；③ 武装掩护走私、贩卖、运输、制造毒品的；④ 以暴力抗拒检查、拘留、逮捕，情节严重的；⑤ 参与有组织的国际贩毒活动的。走私、贩卖、运输、制造鸦片 200 克以上不满 1000 克、海洛因或者甲基苯丙胺 10 克以上不满 50 克或者其他毒品数量较大的，处 7 年以上有期徒刑，并处罚金。走私、贩卖、运输、制造鸦片不满 200 克、海洛因或者甲基苯丙胺不满 10 克或者其他少量毒品的，处 3 年以下有期徒刑、拘役或者管制，并处罚金；情节严重的，处 3 年以上 7 年以下有期徒刑，并处罚金。单位犯走私、贩卖、运输、制造毒品罪的，对单位判处罚金，并对其直接负责的主管人员和其他直接责任人员，依照个人犯本罪的规定处罚。利用、教唆未成年人走私、贩卖、运输、制造毒品，或者向未成年人出售毒品的，从重处罚。对多次走私、贩卖、运输、制造毒品，未经处理的，毒品数量累计计算。

根据《刑法》第 349 条第 3 款的规定，缉毒人员或者其他国家机关工作人员掩护、包庇走私、贩卖、运输、制造毒品的犯罪分子且事先无通谋的，依照本罪从重处罚。

根据《刑法》第 356 条的规定，因犯本罪和非法持有毒品罪被判过刑，又犯本罪的，从重处罚。

二、非法持有毒品罪

（一）非法持有毒品罪的概念与构成

非法持有毒品罪，是指明知是毒品而非法持有且数量较大的行为。

本罪侵犯的客体是国家对毒品的管理制度，犯罪对象是国家禁止个人非法持有的毒品。

本罪的客观方面表现为行为人非法持有毒品且数量较大的行为。具体理解时应把握以下四个方面。第一，行为人持有的必须是毒品。第二，持有毒品的行为没有合法的根据。即行为人违反了我国《麻醉药品与精神药品管理条例》等有关禁止个人持有毒品的规定。如果行为人是基于法律、法规的规定而持有毒品，则不构成犯罪。例如，根据《麻醉药品与精神药品管理条例》第 10 条的规定，如果以医疗、科学研究或者教学为目的，有保证实验所需麻醉药品和精神药品安全的措施和管理制度，单位及其工作人员两年内没有违反有关禁毒的法律、行政法规规定的行为，经国务院药品监督管理部门批准，相关单位及其工作人员是可以开展麻醉药品和精神药品实验研究活动。在这种情况下，工作人员为实验而持有毒品的行为就是正当行为，不构成犯罪。第三，必须实施持有毒品的行为。持有行为具体表现为占有、收藏、携带等行为人可以自由支配毒品的方式。持有是一种持续行为，只有当毒品在一定时间内由行为人支配时，才构成持有；至于时间的长短，并不影响持有的成立。持有不要求直接持有，间接持有不影响持有的成立。如行为人认为自己管理毒品不安全，将毒品委托给第三者保管，行为人与第三者均持有该毒品。另外，持有也不要求具有排他性，行为人完全可以与他人共同持有。第四，非法持有毒品必须达到一定数量。即非法持有鸦片 200 克以上、海洛因或者甲基苯丙胺 10 克以上或者其他毒品数量较大的，才成立非法持有毒品罪。

本罪的主体是一般主体，已满 16 周岁、具有刑事责任能力的自然人可构成本罪。

本罪的主观方面是故意。即行为人明知是毒品而非法持有。因此，行为人对自己所持有的是毒品必须有明确认识。对于没有认识到是毒品而持有的，不能认定为本罪。

（二）非法持有毒品罪认定时应注意的问题

1. 本罪与走私、贩卖、运输、制造毒品罪的界限

行为人在走私、贩卖、运输、制造毒品的过程中必然会伴有非法持有毒品的行为，对此，不能认定为非法持有毒品罪，而应认定为走私、贩卖、运输、制造毒品罪，也不能以该罪与非法持有毒品罪实行并罚。因为，在走私、贩卖、运输、制造毒品的情况下，非法持有毒品是其行为的当然结果或者必经阶段，因而属于吸收犯，只依一个重罪论处。

2. 吸毒者与代购者持有毒品行为的定性

吸毒者在购买、运输、存储毒品过程中被查获的，如没有证据证明其是为了实施贩卖等其他毒品犯罪行为，毒品数量未达到本罪数量最低标准的，一般不应定罪处罚，但查获的毒品数量达到较大以上的，应以其实际实施的毒品犯罪行为定罪处罚。

有证据证明行为人不以牟利为目的，为他人代购仅用于吸食的毒品，毒品数量超过本罪规定的最低数量标准的，对托购者、代购者应以非法持有毒品罪定罪。代购者从中牟利，变相加价贩卖毒品的，对代购者应以贩卖毒品罪定罪。明知他人实施毒品犯罪而为其居间介绍、代购代卖的，无论是否牟利，都应以相关毒品犯罪的共犯论处。

（三）非法持有毒品罪的刑事责任

根据《刑法》第348条的规定，非法持有鸦片1000克以上、海洛因或者甲基苯丙胺50克以上或者其他毒品数量大的，处7年以上有期徒刑或者无期徒刑，并处罚金；非法持有鸦片200克以上不满1000克、海洛因或者甲基苯丙胺10克以上不满50克或者其他毒品数量较大的，处3年以下有期徒刑、拘役或者管制，并处罚金；情节严重的，处3年以上7年以下有期徒刑，并处罚金。

根据《刑法》第356条的规定，因犯走私、贩卖、运输、制造毒品罪和本罪被判过刑，又犯本罪的，从重处罚。

三、窝藏、转移、隐瞒毒品、毒赃罪

（一）窝藏、转移、隐瞒毒品、毒赃罪的概念与构成

窝藏、转移、隐瞒毒品、毒赃罪，是指明知是走私、贩卖、运输、制造毒品的犯罪分子的毒品或者犯罪所得的财物，而加以窝藏、转移、隐瞒的行为。

本罪侵犯的客体是国家司法机关同毒品犯罪作斗争的正常活动。

本罪的客观方面表现为行为人实施了为走私、贩卖、运输、制造毒品的犯罪分子窝藏、转移、隐瞒毒品或者犯罪所得的财物的行为。窝藏，是指行为人为犯罪分子藏匿毒品、毒赃；转移，是指行为人将犯罪分子的毒品、毒赃从一处运往另一处；隐瞒，是指明知是犯罪分子的毒品、毒赃而掩盖的行为。这种行为不包括知情不举的消极不作为，而是指转移司法人员的视线，避免毒品、毒赃暴露，有意阻挠司法工作人员查获毒品、毒赃等积极作为。

本罪的主体是一般主体，即已满 16 周岁、具有刑事责任能力的自然人。

本罪的主观方面是故意，即行为人明知是走私、贩卖、运输、制造毒品的犯罪分子的毒品或者犯罪所得的财物，而加以窝藏、转移、隐瞒。

（二）窝藏、转移、隐瞒毒品、毒赃罪的刑事责任

根据《刑法》第 349 条第 1 款、第 3 款的规定，犯本罪的，处 3 年以下有期徒刑、拘役或者管制；情节严重的，处 3 年以上 10 年以下有期徒刑。犯本罪事先通谋的，以走私、贩卖、运输、制造毒品罪的共犯论处。另外，《刑法》第 356 条规定，因走私、贩卖、运输、制造、非法持有毒品罪被判过刑，又犯本罪的，从重处罚。

本章导入案例 3 中，根据《刑法》第 312 条的规定，明知是犯罪所得及其产生的收益而予以窝藏、转移、收购、代为销售或者以其他方法掩饰、隐瞒的，构成掩饰、隐瞒犯罪所得、犯罪所得收益罪。根据《刑法》第 349 条的规定，窝藏毒品罪是指明知是毒品而为犯罪分子窝藏的行为。本案中，曹某明知高某存放在他那里的是偷来的赃款和毒品而予以保存，其行为构成掩饰、隐瞒犯罪所得、犯罪所得收益罪与窝藏毒品罪。

四、引诱、教唆、欺骗他人吸毒罪

（一）引诱、教唆、欺骗他人吸毒罪的概念与构成

引诱、教唆、欺骗他人吸毒罪，是指引诱、教唆、欺骗他人吸食、注射毒品的行为。

本罪侵犯的客体是国家对毒品的管制制度以及他人的身心健康权利。

本罪的客观方面表现为引诱、教唆、欺骗他人吸食、注射毒品的行为。引诱，是指以金钱、物质等方法进行诱惑，使他人产生吸食、注射毒品欲望的行为；教唆，是指以劝说、请求、怂恿、示范等方法唆使他人吸食、注射毒品的行为；欺骗，是指虚构事实，隐瞒真相和制造假象，使他人吸食、注射毒品的行为。行为人只要实施了上述三种行为之一便可构成本罪。

本罪的主体是一般主体，主观方面是故意。

（二）引诱、教唆、欺骗他人吸毒罪的刑事责任

根据《刑法》第353条第1款、第3款以及第356条的规定，犯本罪的，处3年以下有期徒刑、拘役或者管制，并处罚金；情节严重的，处3年以上7年以下有期徒刑，并处罚金。引诱、教唆、欺骗未成年人吸食、注射毒品的，从重处罚。因走私、贩卖、运输、制造、非法持有毒品罪被判过刑，又犯本罪的，从重处罚。

五、强迫他人吸毒罪

（一）强迫他人吸毒罪的概念与构成

强迫他人吸毒罪，是指违背他人意志，强迫他人吸食、注射毒品的行为。

本罪侵犯的客体是国家毒品的管制制度以及他人的身心健康权利。

本罪的客观方面表现为行为人实施了强迫他人吸毒的行为。强迫，是指违背他人意志，使用暴力、胁迫等手段，迫使他人吸食、注射毒品。

本罪的主体是一般主体，主观方面是故意。

（二）强迫他人吸毒罪的刑事责任

根据《刑法》第353条第2款、第3款与第356条的规定，犯本罪的，处3年以上10年以下有期徒刑，并处罚金。强迫未成年人吸食、注射毒品的，从重处罚。因走私、贩卖、运输、制造、非法持有毒品罪被判过刑，又犯本罪的，从重处罚。

六、容留他人吸毒罪

（一）容留他人吸毒罪的概念与构成

容留他人吸毒罪，是指为他人吸食、注射毒品提供场所或其他便利条件的行为。

本罪侵犯的客体是国家对毒品的管制制度以及他人的身心健康权利。

本罪的客观方面表现为容留他人吸食、注射毒品的行为，即为他人吸食、注射毒品提供场所或其他便利条件的行为。场所，泛指一切可供吸毒的空间，如住宅、旅店、娱乐场所、工作场所等。容留，是指允许他人在自己管理的场所吸食、注射毒品或者为他人吸食、注射毒品提供场所的行为。容留行为既可以是主动的，也可以被动的；既可以是有偿的，也可能是无偿的。如果行为人不仅容留他人吸食、注射毒品，而且还向其出售毒品的，应按贩卖毒品罪处理。其他便利条件，包括为吸毒者提供吸毒工具、保管毒品、为吸毒者望风等。

本罪的主体是一般主体，主观方面是故意。

（二）容留他人吸毒罪的刑事责任

根据《刑法》第354条、第356条的规定，犯本罪的，处3年以下有期徒刑、拘役或者管制，并处罚金。因走私、贩卖、运输、制造、非法持有毒品罪被判过刑，又犯本罪的，从重处罚。

七、妨害兴奋剂管理罪

（一）妨害兴奋剂管理罪的概念与构成

妨害兴奋剂管理罪，是指引诱、教唆、欺骗运动员使用兴奋剂参加国内、国际重大体育竞赛，或者明知运动员参加上述竞赛而向其提供兴奋剂，情节严重，或者组织、强迫运动员使用兴奋剂参加国内、国际重大体育竞赛的行为。

本罪侵犯的客体是体育竞赛的公平竞争原则以及运动员的身心健康。

本罪的客观方面表现为引诱、教唆、欺骗运动员使用兴奋剂参加国内、国际重大体育竞赛，或者明知运动员参加上述竞赛而向其提供兴奋剂，情节严重，或者组织、强迫运动员使用兴奋剂参加国内、国际重大体育竞赛的行为。引诱，是指以许诺给予物质奖励等方式引诱，教唆，是指对运动员进行唆使和不当指导。欺骗，是指进行哄骗。提供，是指给予、交付兴奋剂。引诱、教唆、欺骗运动员使用兴奋剂参加国内、国际重大体育竞赛，或者明知运动员参加上述竞赛而向其提供兴奋剂，必须情节严重，才能构成本罪；而组织、强迫运动员使用兴奋剂参加国内、国际重大体育竞赛的行为成立犯罪并不要求情节严重。

本罪的主体是一般主体，主观方面是故意。

（二）妨害兴奋剂管理罪认定时应注意的问题

对未成年人、残疾人负有监护、看护职责的人，引诱、教唆、欺骗未成年人、残疾人在国内、国际重大体育竞赛中使用兴奋剂，情节恶劣的，构成虐待被监护、看护人罪和本罪的想象竞合犯。不是在国内、国际重大体育竞赛中妨害兴奋剂管理，而是在普通高等学校招生、公务员录用等法律规定的国家考试所涉及的体育、体能测试等体育运动中，组织考生非法使用兴奋剂的，构成组织考试作弊罪，而不成立本罪。

（三）妨害兴奋剂管理罪的刑事责任

根据《刑法》第355条之一的规定，犯本罪的，处3年以下有期徒刑或者拘役，并处罚金。

第九节 组织、强迫、引诱、容留、介绍卖淫罪

一、组织卖淫罪

（一）组织卖淫罪的概念与构成

组织卖淫罪，是指以招募、雇佣、引诱、容留等方式，纠集、控制他人卖淫的行为。

本罪侵犯的客体是国家对社会风尚的管理秩序。

本罪的客观方面表现为组织他人卖淫的行为。组织，是指行为人以招募、雇佣、引诱、容留等方式，纠集、控制多人从事卖淫活动。一般表现为两种情况：一是设置卖淫场所或者变相卖淫场所，控制卖淫者从事卖淫活动。如行为人以开酒店、旅馆、娱乐场所为名，纠集、控制多人从事卖淫活动。二是没有固定的卖淫场所，通过控制卖淫人员，有组织地进行卖淫活动。这里的"他人"，应是 3 人以上的多人，既包括女性，也包括男性。卖淫，是指以营利为目的，与不特定的对方发生性交或其他淫乱活动的行为。这里的"不特定的对方"，多数情况下是不特定的异性，但也不排除不特定的同性。应注意的是，本罪中卖淫者都是自愿出卖自己的色相。如果组织者以强制的手段迫使不明真相者卖淫，则应认定为强迫他人卖淫的行为。

本罪的主体是一般主体，即已满 16 周岁、具有刑事责任能力的自然人，单位不是本罪主体。

本罪的主观方面是故意。虽然卖淫以营利为目的，组织卖淫者通常也以营利为目的，但《刑法》并未规定本罪必须以营利为目的。

（二）组织卖淫罪的刑事责任

根据《刑法》第 358 条的规定，犯本罪的，处 5 年以上 10 年以下有期徒刑，并处罚金；情节严重的，处 10 年以上有期徒刑或者无期徒刑，并处罚金或者没收财产。组织未成年人卖淫的，从重处罚。犯本罪，并有杀害、伤害、强奸、绑架等犯罪行为的，依照数罪并罚的规定处罚。

根据《刑法》第 361 条的规定，旅馆业、饮食服务业、文化娱乐业、出租汽车业等单位的人员，利用本单位的条件，组织他人卖淫的，依照自然人犯本罪的规定处罚；上述单位的主要负责人犯本罪的，从重处罚。

二、强迫卖淫罪

（一）强迫卖淫罪的概念与构成

强迫卖淫罪，是指使用暴力、胁迫、虐待等强制方法迫使他人卖淫的行为。

本罪侵犯的客体是国家对社会风尚的管理秩序和公民的人身权利。其犯罪对象是不特定的公民，既包括女性，也包括男性。

本罪的客观方面表现为使用暴力、胁迫、虐待等强制方法迫使他人卖淫的行为。即在他人不愿意从事卖淫活动的情况下，使用各种强制性手段迫使其从事卖淫活动。暴力，包括殴打、捆绑、拘禁等直接危及人身安全与自由的方法。胁迫，是指以将要实施暴力或者以损害名誉等精神强制方法相威胁、恐吓。虐待，是指以侮辱、咒骂、冻饿、有病不给治疗等方法进行摧残、折磨。其他强制手段，是指除暴力、胁迫、虐待以外的对被害人具有强制作用的方法，如用酒灌醉、用药物麻醉等。

本罪的主体是一般主体，即已满 16 周岁、具有刑事责任能力的自然人。

本罪的主观方面是故意。是否出于营利的目的，不影响本罪的成立。

（二）强迫卖淫罪的认定

1. 本罪与组织卖淫罪的界限

尽管二罪均包含有"卖淫"的内容，但它们的区别是明显的。第一，两罪侵害的客体不完全相同。本罪侵犯的客体是复杂客体，即国家对社会风尚的管理秩序和公民的人身权利；而组织卖淫罪侵犯的是单一客体，即国家对社会风尚的管理秩序。第二，客观方面不同。本罪的客观方面表现为强迫没有卖淫意愿者去卖淫；组织卖淫罪的客观表现则是把自愿卖淫者组织起来进行卖淫。

2. 本罪与强奸罪的界限

由于本罪在客观上亦表现为以暴力、胁迫等方法强迫被害人与他人发生性行为，因此与强奸罪有相似之处，但二者的区别是明显的。第一，二者侵害的客体不同。本罪侵犯的客体是国家对社会风尚的管理秩序和公民的人身权利；强奸罪侵害的客体是妇女的性自由权利和幼女的身心健康权利。第二，二者的侵害对象不同。本罪的侵害对象既可以是女性，也可以是男性；强奸罪的侵害对象只能是女性。值得注意的是，如果强奸妇女或者奸淫幼女时并无迫使其卖淫的故意，后来产生强迫其卖淫的故意，进而迫使其卖淫的，则应实行数罪并罚。同时，如果行为人为使被害妇女从心理上消除贞操意识，而先对妇女实行强奸，然后逼其卖淫的，也应数罪并罚。

（三）强迫卖淫罪的刑事责任

根据《刑法》第358条的规定，犯本罪的，处5年以上10年以下有期徒刑，并处罚金；情节严重的，处10年以上有期徒刑或者无期徒刑，并处罚金或者没收财产。强迫未成年人卖淫的，从重处罚。犯本罪，并有杀害、伤害、强奸、绑架等犯罪行为的，依照数罪并罚的规定处罚。

根据《刑法》第361条的规定，旅馆业、饮食服务业、文化娱乐业、出租汽车业等单位的人员，利用本单位的条件，强迫他人卖淫的，按照强迫卖淫罪定罪处罚；上述单位的主要负责人犯本罪的，从重处罚。

本章导入案例1中，甲等人组织卖淫的行为构成组织卖淫罪，强奸后迫使他人卖淫的行为构成强迫卖淫罪和强奸罪。甲引诱他人吸毒的行为构成引诱他人吸毒罪；指使他人将朱某打伤，抢走朱某的钱，构成抢劫罪；向警察送钱的行为构成行贿罪；指使他人妨害警察履行公务，构成袭警罪，但其手段已将警察打成重伤，按牵连犯的处断原则，以故意伤害罪论处。故对甲应按组织卖淫罪、强迫卖淫罪、强奸罪、引诱他人吸毒罪、抢劫罪、行贿罪、故意伤害罪数罪并罚。

三、传播性病罪

（一）传播性病罪的概念与构成

传播性病罪，是指明知自己患有梅毒、淋病等严重性病而卖淫或者嫖娼的行为。

本罪侵犯的客体是国家对社会风尚的管理秩序和公民的人身健康权利。

本罪的客观方面表现为患有梅毒、淋病等严重性病而卖淫或者嫖娼的行为。本罪是选择性罪名，行为人实施卖淫或嫖娼之一即可成立本罪。卖淫，是指以营利为目的，与不特定的对方发生性交或其他淫乱活动的行为。嫖娼，是指以交付金钱或其他财物为代价，使对方满足自己性欲的行为。如果行为人实施的不是卖淫或者嫖娼行为，而是通过其他方式（如通奸等）将性病传播给他人的，不构成本罪。本罪只要求行为人实施卖淫或者嫖娼的行为，至于实际是否已造成他人染上性病的结果，不影响本罪的成立。

本罪的主体是特殊主体，即已满16周岁、具有刑事责任能力，且患有梅毒、淋病等严重性病的人。中国公民和外国人均可成为本罪的主体。

本罪的主观方面是故意。如果行为人虽然实际上患有性病，但不明知自己患有严重性病，则不构成本罪。这里的"明知"，并不要求行为人确实知道自己所患的性病种类，只要行为人认识到自己患有严重性病即可。具备以下情形之一的，可以认定为"明知"：① 有证据证明曾到医院就医，被诊断为患有严重性病的；② 根据本人的知识和经验，能够知道自己患有严重性病的；③ 通过其他方法能够证明被告人是"明知"的。

（二）传播性病罪的刑事责任

根据《刑法》第360条的规定，犯本罪的，处5年以下有期徒刑、拘役或者管制，并处罚金。根据最高人民法院、最高人民检察院《关于办理组织、强迫、引诱、容留、介绍卖淫刑事案件适用法律若干问题的解释》第12条的规定，明知自己患有艾滋病或者感染艾滋病病毒而卖淫、嫖娼的，以传播性病罪定罪，从重处罚；明知自己感染艾滋病病毒而卖淫、嫖娼，或者明知自己感染艾滋病病毒，故意不采取防范措施而与他人发生性关系，致使他人感染艾滋病病毒的，以故意伤害罪定罪处罚。

第十节　制作、贩卖、传播淫秽物品罪

一、制作、复制、出版、贩卖、传播淫秽物品牟利罪

（一）制作、复制、出版、贩卖、传播淫秽物品牟利罪的概念与构成

制作、复制、出版、贩卖、传播淫秽物品牟利罪，是指以牟利为目的，制作、复制、出版、贩卖、传播淫秽物品的行为。

本罪侵犯的客体是国家对与性道德风尚有关的文化市场的管理秩序。本罪的犯罪对象是淫秽物品。根据《刑法》第367条的规定，淫秽物品是指具体描绘性行为或者露骨宣扬色情的淫秽性的书刊、影片、录像带、录音带、图片及其他淫秽物品。有关人体生理、医学知识的科学著作不是淫秽物品。包含有色情内容的有艺术价值的文学、艺术作品不视为淫秽物品。

本罪的客观方面表现为行为人实施了制作、复制、出版、贩卖、传播淫秽物品的行为。其中，制作是指采用生产、录制、摄取、编著、绘画、印刷等方法创造、生产淫秽物品的行为。复制是指采用复印、翻印、翻拍、拷贝、抄写等方法重复制作淫秽物品的行为。出版是指将淫秽物品编辑加工后，经过复制向公众发行的行为。贩卖是指以各种销售方式有偿转让淫秽物品的行为。传播是指通过播放、陈列、出租等方式使淫秽物品流传的行为。制作、复制、出版、贩卖、传播淫秽物品必须达到一定的数量标准，才能构成犯罪。

本罪的主体是一般主体，既可以是自然人，也可以是单位。

本罪的主观方面是故意，并具有牟利的目的。如果行为人制作、复制、出版、贩卖、传播淫秽物品不是以牟利为目的，则不构成本罪。如果其行为符合其他淫秽物品犯罪成立要件的，应以相应犯罪论处。

（二）制作、复制、出版、贩卖、传播淫秽物品牟利罪的刑事责任

根据《刑法》第 363 条第 1 款、第 366 条的规定，犯本罪的，处 3 年以下有期徒刑、拘役或者管制，并处罚金；情节严重的，处 3 年以上 10 年以下有期徒刑，并处罚金；情节特别严重的，处 10 年以上有期徒刑或者无期徒刑，并处罚金或者没收财产。单位犯本罪的，对单位判处罚金，并对其直接负责的主管人员和其他直接责任人员，依照个人犯本罪的规定处罚。

二、传播淫秽物品罪

（一）传播淫秽物品罪的概念与构成

传播淫秽物品罪，是指传播淫秽书刊、影片、音像、图片或者其他淫秽物品，情节严重的行为。

本罪侵犯的客体是国家对与性道德风尚有关的文化市场的管理秩序。本罪的客观方面表现为传播淫秽书刊、影片、音像、图片或其他淫秽物品，情节严重的行为。所谓情节严重，是指向他人传播淫秽的书刊、影片、音像、图片等出版物达 300~600 人次以上或者造成恶劣社会影响的。

本罪的主体既可以是自然人，也可以是单位。

本罪的主观方面是故意，但行为人主观上必须没有牟利目的，否则成立《刑法》第 363 条规定的传播淫秽物品牟利罪。

（二）传播淫秽物品罪的刑事责任

根据《刑法》第 364 条第 1 款、第 4 款以及第 366 条的规定，犯本罪的，处 2 年以下有期徒刑、拘役或者管制；向不满 18 周岁的未成年人传播淫秽物品的，从重处罚。单位犯本罪的，对单位判处罚金，并对其直接负责的主管人员和其他直接责任人员，依照个人犯本罪的规定处罚。另外，最高人民法院、最高人民检察院《关于办理利用互联网、移动通讯终端、声讯台制作、复制、出版、贩卖、传播淫秽电子信息刑事案件具体应用法律若干问题的解释》和最高人民法院、最高人民检察院《关于办理利用互联网、移动通讯终端、声讯台制作、复制、出版、贩卖、传播淫秽电子信息刑事案件具体应用法律若干问题的解释（二）》，对本罪的定罪量刑标准作了详细规定。

每章一练

一、单项选择题

1. 某国土资源管理部门负责人甲违反国家规定，擅自批准在某重要水源河流的源头进行个体采金活动，导致炼金过程中产生的大量有毒废物进入水中，使下游村庄人群发生明显的中毒症状，并对环境造成了极大的危害。甲的行为构成（　　）。

A. 污染环境罪

B. 环境监管失职罪

C. 玩忽职守罪

D. 重大责任事故罪

2. 行为人甲某在盗掘古墓葬的过程中，造成大量的珍贵文物严重毁损，对甲某的行为应认定为（　　）。

A. 故意损毁珍贵文物罪

B. 盗掘古墓葬罪的严重情节

C. 盗掘古墓葬罪与故意损毁珍贵文物罪并罚

D. 盗掘古墓葬罪与故意损毁珍贵文物罪择一重罪处罚

3. 下列行为不能以赌博罪论处的有（　　）。

A. 以营利为目的，聚众赌博

B. 以营利为目的，开设赌场

C. 以营利为目的，以赌博为业

D. 在赌场里担任保安人员

4. 东北饭店老板甲为阻止卫生局的检查人员乙对其饭店的检查，当场把乙打成重伤，甲的行为应当构成（　　）。

A. 故意伤害罪

B. 妨害公务罪

C. 寻衅滋事罪

D. 故意伤害罪和妨害公务罪

5. 某市公安局预审科长陈某，在办理其妻表弟吴某故意伤害他人致死案时，将吴某的年龄由 19 岁改为 17 岁，又在起诉意见书中加入吴某被迫自卫等虚假情节。陈某的行为构成（　　）。

A. 伪证罪

B. 受贿罪

C. 徇私枉法罪

D. 帮助毁灭、伪造证据罪

6. 聚众扰乱社会秩序罪的犯罪主体是（　　）。

A. 首要分子

B. 首要分子或其他积极参加者

C. 首要分子、罪大恶极者或其他积极参加者

D. 所有参加者

7. 甲为供自己吸食，从境外携带 30 克海洛因进入我国境内，甲的行为构成（　　）。

A. 非法持有毒品罪

B. 走私毒品罪

C. 运输毒品罪

D. 一般违法

8. 甲组织妇女卖淫，乙经常在寻找卖淫女、拉拢嫖客、躲避公安机关的检查等方面为甲出谋划策，但从不直接参与组织活动。乙的行为属于（　　）。

A. 组织卖淫罪

B. 协助组织卖淫罪

C. 组织卖淫罪的共犯

D. 一般违法行为

二、多项选择题

1. 可以成为脱逃罪的主体的有（　　）。

A. 被判处管制的犯罪分子

B. 依法被关押的罪犯

C. 依法被关押的被告人

D. 依法被关押的犯罪嫌疑人

2. 王某种植了罂粟 4000 株，收获后将罂粟全部卖给毒贩，将未经灭活的大量罂粟种子卖给有意种植罂粟的李某。其行为构成（　　）。

A. 非法种植毒品原植物罪

B. 制造毒品罪

C. 贩卖毒品罪

D. 非法买卖毒品原植物种子罪

3. 胡某没有医生执业资格，却在某地开设一诊所，几位病人服用其研究的抗癌药后死亡。此外，胡某还为一些妇女进行节育复通手术，造成 1 名妇女因感染而死亡。胡某的行为构成（　　）。

A. 医疗事故罪

B. 非法行医罪

C. 过失致人死亡罪

D. 非法进行节育手术罪

4. 下列关于高空抛物罪的说法，正确的有（　　）。

A. 高空抛物罪侵犯的客体是公共安全

B. 高空抛物中的"物"必须足以危及人身安全或者较大的财产安全

C. 高空抛物的行为可能成立故意杀人罪

D. 高空抛物致人死亡的也可能构成过失致人死亡罪

5. 盗用、冒用他人身份，顶替他人取得（　　）构成冒名顶替罪。

A. 高等学历教育入学资格

B. 公务员录用资格

C. 就业安置待遇

D. 国有企业录用资格

第八章

贪污贿赂罪

◆ **知识目标**

1. 明确贪污贿赂罪的概念、构成和种类。

2. 掌握和理解重点及常见罪名的概念、构成以及认定时应注意的问题。

3. 了解非重点罪名的概念和有关特别规定。

◆ **能力目标**

1. 能够运用刑法理论区分相似的具体罪名。

2. 能够将本章法律条文运用到实际案件中，进行案例分析，处理实务问题。

◆ **重点罪名**

贪污罪，挪用公款罪，受贿罪，行贿罪，巨额财产来源不明罪

💡 案例导入

1. 甲市市政建设局副局长张某，担任该职务已有多年。2019年，市政府决定开展一项重要的市政工程，招标后由某建筑公司中标承接。张某负责监督该工程的进展和款项支付的审批。在工程进行的初期，张某与该建筑公司的负责人李某达成了暗中的勾结。根据他们的计划，李某每次进行工程款项报销时，会将一部分款项以现金形式交给张某，作为私下交易的回报。张某为了掩盖犯罪行为，规避财务审查的风险，特意安排了一套复杂的操作流程。他要求李某将工程款项先转至另一个虚假的公司账户上，然后再在他的指示下将其中一部分转入他个人的银行账户。两年的时间里，李某和张某通过这种方式将工程款的40余万元转至张某账户。

问：张某的行为应如何认定？

2. 李某，曾任某市某区财政所所长，在职期间因对本所惠农资金疏于管理，长期将该所的公章和出纳个人私章交给市财政局委派该所的会计吴某一人保管使用，致使吴某在2017年1月至2018年4月期间，利用职务之便，采取自己填写现金支票，加盖由其保管的该财政所公章和出纳等个人私章的方法，挪用各类专项农业补助款1588340.9元进行赌博等非法活动和其他营利活动，贪污公款153000元并潜逃。因大量农户粮食种植补贴款无法及时发放到位，引发数起群体性上访事件，造成了严重的社会影响。2018年9月，吴某到案。

问：对吴某的行为应如何认定？

3. 杨某华，曾任某县国土资源局副局长、局长，2014年1月起任某市国土资源局副调研员。2021年2月23日，该市纪委对杨某华立案调查，并于4月23日移送该市检察院。经查，杨某华在担任县国土资源局局长期间，利用职务之便，在土地整理工程、新建办公大楼的招投标、工程款拨付以及征地手续办理上为请托人谋取利益，先后索取或直接收受15人贿赂共计1194万余元（其中600万元系受贿罪未遂）。

问：杨某华的行为触犯了何种罪名？如何认定？

第一节　贪污贿赂罪概述

一、贪污贿赂罪的概念与构成

贪污贿赂罪，是指国家工作人员利用职务便利，贪污公共财产、挪用公款、受贿，或者以国家工作人员、国有单位为对象实施贿赂，收买公务行为，侵犯公务行为的廉洁性、不可收买性的行为。

本类犯罪的客体是复杂客体，概括为国家廉政建设制度，即以恪尽职守、廉洁奉公、吏治清明、反对腐败为主要内容的制度。

本类犯罪的客观方面表现为侵犯国家机关、国有公司、企业、事业单位及其工作人员职务行为的廉洁性、不可收买性的行为。即国家工作人员利用职务上的便利，贪污、挪用公款、受贿，或者拥有不能说明来源的巨额财产，私分国有资产、私分罚没财物，或者国家机关、国有公司、企业、事业单位索取、收受贿赂的行为，以及其他人员行贿、介绍贿赂的行为。此类犯罪大多数为作为，巨额财产来源不明罪属于不作为。

本类犯罪的主体既有特殊主体，又有一般主体。大多数犯罪，如贪污罪、挪用公款罪、受贿罪、单位受贿罪、巨额财产来源不明罪、隐瞒境外存款罪、私分国有资产罪、私分罚没财物罪等犯罪主体是国家工作人员、国家机关、国有公司、企业、事业单位等特殊主体；少数犯罪，如行贿罪、对单位行贿罪、介绍贿赂罪、单位行贿罪的主体是一般主体，即不具有特殊身份的自然人或者单位。

本类犯罪的主观方面均是故意，过失不能构成本类犯罪。

二、贪污贿赂罪的种类

根据我国刑法分则的规定，贪污贿赂罪包括贪污罪，巨额财产来源不明罪，隐瞒境外存款罪，私分国有资产罪，私分罚没财物罪，挪用公款罪，受贿罪，利用影响力受贿罪，单位受贿罪，行贿罪，对有影响力的人行贿罪，对单位行贿罪，介绍贿赂罪，单位行贿罪。

《刑法修正案（十二）》对《刑法》第 387 条单位受贿罪、第 390 条行贿罪、第 391 条对单位行贿罪、第 393 条单位行贿罪进行了修订。这次修订通过加大法定刑幅度、增设从重处罚情节、增加法定刑档位等方式调整刑罚结构，加大对行贿犯罪的处罚力度，实现与受贿罪法定刑的衔接，也更加注重罪刑相当、精准量刑的原则。

第二节　贪污犯罪

一、贪污罪

（一）贪污罪的概念与构成

贪污罪，是指国家工作人员利用职务上的便利，侵吞、窃取、骗取或者以其他手段非法占有公共财物的行为。

本罪的客体是复杂客体，即本罪既侵犯国家工作人员职务行为的廉洁性，也侵犯公共财产所有权。本罪的犯罪对象是公共财物。根据《刑法》第91条的规定，公共财产，是指下列财产：国有财产；劳动群众集体所有的财产；用于扶贫和其他公益事业的社会捐助或者专项基金的财产。在国家机关、国有公司、企业、集体企业和人民团体管理、使用或者运输中的私人财产，以公共财产论。公共财物即使没有交易上的经济价值，也可以成为本罪的犯罪对象。例如，国有金融机构工作人员误以为收缴来的假币为真币而利用职务上的便利予以窃取时，成立贪污罪未遂。国有单位取得对私人财产的支配权的方式合法与否，并不影响犯罪的成立与否。

贪污的公共财物一般来说是本人直接占有的财物，但是对他人占有、共同占有的财物，行为人利用职务上的便利可以支配、取得的，也可以成为本罪的侵害对象。同时，这里的"公共财产"也并不要求是国有单位合法占有的财产。例如，A国有公司工作人员甲经单位同意，以明显高于市场的价格向自己的亲友乙经营管理的单位采购商品，但事前约定货款中的一部分必须返还给A公司作为小金库收入，如甲将返还款非法占为己有，仍然可能成立本罪。同理，贪污国家机关非法征收的款项、贪污国有企业合同诈骗所得的财物的，均成立本罪。

需要说明的是，本罪的犯罪对象是公共财物，这里的"财物"应当既包括狭义的财物（有体物、无体物），也包括财产性利益。所谓财产性利益，大体是指普通财物以外的财产上的利益，包括积极财产的增加和消极财产的减少。例如，使自己取得某种债权，使他人负担某种债务，免除他人对自己的债务等。财产性利益是刑法所保护的重要利益，应当成为刑法保护的对象。因为，财产性利益与狭义的财物对人的需要的满足，没有本质差异。况且，财产性利益具有财产价值，可以转化为财物。如债务的免除意味着行为人取得了财产性利益，虽然根据《刑法》第382条的规定，贪污罪的犯罪对象为"公共财物"，并不包括债权，但债权属于财产性利益，而且，将财物解释为包括财产性利益，并不是类推解释，而是扩大解释，没有超出"财物"文义的范围，能够为一般人所接受，不违反罪刑法定原则。故这里的"财物"应包括财产性利益（债权）。

本罪的客观方面表现为国家工作人员利用职务上的便利，侵吞、窃取、骗取或者以其他手段非法占有公共财物的行为。

首先，行为方式上必须利用职务上的便利。利用职务上的便利，是指利用职务权力和地位所形成的主管、管理、经营、经手公共财物的便利条件，这里的"职务"要求具有一定的管理性，不包括纯粹的体力劳动。主管，是指国家工作人员不具体负责、经手、管理公共财物，但依其职权范围或职务地位具有调拨、支配、转移、使用或者以其他方式支配公共财物的职权。管理，是指具有监守或者保管公共财物的职权，管理人在管理期间对所管理的公共财物具有处置权。经营，主要是指将公共财物作为生产、流通手段等使公共财物增值的职务活动。经手，主要是指领取、支出等经办公共财物的职务活动。利用职务上的便利，这里的"利用"要求实质利用，不包括形式利用。实质利用，是指利用职权发挥了实质影响力。形式利用，是指因工作关系熟悉作案环境，因工作关系易于接近作案目标，因工作关系容易进入某些场所。例如，甲市某银行储蓄所记账员王某发现本所出纳员张某将3万元营业款忘记在办公桌抽屉内（未上锁）。当日下班后，王某趁所内无人，将该3万元取出用废纸包好后藏在自己办公桌下的垃圾桶中，并在纸箱进行了遮挡。次日案发，赃款被找出。由于王某并不属于真正的"利用职务上的便利"，因而不构成贪污罪，而构成盗窃罪。

其次，行为人还必须实施了侵吞、窃取、骗取或者以其他手段非法占有公共财物的行为。① 侵吞，是指行为人将自己管理或经手的公共财物非法转归自己或他人所有的行为，包括将自己管理或经手的公共财物加以隐匿、扣留，应上交的不上交，应支付的不支付，应入账的不入账；将公共财物非法转卖或擅自赠送他人；将追缴的赃款赃物或罚没财物私自用掉或非法据为己有。需要注意的是，这种将单位所有、自己依职权占有的财物变成自己所有，该行为已经渎职，亵渎了职务，因此，侵吞这种方式不再要求额外地利用职务便利。例如，国有公司出纳甲，并未使用其所保管的保险柜钥匙与密码，而是利用斧头劈开保险柜后取走现金，构成贪污罪，而不认定为盗窃罪。② 窃取，在这里与盗窃罪中的"窃取"含义相同，是指将他人占有的财物，通过平和手段转移为自己占有。在贪污罪中，窃取就是将自己没有占有的公共财物变成自己占有。这就要求窃取的公共财物在事实上不属于自己占有。如果是将自己占有的财物变成自己所有，则属于上述的"侵吞"。需要注意的是，贪污罪盗窃手段要求利用职务上的便利，即对公共财物转移占有时，利用了职务上主管、管理、经营、经手公共财物的权力及方便条件，行为人的职权、职务发挥了实质性作用。③ 骗取，是指采取虚构事实、隐瞒真相、实施欺骗行为，使对方产生或维持错误认识，对方基于认识错误而交付财物，行为人因此取得财物，对方因此遭受财产损失。在贪污罪中，骗取具体是指行为人假借职务上的合法形式，采用欺骗手段，使具有财物处分权的受骗人产生错误认识，行为人进而取得财物。最高人民法院、最高人民检察院、公安部《关于办理医保骗保刑事案件若干问题的指导意见》中就规定了，定点医药机构的国家工作人员，利用职务便利，实施如下八种行为，依照《刑法》第382条、第383条的规定，以贪污罪定罪处罚：诱导、协助他人冒名或者虚假就医、购药，提供虚假证明材料，或者串通他人虚开费用单据；伪造、变造、隐匿、涂改、销毁医学文书、医学证明、会计凭证、电子信息、检测报告等有关资料；虚构医药服务项目、虚开医疗服务费用；分解住院、挂床住院；重复收费、超标准收费、分解项目收费；串换药品、医用耗材、诊疗项目和服务设施；将不属于医疗保障基金支付范围的医药费用纳入医疗保障基金结算；其他骗取医疗保障基金支出的行为，骗取医疗保障基金。意见同时还规定，医疗保障行政部门及经办机构工作人员利用职务便利，骗取医疗保障基金支出的，以贪污罪定罪处罚。④ 其他手段，是指除侵吞、窃取、骗取以外的其他利用职务便利的手段。例如，国有公司采购人员谎报出差费或者多报出差费骗取公款；将公款支付给对方，又以回扣名义部分索回；利用职权，巧立名目，在管理人员中私分大量公款、公物等。

本罪的主体是特殊主体，即国家工作人员。根据《刑法》第93条的规定，国家工作人员，是指国家机关中从事公务的人员。国有公司、企业、事业单位、人民团体中从事公务的人员和国家机关、国有公司、企业、事业单位委派到非国有公司、企业、事业单位、社会团体从事公务的人员，以及其他依照法律从事公务的人员，以国家工作人员论。

首先，国家机关中从事公务的人员，包括在各级国家权力机关、行政机关、监察机关、司法机关和军事机关中从事公务的人员。中国共产党的各级机关、中国人民政治协商会议的各级机关中从事公务的人员，属于国家工作人员。

其次，国有公司、企业、事业单位、人民团体中从事公务的人员，具体包括：第一，国有公司、企业中从事公务的人员。国有公司是指公司财产完全属于国家所有的公司；国有企业是指财产完全属于国家所有的从事生产、经营活动的经济联合体。国有独资公司、企业和国有控股公司、企业都是国有公司、企业。国有控股公司、企业中因存在非国有资本，故不再是典型的国有公司、企业。但是，代表国有资本出资人的管理人员属于国有公司、企业委派到非国有公司、企业从事公务的人员，也是国家工作人员，其国家工作人员身份的有无取决于是否从事公务。所以，在公司、企业中，国家工作人员这一主体的确定取决于是否受委派，从而代表国有公司、企业行使管理职责。第二，国有事业单位中从事公务的人员。国有事业单位是指国家投资兴办管理的科研、教育、文化、卫生、体育、新闻、广播、出版等单位。国有事业单位工作人员视为国家工作人员，国有事业单位中从事劳务的工勤人员不是从事公务的人员。集体事业单位（如农村卫生院、村办中小学等）、私营或民营的事业单位（如私营科研机构、民办中小学、图书馆、博物馆等），是由集体出资或私人出资设立的，其工作人员不是国家工作人员。第三，人民团体中从事公务的人员。人民团体是具有官方和半官方性质的团体，如各民主党派、工会、妇联、共青团等，其中从事公务的人员一直都被视为国家工作人员，与根据有关社会团体登记管理法规成立的、在民政部门登记注册的社会团体中的工作人员不同。

再次，国家机关、国有公司、企业、事业单位委派到非国有公司、企业、事业单位、社会团体从事公务的人员。委派，即委任、派遣，其形式多样，如任命、指派、提名、批准等。无论被委派的人身份如何，只要是接受国家机关、国有公司、企业、事业单位委派，代表国家机关、国有公司、企业、事业单位在非国有公司、企业、事业单位、社会团体中从事组织、领导、监督、管理等工作，都可以认定为国家机关、国有公司、企业、事业单位委派到非国有公司、企业、事业单位、社会团体从事公务的人员。如国家机关、国有公司、企业、事业单位委派到国有控股或者参股的股份有限公司从事组织、领导、监督、管理等工作的人员，应当以国家工作人员论。国有公司、企业改制为股份有限公司后，原国有公司、企业的工作人员和股份有限公司新任命的人员中，除代表国有投资主体行使监督、管理职权的人外，不以国家工作人员论。国有单位委派到非国有单位从事公务的人员，在委派前无论其是否具有国家工作人员身份，均应按国家工作人员对待。这是因为，其代表国有单位在非国有单位中行使对国有资产的管理权，因此关注其在此之前是否具有国家工作人员身份无实际意义。换言之，委派的本质是单位对内部人员的委任、派遣，被委派的人员在性质上是属于委派单位内部的人员，其原来是否具有国家工作人员身份，是否属于委派单位临时从社会上聘用来的，在所不问。根据最高人民法院《关于如何认定国有控股、参股股份有限公司中的国有公司、企业人员的解释》的规定，国有公司、企业委派到国有控股、参股公司从事公务的人员，以国有公司、企业人员论。

最后，其他依照法律从事公务的人员。根据最高人民法院《全国法院审理经济犯罪案件工作座谈会纪要》（简称《审理经济犯罪纪要》），《刑法》第93条第2款规定的"其他依照法律从事公务的人员"应当具有两个特征：一是在特定条件下行使国家管理职能；二是依照法律规定从事公务。具体包括：依法履行职责的各级人民代表大会代表；依法履行审判职责的人民陪审员；协助乡镇人民政府、街道办事处从事行政管理工作的村民委员会、居民委员会等农村和城市基层组织人员；其他由法律授权从事公务的人员。根据全国人大常委会《关于〈中华人民共和国刑法〉第九十三条第二款的解释》，村民委员会等村基层组织人员协助人民政府从事下列行政管理工作时，属于《刑法》第93条第2款规定的"其他依照法律从事公务的人员"：救灾、抢险、防汛、优抚、扶贫、移民、救济款物的管理；社会捐助公益事业款物的管理；国有土地的经营和管理；土地征用补偿费用的管理；代征、代缴税款；有关计划生育、户籍、征兵工作的管理；协助人民政府从事的其他行政管理工作。

本罪主观方面是故意，并且具有非法占有的目的。

（二）贪污罪认定时应注意的问题

1. 本罪与非罪的界限

（1）本罪与错款、错账行为的界限。因业务不精或工作疏忽而导致的错款、错账行为，行为人主观上不具有贪污故意，也不具备非法占有公共财物的目的，不应认定为贪污罪。

（2）本罪与贪污行为的界限。区分二者界限的是贪污的数额和其他情节。根据《刑法》第383条的规定，贪污罪的构成要求个人贪污数额较大或者有其他较重情节的，才成立犯罪。如果没有较重情节，在数额未达到较大的情况下，属于一般贪污违法行为。这里的"情节较重"主要包括贪污对象为救灾、抢险、防汛、优抚、扶贫、移民、救灾款物及募捐款物、罚没款物、暂扣款物，以及贪污手段恶劣，有毁灭证据、转移赃物等情节。

2. 此罪与彼罪的界限

（1）本罪与盗窃罪、诈骗罪、侵占罪的界限。贪污罪与盗窃罪、诈骗罪、侵占罪的区别主要表现在：一是犯罪客体和犯罪对象不同。本罪侵犯的客体是复杂客体，即国家工作人员职务行为的廉洁性和公共财产所有权，对象是公共财物；盗窃罪、诈骗罪、侵占罪侵犯的客体是简单客体，即公私财产所有权。盗窃罪、诈骗罪的对象是公私财物；侵占罪的对象是保管物、遗忘物和埋藏物。二是客观方面不同。本罪的窃取、骗取、侵占是利用职务上的便利实施的；盗窃罪、诈骗罪及侵占罪的窃取、骗取、侵占则不存在利用职务上的便利问题。三是犯罪主体不同。本罪的主体是特殊主体，即国家工作人员和受国家机关、国有公司、企业、事业单位、人民团体委托管理、经营国有财产的人员；盗窃罪、诈骗罪、侵占罪的主体是一般主体。

（2）本罪与职务侵占罪的界限。贪污罪与职务侵占罪的主要区别表现在：一是犯罪主体不同。本罪的主体是国家工作人员和受国家机关、国有公司、企业、事业单位、人民团体委托管理、经营国有财产的人员，而职务侵占罪的主体是公司、企业或者其他单位中不具有国家工作人员身份的工作人员。二是犯罪对象不同。本罪的犯罪对象只能是公共财物，而职务侵占罪的对象是本单位的财物。

3. 本罪的既遂

贪污罪是一种以非法占有为目的的财产性职务犯罪，所以应当以行为人是否对财物取得实际控制作为区分贪污罪既遂与未遂的标准。就窃取、骗取而言，要求取得控制公共财物，即行为人建立了自己的占有；就侵吞而言，要求行为人对公共财物行使所有权。至于既遂后将财物又捐赠给公益事业，不影响既遂的成立。

4. 本罪共犯认定问题

《刑法》第382条第3款规定："与前两款所列人员勾结，伙同贪污的，以共犯论处。"对此，最高人民法院《关于审理贪污、职务侵占案件如何认定共同犯罪几个问题的解释》规定：行为人与国家工作人员勾结，利用国家工作人员的职务便利，共同侵吞、窃取、骗取或者以其他手段非法占有公共财物的，以贪污罪共犯论处。行为人与公司、企业或者其他单位的人员勾结，利用公司、企业或者其他单位人员的职务便利，共同将该单位财物非法占为己有，数额较大的，以职务侵占罪共犯论处。公司、企业或其他单位中，不具有国家工作人员身份的人与国家工作人员勾结，分别利用各自的职务便利，共同将本单位的财物非法占为己有的，按照主犯的犯罪性质定罪。最高人民法院《全国法院审理经济犯罪案件工作座谈会纪要》也指出，对于国家工作人员与他人勾结，共同非法占有单位财物的行为，应当按照《关于审理贪污、职务侵占案件如何认定共同犯罪几个问题的解释》的规定定罪处罚。对于在公司、企业或者其他单位中，非国家工作人员与国家工作人员勾结，分别利用各自的职务便利，共同将本单位财物非法占有的，应当尽量区分主从犯，按照主犯的犯罪性质定罪。司法实践中，如果根据案件的实际情况，各共同犯罪人在共同犯罪中的地位、作用相当，难以区分主从犯的，可以贪污罪定罪处罚。

（三）贪污罪的刑事责任

根据《刑法》第383条的规定，对犯贪污罪的，根据情节轻重，分别按照下列规定处罚。

（1）贪污数额较大或者有其他较重情节的，处3年以下有期徒刑或者拘役，并处罚金。根据最高人民法院、最高人民检察院《关于办理贪污贿赂刑事案件适用法律若干问题的解释》（简称《两高贪贿解释》）第1条的规定，贪污数额在3万元以上不满

20 万元的，应当认定为"数额较大"。贪污数额在 1 万元以上不满 3 万元，具有下列情形之一的，应当认定为"其他较重情节"：① 贪污救灾、抢险、防汛、优抚、扶贫、移民、救济、防疫、社会捐助等特定款物的；② 曾因贪污受贿、挪用公款受过党纪、行政处分的；③ 曾因故意犯罪受过刑事追究的；④ 赃款赃物用于非法活动的；⑤ 拒不交代赃款赃物去向或者拒不配合追缴工作，致使无法追缴的；⑥ 造成恶劣影响或者其他严重后果的。根据《两高贪贿解释》第 19 条的规定，对贪污罪判处 3 年以下有期徒刑或者拘役的，应当并处 10 万元以上 50 万元以下的罚金。

（2）贪污数额巨大或者有其他严重情节的，处 3 年以上 10 年以下有期徒刑，并处罚金或者没收财产。根据《两高贪贿解释》第 2 条的规定，贪污数额在 20 万元以上不满 300 万元的，应当认定为"数额巨大"。贪污数额在 10 万元以上不满 20 万元，具有下列情形之一的，应当认定为"其他严重情节"：① 贪污救灾、抢险、防汛、优抚、扶贫、移民、救济、防疫、社会捐助等特定款物的；② 曾因贪污受贿、挪用公款受过党纪、行政处分的；③ 曾因故意犯罪受过刑事追究的；④ 赃款赃物用于非法活动的；⑤ 拒不交代赃款赃物去向或者拒不配合追缴工作，致使无法追缴的；⑥ 造成恶劣影响或者其他严重后果的。根据《两高贪贿解释》第 19 条的规定，对贪污罪判处 3 年以上 10 年以下有期徒刑的，应当并处 20 万元以上犯罪数额 2 倍以下的罚金或者没收财产。

（3）贪污数额特别巨大或者有其他特别严重情节的，处 10 年以上有期徒刑或者无期徒刑，并处罚金或者没收财产；数额特别巨大，并使国家和人民利益遭受特别重大损失的，处无期徒刑或者死刑，并处没收财产。根据《两高贪贿解释》第 3 条的规定，贪污或者受贿数额在 300 万元以上的，应当认定为"数额特别巨大"。贪污数额在 150 万元以上不满 300 万元，具有下列情形之一的，应当认定为"其他特别严重情节"：① 贪污救灾、抢险、防汛、优抚、扶贫、移民、救济、防疫、社会捐助等特定款物的；② 曾因贪污受贿、挪用公款受过党纪、行政处分的；③ 曾因故意犯罪受过刑事追究的；④ 赃款赃物用于非法活动的；⑤ 拒不交代赃款物去向或者拒不配合追缴工作，致使无法追缴的；⑥ 造成恶劣影响或者其他严重后果的。根据《两高贪贿解释》第 19 条的规定，对贪污罪判处 10 年以上有期徒刑或者无期徒刑的，应当并处 50 万元以上犯罪数额 2 倍以下的罚金或者没收财产。

在提起公诉前如实供述自己罪行、真诚悔罪、积极退赃，避免、减少损害结果发生，有第一项规定情形的，可以从轻、减轻或者免除处罚；有第二项、第三项规定情形的，可以从轻处罚。有第三项规定情形被判处死刑缓期执行的，人民法院根据犯罪情节等情况可以同时决定在其死刑缓期执行二年期满依法减为无期徒刑后，终身监禁，不得减刑、假释。

对多次贪污未经处理的，按照累计贪污数额处罚。

本章导入案例 1 中，张某的行为符合贪污罪的构成要件，应按照《刑法》第 383 条的规定处理。

二、巨额财产来源不明罪

（一）巨额财产来源不明罪的概念与构成

巨额财产来源不明罪，是指国家工作人员的财产或者支出明显超过合法收入，差额巨大，而本人又不能说明其来源合法的行为。

本罪侵犯的客体是国家工作人员职务行为的廉洁性。

本罪的客观方面表现为行为人在财产或者支出明显超过合法收入时，不能说明来源的行为（不作为）。本罪成立的前提是拥有巨额财产，即财产和支出明显超过合法收入。合法收入包括工资、奖金、稿酬、合法的遗产继承、接受的合法赠与，以及其他法律法规允许的经济、文化活动收入。根据《刑法》第395条的规定，国家工作人员的财产、支出明显超过合法收入，差额巨大的，可以责令该国家工作人员说明来源，不能说明来源的，差额部分以非法所得论。这里需要注意以下几个问题。一是差额巨大的标准。根据最高人民检察院《关于人民检察院直接受理立案侦查案件立案标准的规定（试行）》的规定，涉嫌巨额财产来源不明，数额在30万元以上的，应予立案。二是"不能说明其来源合法"的认定。行为人在办案机关调查时不能说明来源，其情形包括：① 拒不说明财产来源；② 无法说明具体来源；③ 说出的财产来源经查证不属实；④ 说出的来源因线索不具体等原因无法查实，且能排除财产来源合法的可能性和合理性。

本罪的犯罪主体是国家工作人员，主观方面是故意。

（二）巨额财产来源不明罪的刑事责任

根据《刑法》第395条第1款的规定，犯本罪的，处5年以下有期徒刑或者拘役；差额特别巨大的，处5年以上10年以下有期徒刑。财产的差额部分予以追缴。

第三节　挪用公款罪

一、挪用公款罪的概念与构成

挪用公款罪，是指国家工作人员利用职务上的便利，挪用公款归个人使用，进行非法活动的，或者挪用公款数额较大、进行营利活动的，或者挪用公款数额较大、超过3个月未还的行为。

本罪侵犯的客体是复杂客体，既有国家工作人员职务行为的廉洁性，也有国家对公共财产的占有权、使用权、收益权。挪用公款罪的"挪用"是指改变公款用途，侵犯的并非所有权的全部权能，而是包括占有权、使用权、收益权在内的所有权的部分权能。挪用公款罪的犯罪对象，主要是公款和特定财物。根据《刑法》第272条第2款的规定，国有公司、企业或者其他国有单位中从事公务的人员和国有公司、企业或者其他国有单位委派到非国有公司、企业以及其他单位从事公务的人员，利用职务上的便利，挪用本单位资金归个人使用或者借贷给他人，以挪用公款罪论处。根据《刑法》第384条第2款的规定，挪用用于救灾、抢险、防汛、优抚、扶贫、移民、救济款物归个人使用的，从重处罚。依此规定，挪用公款罪的对象并不限于公款，还包括特定物。但除上述特定物外的非特定公物或一般公物，不属于挪用公款罪的犯罪对象。

本罪的客观方面表现为行为人利用职务上的便利，挪用公款归个人使用，进行非法活动的，或者挪用公款数额较大、进行营利活动的，或者挪用公款数额较大、超过3个月未还的行为。利用职务上的便利，是指利用职务权力和地位所形成的主管、管理、经营、经手公款（包括特定款物）的便利条件。既包括行为人直接经手、管理公款的便利条件，也包括行为人因其职务关系而具有的调拨、支配、使用公款的便利条件。挪用公款归个人使用，根据立法解释：包括三种情形：① 将公款供本人、亲友或者其他自然人使用的。即行为人擅自将自己主管、管理、经营、经手的公款或特定款物从单位"挪"出，给自己、亲友或其他自然人使用。使用人既包括本人，也包括其他人，至于使用人和行为人之间是否具有特定关系或其他利害关系，在所不问。此处挪用公款的基本形式是典型的公款私用。如果是经单位领导集体研究决定将公款给个人使用，或者单位负责人为了单位的利益，决定将公款给个人使用，不构成挪用公款罪。② 以个人名义将公款供其他单位使用的。即行为人擅自决定将本单位公款以个人名义给其他单位使用，或者虽然经过单位集体研究决定，但行为人仍然以个人而不是单位名义将公款给其他单位使用。使用公款的单位不包括不具有法人资格的私营独资企业、私营合伙企业等。司法实践中，行为人逃避财务监管，或者与使用人约定以个人名义进行，或者借款、还款都以个人名义进行，将公款给其他单位使用的，应认为"以个人名义"。③ 个人决定以单位名义将公款供其他单位使用，谋取个人利益的。这里的"个人决定"既包括行为人在职权范围内的决定，也包括超越职权范围的决定；"谋取个人利益"应理解为企图谋取个人利益，并不要求利益现实化，既包括行为人与使用人事先约定谋取个人利益实际尚未获得的情况，也包括虽未事先约定但实际已经获得了个人利益的情形。其中的"个人"既包括谋取本人的个人利益，也包括为亲友等谋取个人利益；既包括为一个人谋取利益，也包括为少数几个人谋取利益，但不包括为单位、集体谋取利益的情形。其中的"利益"既包括不正当利益，也包括正当利益；既包括财产性利益，也包括非财产性利益，但这种非财产性利益应当是具体的实际利益，如升学、就业等。根据使用人对于被挪用公款的用途不同，成立挪用公款罪的三种形式的要件也有所不同：首先，挪用公款进行非法活动。非法活动包括犯罪行为，如走私、贩毒等，也包括一般违法行为，如赌博、吸毒等。这种情况构成挪用公款罪，在立法中没有数额和挪用时间的限制。挪用公款给他人使用，明知使用人用于非法活动的，则认定为挪用公款进行非法活动。《两高贪贿解释》第5条对挪用公款进行非法活动的数额作了规定，即挪用公款归个人使用，进行非法活动，数额在3万元以上的，应当依照《刑法》第384条的规定以挪用公款罪追究刑事责任。其次，挪用公款数额较大，进行营利活动。挪用公款数额较大，归个人进行营利活动的，构成挪用公款罪，不受挪用时间和是否归还的限制。在案发前部分或者全部归还本息的，可以从轻处罚；情节轻微的，可以免除处罚。挪用公款存入银行、用于集资、购买股票、国债等，属于挪用公款进行营利活动。挪用公款给他人使用，不知道使用人用公款进行营利活动，数额较大、超过3个月未还的，构成挪用公款罪；明知使用人用于营利活动的，应当认定为挪用人挪用公款进行营利活动。《两高贪贿解释》第6条规定，挪用公款归个人使用，进行营利活动，以挪用公款5万元作为"数额较大"的起点；所获取的利息、收益等违法所得，应当追缴，但不计入挪用公款的数额。最后，挪用公款归个人使用，数额较大，且超过3个月未还。这种情形构成挪用公款罪，这里的挪用公款归个人使用是指挪用公款给自己或他人，用于非法活动和营利活动之外的活动，如购物、建房（私房）、还债等的行为。超过3个月未还，是指案发前未归还。"数额较大"以挪用公款达5万元为计算起点。挪用正在生息或者需要支付利息的公款归个人使用，数额较大，超过3个月，但在案发前全部归还本金的，可以从轻处罚或者免除处罚。给国家、集体造成的利息损失应予以追缴。挪用公款数额巨大，超过3个月，案发前全部归还的，可以酌情从轻处罚。

本罪的主体是特殊主体，只能是国家工作人员。国家工作人员的范围根据《刑法》第93条的规定确定。根据全国人大常委会《关于〈中华人民共和国刑法〉第九十三条第二款的解释》的规定，村民委员会等村基层组织人员协助人民政府从事行政管理工作，利用职务上的便利，挪用公款，构成犯罪的，适用《刑法》第384挪用公款罪的规定。对于受国家机关、国有公司、企业、事业单位、人民团体委托，管理、经营国有财产的非国家工作人员，利用职务上的便利，挪用国有资金归个人使用构成犯罪的，应当依照挪用资金罪的规定定罪处罚。挪用公款给他人使用，使用人与挪用人共谋，指使或者参与策划取得挪用款的，以挪用公款罪的共犯定罪处罚。

本罪的主观方面是故意，且以暂时非法占用公款，后期准备归还为目的。行为人对财物的公共性有认识，对挪用行为的非法性也应当有认识，而且只是暂时使用而不是永久占有的目的。

二、挪用公款罪认定时应注意的问题

1. 本罪与非罪的界限

司法实践中，一是要区分挪用公款罪与合法借贷行为。一般而言，挪用公款用于非法活动、营利活动，不存在合法借贷行为，即使行为人办理了借贷手续，其实质也是非法借贷。只有出于正当需要，并经过单位领导批准，办理借贷手续，才形成合法借贷。二是要区别挪用公款罪与一般挪用行为，应根据挪用公款的数额、用途、时间等因素进行认定。

2. 此罪与彼罪的界限

（1）本罪与挪用资金罪的界限。本罪与挪用资金罪的主要区别在于：一是犯罪对象不同。挪用公款罪的犯罪对象原则上限于公款，法定的例外情形下包括特定物；挪用资金罪的犯罪对象是非国有单位的资金和被委托经营、管理的国有财产。二是犯罪所侵犯的客体不同。挪用公款罪侵犯的是公共财产的占有权、使用权和收益权以及国家工作人员职务行为的廉洁性；挪用资金罪侵犯的是单位财产的占有权、使用权和收益权。三是犯罪主体不同。挪用公款罪的犯罪主体是国家工作人员；挪用资金罪的犯罪主体是非国有公司、企业和其他非国有单位的工作人员。

（2）本罪与挪用特定款物罪的界限。本罪与挪用特定款物罪在行为方式上均表现为挪用，在犯罪对象和主观要件方面也有许多之处。当挪用对象都为特定款物时，二者的主要区别在于：一是犯罪客体不同。挪用公款罪侵犯的是国家工作人员职务行为的廉洁性以及公共财产的占有权、使用权和收益权；挪用特定款物罪除了侵犯国家工作人员职务行为的廉洁性外，还侵犯国家的财经制度。二是犯罪主体不同。挪用公款罪主体是国家工作人员，挪用特定款物罪主体是主管、管理、经管、经手特定款物的直接责任人员。三是挪用用途不同。挪用公款罪一般是将公款挪作私用，实质上是"公款私用"；挪用特定款物罪是将特定款物挪归单位其他事项使用，未能实现专款专用，实质上是"公款公用"。

三、挪用公款罪的刑事责任

根据《刑法》第 384 条第 1 款的规定，犯本罪的，处 5 年以下有期徒刑或者拘役；情节严重的，处 5 年以上有期徒刑。挪用公款数额巨大不退还的，处 10 年以上有期徒刑或者无期徒刑。

根据《两高贪贿解释》的规定，挪用公款归个人使用，进行非法活动，数额在 3 万元以上的，应当依照《刑法》第 384 条的规定以挪用公款罪追究刑事责任；数额在 300 万元以上的，应当认定为《刑法》第 384 条第 1 款规定的"数额巨大"。具有下列情形之一的，应当认定为《刑法》第 384 条第 1 款规定的"情节严重"：① 挪用公款数额在 100 万元以上的；② 挪用救灾、抢险、防汛、优抚、扶贫、移民、救济特定款物，数额在 50 万元以上不满 100 万元的；③ 挪用公款不退还，数额在 50 万元以上不满 100 万元的；④ 其他严重的情节。

根据《两高贪贿解释》的规定，挪用公款归个人使用，进行营利活动或者超过 3 个月未还，数额在 5 万元以上的，应当认定为《刑法》第 384 条第 1 款规定的"数额较大"；数额在 500 万元以上的，应当认定为《刑法》第 384 条第 1 款规定的"数额巨大"。具有下列情形之一的，应当认定为《刑法》第 384 条第 1 款规定的"情节严重"：

① 挪用公款数额在 200 万元以上的；② 挪用救灾、抢险、防汛、优抚、扶贫、移民、救济特定款物，数额在 100 万元以上不满 200 万元的；③ 挪用公款不退还，数额在 100 万元以上不满 200 万元的；④ 其他严重的情节。

根据最高人民法院《关于审理挪用公款案件具体应用法律若干问题的解释》的规定，挪用公款数额巨大不退还，是指挪用公款数额巨大，因客观原因在一审宣判前不能退还的。多次挪用公款不还，挪用公款数额累计计算；多次挪用公款，并以后次挪用的公款归还前次挪用的公款，挪用公款数额以案发时未还的实际数额认定。此外，因挪用公款索取、收受贿赂构成犯罪的，依照数罪并罚的规定处罚。挪用公款进行非法活动构成其他犯罪的，依照数罪并罚的规定处罚。挪用公款给他人使用，使用人与挪用人共谋，指使或者参与策划取得挪用款的，以挪用公款罪的共犯定罪处罚。

根据《刑法》第 384 条第 2 款的规定，挪用用于救灾、抢险、防汛、优抚、扶贫、移民、救济款物归个人使用的，从重处罚。

根据最高人民法院《关于挪用公款犯罪如何计算追诉期限问题的批复》，挪用公款归个人使用，进行非法活动的，或者挪用公款数额较大、进行营利活动的，犯罪的追诉期限从挪用行为实施完毕之日起计算；挪用公款数额较大、超过 3 个月未还的，犯罪的追诉期限从挪用公款罪成立之日起计算。挪用公款行为有连续状态的，犯罪的追诉期限应当从最后一次挪用行为实施完毕之日或者犯罪成立之日起计算。

本章导入案例 2 中，吴某的行为构成挪用公款罪与贪污罪，应根据《刑法》相关规定实行数罪并罚。

第四节　贿赂犯罪

一、受贿罪

（一）受贿罪的概念与构成

受贿罪，是指国家工作人员利用职务上的便利，索取他人财物，或者非法收受他人财物，为他人谋取利益的行为。

本罪侵犯的客体是国家工作人员职务行为的廉洁性（或说职务行为的不可收买性）。受贿行为所索取、收受的财物，称为"贿赂"，故本罪的犯罪对象是贿赂。财物作为贿赂的内容，应如何理解，理论界主要有财物说、财产利益说和利益说三种不同的观点。刑法理论界的通说认为，作为贿赂内容的财物，应当是具有价值的有体物、无体物和财产性利益，非财产性利益不属于贿赂。《两高贪贿解释》第 12 条对贿赂犯罪中的"财物"作了规定，即认为贿赂犯罪中的财物，包括货币、物品和财产性利益。财产性利益包括可以折算为货币的物质利益，如房屋装修、债务免除等，以及需要支付货币的其他利益，如会员服务、旅游等。后者的犯罪数额，以实际支付或者应当支付的数额计算。

本罪的客观方面表现为利用职务上的便利，索取他人财物，或者非法收受他人财物，为他人谋取利益。据此，将受贿的方式分为两种。

一是利用职务之便利，索取他人财物。简称为索取贿赂。索取贿赂，即行为人主动向他人索要、勒索并收受财物。基本特征是索要行为的主动性和交付财物行为的被动性。如行为人利用职务上的便利，软硬兼施，或者名为向他人借用财物，实则没有归还的意思，属于索取贿赂行为，不能认定为民事上的债权债务关系，而应成立本罪。索取他人财物的，不论是否"为他人谋取利益"，均可成立受贿罪。根据《审理经济犯罪纪要》的规定，利用职务上的便利，既包括利用本人职务上主管、负责、承办某项公共事务的职权，也包括利用职务上有隶属、制约关系的其他国家工作人员的职权。担任单位领导职务的国家工作人员通过不属于自己主管的下级部门的国家工作人员的职务为他人谋取利益的，应当认定为"利用职务上的便利"为他人谋取利益。

二是利用职务之便利，非法收受他人财物，为他人谋取利益。简称为收受贿赂。收受，是指行为人接受他人给予自己的财物。基本特征是给付财物行为的主动性、自愿性和收受财物行为的被动性。非法收受他人财物的，必须同时还具备"为他人谋取利益"的条件，才能构成本罪。根据《审理经济犯罪纪要》的规定，为他人谋取利益包括承诺、实施和实现三个阶段的行为。只要具有其中一个阶段的行为，如国家工作人员收受他人财物时，根据他人提出的具体请托事项，承诺为他人谋取利益，就具备了为他人谋取利益的要件。明知他人有具体请托事项而收受其财物的，视为承诺为他人谋取利益。因此，不能将"为他人谋取利益"简单理解为已经谋取到了利益。具体而言，为他人谋取利益分以下几种情况。第一，已经许诺为他人谋取利益，但尚未实际谋取。这里的许诺，可以是明示，也可以是默许。第二，已经着手为他人谋取利益，但尚未谋取到利益。第三，已经着手为他人谋取利益，但尚未完全实现。第四，为他人谋取利益，并且已经完全实现。根据《两高贪贿解释》第13条的规定，具有下列情形之一的，应当认定为"为他人谋取利益"，构成犯罪的，应当依照刑法关于受贿犯罪的规定定罪处罚：① 实际或者承诺为他人谋取利益的；② 明知他人有具体请托事项的；③ 履职时未被请托，但事后基于该履职事由收受他人财物的。国家工作人员索取、收受具有上下级关系的下属或者具有行政管理关系的被管理人员的财物价值3万元以上，可能影响职权行使的，视为承诺为他人谋取利益。

除上述受贿行为的基本形式外，《刑法》还对经济往来中的受贿行为以及斡旋受贿行为作了专门规定。

《刑法》第385条第2款规定，国家工作人员在经济往来中，违反国家规定，收受各种名义的回扣、手续费，归个人所有的，以受贿论处。

《刑法》第388条规定，国家工作人员利用本人职权或者地位形成的便利条件，通过其他国家工作人员职务上的行为，为请托人谋取不正当利益，索取请托人财物或者收受请托人财物的，以受贿论处。本条规定的受贿行为即为斡旋受贿。其本质是国家工作人员将自己的斡旋行为与他人的财物之间建立了不正当的对价关系。"利用本人职权或者地位形成的便利条件"，是指行为人与被其利用的国家工作人员之间在职务上虽然没有隶属、制约关系，但是行为人利用了本人职权或者地位产生的影响和一定的工作联系，如单位内不同部门的国家工作人员之间、上下级单位没有职务上隶属或制约关系的国家工作人员之间、有工作联系的不同单位的国家工作人员之间等。如张三为了将孩子违规送进教育局工作，送给本县财政局局长李四一笔钱，让帮忙办此事，李四答应，遂向教育局局长王五游说，王五答应照办。李四属于斡旋受贿，构成受贿罪。需要注意的是，国家工作人员利用职务上的便利为请托人谋取利益之前或者之后，约定在其离职后收受请托人财物，并在离职后收受的，以受贿论处。如果行为人假装答应请托人会向其他国家工作人员斡旋游说，收受了请托人财物，而没有进行游说，则构成诈骗罪。行为人收受请托人财物后及时退还或者上交的，不是受贿。受贿后，因自身或者与其受贿有关联的人、事被查处，为掩饰犯罪而退还或者上交的，不影响认定受贿罪。

此外，根据最高人民法院、最高人民检察院《关于办理受贿刑事案件适用法律若干问题的意见》，以下情形以受贿罪论处。第一，以交易形式收受贿赂。国家工作人员利用职务上的便利为请托人谋取利益，以下列交易形式收受请托人财物的：① 以明显低于市场的价格向请托人购买房屋、汽车等物品的；② 以明显高于市场的价格向请托人出售房屋、汽车等物品的；③ 以其他交易形式非法收受请托人财物的。受贿数额按照交易时当地市场价格与实际支付价格的差额计算。但是，根据商品经营者事先设定的各种优惠交易条件，以优惠价格购买商品的，不属于受贿。国家工作人员收受请托人房屋、汽车等物品，未变更权属登记或者借用他人名义办理权属变更登记的，不影响受贿的认定。但在司法实务中认定以房屋、汽车等物品为受贿对象时，应注意与借用的区分。除双方交代或者书面协议之外，主要应当结合有无借用的合理事由、是否实际使用、借用时间的长短、有无归还的条件、有无归还的意思表示及行为等因素进行判断。第二，收受干股。干股是指未出资而获得的股份。国家工作人员利用职务上的便利为请托人谋取利益，收受请托人提供的干股的，以受贿论处。进行了股权转让登记，或者有相关证据证明股份发生了实际转让的，受贿数额按转让行为时股份价值计算，所分红利按受贿孳息处理。股份未实际转让，以股份分红名义获取利益的，实际获利数额应当认定为受贿数额。第三，以开办公司等合作投资名义收受贿赂。国家工作人员利用职务上的便利为请托人谋取利益，由请托人出资，"合作"开办公司或者进行其他"合作"投资的，或者国家工作人员利用职务上的便利为请托人谋取利益，以合作开办公司或者其他合作投资的名义获取"利润"，没有实际出资和参与管理、经营的，以受贿论处。第四，以委托请托人投资证券、期货或者其他委托理财的名义收受贿赂。国家工作人员利用职务上的便利为请托人谋取利益，以委托请托人投资证券、期货或者其他委托理财的名义，未实际出资而获取"收益"，或者虽然实际出资，但获取"收益"明显高于出资应得收益的，以受贿论处。受贿数额，前一情形，以"收益"额计算；后一情形，以"收益"额与出资应得收益额的差额计算。第五，以赌博形式收受贿赂。根据最高人民法院、最高人民检察院《关于办理赌博刑事案件具体应用法律若干问题的解释》的规定，国家工作人员利用职务上的便利为请托人谋取利益，通过赌博方式收受请托人财物的，构成受贿。但在实践中应注意区分贿赂与赌博活动、娱乐活动的界限。具体认定时，主要应当结合赌博的背景、场合、时间、次数，赌资来源，其他赌博参与者有无事先通谋，输赢钱物的具体情况和金额大小等因素进行判断。第六，通过特定关系人"挂名"领取薪酬。国家工作人员利用职务上的便利为请托人谋取利益，要求或者接受请托人以给特定关系人安排工作为名，使特定关系人不实际工作却获取所谓薪酬的，以受贿论处。所谓特定关系人，指国家工作人员近亲属、情妇（夫）以及其他有共同利益关系的人。

本罪的主体是特殊主体，即只能由国家工作人员构成。国家工作人员的具体范围根据《刑法》第93条的规定确定，且一般限于在职的国家工作人员。国家工作人员利用职务上的便利为请托人谋取利益之前或者之后，约定在其离职后收受请托人财物，并在离职后收受的，以受贿论处。村民委员会等村基层组织人员协助人民政府从事行政管理工作，利用职务上的便利，索取他人财物或者非法收受他人财物，构成受贿罪。

本罪的主观方面是故意。理解受贿罪的主观故意，应把握：一是行为人具有索取或收受贿赂的意图；二是行为人认识到自己索取、收受贿赂的行为与职务行为的关联性，认识到自己的行为会侵害职务行为的廉洁性；三是行为人对受贿行为本身导致的对职务行为廉洁性的侵犯持希望或放任的态度。

（二）受贿罪认定时应注意的问题

1. 本罪与非罪的界限

（1）本罪与接受亲友财物的界限。接受亲友财物通常包括两种情况：一种是亲友出于亲情或友情，单方面、无条件地赠与财物，如逢年过节、婚丧嫁娶等给予财物的；另一种是单纯利用亲友关系，为请托人办事，收受了请托人的答谢礼物。前者属于馈赠行为，后者属于亲友间的礼尚往来，亦是正常合法行为。区别馈赠行为、礼尚往来与受贿罪的界限，关键是看行为人接受亲友的财物是否利用职务上的便利为亲友谋取利益。如果利用了职务上的便利为亲友谋取利益，从而接受亲友财物的，则构成受贿罪，否则，不应以受贿罪论处。

（2）本罪与取得合法报酬的界限。行为人在法律、政策允许的范围内，利用自己的知识和劳动，在业余时间为他人提供服务而获得的报酬是合法收入，不属于受贿。若行为人违反国家规定，在业余时间，利用职务上的便利为他人谋取利益，进而获取报酬，属于受贿。

（3）本罪与一般受贿行为的界限。受贿罪与一般受贿行为的区别主要在于受贿财物的数额和受贿情节。根据《刑法》第383条、第386条的规定，受贿数额较大或者有其他较重情节的，才构成受贿罪。故如果没有较重情节，在数额未达到较大的情况下，属于一般违法受贿行为。

2. 此罪与彼罪的界限

（1）本罪与贪污罪的界限。受贿罪与贪污罪都侵犯了国家工作人员职务上的廉洁性，但二者之间还存在区别，具体体现在：一是受贿罪只侵犯了国家工作人员职务行为的廉洁性，而贪污罪既侵犯了工作工作人员职务行为的廉洁性，也侵犯了公共财产所有权。二是客观行为表现不同。受贿罪的客观方面表现为行为人利用职务上的便利，索取他人财物，或者非法收受他人财物，为他人谋取利益；贪污罪则表现为行为人利用职务上的便利，侵吞、窃取、骗取或者以其他方法非法占有公共财物。三是主体的范围不同。受贿罪的主体只能是国家工作人员，而贪污罪的主体除了国家工作人员外，还可以由受国家机关、国有公司、企业、事业单位、人民团体委托管理、经营国有财产的人员构成；四是犯罪目的不同。受贿罪的目的是非法获取他人财物；贪污罪的目的则是非法占有自己主管、经管的公共财物。

（2）本罪与敲诈勒索罪的界限。受贿罪与敲诈勒索罪的界限一般情况比较清晰，容易混淆并需要正确区分的是索贿行为与敲诈勒索罪的界限。具体表现在：一是索贿行为侵犯的客体是单一客体，敲诈勒索罪侵犯的客体是复杂客体；二是索贿行为的主体必须是国家工作人员，敲诈勒索罪的主体是一般主体；三是索贿行为必须利用职务上的便利，敲诈勒索罪没有利用职务上的便利。行为人是否利用职务上的便利是二者区分的关键。

（3）本罪与非国家工作人员受贿罪的界限。受贿罪与非国家工作人员受贿罪之间存在很多相同之处，如主观方面都是故意，客观方面都是利用职务上的便利索取或收受他人财物。二者的区别主要表现在：一是客体不同。受贿罪的客体是国家工作人员职务行为的廉洁性，而非国家工作人员受贿罪的客体是公司、企业或者其他单位的管理秩序和工作人员的职务行为的廉洁性。二是客观方面不同。受贿罪中的索取贿赂不以为他人谋取利益为要件，而非国家工作人员受贿罪中的索取贿赂和收受贿赂，都要求以为他人谋取利益为要件。三是犯罪主体不同。受贿罪的主体是国家工作人员，而非国家工作人员受贿罪的主体是公司、企业或者其他单位中不具有国家工作人员身份的人员。

（三）受贿罪的刑事责任

根据《刑法》第386条的规定，对犯受贿罪的，根据受贿所得数额及情节，依照本法第383条的规定处罚。索贿的从重处罚。据此，受贿罪的具体处罚标准如下。

（1）受贿数额较大或者有其他较重情节的，处3年以下有期徒刑或者拘役，并处罚金。根据《两高贪贿解释》第1条的规定，受贿数额在3万元以上不满20万元的，应当认定为《刑法》第383条第1款规定的"数额较大"。受贿数额在1万元以上不满3万元，具有下列情形之一的，应当认定为《刑法》第383条第1款规定的"其他较重情节"：① 多次索贿的；② 为他人谋取不正当利益，致使公共财产、国家和人民利益遭受损失的；③ 为他人谋取职务提拔、调整的。根据《两高贪贿解释》第19条的规定，对受贿罪判处 3 年以下有期徒刑或者拘役的，应当并处 10 万元以上 50 万元以下的罚金。

（2）受贿数额巨大或者有其他严重情节的，处 3 年以上 10 年以下有期徒刑，并处罚金或者没收财产。根据《两高贪贿解释》第 2 条的规定，受贿数额在 20 万元以上不满 300 万元的，应当认定为《刑法》第 383 条第 1 款规定的 "数额巨大"；受贿数额在 10 万元以上不满 20 万元，具有下列情形之一的，应当认定为《刑法》第 383 条第 1 款规定的 "其他严重情节"：① 多次索贿的；② 为他人谋取不正当利益，致使公共财产、国家和人民利益遭受损失的；③ 为他人谋取职务提拔、调整的。根据《两高贪贿解释》第 19 条的规定，对受贿罪判处 3 年以上十年以下有期徒刑的，应当并处 20 万元以上犯罪数额 2 倍以下的罚金或者没收财产。

（3）受贿数额特别巨大或者有其他特别严重情节的，处 10 年以上有期徒刑或者无期徒刑，并处罚金或者没收财产；数额特别巨大，并使国家和人民利益遭受特别重大损失的，处无期徒刑或者死刑，并处没收财产。根据《两高贪贿解释》第 3 条的规定，受贿数额在 300 万元以上的，应当认定为《刑法》第 383 条第 1 款规定的 "数额特别巨大"；受贿数额在 150 万元以上不满 300 万元，具有下列情形之一的，应当认定为《刑法》第 383 条第 1 款规定的 "其他特别严重情节"：① 多次索贿的；② 为他人谋取不正当利益，致使公共财产、国家和人民利益遭受损失的；③ 为他人谋取职务提拔、调整的。根据《两高贪贿解释》第 19 条的规定，对受贿罪判处 10 年以上有期徒刑或者无期徒刑的，应当并处 50 万元以上犯罪数额 2 倍以下的罚金或者没收财产。

在提起公诉前如实供述自己罪行、真诚悔罪、积极退赃，避免、减少损害结果的发生，有第一项规定情形的，可以从轻、减轻或者免除处罚；有第二项、第三项规定情形的，可以从轻处罚。有第三项规定情形被判处死刑缓期执行的，人民法院根据犯罪情节等情况可以同时决定在其死刑缓期执行二年期满依法减为无期徒刑后，终身监禁，不得减刑、假释。《两高贪贿解释》第 4 条也作了相应规定。

对多次贪污未经处理的，按照累计贪污数额处罚。

本章导入案例 3 中，杨某华的行为构成受贿罪，应根据《刑法》第 386 条的规定及其相关司法解释予以处理。

二、单位受贿罪

（一）单位受贿罪的概念与构成

单位受贿罪，是指国家机关、国有公司、企业、事业单位、人民团体，索取、非法收受他人财物，为他人谋取利益，情节严重的行为。

本罪侵犯的客体是国家的廉政制度。

本罪的客观方面表现为国家机关、国有公司、企业、事业单位、人民团体索取、非法收受他人财物，为他人谋取利益，情节严重的行为。索取他人财物或非法收受他人财物，必须同时具备为他人谋取利益的条件，且情节严重，才能构成单位受贿罪。国家机关、国有公司、企业、事业单位、人民团体，在经济往来中，在账外暗中收受各种名义的回扣、手续费的，以单位受贿罪追究刑事责任。

本罪的主体是国家机关、国有公司、企业、事业单位、人民团体。

本罪的主观方面是故意。

（二）单位受贿罪的刑事责任

根据《刑法》第 387 条的规定，犯本罪的，对单位判处罚金，并对其直接负责的主管人员和其他直接责任人员，处 3 年以下有期徒刑或者拘役；情节特别严重的，处 3 年以上 10 年以下有期徒刑。前款所列单位，在经济往来中，在账外暗中收受各种名义的回扣、手续费的，以受贿论，依照前款的规定处罚。

三、利用影响力受贿罪

（一）利用影响力受贿罪的概念与构成

利用影响力受贿罪，是指国家工作人员的近亲属或者其他与该国家工作人员关系密切的人，通过该国家工作人员职务上的行为，或者利用该国家工作人员职权或地位形成的便利条件，以及离职的国家工作人员或者其近亲属及其他与其关系密切的人，利用该离职的国家工作人员原职权或者地位形成的便利条件，通过其他国家工作人员职务上的行为，为请托人谋取不正当利益，索取请托人财物或者收受请托人财物，数额较大或者有其他较重情节的行为。

本罪侵犯的客体是国家工作人员职务行为的廉洁性。

本罪的客观方面表现为三种情形。一是国家工作人员的近亲属或者其他与该国家工作人员关系密切的人，通过该国家工作人员职务上的行为，为请托人谋取不正当利益。行为人实际上是利用自己与国家工作人员之间所具有的近亲属或其他密切关系所形成的影响力，进而使得与其有特定关系的该国家工作人员通过自己职务上的行为，为请托人谋取不正当利益。二是国家工作人员的近亲属或者其他与该国家工作人员关系密切的人，利用该国家工作人员职权或者地位形成的便利条件，通过其他国家工作人员职务上的行为，为请托人谋取不正当利益。"利用职权或者地位形成的便利条件"，是指行为人与被其利用的国家工作人员之间在职务上没有隶属、制约关系，但行为人利用了本人职权或者地位产生的影响和一定的工作联系。三是离职的国家工作人员或者其近亲属以及其他与其关系密切的人，利用自己（离职的工作人员）原职权或者地位形成的便利条件，通过其他国家工作人员职务上的行为，为请托人谋取不正当利益。

本罪的主体是非国家工作人员，大体上可分为两类人。一类是与国家工作人员关系密切的人：国家工作人员的近亲属，如夫、妻、父、母、子、女、同胞兄弟姐妹等；

其他与国家工作人员关系密切的人，如国家工作人员的同事、秘书、司机、同学、亲戚、朋友、邻居等长期交往和有一定关系往来的人或其他有共同利益关系的人。另一类是离职的国家工作人员或者其近亲属以及其他与其关系密切的人。

本罪的主观方面是故意。

（二）利用影响力受贿罪的刑事责任

根据《刑法》第 388 条之一的规定，犯本罪，数额较大或者有其他较重情节的，处 3 年以下有期徒刑或者拘役，并处罚金；数额巨大或者有其他严重情节的，处 3 年以上 7 年以下有期徒刑，并处罚金；数额特别巨大或者有其他特别严重情节的，处 7 年以上有期徒刑，并处罚金或者没收财产。根据《两高贪贿解释》第 10 条的规定，利用影响力受贿罪的定罪量刑适用标准，参照本解释关于受贿罪的规定执行。该司法解释第 19 条规定，对本罪适用并处罚金的，应当在 10 万元以上犯罪数额 2 倍以下判处。

四、行贿罪

（一）行贿罪的概念与构成

行贿罪，是指为谋取不正当利益，给予国家工作人员以财物的行为。

本罪的客体是国家工作人员职务行为的廉洁性。犯罪对象限于国家工作人员。

本罪的客观方面表现为行为人给予国家工作人员以财物的行为。《刑法》第 389 条第 2 款规定，在经济往来中，违反国家规定，给予国家工作人员以财物，数额较大的，或者违反国家规定，给予国家工作人员以各种名义的回扣、手续费的，以行贿论处。同时，本条第 3 款规定，因被勒索给予国家工作人员以财物，没有获得不正当利益的，不是行贿。据此，行贿罪的客观方面主要表现为：一是典型行贿，即为谋取不正当的利益，给予国家工作人员以财务的行为。二是非典型行贿，即在经济往来中，违反国家规定，给予国家工作人员以财物，数额较大的，或者违反国家规定，给予国家工作人员以各种名义的回扣、手续费的行为。最高人民法院、最高人民检察院《关于办理行贿刑事案件具体应用法律若干问题的解释》第 12 条规定，行贿犯罪中的"谋取不正当利益"，是指行贿人谋取的利益违反法律、法规、规章、政策规定，或者要求国家工作人员违反法律、法规、规章、政策、行业规范的规定，为自己提供帮助或者方便条件。违背公平、公正原则，在经济、组织人事管理等活动中，谋取竞争优势的，应当认定为"谋取不正当利益"。

本罪的主体是一般主体，即已满 16 周岁、具有刑事责任能力的自然人。

本罪的主观方面是故意，并且具有谋取不正当利益的目的。需要注意的是，不正当利益不限于非法利益，如获取不公平的竞争优势也属于不正当利益。

（二）行贿罪认定时应注意的问题

认定本罪时，需要注意区分行贿与馈赠的界限：① 行为人目的不同。行贿是为了使国家工作人员利用职务上的便利为自己谋取不正当的利益；馈赠则是为了增进友情、维系感情等需求。② 行为方式不同。行贿通常是秘密进行的，给付财物是附条件的；馈赠行为则是公开的，给付财物是无条件的。

（三）行贿罪的刑事责任

根据《刑法》第 390 条的规定，犯本罪的，处 3 年以下有期徒刑或者拘役，并处罚金；因行贿谋取不正当利益，情节严重的，或者使国家利益遭受重大损失的，处 3 年以上 10 年以下有期徒刑，并处罚金；情节特别严重的，或者使国家利益遭受特别重大损失的，处 10 年以上有期徒刑或者无期徒刑，并处罚金或者没收财产。有下列情形之一的，从重处罚：① 多次行贿或者向多人行贿的；② 国家工作人员行贿的；③ 在国家重点工程、重大项目中行贿的；④ 为谋取职务、职级晋升、调整行贿的；⑤ 对监察、行政执法、司法工作人员行贿的；⑥ 在生态环境、财政金融、安全生产、食品药品、防灾救灾、社会保障、教育、医疗等领域行贿，实施违法犯罪活动的；⑦ 将违法所得用于行贿的。行贿人在被追诉前主动交代行贿行为的，可以从轻或者减轻处罚。其中，犯罪较轻的，对调查突破、侦破重大案件起关键作用的，或者有重大立功表现的，可以减轻或者免除处罚。

五、对有影响力的人行贿罪

（一）对有影响力的人行贿罪的概念与构成

对有影响力的人行贿罪，是指为谋取不正当利益，向国家工作人员的近亲属或其他与该国家工作人员关系密切的人，或者向离职的国家工作人员或其近亲属以及其他与其关系密切的人行贿的行为。

本罪侵犯的客体是国家工作人员职务行为的廉洁性。

本罪的客观方面表现为行为人向国家工作人员的近亲属或其他与该国家工作人员关系密切的人，或者向离职的国家工作人员或其近亲属以及其他与其关系密切的人行贿。行贿对象是国家工作人员的近亲属或其他与该国家工作人员关系密切的人，或者离职的国家工作人员或其近亲属以及其他与其关系密切的人。

本罪的主体是自然人或单位，其中自然人是已满 16 周岁、具有刑事责任能力的人。

本罪的主观方面是故意，并且具有谋取不正当利益的目的。

（二）对有影响力的人行贿罪的刑事责任

根据《刑法》第 390 条之一的规定，犯本罪的，处 3 以下有期徒刑或者拘役，并处罚金；情节严重的，或者使国家利益遭受重大损失的，处 3 年以上 7 年以下有期徒刑，并处罚金；情节特别严重的，或者使国家利益遭受特别重大损失的，处 7 年以上 10 年以下有期徒刑，并处罚金。单位犯本罪的，对单位判处罚金，并对其直接负责的主管人员和其他直接责任人员，处 3 年以下有期徒刑或者拘役，并处罚金。根据《两高贪贿解释》第 10 条的规定，对有影响力的人行贿罪的定罪量刑适用标准，参照本解释关于行贿罪的规定执行。单位对有影响力的人行贿数额在 20 万元以上的，应当依照《刑法》对有影响力的人行贿罪追究刑事责任。根据《两高贪贿解释》第 19 条的规定，对本罪适用并处罚金的，应当在 10 万元以上犯罪数额 2 倍以下判处。

六、对单位行贿罪

（一）对单位行贿罪的概念与构成

对单位行贿罪，是指为谋取不正当利益，给予国家机关、国有公司、企业、事业单位、人民团体以财物，或者在经济往来中，违反国家规定，给予各种名义的回扣、手续费的行为。

本罪所侵犯的客体是国家机关、国有公司、企业、事业单位、人民团体正常的管理活动。行贿的对象为国家机关、国有公司、企业、事业单位、人民团体。

本罪的客观方面表现为：一是为谋取不正当利益，给予国家机关、国有公司、企业、事业单位、人民团体以财物；二是为谋取不正当利益，在经济往来中，违反国家规定，给予国家机关、国有公司、企业、事业单位、人民团体各种名义的回扣、手续费。最高人民法院、最高人民检察院《关于办理行贿刑事案件具体应用法律若干问题的解释》第 12 条规定，行贿犯罪中的"谋取不正当利益"，是指行贿人谋取的利益违反法律、法规、规章、政策规定，或者要求国家工作人员违反法律、法规、规章、政策、行业规范的规定，为自己提供帮助或者方便条件。违背公平、公正原则，在经济、组织人事管理等活动中，谋取竞争优势的，应当认定为"谋取不正当利益"

本罪的主体既可以是自然人，也可以是单位。

本罪的主观方面是故意，且有谋取不正当利益的目的。

（二）对单位行贿罪的刑事责任

根据《刑法》第 391 条的规定，犯本罪的，处 3 年以下有期徒刑或者拘役，并处罚金；情节严重的，处 3 年以上 7 年以下有期徒刑，并处罚金。单位犯本罪的，对单位判处罚金，并对其直接负责的主管人员和其他直接责任人员，依照个人犯本罪的规定处罚。

七、介绍贿赂罪

（一）介绍贿赂罪的概念与构成

介绍贿赂罪，是指向国家工作人员介绍贿赂，情节严重的行为。

本罪侵犯的客体是国家机关、国有公司、企业、事业单位、人民团体的正常管理活动。

本罪的客观方面表现为向国家工作人员介绍贿赂，情节严重的行为。介绍贿赂是指行贿人与受贿人之间沟通关系、撮合条件，使贿赂行为得以实现的行为。具体表现为，行为人为受贿人寻找索贿对象，转告索贿要求，或者受行贿人之托，寻找行贿对象，转达行贿目的，转交贿赂的行为。同时需要注意，构成介绍贿赂罪必须具有情节严重。

犯罪主体是一般主体，即已满 16 周岁、具有刑事责任能力的自然人。

本罪的主观方面是故意。

（二）介绍贿赂罪的刑事责任

根据《刑法》第 392 条的规定，犯本罪的，处 3 年以下有期徒刑或者拘役，并处罚金。介绍贿赂人在被追诉前主动交代介绍贿赂行为的，可以减轻处罚或者免除处罚。根据《两高贪贿解释》第 19 条的规定，对本罪适用并处罚金的，应当在 10 万元以上犯罪数额 2 倍以下判处。

八、单位行贿罪

（一）单位行贿罪的概念与构成

单位行贿罪，是指单位为谋取不正当利益而行贿，或者违反国家规定，给予国家工作人员以回扣、手续费，情节严重的行为。

本罪侵犯的客体是国家工作人员职务行为的廉洁性，犯罪对象仅限于国家工作人员。

本罪的客观方面表现为单位为谋取不正当利益而行贿或者违反国家规定，给予国家工作人员以回扣、手续费的行为。构成本罪，必须具备情节严重这一特征。

本罪的主体是单位，包括机关、团体、公司、企业或者事业单位，至于单位性质，在所不问。

本罪的主观方面是故意，即行为人明知给予国家工作人员财物的行为会损害其职务行为的廉洁性，而故意给予财物，或者故意违法国家规定给予国家工作人员以回扣、手续费，并且有为单位谋取不正当利益的目的，至于该目的是否实现，不影响犯罪的成立。

（二）单位行贿罪的刑事责任

根据《刑法》第 393 条的规定，犯本罪的，对单位判处罚金，并对其直接负责的主管人员和其他直接责任人员，处 3 年以下有期徒刑或者拘役，并处罚金；情节特别严重的，处 3 年以上 10 年以下有期徒刑，并处罚金。因行贿取得的违法所得归个人所有的，依照本法第 389 条、第 390 条的规定定罪处罚。

每章一练

一、单项选择题

1. 于某系某市房地产管理局某房管所房管科副科长，2020 年利用负责房产管理所回迁工作之机，采取不入账、少入账的手段，从中套取商品房 1 户，面积为 52.03 平方米，价值 93000 元。该房屋未办理产权变更记手续，但实际上归于某占有使用。对于某的行为评价正确的是（   ）。

A. 构成侵占罪

B. 构成贪污罪，且既遂

C. 因房屋未办理私有产权证，不构成犯罪

D. 构成贪污罪，但未办理产权登记的，是未遂

2.《刑法》规定，国家工作人员在经济往来中，违反国家规定，收受各种名义的回扣、手续费，归个人所有的，以（   ）论处。

A. 贪污罪

B. 受贿罪

C. 索贿

D. 侵占罪

3. 在《刑法》规定的贪污贿赂罪中，（   ）的犯罪主体是一般主体。

A. 受贿罪

B. 私分罚没财物罪

C. 行贿罪

D. 挪用公款罪

4. 国家工作人员甲听到有人敲门，开门后有人扔进一个包就跑。甲发现包内有 20 万元现金，推测是有求于自己职务行为的乙送的。甲打电话问乙时被告知"不要问是谁送的，收下就是了"（事实上是乙安排丙送的），并重复了前几天的请托事项。甲虽不能确定是乙送的，但还是允诺为乙谋取利益。关于本案正确的是（   ）。

A. 甲没有主动索取、收受财物，不构成受贿罪

B. 甲没有受贿的直接故意，间接故意不可能构成受贿罪，故甲不构成受贿罪

C. 甲允诺为乙谋取利益与收受 20 万元现金之间无因果关系，故不构成受贿罪

D. 即使认为甲不构成受贿罪，乙与丙也构成行贿罪

5. 何经理为了销售本公司经营的医疗器，安排公司监事王某在与某市立医院联系销售业务过程中，按销售金额 25% 的比例给医院四位正、副院长回扣共计 25 万余元。本案中，该公司提供回扣的行为构成（　　）。

A. 行贿罪

B. 非国家工作人员行贿罪

C. 单位行贿罪

D. 对单位行贿罪

二、多项选择题

1. 《刑法》规定的贪污罪的犯罪对象是公共财产，其具体范围包括（　　）。

A. 国有财产

B. 劳动群众集体所有的财产

C. 用于扶贫和其他公益事业的社会捐助

D. 在国有单位中管理的私人财产

2. 下列行为属于贪污罪的是（　　）。

A. 国有保险公司工作人员利用职务上的便利，故意编造未曾发生的保险事故进行虚假理赔，骗取保险金归自己所有的

B. 国有保险公司委派到非国有保险公司从事公务的人员利用职务上的便利，故意编造未曾发生的保险事故进行虚假理赔，骗取保险金归自己所有的

C. 行为人挪用公款数额巨大，因客观原因在一审宣判前不能退还的

D. 行为人挪用公款后，携带挪用的公款潜逃的

3. 根据《刑法》有关规定，下列说法正确的是（　　）。

A. 甲系某国企总经理之妻，甲让其夫借故辞退企业财务主管，而以好友陈某取而代之，陈某赠甲一辆价值 12 万元的轿车。甲构成犯罪

B. 乙系已离职的国家工作人员，请接任处长为缺少资质条件的李某办理了公司登记，收取李某 10 万元。乙构成犯罪

C. 丙系某国家机关官员之子，利用其父管理之便，请其父下属将不合条件的某企业列入政府采购范围，收受该企业 5 万元。丙构成犯罪

D. 丁系国家工作人员，在主管土地拍卖工作时向一家房地产公司通报了重要情况，使其如愿获得黄金地块。丁退休后，该公司为表示感谢，自作主张送与丁价值 5 万元的按摩椅。丁构成犯罪

4. 甲向乙行贿 5 万元，乙收下后顺手藏于自家沙发垫下，匆忙外出办事。当晚，丙潜入乙家盗走该 5 万元。事后查明，该现金全部为假币，下列说法正确的是（　　）。

A. 甲用假币行贿，其行为成立行贿罪未遂

B. 丙的行为没有侵犯任何人的合法财产，不构成盗窃罪

C. 乙虽然收受假币，但其行为仍构成受贿罪

D. 丙的行为侵犯了乙的占有权，构成盗窃罪

5. 王某是某国有公司的采购经理。该国有公司需要向李某购进一批原材料。李某报价每公斤1000元。王某得知李某的弟弟是自己儿子的专业教练，便利用职权将李某的报价提高到每公斤1200元。由此，该国有公司向李某多支出50万元。当李某的账户收到货款时，李某方知其中有王某的"好意"。下列说法正确的有（　　　）。

A. 王某构成贪污罪

B. 王某构成为亲友非法牟利罪

C. 王某构成国有公司人员滥用职权罪

D. 王某构成对非国家工作人员行贿罪

第九章

渎职罪

◆ **知识目标**

1. 明确渎职罪的概念、构成和种类。

2. 掌握和理解重点及常见罪名的概念、构成以及认定时应注意的问题。

3. 了解非重点罪名的概念和有关特别规定。

◆ **能力目标**

1. 能够运用刑法理论区分相似的具体罪名。

2. 能够将本章法律条文运用到实际案例中，进行案例分析，处理实务问题。

◆ **重点罪名**

滥用职权罪，玩忽职守罪，徇私枉法罪

案例导入

1. 2020 年 3 月，某国有建设投资公司原总经理胡某利用职务便利，同意老板连某、黄某假借重点项目名义，以明显低于市场执行价的标准，从建投公司下属企业按每吨 35 元的价格购买砂砾石 55 万吨、鹅卵石 25 万吨，用于对外销售牟利。经认定，此行为造成国家直接经济损失 340 余万元。不仅如此，胡某还利用职务便利，与招标代理机构、商人老板等操纵项目招投标，收受商人老板好处。经查，2015 年至 2021 年，胡某在项目承揽、招投标、资金拨付等方面利用职权为他人谋取私利，收受 13 名商人老板财物共计 370 余万元。（中央纪委国家监委网站）

问：胡某的行为应如何认定？

2. 某检察院检察员甲某在办理乙某强奸案期间，接受乙某家属的请托，对乙某的年龄进行了涂改，使其年龄由年满 14 岁改成不满 14 岁；在制作起诉意见书时，又把"乙某用菜刀威逼强奸"情节中的"用菜刀"三个字予以隐瞒。乙某因此以未达到责任年龄而无罪释放，被害人父母因罪犯未得到应有的惩罚而精神失常。此间，甲某先后两次收受案犯家属的贿赂人民币 4 万元以及酒、水果等物品。

问：甲某的行为应如何认定？

第一节　渎职罪概述

一、渎职罪的概念与构成

渎职罪，是指国家机关工作人员在履行职责或者行使职权过程中，滥用职权、玩忽职守、徇私舞弊，妨害国家机关的正常活动，致使公共财产、国家和人民利益遭受重大损失的行为。

本类犯罪侵犯的客体是国家机关的正常管理活动。

本类犯罪在客观上表现为各种严重的渎职行为，即滥用职权、徇私舞弊、玩忽职守、徇私舞弊的行为。在表现形式上，既可以是作为，如徇私枉法罪，也可以是不作为，如不解救被拐卖、绑架妇女、儿童罪。无论是作为还是不作为，都必须与职务活动或公务活动相联系。另外，本类罪中的多数犯罪都必须具有严重情节或者造成严重后果，否则不能以犯罪论处。前者如故意泄露国家秘密罪，后者如玩忽职守罪。

本类犯罪的主体多为特殊主体，即国家机关工作人员。但有少数犯罪的主体也可以是非国家机关工作人员，如故意泄露国家秘密罪、枉法仲裁罪。

本类犯罪在主观上既可以是故意，也可以是过失。

二、渎职罪的种类

渎职罪被规定在我国刑法分则第九章，共 25 个条文、37 个具体罪名。根据渎职罪的客观方面，可以把渎职罪划分为以下三个种类。

（1）滥用职权犯罪，具体包括 11 罪名。即滥用职权罪，故意泄露国家秘密罪，执行判决、裁定滥用职权罪，私放在押人员罪，滥用管理公司、证券职权罪，违法发放林木采伐许可证罪，办理偷越国（边）境人员出入境证件罪，放行偷越国（边）境人员罪，不解救被拐卖、绑架妇女、儿童罪，阻碍解救被拐卖、绑架妇女、儿童罪，帮助犯罪分子逃避处罚罪。

（2）玩忽职守犯罪，具体包括 11 个罪名。即玩忽职守罪，过失泄露国家秘密罪，执行判决、裁定失职罪，失职致使在押人员脱逃罪，国家机关工作人员签订、履行合同失职被骗罪，环境监管失职罪，食品、药品监管渎职罪，传染病防治失职罪，商检失职罪，动植物检疫失职罪，失职造成珍贵文物损毁、流失罪。

（3）徇私舞弊犯罪，具体包括 15 个罪名。即徇私枉法罪，民事、行政枉法裁判罪，枉法仲裁罪，徇私舞弊减刑、假释、暂予监外执行罪，徇私舞弊不移交刑事案件罪，徇私舞弊不征、少征税款罪，徇私舞弊发售发票、抵扣税款、出口退税罪，违法提供出口退税凭证罪，非法批准征收、征用、占用土地罪，非法低价出让国有土地使用权罪，放纵走私罪，商检徇私舞弊罪，动植物检疫徇私舞弊罪，放纵制售伪劣商品犯罪行为罪，招收公务员、学生徇私舞弊罪。

第二节　滥用职权犯罪

一、滥用职权罪

（一）滥用职权罪的概念与构成

滥用职权罪，是指国家机关工作人员超越职权，违法决定、处理其无权决定、处理的事项，或者违反规定处理公务，致使公共财产、国家和人民利益遭受重大损失的行为。

本罪侵犯的客体是国家机关的正常管理活动。

本罪的客观方面表现为超越职权，违法决定、处理其无权决定、处理的事项，或者违反规定处理公务，致使公共财产、国家和人民利益遭受重大损失。具体包括两方面的含义。第一，超越职权。主要包括擅自处理没有处理权限的事务；玩弄职权，随心所欲地对事项作出决定；故意不履行应当履行的职责；以权谋私，不正确地履行职责。本罪多表现为作为的形式，即行为人是主动地行使职权，但却逾越了其合法拥有的职权范围或不适当、不正确地行使职权。也可以以不作为的方式实施，比如发生自然灾害时故意隐瞒不报。第二，滥用职权行为给公共财产、国家和人民利益造成了重大损失。对于重大损失的标准，最高人民法院、最高人民检察院《关于办理渎职刑事案件适用法律若干问题的解释（一）》第 1 条规定为具有下列情形之一：① 造成死亡1 人以上，或者重伤 3 人以上，或者轻伤 9 人以上，或者重伤 2 人、轻伤 3 人以上，或者重伤 1 人、轻伤 6 人以上的；② 造成经济损失 30 万元以上的；③ 造成恶劣社会影响的；④ 其他致使公共财产、国家和人民利益遭受重大损失的情形。

本罪的主体是特殊主体，即只能是国家机关工作人员。国家机关工作人员，是指国家机关中从事公务的人员，不包括在国家机关中从事劳务的人员。根据全国人大常委会《关于〈中华人民共和国刑法〉第九章渎职罪主体适用问题的解释》的规定，在依照法律、法规规定行使国家行政管理职权的组织中从事公务的人员，或者在受国家机关委托代表国家机关行使职权的组织中从事公务的人员，或者虽未列入国家机关人员编制但在国家机关中从事公务的人员，在代表国家机关行使职权时，有渎职行为，构成犯罪的，依照刑法关于渎职罪的规定追究刑事责任。另外，国有公司、企业、事业单位、人民团体中从事公务的人员和国家机关、国有公司、企业、事业单位委派到非国有公司、企业、事业单位、社会团体从事公务的人员，以及其他依照法律从事公务的人员，不能成为本罪的主体。该类人员滥用职权构成犯罪的，不能构成本罪，而应依其他有关犯罪论处。如银行或其他金融机构的工作人员违反规定，为他人出具信用证或者其他保函、票据、存单、资信证明，造成较大损失的，应适用《刑法》第 188条关于违规出具金融票证罪的规定定罪处罚。

本罪的主观方面是故意，即行为人明知自己滥用职权的行为会给公共财产、国家和人民利益造成重大损失，而希望或放任这一结果的发生。

（二）滥用职权罪认定时应注意的问题

1. 本罪与非罪的界限

区分滥用职权罪与非罪行为的界限，关键在于把握行为人的滥用职权行为是否给公共财产、国家和人民利益造成了重大损失。如果滥用职权行为仅仅造成了一般损失，不能以犯罪论处，只能按照一般违法行为对行为人进行相应的行政、党纪处分。

2. 本罪与国有公司、企业、事业单位人员滥用职权罪的界限

两罪在客观方面都有滥用职权的行为，主观上都出于故意，但两罪有明显的区别：第一，侵犯的客体有所不同。前者侵犯了国家机关的正常管理活动；后者侵犯了公司、企业、事业单位的正常管理秩序。第二，犯罪主体不同。前者的主体只能是国家机关工作人员；后者的主体只能是国有公司、企业、事业单位工作人员。

3. 本罪与其他特殊滥用职权犯罪的界限

本罪仅是对国家机关工作人员滥用职权犯罪的一个概括规定，只适用于那些刑法分则没有明确规定的国家机关工作人员因滥用职权而构成犯罪的情况。如果刑法分则有明确规定的，即适用该特别规定，而不再以本罪论处。如林业主管部门的工作人员违反《森林法》的规定违法发放林木采伐许可证的行为，就不能以本罪处理，而应依照《刑法》第407条的规定，以违法发放林木采伐许可证罪论处。

（三）滥用职权罪的刑事责任

根据《刑法》第397条的规定，犯本罪的，处3年以下有期徒刑或者拘役；情节特别严重的，处3年以上7年以下有期徒刑。国家机关工作人员徇私舞弊犯本罪的，处5年以下有期徒刑或者拘役；情节特别严重的，处5年以上10年以下有期徒刑。

本章导入案例1中，某国有建设投资公司原总经理胡某利用职务便利，以权谋私，不正确地履行职责，但由于其为国有公司、企业、事业单位、人民团体中从事公务的人员，不符合滥用职权罪的主体要件，根据《刑法》第168条的规定，构成国有公司、企业、事业单位人员滥用职权罪。同时，胡某在项目招投标中收受商人老板好处，还构成受贿罪。因此，对胡某应以国有公司、企业、事业单位人员滥用职权罪和受贿罪数罪并罚。

二、故意泄露国家秘密罪

（一）故意泄露国家秘密罪的概念与构成

故意泄露国家秘密罪，是指国家机关工作人员或者非国家机关工作人员违反保守国家秘密法的规定，故意泄露国家秘密，情节严重的行为。

本罪侵犯的客体是国家的保密制度。犯罪对象是国家秘密，即关系到国家的安全和利益，依法定程序在一定时间内只限于一定范围内的人员知悉的秘密事项。本罪所说的国家秘密，包括"绝密""机密""秘密"三个密级的国家秘密。

本罪的客观方面表现为违反保守国家秘密法的规定，泄露国家秘密，情节严重的行为。本罪在客观上包括三个要素：第一，违反保守国家秘密法的规定。主要是指违反我国《保守国家秘密法》和《保守国家秘密法实施条例》等法律法规。第二，泄露国家秘密。泄露，是指把自己掌管或知悉的国家秘密泄露给不该知悉此项秘密的单位或个人。泄露的方式多种多样，包括口头的、书面的或者提供秘密文件让他人阅读，或者非法复制或窃取后送给单位或个人，等等。第三，泄露国家秘密情节严重。情节严重的标准，最高人民检察院《关于渎职侵权犯罪案件立案标准的规定》规定为下列情形之一：泄露绝密级国家秘密1项（件）以上的；泄露机密级国家秘密2项（件）以上的；泄露秘密级国家秘密3项（件）以上的；向非境外机构、组织、人员泄露国家秘密，造成或者可能造成危害社会稳定、经济发展、国防安全或者其他严重危害后果的；通过口头、书面或者网络等方式向公众散布、传播国家秘密的；利用职权指使或者强迫他人违反国家保守秘密法的规定泄露国家秘密的；以牟取私利为目的泄露国家秘密的；其他情节严重的情形。

本罪的主体主要是国家机关工作人员。非国家机关工作人员泄露国家秘密，情节严重的，也应构成本罪。

本罪的主观方面是故意。如果过失泄露国家秘密的，应以过失泄露国家秘密罪论处。

（二）故意泄露国家秘密罪的刑事责任

根据《刑法》第 398 条的规定，国家机关工作人员犯本罪的，处 3 年以下有期徒刑或者拘役；情节特别严重的，处 3 年以上 7 年以下有期徒刑。非国家机关工作人员犯本罪的，依照上述规定酌情处罚。

三、私放在押人员罪

（一）私放在押人员罪的概念与构成

私放在押人员罪，是指司法工作人员利用职务上的便利，私放在押的犯罪嫌疑人、被告人或者罪犯的行为。

本罪侵犯的客体是司法机关的正常活动。

本罪的客观方面表现为行为人利用职务上的便利，私放在押的犯罪嫌疑人、被告人或者罪犯的行为。利用职务上的便利，是指司法工作人员利用自己逮捕、监管、押解犯罪嫌疑人、被告人、罪犯的便利。私放，是指私自决定，非法放走罪犯，既包括行为人亲自私放，也包括授意、指使、强迫他人私放，还可以是通过伪造、变造有关法律文书、证明材料使在押人员逃跑或者被释放，等等。

本罪的主体是司法工作人员。根据有关司法解释的规定，未被公安机关正式录用的人员、狱医、非监管机关在编监管人员以及受委托履行监管职责的人员，也可以成为本罪的主体。

本罪的主观方面只能是故意。

（二）私放在押人员罪的刑事责任

根据《刑法》第 400 条第 1 款的规定，犯本罪的，处 5 年以下有期徒刑或者拘役；情节严重的，处 5 年以上 10 年以下有期徒刑；情节特别严重的，处 10 年以上有期徒刑。

第三节 玩忽职守犯罪

一、玩忽职守罪

（一）玩忽职守罪的概念与构成

玩忽职守罪，是指国家机关工作人员严重不负责任，不履行或不正确地履行职责，致使公共财产、国家和人民利益遭受重大损失的行为。

本罪侵犯的客体是国家机关的正常管理活动。

本罪的客观方面表现为严重不负责任，不履行或不正确履行职责，致使公共财产、国家和人民利益遭受重大损失的行为。本罪的客观方面包括两个要素：第一，行为人具有玩忽职守的行为，即严重不负责任，不履行或不正确履行职责。不履行职责，是指行为人有能力且有条件履行自己应尽的职责，但违背职责，完全没有履行，具体包括擅离职守和在岗不履行职责两种情况。不正确履行职责，是指行为人虽然形式上具有履行职责的行为，但并未完全按职责要求履行，如在职务活动中出现差错、决策失误、采取措施不及时或不得力等。本罪多是不作为的形式，但有时也可是作为的形式。第二，玩忽职守行为给公共财产、国家和人民利益造成重大损失。对于重大损失的标准，最高人民法院、最高人民检察院《关于办理渎职刑事案件适用法律若干问题的解释（一）》第1条规定为具有下列情形之一：① 造成死亡1人以上，或者重伤3人以上，或者轻伤9人以上，或者重伤2人、轻伤3人以上，或者重伤1人、轻伤6人以上的；② 造成经济损失30万元以上的；③ 造成恶劣社会影响的；④ 其他致使公共财产、国家和人民利益遭受重大损失的情形。

本罪的主体是特殊主体，即只能是国家机关工作人员。国家机关工作人员，是指国家机关中从事公务的人员，不包括从事劳务的人员。根据全国人大常委会《关于〈中华人民共和国刑法〉第九章渎职罪主体适用问题的解释》的规定，在依照法律、法规规定行使国家行政管理职权的组织中从事公务的人员，或者在受国家机关委托代表国家机关行使职权的组织中从事公务的人员，或者虽未列入国家机关人员编制但在国家机关中从事公务的人员，在代表国家机关行使职权时，有渎职行为，构成犯罪的，依照刑法关于渎职罪的规定追究刑事责任。另外，国有公司、企业、事业单位、人民团体中从事公务的人员和国家机关、国有公司、企业、事业单位委派到非国有公司、企业、事业单位、社会团体从事公务的人员，以及其他依照法律从事公务的人员，不能成为本罪的主体，该类人员因玩忽职守构成犯罪的，不能构成本罪，而应以其他有关犯罪论处。如国有公司、企业、事业单位直接负责的主管人员，在签订、履行合同过程中，因严重不负责任被诈骗，致使国家利益遭受重大损失的，应适用《刑法》第167条关于签订、履行合同失职被骗罪的规定论处。

本罪的主观方面只能是过失，故意不能构成本罪。

（二）玩忽职守罪认定时应注意的问题

1. 本罪与非罪的界限

应当从两个方面进行考虑：第一，区分玩忽职守与工作失误的界限。工作失误，是行为人主观上没有犯罪的过失，而是由于业务水平和能力有限等原因，以致决策不当，从而造成公共财产、国家和人民利益损失的行为。这与玩忽职守有本质的区别，对此不能按玩忽职守罪处理。第二，区分玩忽职守罪与一般的玩忽职守行为的界限。区分二者的关键是看玩忽职守行为是否造成了公共财产、国家和人民利益的重大损失。

2. 本罪与其他特殊玩忽职守犯罪的界限

本罪仅是对国家机关工作人员玩忽职守犯罪的一个概括的规定，只适用那些刑法分则没有明确规定的国家机关工作人员因玩忽职守构成犯罪的情况。如果刑法分则有明确规定的，即适用该特别规定，而不再以本罪论处。如《刑法》第398条规定的国家机关工作人员过失泄露国家秘密，情节严重的行为，就不能以本罪处理，而应依照《刑法》第398条规定以过失泄露国家秘密罪论处。

（三）玩忽职守罪的刑事责任

根据《刑法》第397条的规定，犯本罪的，处3年以下有期徒刑或者拘役；情节特别严重的，处3年以上7年以下有期徒刑。国家机关工作人员徇私舞弊犯本罪的，处5年以下有期徒刑或者拘役；情节特别严重的，处5年以上10年以下有期徒刑。

二、失职致使在押人员脱逃罪

（一）失职致使在押人员脱逃罪的概念与构成

失职致使在押人员脱逃罪，是指司法工作人员由于严重不负责任，致使在押的犯罪嫌疑人、被告人或者罪犯脱逃，造成严重后果的行为。

本罪侵犯的客体是司法机关的正常活动。

本罪的客观方面表现为行为人严重不负责任，致使在押的犯罪嫌疑人、被告人或者罪犯脱逃，且造成严重后果。对于严重后果的具体标准，最高人民检察院《关于渎职侵权犯罪案件立案标准的规定》有明确的规定：① 致使依法可能判处或者已经判处10年以上有期徒刑、无期徒刑、死刑的犯罪嫌疑人、被告人、罪犯脱逃的；② 致使犯罪嫌疑人、被告人、罪犯脱逃3人次以上的；③ 犯罪嫌疑人、被告人、罪犯脱逃以后，打击报复报案人、控告人、举报人、被害人、证人和司法工作人员等，或者继续犯罪的；④ 其他致使在押的犯罪嫌疑人、被告人、罪犯脱逃，造成严重后果的情形。

本罪的主体是司法工作人员。根据有关司法解释的规定，未被公安机关正式录用的人员、狱医、非监管机关在编监管人员以及受委托履行监管职责的人员，也可以成为本罪的主体。

本罪的主观方面只能是过失。

（二）失职致使在押人员脱逃罪的刑事责任

根据《刑法》第 400 条第 2 款的规定，犯本罪的，处 3 年以下有期徒刑或者拘役；造成特别严重后果的，处 3 年以上 10 年以下有期徒刑。

第四节　徇私舞弊犯罪

一、徇私枉法罪

（一）徇私枉法罪的概念与构成

徇私枉法罪，是指司法工作人员徇私枉法、徇情枉法，对明知是无罪的人而使他受追诉，对明知是有罪的人而故意包庇不使他受追诉，或者在刑事审判活动中故意违背事实和法律作枉法裁判的行为。

本罪侵犯的客体是国家司法机关的正常活动及司法机关严格执法的威信。此外，还包括因对无罪之人非法追究而侵犯的公民的人身权利。

本罪的客观方面表现为司法工作人员徇私枉法的行为。具体包括三种情形：一是对明知是无罪的人而使他受追诉。所谓受追诉，是指对无罪的人进行立案侦查、采取强制措施、提起公诉、进行审判等，进入上述任何一个环节，就可以认为受到了追诉。二是对明知是有罪的人而故意包庇不使他受追诉。即对有罪的人该立案的不立案，该采取强制措施的不采取，该提起公诉的不提起，该审判的不审判。三是在刑事审判活动中故意违背事实和法律作枉法裁判，即根据事实，被告人无罪或罪轻的，违背法律规定判其有罪或罪重；或者根据事实，被告人有罪或罪重的，违背法律规定判其无罪或罪轻。本罪的存在范围包括侦查、起诉、审判、执行整个刑事诉讼过程。

本罪的主体是特殊主体，即只能是具有侦讯、检察、审判、监管职务的司法工作人员。非司法工作人员不能单独成为本罪的主体，但可以成为本罪的共犯。

本罪的主观方面只能是故意。行为人对正在处理中的刑事案件的客观事实真相、涉案的犯罪嫌疑人或者被告人有罪还是无罪有明确认识。犯罪动机可能是贪图钱财、谋取个人利益（徇私）或照顾私人关系、感情、袒护亲友、泄愤报复（徇情），其对成立本罪没有影响。如果行为人因为法律水平低等原因，造成应当受追诉的没有受追诉或相反，或者造成案件的错判、误判的，就不能构成本罪。

（二）徇私枉法罪认定时应注意的问题

1. 本罪与非罪的界限

应从两个方面进行区分：第一，看行为人是否出于故意而徇私枉法或徇情枉法。如果因为行为人严重不负责任而造成这种结果的，符合玩忽职守罪要件的，可按玩忽职守罪处理。第二，看行为是否属于情节显著轻微，危害不大的情况。行为人虽然实行了徇私枉法的行为，但情节显著轻微，危害不大的，根据《刑法》第13条但书的规定，不认为是犯罪。

2. 本罪与民事、行政枉法裁判罪的界限

两罪都属于枉法裁判的行为，行为人主观上都出自故意，都妨害了国家司法机关的正常活动，但有一定的区别。第一，犯罪主体不同。前者的主体是具有侦讯、检察、审判、监管职务的司法工作人员，后者的主体只是审判机关的工作人员。第二，发生的范围不同。前者发生在刑事案件的诉讼活动中，后者发生在民事、行政审判活动中。第三，构成犯罪情节的要求不同。前者构成犯罪不要求情节达到严重，后者构成犯罪必须达到情节严重的程度。

3. 本罪与受贿罪的界限

如果行为人出于非法获取财物的动机而实施本罪的行为，就同时触犯了徇私枉法罪和受贿罪两个罪名。由于二者属于想象竞合犯，应按其中的一个重罪处理。

（三）徇私枉法罪的刑事责任

根据《刑法》第399条第1款、第4款的规定，犯本罪的，处5年以下有期徒刑或者拘役；情节严重的，处5年以上10年以下有期徒刑；情节特别严重的，处10年以上有期徒刑。司法工作人员犯本罪并收受贿赂，同时又构成受贿罪的，依照处罚较重的犯罪定罪处罚。

本章导入案例2中，甲某作为负有审查起诉职责的司法工作人员，利用职务上的便利，将明知是犯罪的人的定罪的关键证据予以篡改，企图达到使他人逃避刑法惩罚的目的，构成徇私枉法罪。另外，司法工作人员收受贿赂，有徇私枉法行为的，同时又构成受贿罪的，依照处罚较重的规定定罪处罚。甲某徇私枉法的行为造成被害人父母精神失常的严重后果，属于情节严重的情形，处5年以上10年以下有期徒刑，而其收受贿赂4万余元的行为，刚刚超过受贿罪的定罪起点，只能适用受贿罪的最低法定刑，故应以重罪徇私枉法罪处断。

二、徇私舞弊减刑、假释、暂予监外执行罪

（一）徇私舞弊减刑、假释、暂予监外执行罪的概念与构成

徇私舞弊减刑、假释、暂予监外执行罪，是指司法工作人员徇私舞弊，对不符合减刑、假释、暂予监外执行条件的罪犯，予以减刑、假释或者暂予监外执行的行为。

本罪侵犯的客体是司法机关的正常活动。

本罪的客观方面表现为行为人对不符合减刑、假释、暂予监外执行条件的罪犯，予以减刑、假释或者暂予监外执行的行为。

本罪的主体只能是司法工作人员。

本罪的主观方面是故意，且出于徇私的动机。

（二）徇私舞弊减刑、假释、暂予监外执行罪的刑事责任

根据《刑法》第401条的规定，犯本罪的，处3年以下有期徒刑或者拘役；情节严重的，处3年以上7年以下有期徒刑。

三、徇私舞弊不移交刑事案件罪

（一）徇私舞弊不移交刑事案件罪的概念与构成

徇私舞弊不移交刑事案件罪，是指行政执法人员徇私舞弊，对依法应当移交司法机关追究刑事责任的不移交，情节严重的行为。

本罪侵犯的客体是行政执法机关和司法机关的正常活动。

本罪的客观方面表现为行政执法人员对依法应当移交司法机关追究刑事责任的案件不移交，且情节严重。

本罪的主体只能是行政执法人员。

本罪的主观方面只能是故意，且出于徇私的动机。

（二）徇私舞弊不移交刑事案件罪的刑事责任

根据《刑法》第402条的规定，犯本罪的，处3年以下有期徒刑或者拘役；造成严重后果的，处3年以上7年以下有期徒刑。

一、单项选择题

1. 关于渎职罪的犯罪主体，下列说法中不正确的是（　　）。

A. 本类罪的主体只包括自然人主体，单位不能构成

B. 本类罪的主体是特殊主体，即国家机关工作人员，其他人员不能构成

C. 本类罪的主体是国家机关工作人员，包括中国共产党的各级机关、中国人民政治协商会议的各级机关的公职人员

D. 国家机关工作人员是国家工作人员中的一部分

2. 下列关于滥用职权罪的客观方面的表述不正确的是（　　）。

A. 滥用职权的行为包括不依法正当行使职权的情形

B. 滥用职权的行为包括超越权限的行为

C. 滥用职权的行为只能是作为，不作为不能构成滥用职权

D. 滥用职权的行为既可以是作为，也可以是不作为

3. 王某是某地公安局招聘的合同制警察。在一次执行任务过程中，因为王某的疏忽大意，本应避免却没有避免严重结果发生（导致 3 人死亡）。王某的行为构成（　　）。

A. 玩忽职守罪

B. 过失致人死亡罪

C. 滥用职权罪

D. 不构成犯罪

4. 关于滥用职权罪与玩忽职守罪的关系，下列说法中不正确的是（　　）。

A. 两罪的犯罪主体相同，都是国家机关工作人员

B. 两罪规定在同一条中，所以主观方面是一样的

C. 两罪的客观表现有所不同，前者是不正确行使职权或者超越权限，后者是不负责、不认真或者不正确行使职权

D. 二者的处罚有所不同，同样的行为和结果，滥用职权罪的处罚要比玩忽职守罪的重

5. 徇私舞弊减刑、假释、暂予监外执行罪的主体是（　　）。

A. 法官

B. 检察官

C. 监狱管理人员

D. 司法工作人员

6. 驻看守所检察干部张某，擅自将看守所在押已决犯孙某提出监室为自己打扫办公室。随后张某到外边看电视，一个小时后返回办公室，发现孙某已经不在办公室。张某随即出去寻找，后在街上找到孙某，之后，张某与孙某一起逛街。到下午 3 时许，

孙某提出要回家去看女朋友，让张某等一下。张某稍做犹豫，随即表示同意。孙某趁机脱逃，至今未能抓获。张某的行为（　　）。

A. 构成玩忽职守罪

B. 构成滥用职权罪

C. 构成私放在押人员罪

D. 不构成犯罪

7. 甲因其丈夫在公安局看守所工作，所以与看守所的监管人员都很熟悉。一天，甲收受在押重刑犯乙的亲戚3万元，在没有和丈夫商量的情况下，利用自己出入看守所的方便，帮助乙从看守所逃走。甲的行为构成（　　）。

A. 受贿罪

B. 私放在押人员罪

C. 脱逃罪

D. 私放在押人员罪和受贿罪

二、多项选择题

1. 滥用职权罪的客观方面表现为（　　）。

A. 超越权限，处理无权处理的事务

B. 不顾职责的权限和宗旨，随心所欲地处理事务

C. 故意不履行应当履行的职责

D. 怠于履行职责

2. 玩忽职守罪包括（　　）。

A. 超越职权，违法决定、处理其无权决定、处理的事项

B. 不履行职责

C. 不正确履行职责

D. 违反规定处理公务

3. 某市监局工作人员段某收受贿赂，对一不符合法律规定成立条件的公司予以登记。后该公司进行走私活动，致使国家利益遭受重大损失。段某的上述行为符合（　　）。

A. 滥用职权罪

B. 滥用管理公司职权罪

C. 受贿罪

D. 滥用管理公司职权罪与受贿罪数罪并罚

4. 可以成为故意泄露国家秘密罪的犯罪主体的有（　　）。

A. 泄露国家军事秘密的军职人员

B. 泄露国家秘密的立法机关工作人员

C. 泄露国家秘密的行政机关工作人员

D. 泄露国家秘密的中国共产党机关工作人员

5. 甲系某村村民小组组长，2015 年从人贩子手中花 5000 元买来一女孩做老婆。后被当地公安机关获悉，公安机关前来解救该女孩。甲带领村民，手持斧头、镰刀等堵住警察，并将其中一名警察打成重伤。下列说法中正确的是（　　）。

A. 甲构成聚众阻碍解救被收买的妇女罪

B. 甲构成阻碍解救被拐卖的妇女罪

C. 村民构成帮助犯罪分子逃避处罚罪

D. 使用了暴力手段的村民构成妨害公务罪

第十章

危害国防利益罪

◆ **知识目标**

1. 明确危害国防利益罪的概念、构成和种类。

2. 掌握和理解重点及常见罪名的概念、构成以及认定时应注意的问题。

3. 了解非重点罪名的概念和有关特别规定。

◆ **能力目标**

1. 能够运用刑法理论区分相似的具体罪名。

2. 能够将本章法律条文运用到实际案例中，进行案例分析，处理实务问题。

◆ **重点罪名**

阻碍军事行动罪，破坏武器装备、军事设施、军事通信罪

案例导入

　　某建筑队包工头杨某承包了某厂职工宿舍的建筑任务。在挖地基时，当地有关部门和人员多次指出，地底有军用电缆设施，应请示有关军事部门，并请求派员指导施工。但杨某认为不可能那么巧就铲到电缆，又考虑到若工程延误不能按期完工，自己将遭受损失，于是私自指挥工人继续操作，结果电缆被铲断，当地军事部门的通信被阻断达两天之久，造成了重大损失。

　　问：杨某的行为应如何认定？

第一节　危害国防利益罪概述

一、危害国防利益罪的概念

　　危害国防利益罪，是对侵害国家国防利益的一类犯罪的总称，指损害国家防卫安全的行为，涵盖违反国防法规、不履行国防义务或采取其他有害于国防的行为，依法应接受刑罚的惩处。

二、危害国防利益罪的构成

　　危害国防利益罪主要侵犯的是国防利益，它涵盖了国家为防卫和抵御侵略、制止武装颠覆、保卫国家主权和安全等所进行的军事及相关活动所体现的利益，这包括国防资产、建设、管理秩序等多方面的利益。其特定侵害对象包括军队、军人、军备等。这是危害国防利益罪与其他犯罪的主要区别。

　　危害国防利益罪的客观方面表现为违反国防法规，拒不履行国防义务，或以其他方式损害国防，依法应受刑罚。国防法律法规是调整国防领域社会关系的法律总称，违反这些法律法规是构成此罪的前提。国防义务包括支持国防建设、保护相关设施等。不履行这些义务或以其他方式，如冒充军人招摇撞骗等，都是损害国防利益的行为。

　　危害国防利益罪的主体既可以是个人，也可以是组织。部分罪行只能由自然人实施，如阻碍军人执行职务罪等；而有些罪行则组织和个人都可能触犯，如过失提供不合格武器装备、军事设施罪等。此类罪行多为非军人所为，但也有特定罪行仅军人会触犯。

　　除了过失提供不合格武器装备、军事设施罪及过失损坏武器装备、军事设施、军事通信罪，绝大部分的危害国防利益罪都是故意的，即行为人明确知道自己的行为会损害国防利益，但仍希望或放任其发生。

三、危害国防利益罪的种类

根据不同的分类标准，可以将危害国防利益罪作不同的分类。如按照侵害客体（侵害对象）的不同，可分为妨害军事行动罪，侵害军事设施、场所、装备罪和针对军人的犯罪三类；按照侵害时间的不同，可分为平时危害国防利益的犯罪和战时危害国防利益的犯罪两类。

第二节　平时危害国防利益的犯罪

一、阻碍军人执行职务罪

（一）阻碍军人执行职务罪的概念与构成

阻碍军人执行职务罪，指的是利用暴力或威胁手段阻碍军人依法执行公务的行为。

本罪侵犯的客体是军人依法执行任务的正常秩序，进而干扰了军人的正常工作，最终损害了国防利益。

本罪的客观方面表现为采取暴力或威胁手段阻碍军人依法执行任务的行为。第一，行为人运用了暴力或威胁手段。暴力手段是对军人实施身体攻击或强制约束。当阻碍军人执行职务的暴力行为导致军人受伤甚至死亡时，应如何处理？若暴力行为仅造成军人轻伤，由于本罪与故意伤害（轻伤）的法定刑相一致，因此只需定此罪，轻伤的结果已包含在本罪的犯罪范畴内；但若暴力行为导致军人重伤或死亡，由于本罪的法定刑不足以评判故意致人重伤或死亡的行为，即此时重伤或死亡的结果已超出本罪的涵盖范围，故应以故意伤害罪或故意杀人罪论处。第二，暴力和威胁行为的对象是军人。对非军人实施暴力和威胁并不构成本罪。第三，必须干扰军人依法执行任务，即阻碍军人正常履行其职责。若军人行为本身违法，行为人使用暴力或威胁进行制止的，则不构成本罪。

本罪的主体是一般主体，不论是国家公职人员、普通民众、外籍人士或无国籍人员，军人或非军人，只要满足刑事责任年龄和具备刑事责任能力，都可能成为本罪的主体。

本罪的主观方面是故意，即行为人必须明确知道对方是军人，并正在依法执行任务，而故意通过暴力或威胁手段进行干扰。若行为人错误地将军人视为其他国家机关工作人员，由于本条款与《刑法》第 277 条的妨害公务罪构成特别法条与普通法条的关系，故应以妨害公务罪论处。

（二）阻碍军人执行职务罪的刑事责任

根据《刑法》第368条第1款规定，犯本罪的，处3年以下有期徒刑、拘役、管制或者罚金。

二、阻碍军事行动罪

（一）阻碍军事行动罪的概念与构成

阻碍军事行动罪，是指有意干扰武装力量行动并导致严重后果的行为。

本罪侵犯的客体是武装部队的军事行动权益。依据《国防法》，公民应为军事训练、战备、作战等活动提供便利。故意干扰军事行动并导致严重后果，将严重妨碍国防与军队建设，最终损害国防利益。

本罪的客观方面表现为有意干扰武装力量或者军事行动的行为，后果严重。这里的武装部队，涵盖中国人民解放军各部、中国人民武装警察部队以及预备役部队。阻碍的方式并无具体限制，既可采用暴力、威胁等手段，也可通过堵塞道路、在行动区静坐、污染水源等方式实现。军事行动包括作战、演习、训练及其准备工作，其实质是组织化的武装力量活动。唯有造成严重后果的干扰行为，方构成此罪。严重后果包括但不限于和平时期干扰重要军事演习、导致重大任务失败、给国家或部队带来重大损失，战时影响战斗行动、导致失利、造成部队伤亡或贻误战机。未造成严重后果的干扰行为，不构成此罪。

本罪的主体具有普遍性，军人亦可成为此罪主体。若排除军人，将无法对军人故意干扰军事行动并造成严重后果的行为进行刑事追究，导致法律处理上的不平衡与不协调。

本罪的主观方面是故意，即明知会妨碍武装部队行动并可能造成国防利益受损，却希望或放任该结果发生。

（二）阻碍军事行动罪的刑事责任

根据《刑法》第368条第2款的规定，犯本罪的，处5年以下有期徒刑或者拘役。

三、破坏武器装备、军事设施、军事通信罪

（一）破坏武器装备、军事设施、军事通信罪的概念与构成

破坏武器装备、军事设施、军事通信罪，是指故意破坏武器装备、军事设施、军事通信的行为。

本罪侵犯的客体是武装部队对武器装备、军事设施、军事通信的管理秩序，并进而影响了我国的武装力量建设和国防建设，最终危害了国防利益。

本罪的犯罪对象是武器装备、军事设施、军事通信。武器装备是武装部队用于实施和保障作战行动的武器、武器系统和军事技术材料的统称，武器则是指直接用于杀伤敌人和破坏敌人作战设施的器械；军事设施是指国家直接用于军事目的的建筑、场地与设备；军事通信是指武装部队为实施指挥或武器控制等而运用各种通信手段所进行的信息传递。破坏，包括使犯罪对象全部或者部分不能正常使用，换言之，是使武器装备、军事设施、军事通信的效用丧失或者减少的一切行为。常见的破坏手段包括使用爆炸、放火、决水等危险手段，发射某种信号干扰、盗用军用无线电频率等技术手段，以及毁损、砸毁、压坏等其他手段。本罪的成立不要求发生在战时。

本罪的主体是一般主体，无论是中国公民还是外国人、无国籍人，也无论是否为军人，都可以成为本罪的主体。最高人民法院《关于审理危害军事通信刑事案件具体应用法律若干问题的解释》第5条规定，建设、施工单位直接负责的主管人员、施工管理人员，明知是军事通信线路、设备而指使、强令、纵容他人予以损毁的，或者不听管护人员劝阻，指使、强令、纵容他人违章作业，造成军事通信线路、设备损毁的，以破坏军事通信罪定罪处罚。

本罪为《刑法》第369条第1款所确定的犯罪，其罪状描述中并未明确要求本罪的主观方面是故意。但从本款与同条第2款的对应关系上看，得出本罪主观方面为故意的结论可谓必然，即行为人明知自己的行为会发生破坏武器装备、军事设施或者军事通信的结果，并且希望或者放任这种结果的发生。本罪所侵犯的客体是武装部队对武器装备、军事设施、军事通信的管理秩序，并进而影响了我国的武装力量建设和国防建设，最终危害了国防利益。

根据最高人民法院《关于审理危害军事通信刑事案件具体应用法律若干问题的解释》第6条，破坏、过失损坏军事通信，并造成公用电信设施损毁，危害公共安全，同时构成《刑法》第124条和第369条规定的犯罪的，依照处罚较重的规定定罪处罚。盗窃军事通信线路、设备，不构成盗窃罪，但破坏军事通信的，依照《刑法》第369条第1款的规定定罪处罚；同时构成《刑法》第124条、第264条和第369条第1款规定的犯罪的，依照处罚较重的规定定罪处罚。违反国家规定，侵入国防建设、尖端科学技术领域的军事通信计算机信息系统，尚未对军事通信造成破坏的，依照《刑法》第285条的规定定罪处罚；对军事通信造成破坏，同时构成《刑法》第285条、第286条、第369条第1款规定的犯罪的，依照处罚较重的规定定罪处罚。违反国家规定，擅自设置、使用无线电台、站，或者擅自占用频率，经责令停止使用后拒不停止使用，干扰无线电通讯正常进行，构成犯罪的，依照《刑法》第288条的规定定罪处罚；造成军事通信中断或者严重障碍，同时构成《刑法》第288条、第369条第1款规定的犯罪的，依照处罚较重的规定定罪处罚。

（二）破坏武器装备、军事设施、军事通信罪的刑事责任

根据《刑法》第369条第1款的规定，犯本罪的，处3年以下有期徒刑、拘役或者

管制；破坏重要武器装备、军事设施、军事通信的，处 3 年以上 10 年以下有期徒刑；情节特别严重的，处 10 年以上有期徒刑、无期徒刑或者死刑。同条第 3 款规定，战时犯本罪的，从重处罚。

本章导入案例中，杨某明知地底有军用电缆设施，但私自指挥工人继续操作，结果导致军事通信电缆被铲断，造成了重大损失。其主观方面为故意，根据《刑法》第369 条的规定，符合破坏军事通信罪的犯罪构成。

四、冒充军人招摇撞骗罪

（一）冒充军人招摇撞骗罪的概念与构成

冒充军人招摇撞骗罪，是指假冒军人身份进行招摇撞骗的行为。

本罪侵犯的是复杂客体，主要侵犯的是军队的声誉及其正常活动，同时侵犯了社会管理秩序。

本罪的客观方面表现为冒充军人身份进行招摇撞骗。军人在我国具有特殊的作用，事实上拥有不同普通公民的特别地位，在一些社会生活中也会受到不同普通公民的待遇，所以就有一些犯罪分子假借军人身份以达到个人不法目的。所谓"冒充军人身份进行招摇撞骗"，就是假借军人的身份、地位、名义，蒙蔽不知情者，进行欺诈活动。招摇撞骗所得到的利益不限于财物，也可能是地位、他人的感情等。

非军人冒充军人招摇撞骗从而成为本罪的主体没有疑问，军人是否能够成为本罪的主体？对此，如果严格从字面的角度解释"冒充军人招摇撞骗"，由于"冒充"是指不具有某一身份的人假冒、充任某一身份，具有军人身份的人不能"冒充"军人，所以难以成为本罪的主体。但这是一种过于形式化的解释，不利于本罪的法益保护。事实上，机械地认为本罪的主体只限于非军人的观点在学界非常少见，认为本罪的主体主要是但不限于非军人的观点，是学界的主流观点。据此，这里的冒充军人身份既包括非军人冒充军人（如身穿军装，使用、携带证明军人身份的证件、公文，或者自称是军人），也包括军衔、职务较低的军人冒充级别较高的军人，以及一般部门的军人假冒要害部门的军人等。

本罪的主观方面是故意，具体表现为明知自己的行为是冒充军人而故意加以利用，借以到处炫耀，谋取非法利益。本罪的犯罪目的是谋取非法利益，但是本罪的成立不要求行为人实际上取得非法利益。如果行为人冒充军人并非为了谋取非法利益，而是追求合法利益，如为了与他人结婚，为了顺利购买车船票，或者仅仅是出于虚荣心，则应当以思想作风问题进行批评教育，而不构成本罪。

（二）冒充军人招摇撞骗罪认定时应注意的问题

在认定本罪的过程中，需要注意本罪与相关犯罪之间的界限，其中，本罪与《刑法》第 279 条所规定的招摇撞骗罪较易混淆。不难理解，规定本罪的法条与规定招摇撞骗罪的法条之间，是特别法与普通法的竞合关系。因此，冒充军人招摇撞骗的，只适用《刑法》第 372 条的规定，而不适用《刑法》第 279 条。实践中，行为人有时冒充军人，有时冒充其他国家机关工作人员进行连续的招摇撞骗的，应根据行为人主要冒充的对象确定犯罪性质。如果主要冒充军人、偶尔冒充其他国家机关工作人员招摇撞骗的，宜认定为冒充军人招摇撞骗罪。但是，行为人一段时间内冒充军人招摇撞骗，在另一段时间又冒充其他国家机关工作人员招摇撞骗，分别构成犯罪的，应实行数罪并罚。此外，冒充军人招摇撞骗罪与诈骗罪在犯罪手段上都有"骗"，即虚构事实、隐瞒真相，而且冒充军人招摇撞骗罪常常也是为了谋取一定的财产利益。但是，两罪在侵犯的客体方面存在明显不同，从犯罪目的的角度看，冒充军人招摇撞骗罪是为了谋取非法利益，而不限于追求非法占有他人财物。冒充军人招摇撞骗中所谋取的非法利益不包括骗取数额巨大的财物的行为，对冒充军人骗取数额巨大的财物的，应认定为诈骗罪。

（三）冒充军人招摇撞骗罪的刑事责任

根据《刑法》第 372 条的规定，犯本罪的，处 3 年以下有期徒刑、拘役、管制或者剥夺政治权利；情节严重的，处 3 年以上 10 年以下有期徒刑。本罪中的情节严重，主要包括：① 屡教不改、手段恶劣的；② 战时冒充军人招摇撞骗的；③ 因冒充军人招摇撞骗引起军政、军民纠纷的；④ 造成严重经济损失或者恶劣社会影响、损害军队声誉的；⑤ 造成其他严重后果的。

五、煽动军人逃离部队罪

（一）煽动军人逃离部队罪的概念与构成

煽动军人逃离部队罪，是指以口头、书面或者其他方式唆使、怂恿、鼓动不特定军人擅自离开部队，情节严重的行为。

本罪侵犯的客体是部队的兵员管理秩序以及国家的国防利益。

本罪的成立是否要求被煽动的军人实际逃离部队？对此，如果从限制犯罪的成立范围的角度来看，要求成立本罪以被煽动者事实上逃离部队为条件似乎更有道理。但是，由于罪的成立要求"情节严重"，若将"被煽动者实际上逃离部队"作为本罪的成立条件，实际上等于虚置或者弱化了"情节严重"在本罪认定中的作用。实际上，由于完全可能存在被煽动者虽未逃离部队但仍属于"情节严重"的情形，所以，应该以是否情节严重而非实际上逃离部队作为限制本罪成立范围的要件。根据最高人民检察院、公安部《关于公安机关管辖的刑事案件立案追诉标准的规定（一）》，煽动军人逃离部队，涉嫌下列情形之一的，应立案追诉：① 煽动 3 人以上逃离部队的；② 煽动指挥人员、值班执勤人员或者其他负有重要职责人员逃离部队的；③ 影响重要军事任务完成的；④ 发生在战时的；⑤ 其他情节严重的情形。

本罪的主体是一般主体。具体而言，可以是军人，也可以是非军人；可以是中国人，也可以是外国人或者无国籍人。

本罪的主观方面是故意，即行为人明知对方是军人，明知自己的煽动行为可能会导致他人逃离部队的结果，希望或者放任这种结果的发生。煽动军人逃离部队罪的犯罪动机多种多样，动机不影响本罪的成立。有必要指出的是，有论者认为本罪的犯罪主体也可能是与被煽动者有特定关系的人，比如亲戚、朋友、同学、同乡，犯罪的动机可能是怕亲友打仗、怕被煽动人吃苦等，但是，这样的情况之下，实际上更可能是针对特定对象的怂恿、鼓动，不符合成立本罪所要求的针对不特定军人煽动这一特征。以上情况下，按照逃离部队罪的教唆犯处理可能更为适宜。

（二）煽动军人逃离部队罪的刑事责任

根据《刑法》第 373 条的规定，犯本罪的，处 3 年以下有期徒刑、拘役或者管制。

第三节　战时危害国防利益的犯罪

一、战时拒绝、逃避征召、军事训练罪

（一）战时拒绝、逃避征召、军事训练罪的概念与构成

战时拒绝、逃避征召、军事训练罪，是指预备役人员战时拒绝、逃避征召或者军事训练，情节严重的行为。

本罪的客观方面表现为战时拒绝、逃避征召或者军事训练。这里的战时，是指国家宣布进入战争状态、部队受领作战任务或者遭敌突然袭击时；部队执行戒严任务或处置突发性暴力事件时，以战时论。这里的征召，是指兵役机关依法向预备役人员发出通知，要求其按规定时间、地点报到，准备转服现役。这里的军事训练，是指军事理论教育与作战技能训练的活动。拒绝征召、军事训练，是指拒不接受征召、拒不参加军事训练。逃避征召、军事训练，是指采取各种手段避免接受征召和参加军事训练。拒绝与逃避没有本质区别，都表现为不接受征召和不参加军事训练。另外，要求情节严重。

本罪的主体是预备役人员。根据《兵役法》的规定，预备役人员，是指预编到现役部队或者编入预备役部队服预备役的人员。

本罪的主观方面是故意。

（二）战时拒绝、逃避征召、军事训练罪的刑事责任

根据《刑法》第 376 条第 1 款的规定，犯本罪的，处 3 年以下有期徒刑或者拘役。

二、战时拒绝、逃避服役罪

（一）战时拒绝、逃避服役罪的概念与构成

战时拒绝、逃避服役罪，是指公民战时拒绝、逃避服役，情节严重的行为。

本罪的客体是国家兵役制度中的战时兵役管理秩序。

本罪的客观方面表现为战时拒绝、逃避服役，情节严重的行为。这里的服役，包括服现役和服预备役。

本罪的主体是依法应服兵役的公民，主观方面是故意。

（二）战时拒绝、逃避服役罪的刑事责任

根据《刑法》第376条第2款的规定，犯本罪的，处2年以下有期徒刑或者拘役。

三、战时故意提供虚假敌情罪

（一）战时故意提供虚假敌情罪的概念与构成

战时故意提供虚假敌情罪，是指战时故意向武装部队提供虚假敌情，造成严重后果的行为。

本罪的客体是武装部队的作战利益。

本罪的客观方面表现为在战时向武装部队提供虚假敌情，造成严重后果的行为。首先，行为必须发生在战时。其次，必须是向武装部队提供虚假敌情。虚假敌情，是指不符合客观事实的有关敌方军事、政治、经济、科学、地理等情报。行为人主观上以为是虚假的情报，而客观上向武装部队提供了真实情报的，不可能造成严重后果，不属于"虚假"敌情。因此，是否"虚假"不是以行为人的认识为标准，而是以客观事实为标准。最后，行为必须造成严重后果。

本罪的主体是一般主体。

本罪的主观方面是故意，行为人必须明知是虚假的敌情而向武装部队提供。行为人以为是真实敌情而提供，但事实上属于虚假敌情的，即使有过失，也不成立本罪。

（二）战时故意提供虚假敌情罪的刑事责任

根据《刑法》第377条的规定，犯本罪的，处3年以上10年以下有期徒刑；造成特别严重后果的，处10年以上有期徒刑或者无期徒刑。

🔆 每章一练

一、单项选择题

1. 村民张某，为了筹集结婚费用，起了盗窃国防通信线路的念头，先后三次用钢丝钳等工具偷剪该线路电缆 2000 余米，价值 2 万元，销赃后得赃款 3000 元，致使该线路中断通信 3 个多小时。张某的行为构成（　　）。

A. 盗窃罪

B. 破坏公用电信设施罪

C. 破坏军事通信罪

D. 故意毁坏财物罪

2. 军人甲经常对新兵说，现在当兵没有意思，你们不如早点逃离部队、下海挣钱。战士乙等 6 人听了甲的"说教"后，相继趁外出训练或值夜班之机逃离部队。甲的行为构成（　　）。

A. 煽动军人逃离部队罪

B. 煽动军人逃离部队罪（教唆犯）

C. 阻碍军事行动罪

D. 不构成犯罪

3. 下列关于"战时"的理解不正确的是（　　）。

A. 国家宣布进入战争状态

B. 部队受领作战任务

C. 部队执行戒严任务

D. 国家宣布进入全国总动员状态

4. 赵某利用民众对解放军的爱戴和信任，冒充解放军某部指导员，实施诈骗行为，非法获财物价值约 2000 元。赵某的行为构成（　　）。

A. 诈骗罪

B. 招摇撞骗罪

C. 冒充军人招摇撞骗罪

D. 滥用职权罪

5. 现役军人张某由于过不惯军队生活，开小差回到城市，并且通过招工，成为一家私人酒店的保安人员，后被抓获。该酒店负责人（　　）。

A. 构成阻碍军人执行职务罪

B. 构成雇用逃离部队军人罪

C. 构成煽动军人逃离部队罪

D. 不构成犯罪

6. 某军需工厂接了某部队一份军服订单，但是由于该工厂拖欠外债较多，为了降低成本，制作中偷工减料，致使军服质量低劣，许多士兵因为军服御寒不佳患病。该工厂的行为构成（　　　）。

A. 生产伪劣产品罪

B. 故意提供不合格武器装备罪

C. 非法经营罪

D. 过失提供不合格武器装备罪

7. 甲是负责部队征兵的国家工作人员。其所征兵的地区十分贫穷，入伍应征是当地人改变生活的一种方式，当地人经常将自家不足征兵年龄的孩子交给甲，托甲帮忙。甲因此将数名不足法定年龄的人征入部队。甲的行为构成（　　　）。

A. 接送不合格兵员罪

B. 滥用职权罪

C. 招收公务员、学生徇私舞弊罪

D. 玩忽职守罪

8. 公民甲利用旅游场所对于解放军的优惠措施，购买了一份"军官证"。他凭借此证去多个旅游场所旅游，偷逃应交门票数百元，直到被一位细心的检票人员发现并扭送至公安机关，甲当即交代了自己购买假证并且逃票的事实。甲的行为构成（　　　）。

A. 购买国家机关证件罪

B. 冒充军人招摇撞骗罪

C. 购买武装部队证件罪

D. 诈骗罪

9. 不可以由单位构成的犯罪是（　　　）。

A. 故意提供不合格武器装备、军事设施罪

B. 非法生产、买卖军用标志罪

C. 战时拒绝、故意延误军事订货罪

D. 战时拒绝军事征用罪

二、多项选择题

1. 下列关于阻碍军人执行职务罪的表述正确的有（　　　）。

A. 本罪是以暴力、威胁方法阻碍军人依法执行职务的行为

B. 本罪的主观方面是故意，过失不构成犯罪

C. 本罪的主体是军人

D. 本罪的主体是非军人

2. 关于战时拒绝军事征用罪的表述正确的是（　　　）。

A. 该罪的发生必须是在战时

B. 本罪的主体是一般主体

C. 单位可以成为本罪主体

D. 本罪的主观方面是故意

3. 下列人员中，接送不合格兵员罪的主体有（　　）。

A. 地方负有征兵责任的工作人员

B. 部队的接收人员

C. 对兵员进行体检的医务人员

D. 兵员的父母、亲友

4. 关于战时拒绝、故意延误军事订货罪表述正确的有（　　）。

A. 战时是本罪的成立要件之一

B. 本罪的主体包括单位

C. 本罪的成立要求情节严重

D. 本罪的主观方面是故意

第十一章

军人违反职责罪

◆ **知识目标**

1. 掌握军人违反职责罪的概念、构成和种类。

2. 掌握和理解重点及常见罪名的概念、构成以及认定时应注意的问题。

3. 了解非重点罪名的概念和有关特别规定。

◆ **能力目标**

1. 能够运用刑法理论区分相似的具体罪名。

2. 能够将本章法律条文运用到实际案例中，进行案例分析，处理实务问题。

◆ **重点罪名**

战时违抗命令罪，逃离部队罪，投降罪，擅离、玩忽军事职守罪。

1. 现役军人某甲利用边防执勤机会，携带 81 式自动步枪和数十发子弹越境进入他国。后被他国边防军抓获，并被遣返回国。

问：某甲的行为如何定性？

2. 现役军人某甲因为感到军训太辛苦，自己承受不了，遂产生不想继续当兵的念头。某年 6 月，某甲给连队留下一封信，就离队跑回了家乡。部队多方查找，但某甲想方设法东躲西藏，直至一年后才被有关机关找到。

问：某甲的行为如何定性？

3. 负责守备弹药库的战士某甲利用看守军用仓库的便利条件，从弹药库偷出大量军用物资并卖给他人。

问：某甲的行为如何定性？

第一节　军人违反职责罪概述

一、军人违反职责罪的概念与构成

军人违反职责罪，是指军人违反职责，危害国家军事利益，依照法律应当受刑罚处罚的行为。

本类犯罪侵犯的客体是国家的军事利益。国家的军事利益，是指国家在国防建设、作战行动、军队物质保障、军事机密、军事科学研究等方面的利益。军事利益直接关系着国家的安全与利益，理应受到特殊保护。危害国家军事利益，是军人违反职责罪区别于其他犯罪的本质特征。

军人违反职责罪，原来是以单行条例的形式规定的，修订《刑法》时将其纳入了刑法典。不难看出，军人违反职责罪，是军人这一特殊行为主体所实施的特定犯罪，故刑法分则第十章关于军人违反职责罪的规定，实质上属于特别刑法。根据法律适用原则，如果军人的同一行为既触犯了分则第十章的条文，又触犯了刑法分则其他章的条文，就应根据特别法条优于普通法条的原则，适用分则第十章的有关规定，而不能适用其他普通法条。但是，应当注意法条竞合与想象竞合的区别，不能将想象竞合归入法条竞合。

本类犯罪的客观方面表现为军人违反其职责，危害国家军事利益的行为。

本类犯罪的主体是军人，包括中国人民解放军的现役军官、文职干部、士兵及具有军籍的学员和中国人民武装警察部队的现役警官、文职干部、士兵及具有军籍的学员以及执行军事任务的预备役人员和其他人员。军人职责可分为一般职责与具体职责。前者是任何军人都负有的职责，主要规定在人民解放军《内务条令》第三章；后者是不同军人在执行不同任务时所负有的职责，规定在各种条例、条令中。"违反职责"，是指违反国家法律、法规以及军事法规、军事规章所规定的军人职责，包括军人的共同职责，士兵、军官和首长的一般职责，各类主管人员和其他从事专门工作的军人的专业职责等。军人违反职责的行为既包括作为，也包括不作为，其中可以由不作为构成的犯罪较多，这也是军法从严的体现。行为的时间、地点，对军人违反职责罪的定罪与量刑具有重要意义。一方面，许多犯罪行为要求在"战时""临阵""在战场上""在军事行为地区"等时间与地点实施；另一方面，"战时"等特定时间往往是法定刑升格的条件或从重处罚的法定情节。

本类犯罪的主观方面包括故意，也包括过失。故意、过失的内容根据刑法总则的规定以及各种犯罪的具体行为与结果予以确定。

二、军人违反职责罪的种类

刑法分则第十章共规定了 30 多种罪名，可以采用不同的标准对其予以分类。例如，根据犯罪时间，分为战时军人违反职责罪与平时军人违反职责罪。本书根据各种具体犯罪的法益，将军人违反职责罪划分为如下几类：危害作战利益的犯罪，违反部队管理制度的犯罪，危害军事秘密的犯罪，危害部队物资保障的犯罪，侵犯部属、伤病军人、平民、战俘利益的犯罪。

第二节　危害作战利益的犯罪

一、战时违抗命令罪

战时违抗命令罪，是指战时故意违抗上级命令，对作战造成危害的行为。

第一，行为必须发生在战时。根据《刑法》第 451 条的规定，战时，是指国家宣布进入战争状态、部队受领作战任务或者遭敌突然袭击时；部队执行戒严任务或处置突发性暴力事件时，以战时论。第二，实施违抗作战命令的行为。违抗命令，是指主观上出于故意，客观上违背、抗拒首长、上级职权范围内的命令，包括拒绝接受命令、拒不执行命令，或者不按照命令的具体要求行动等，主要表现为三种情况：一是拒不接受、执行作战命令；二是拖延或迟缓执行作战命令；三是实施不符合作战命令的行为。第三，必须对作战造成危害。根据《军人违反职责罪案件立案标准的规定》，具有下列情形之一的，属于"对作战造成危害"：一是扰乱作战部署或者贻误战机的；二是造成作战任务不能完成或者迟缓完成的；三是造成我方人员死亡 1 人以上，或者重伤

2 人以上，或者轻伤 3 人以上的；四是造成武器装备、军事设施、军用物资损毁，直接影响作战任务完成的；五是对作战造成其他危害的。

本罪的责任形式为故意，即明知违抗命令的行为会发生对作战造成危害的结果，并且希望或者放任这种结果发生。

根据《刑法》第 421 条的规定，犯本罪的，处 3 年以上 10 年以下有期徒刑；致使战斗、战役遭受重大损失的，处 10 年以上有期徒刑、无期徒刑或者死刑。

二、投降罪

投降罪，是指在战场上贪生怕死，自动放下武器投降敌人的行为。自动放弃武器，是指在战场上能够使用武器进行有效抵抗却自动放弃抵抗的行为。投降，是指向敌对一方表示屈服的行为。本罪的责任形式为故意，并出于贪生怕死的动机。

根据《刑法》第 423 条的规定，犯本罪的，处 3 年以上 10 年以下有期徒刑；情节严重的，处 10 年以上有期徒刑或者无期徒刑；投降后为敌人效劳的，处 10 年以上有期徒刑、无期徒刑或者死刑。情节严重，主要是指指挥人员带头放下武器投降敌人的，组织、煽动他人投降敌人的，对作战造成严重危害的，等等。投降后为敌人效劳，是指自动投降敌人后又从事各种有利于敌人的活动。

第三节 违反部队管理制度的犯罪

一、擅离、玩忽军事职守罪

擅离、玩忽军事职守罪，是指指挥人员和值班、值勤人员擅自离开正在履行职责的岗位，或者在履行职责的岗位上，严重不负责任，不履行或者不正确履行职责，造成严重后果的行为。

本罪虽然是选择性罪名，但实际上是两个罪名，即擅离军事职守罪与玩忽军事职守罪，前者的责任形式为故意，后者的责任形式为过失。

这里的指挥人员，是指对部队或者部属负有组织、领导、管理职责的人员；专业主管人员在其业务管理范围内，视为指挥人员。这里的值班人员，是指军队各单位、各部门为保持指挥或者履行职责不间断而设立的，负责处理本单位、本部门特定事务的人员。这里的值勤人员，是指正在担任警卫、巡逻、观察、纠察、押运等勤务，或者作战勤务工作的人员。

根据《军人违反职责罪案件立案标准的规定》，具有下列情形之一的，属于"造成严重后果"：① 造成重大任务不能完成或者迟缓完成的；② 造成死亡 1 人以上，或者重伤 3 人以上，或者重伤 2 人、轻伤 4 人以上，或者重伤 1 人、轻伤 7 人以上，或者轻伤 10 人以上的；③ 造成枪支、手榴弹、爆炸装置或者子弹 10 发、雷管 30 枚、导火索或者导爆索 30 米、炸药 1 千克以上丢失、被盗，或者不满规定数量，但后果严重的，或者造成其他重要武器装备、器材丢失、被盗的；④ 造成武器装备、军事设施、军用物资或者其他财产损毁，直接经济损失 30 万元以上，或者直接经济损失、间接经济损失合计 150 万元以上的；⑤ 造成其他严重后果的。

根据《刑法》第 425 条的规定，平时犯本罪的，处 3 年以下有期徒刑或者拘役；造成特别严重后果的，处 3 年以上 7 年以下有期徒刑；战时犯本罪的，处 5 年以上有期徒刑。

二、军人叛逃罪

军人叛逃罪，是指军人在履行公务期间，擅离岗位，叛逃境外或者在境外叛逃，危害国家军事利益的行为。叛逃境外，是指通过合法或者非法手段叛逃境外的行为。在境外叛逃，是指在境外履行国家、国防军事以及其他军事事务期间，擅自离队或者与派出单位和有关部门脱离关系，并滞留不归的行为。

本罪与《刑法》第 109 条叛逃罪的行为主体不同：本罪的行为主体是军职人员，叛逃罪的行为主体是国家机关工作人员以及掌握国家秘密的国家工作人员。相对于《刑法》第 109 条而言，本条可谓特别法条。

根据《军人违反职责罪案件立案标准的规定》，具有下列情形之一的，应当追诉：① 因反对国家政权和社会主义制度而出逃的；② 掌握、携带军事秘密出境后滞留不归的；③ 申请政治避难的；④ 公开发表叛国言论的；⑤ 投靠境外反动机构或者组织的；⑥ 出逃至交战对方区域的；⑦ 进行其他危害国家军事利益活动的。

根据《刑法》第 430 条的规定，犯本罪的，处 5 年以下有期徒刑或者拘役；情节严重的，处 5 年以上有期徒刑；驾驶航空器、舰船叛逃的，或者有其他特别严重情节的，处 10 年以上有期徒刑、无期徒刑或者死刑。劫持航空器或者舰船叛逃的，属于本罪与劫持航空器罪或者劫持船只罪的想象竞合犯，从一重罪处罚。

三、逃离部队罪

逃离部队罪，是指违反兵役法规，故意逃离部队，情节严重的行为。

这里的违反兵役法规，是指违反《宪法》《国防法》《兵役法》以及其他军事法规。

这里的逃离部队，是指擅自离开部队或者经批准外出逾期拒不归队。根据《军人违反职责罪案件立案标准的规定》，具有下列情形之一的，应当认定为"情节严重"：① 逃离部队持续时间达 3 个月以上或者 3 次以上或者累计时间达 6 个月以上的；② 担负重要职责的人员逃离部队的；③ 策动 3 人以上或者胁迫他人逃离部队的；④ 在执行重大任务期间逃离部队的；⑤ 携带武器装备逃离部队的；⑥ 有其他情节严重行为的。

根据《刑法》第 435 条的规定，平时犯本罪的，处 3 年以下有期徒刑或者拘役；战时犯本罪的，处 3 年以上 7 年以下有期徒刑。

本章导入案例 2 中，现役军人某甲明知自己逃离部队的行为会发生破坏国家兵役秩序的危害结果，仍然违反兵役法规，逃离部队，且离队时间持续长达 1 年，情节严重，应根据《刑法》第 435 条的规定，以逃离部队罪定罪处罚。

第四节 危害军事秘密的犯罪

一、非法获取军事秘密罪

非法获取军事秘密罪，是指违反国家和军队的保密规定，采取窃取、刺探、收买方法，非法获取军事秘密的行为。

窃取、刺探、收买是非法获取军事秘密的三种手段，采取其中任何一种手段非法获取军事秘密的，都构成本罪，同时采取几种手段获取军事秘密的也不实行并罚。军事秘密，是关系国防安全和军事利益，依照规定的权限和程序确定，在一定时间内只限一定范围的人员知悉的事项。根据《军人违反职责罪案件立案标准的规定》，军事秘密包括以下内容：① 国防和武装力量建设规划及其实施情况；② 军事部署，作战、训练以及处置突发事件等军事行动中需要控制知悉范围的事项；③ 军事情报及其来源，军事通信、信息对抗以及其他特种业务的手段、能力、密码以及有关资料；④ 武装力量的组织编制，部队的任务、实力、状态等情况中需要控制知悉范围的事项，特殊单位以及师级以下部队的番号；⑤ 国防动员计划及其实施情况；⑥ 武器装备的研制、生产、配备情况和补充、维修能力，特种军事装备的战术技术性能；⑦ 军事学术和国防科学技术研究的重要项目、成果及其应用情况中需要控制知悉范围的事项；⑧ 军队政治工作中不宜公开的事项；⑨ 国防费分配和使用的具体事项，军事物资的筹措、生产、供应和储备等情况中需要控制知悉范围的事项；⑩ 军事设施及其保护情况中不宜公开的事项；⑪ 对外军事交流与合作中不宜公开的事项；⑫ 其他需要保密的事项。

本罪的责任形式为故意，目的与动机一般不影响本罪的成立，但如果为了境外的机构、组织、人员实施上述行为，则构成其他犯罪。

根据《刑法》第 431 条第 1 款的规定，犯本罪的，处 5 年以下有期徒刑；情节严重的，处 5 年以上 10 年以下有期徒刑；情节特别严重的，处 10 年以上有期徒刑。

二、为境外窃取、刺探、收买、非法提供军事秘密罪

为境外窃取、刺探、收买、非法提供军事秘密罪，是指违反国家和军队的保密规定，为境外的机构、组织、人员窃取、刺探、收买、非法提供军事秘密的行为。

规定本罪的法条与《刑法》第 111 条是特别法条与普遍法条的关系。符合本罪的犯罪构成的行为，不适用《刑法》第 111 条。军职人员为境外机构、组织、人员窃取、刺探、收买、非法提供军事秘密以外的国家秘密、情报的，以及一般公民为境外机构、组织、人员窃取、刺探、收买、非法提供国家军事秘密的，只能成立《刑法》第 111 条的为境外窃取、刺探、收买、非法提供国家秘密、情报罪。

根据《刑法》第 431 条第 2 款的规定，犯本罪的，处 5 年以上 10 年以下有期徒刑；情节严重的，处 10 年以上有期徒刑、无期徒刑或者死刑。

第五节　危害部队物资保障的犯罪

一、武器装备肇事罪

武器装备肇事罪，是指违反武器装备使用规定，情节严重，因而发生责任事故，致人重伤、死亡或者造成其他严重后果的行为。

首先，行为人实施了违反武器装备使用规定的行为。武器装备，是实施和保障军事行动的武器、武器系统和军事技术器材的统称。武器是指直接用于杀伤敌人或破坏敌方作战设施的器械。军队有关部门都分别制定了有关武器装备的使用规定与操作规程。其次，必须情节严重。根据《军人违反职责罪案件立案标准的规定》，情节严重，是指故意违反武器装备使用规定，或者在使用过程中严重不负责任。再次，必须发生重大责任事故，致人重伤、死亡或者造成其他严重后果。具体而言，包括以下情形：① 影响重大任务完成的；② 造成死亡 1 人以上，或者重伤 2 人以上，或者轻伤 3 人以上的；③ 造成武器装备、军事设施、军用物资或者其他财产损毁，直接经济损失 30 万元以上，或者直接经济损失、间接经济损失合计 150 万元以上的；④ 严重损害国家和军队声誉，造成恶劣影响的；⑤ 造成其他严重后果的。最后，必须具有过失，包括疏忽大意的过失与过于自信的过失。上述规定中的"故意违反武器装备使用规定"，应是指明知行为违反武器装备使用规定仍然违反，而不意味着行为人对严重后果具有故意。

在武器装备肇事罪的认定方面，需要注意以下方面。第一，行为虽然违反了武器装备使用规定，但情节不严重，没有造成重大事故的，不构成本罪；行为虽然造成了重大事故，但行为人主观上没有过失的，也不成立本罪。第二，正确处理武器装备肇事罪与其他犯罪的关系。军职人员在执勤、训练、作战时使用、操作武器装备，或者在管理、维修、保养武器装备的过程中，违反武器装备使用规定和操作规程，情节严重，因而发生重大责任事故，致人重伤、死亡或者造成其他严重后果的，以武器装备肇事罪论处；凡违反枪支、弹药管理使用规定，私自携带枪支、弹药外出，因玩弄而造成走火或者爆炸，致人重伤、死亡或者使公私财产遭受重大损失的，分别以过失致人重伤罪、过失致人死亡罪或者过失爆炸罪论处。军职人员驾驶军用装备车辆，违反武器装备使用规定和操作规程，情节严重，因而发生重大责任事故，致人重伤、死亡或者造成其他严重后果的，即使同时违反交通运输规章制度，也应当以武器装备肇事罪论处；如果仅因违反交通运输规章制度而发生重大事故，致人重伤、死亡或者使公私财产遭受重大损失的，则以交通肇事罪论处。第三，正确处理武器装备肇事罪与故意杀人罪、故意伤害罪的关系。行为人违反武器装备使用规定，故意使用武器杀害、伤害他人的，应认定为故意杀人罪、故意伤害罪。

根据《刑法》第 436 条的规定，犯本罪的，处 3 年以下有期徒刑或者拘役；后果特别严重的，处 3 年以上 7 年以下有期徒刑。

二、擅自改变武器装备编配用途罪

擅自改变武器装备编配用途罪，是指违反武器装备管理规定，未经有权机关批准，擅自将编配的武器装备改作其他用途，造成严重后果的行为。根据《军人违反职责罪案件立案标准的规定》，具有下列情形之一的，属于"造成严重后果"：① 造成重大任务不能完成或者迟缓完成的；② 造成死亡 1 人以上，或者重伤 3 人以上，或者重伤 2 人、轻伤 4 人以上，或者重伤 1 人、轻伤 7 人以上，或者轻伤 10 人以上的；③ 造成武器装备、军事设施、军用物资或者其他财产损毁，直接经济损失 30 万元以上，或者直接经济损失、间接经济损失合计 150 万元以上的；④ 造成其他严重后果的。

根据《刑法》第 437 条的规定，犯本罪的，处 3 年以下有期徒刑或者拘役；造成特别严重后果的，处 3 年以上 7 年以下有期徒刑。

三、盗窃、抢夺武器装备、军用物资罪

盗窃、抢夺武器装备、军用物资罪，是指军职人员以非法占有为目的，盗窃或者夺取部队的武器装备或者军用物资的行为。

由于《刑法》第 438 条第 2 款规定盗窃、抢夺枪支、弹药、爆炸物的，依照《刑法》第 127 条的规定处罚，因此本罪中的武器装备是排除了枪支、弹药、爆炸物的其他武器装备。军用物资，是指除武器装备以外专供武装力量使用的各种物资的统称，包括装备器材、军需物资、医疗物资、油料物资、营房物资等。根据《军人违反职责罪案件立案标准的规定》，凡涉嫌盗窃、抢夺军用物资价值 2000 元以上，或者不满规定数额但后果严重的，应予立案。

军人利用职务上的便利，窃取自己经手、管理的武器装备、军用物资且非法据为己有的，构成贪污罪而不成立本罪。

根据《刑法》第 438 条第 1 款的规定，犯本罪的，处 5 年以下有期徒刑或者拘役；情节严重的，处 5 年以上 10 年以下有期徒刑；情节特别严重的，处 10 年以上有期徒刑、无期徒刑或者死刑。

本章导入案例 1 中，本案的某甲已经构成偷越国（边）境罪和盗窃枪支、弹药、爆炸物罪两罪。由于某甲逃到了境外，并造成了不良后果，案件的性质已经发生了变化，不宜按逃离部队罪认定，而应当按照《刑法》第 322 条的偷越国（边）境罪认定。某甲逃离部队时擅自将站岗执勤用的枪支带走，枪弹所有权转由其本人非法控制，实际上是采取了不被人发现的秘密窃取行为，但根据《刑法》第 438 条第 2 款的规定，盗窃、抢夺枪支、弹药、爆炸物的，依照《刑法》第 127 条的规定处罚。因此某甲应按偷越国（边）境罪和盗窃武器装备罪数罪并罚。

本章导入案例 3 中，战士某甲利用看守军用仓库的便利条件，从弹药库偷出大量军用物资并卖给他人，属于利用职务之便进行偷窃，应为贪污罪。

四、非法出卖、转让武器装备罪

非法出卖、转让武器装备罪，是指非法出卖、转让武器装备的行为。出卖、转让，是指违反武器装备管理规定，未经有权机关批准，擅自用武器装备换取金钱、财物或者其他利益（有偿转让武器装备的所有权），或者将武器装备有偿（即出卖）或者无偿交付他人（如馈赠）的行为。责任形式为故意，不要求非法占有的，行为人为了局部或小单位的利益而出卖武器装备的，也可能成立本罪。根据《军人违反职责罪案件立案标准》的规定，具有下列情形之一的，应当立案：① 非法出卖、转让枪支、手榴弹、爆炸装置的；② 非法出卖、转让子弹 10 发、雷管 30 枚、导火索或者导爆索 30 米、炸药 1 千克以上，或者不满规定数量，但后果严重的；③ 非法出卖、转让武器装备零部件或者维修器材、设备，致使武器装备报废或者直接经济损失 30 万元以上的；④ 非法出卖、转让其他重要武器装备的。

根据《刑法》第 439 条的规定，犯本罪的，处 3 年以上 10 年以下有期徒刑；出卖、转让大量武器装备或者有其他特别严重情节的，处 10 年以上有期徒刑、无期徒刑或者死刑。

第六节　侵犯部属、伤病军人、平民、俘虏利益的犯罪

一、虐待部属罪

虐待部属罪，是指滥用职权，虐待部属，情节恶劣，致人重伤、死亡或者造成其他严重后果的行为。

滥用职权，是指不法行使职务上的权限的行为，即就属于一般职务权限的事项，以行使职权的外观，实施实质的、具体的违法、不当的行为。虐待部属，是指采取殴打、体罚、冻饿或者其他有损身心健康的手段，折磨、摧残部属的行为。根据《军人违反职责罪案件立案标准的规定》，情节恶劣主要包括以下情形：虐待手段残酷的；虐待3人以上的；虐待部属3次以上的；虐待伤病残部属的；等等。致人重伤，是指虐待行为直接造成部属重伤。造成其他严重后果，是指虐待部属的行为造成了重伤、死亡以外的其他严重后果，主要包括以下情形：部属不堪忍受虐待而自杀、自残造成重伤或者精神失常的；诱发其他案件、事故的；导致部属1人逃离部队3次以上，或者2人以上逃离部队的；造成恶劣影响的；等等。

本罪的责任形式为故意，即明知自己虐待部属的行为会发生侵害部属人身权利等结果，并且希望或者放任这种结果发生。

虐待部属罪在认定时，应注意以下区别。首先，应将虐待部属罪与严格要求部属但方法不当的行为相区别。前者是虐待行为，后者只是方法不当的严格要求行为；前者具有虐待故意，后者不具有该故意；前者情节恶劣并造成了严重后果，后者不具有恶劣情节与严重后果。其次，应将虐待部属罪与一般的虐待部属的行为区别开来，关键是看情节是否恶劣，是否造成了他人重伤或者其他严重后果。再次，虐待部属罪与故意伤害、故意杀人、强奸、强制猥亵、报复陷害等罪不是对立关系，虐待部属的行为完全同时可能触犯故意伤害等罪。如果一个行为同时触犯数个罪名，侵害数个犯罪的保护法益的，属于想象竞合犯，从一重罪处罚。如果数个行为触犯数个罪名的，则应实行并罚。

根据《刑法》第443条的规定，犯本罪的，处5年以下有期徒刑或者拘役；致人死亡的，处5年以上有期徒刑。

二、遗弃伤病军人罪

遗弃伤病军人罪，是指在战场上故意遗弃伤病军人，情节恶劣的行为。如果战斗情况极为紧急，确实无条件履行救助义务的，不能认定为本罪。此外，成立本罪需要情节恶劣，根据《军人违反职责罪案件立案标准的规定》，包括下列情形：① 为挟嫌报复而遗弃伤病军人的；② 遗弃伤病军人3人以上的；③ 导致伤病军人死亡、失踪、被俘的；④ 有其他恶劣情节的。本罪的责任形式为故意。应当注意的是，如果行为符合不作为的故意杀人罪的犯罪构成的，则应认定为故意杀人罪。

根据《刑法》第444条的规定，犯本罪的，对直接责任人员，处5年以下有期徒刑。

三、战时拒不救治伤病军人罪

战时拒不救治人伤病军人罪，是指战时在救护治疗职位上，有条件救治而拒不救治危重伤病军人的行为。有条件救治而不救治，是指根据伤病军人的伤情或者病情，结合救护人员的技术水平、医疗单位的医疗条件及当时的客观环境等因素，能够给予救治而拒绝抢救、治疗。成立本罪，不以造成军人死亡为要件。所以，本罪并不是战时不作为的故意杀人罪的特别规定。换言之，实施本罪行为同时触犯不作为的故意杀人罪的，应认定为故意杀人罪。

根据《刑法》第445条的规定，犯本罪的，处5年以下有期徒刑或者拘役；造成伤病军人重残、死亡或者有其他严重情节的，处5年以上10年以下有期徒刑。

每章一练

一、单项选择题

1. 甲是入伍多年的老兵，与乙是老朋友。乙的儿子丙很爱玩枪，于是甲趁自己休假之日私自携带枪支外出去乙家。甲与丙开玩笑，将枪口对准丙吓唬他，并趁丙不注意取下实弹夹，本以为不会出现危险了，就扣动了扳机。可是枪膛里还留下了一发子弹，丙当场受枪击死亡。甲的行为应认定为（　　）。

A. 武器装备肇事罪

B. 故意杀人罪

C. 过失致人死亡罪

D. 擅自改变武器装备编配用途罪

2. 关于隐瞒、谎报军情罪的构成要件，下列说法中不正确的是（　　）。

A. 本罪的主体是特殊主体

B. 本罪是行为犯，只要行为人实施了隐瞒、谎报的行为就构成本罪

C. 本罪是结果犯，必须造成危害作战的结果才构成本罪

D. 本罪的主观方面是故意，包括间接故意

3. 某军官携带一批重要军事机密，在火车上因管理不善，被小偷当作财物偷走，使国家军事利益受到严重损失。该军官的行为构成（　　）。

A. 故意泄露军事秘密罪

B. 过失泄露军事秘密罪

C. 过失泄露国家秘密罪

D. 玩忽职守罪

4. 张某听说部队营区里面的有些东西十分值钱，趁黑夜潜入部队营区，窃得机关枪3挺、子弹1000发。对张某的行为应认定为（　　）。

A. 构成盗窃武器装备罪

B. 构成盗窃枪支、弹药罪

C. 若张某是受现役军人李某指使盗窃，则构成盗窃枪支、弹药罪

D. 若张某是受其他人指使盗窃，则构成盗窃武器装备罪

5. 新兵甲看到本中队室内有手枪,遂产生玩手枪的想法。甲乘人不备,将一只手枪隐藏在身上离开兵器室,后将其一直藏在宿舍角落里,半年后案发。甲的行为构成(   )。

A. 盗窃枪支罪

B. 盗窃武器装备罪

C. 盗窃罪

D. 非法持有枪支罪

6. 关于拒传、假传军令罪的说法,下列不正确的是(   )。

A. 拒传、假传军令罪的犯罪主体是军人

B. 拒传、假传军令罪是行为犯,行为人只要实施了行为就可以构成本罪

C. 拒传、假传军令罪是结果犯,必须对作战造成危害才可以构成本罪

D. 拒传、假传军令罪不能以作为的方式实施

二、多项选择题

1. 可能构成战时自伤罪的情况是(   )。

A. 预备役人员张某在战时为逃避征召,自伤身体

B. 战士李某为尽早脱离战场,在敌人火力猛烈向我方阵地射击时,故意将手臂伸于掩体之外,被敌人子弹击中,无法继续作战

C. 战士王某战时奉命守卫仓库,站岗时因困倦睡着,导致仓库失窃。为了掩盖过错,他用匕首自伤身体,谎称遭到抢劫

D. 战士陈某为了立功当英雄,战时自伤身体,谎称在与偷袭的敌人交火时受伤

2. 下列行为构成遗弃伤病军人罪的有(   )。

A. 战士甲在战场上发现战友乙身负重伤,在周围没有其他战友帮助的情况下,甲在撤退的时候没有帮助乙撤退,导致乙被敌人杀害

B. 公民甲在一场战斗后经过战场,发现战壕里有一名士兵身负重伤,因为公民甲家中有事,所以甲没有救这名士兵,结果这名士兵死亡

C. 军医甲看到野战医院里还有其他伤病军人,但是机动车辆数量不足,于是决定不带这些军人撤退,致使这些伤病军人被敌人杀害

D. 军官甲在撤退时为了不使队伍的速度被拖累,让伤病军人步行到指定地点,自己却坐汽车。一些军人因为腿部受伤行动不便,被追上来的敌人杀害

3. 下列犯罪由过失构成的是(   )。

A. 遗失武器装备罪

B. 遗弃武器装备罪

C. 武器装备肇事罪

D. 擅离军事职守罪

4. 下列关于武器装备肇事罪与危险物品肇事罪的关系，说法正确的是（　　）。

A. 武器装备肇事罪的犯罪主体是军职人员，而危险物品肇事罪的犯罪主体是生产、储存、运输、使用危险性物品的人员

B. 武器装备肇事罪的客观方面表现为军职人员违反武器装备使用规定，从而发生严重后果，而危险物品肇事罪的客观方面表现为违反危险物品的管理规定，发生重大事故，造成严重后果

C. 武器装备肇事罪的客体是部队武器装备的使用管理制度，而危险物品肇事罪的客体是危险物品的安全管理制度

D. 武器装备肇事罪与危险物品肇事罪之间是法条竞合的关系

参考文献

［1］高铭暄，马克昌. 刑法学［M］. 10 版. 北京：北京大学出版社，高等教育出版社，2022.

［2］张明楷. 刑法学［M］. 6 版. 北京：法律出版社，2021.

［3］陈兴良. 规范刑法学（教学版）［M］. 3 版. 北京：中国人民大学出版社，2022.

［4］周光权. 刑法各论［M］. 4 版. 北京：中国人民大学出版社，2021.

［5］《刑法学》编写组. 刑法学（下册·各论）［M］. 2 版. 北京：高等教育出版社，2023.

［6］黄京平. 刑法［M］. 8 版. 北京：中国人民大学出版社，2021.

［7］李立众. 刑法一本通：中华人民共和国刑法总成［M］. 15 版. 北京：法律出版社，2021.

［8］罗翔. 罗翔讲刑法［M］. 北京：中国政法大学出版社，2021.

［9］王作富. 刑法练习题集［M］. 7 版. 北京：中国人民大学出版社，2022.